Die Gemeindefinanzreform

Schriften zum Steuer-, Rechnungs- und Finanzwesen

Herausgegeben von Prof. Dr. Michael Wehrheim,
Philipps-Universität Marburg

Band 2

PETER LANG

Frankfurt am Main · Berlin · Bern · Bruxelles · New York · Oxford · Wien

Thorsten Schmitz

Die Gemeindefinanzreform

Interkommunaler Steuerwettbewerb und der
betriebliche Standortentscheidungsprozess

PETER LANG

Europäischer Verlag der Wissenschaften

Bibliografische Information Der Deutschen Bibliothek
Die Deutsche Bibliothek verzeichnet diese Publikation in der
Deutschen Nationalbibliografie; detaillierte bibliografische
Daten sind im Internet über <http://dnb.ddb.de> abrufbar.

Zugl.: Marburg, Univ., Diss., 2003

Gedruckt auf alterungsbeständigem,
säurefreiem Papier.

D 4
ISSN 1610-983X
ISBN 3-631-50777-1

© Peter Lang GmbH
Europäischer Verlag der Wissenschaften
Frankfurt am Main 2004
Alle Rechte vorbehalten.

Printed in Germany 1 2 3 4 6 7

www.peterlang.de

Geleitwort

Vor dem Hintergrund struktureller und damit verbundener finanzieller Probleme ist eine Reformierung der Gemeindefinanzen eine der zentralen wirtschaftspolitischen Aufgaben in der Bundesrepublik Deutschland in den nächsten Jahren. Eine derartige Gemeindefinanzreform ist in einem föderalen System eng verbunden mit der Frage nach der Kompetenzverteilung hinsichtlich Aufgaben, Einnahmen bzw. Ausgaben zwischen den verschiedenen staatlichen Ebenen (Bund, Länder, Kommunen). Solange den Kommunen Aufgaben und damit Ausgaben von "höheren" Ebenen auferlegt werden, ohne dass die Gesetzgebungs- und damit Einnahmenkompetenz bei ihnen liegt, kann von einem Wettbewerb zwischen den Ebenen nicht ernsthaft gesprochen werden.

Die vorliegende Untersuchung zeigt den momentanen Stand der Kompetenzverteilung zwischen den einzelnen staatlichen Ebenen auf und entwickelt nach einer kritischen Vorstellung der bisher erfolgten Reformkonzepte zur Gemeindefinanzreform einen eigenen Reformvorschlag insbesondere zur Einnahmenkompetenz der Kommunen unter dem Blickwinkel einer wettbewerblichen Leistungserstellung. Der Verfasser macht gleichzeitig deutlich, dass ein damit verbundener interkommunaler Steuerwettbewerb allerdings nur bei einer vorgelagerten Festlegung der Aufgaben-/Ausgabenkompetenz gelingt, damit eine zielgenaue Bewertung und gegebenenfalls Sanktionierung durch die Zielgruppen des Standortwettbewerbs erfolgen kann.

Da der Verfasser es nicht bei einer theoretischen Darstellung eines eigenen Reformvorschlags insbesondere zum kommunalen Steuersystem belässt, sondern detaillierte Gesetzesvorschläge unterbreitet, ist dem vorliegenden Buch eine wohlwollende Aufnahme in Theorie und Praxis zu wünschen.

Prof. Dr. Michael Wehrheim

Vorwort

An dieser Stelle gilt es für die mir zuteil gewordene Unterstützung jedweder Art zu danken: Nicht nur – aber insbesondere – Prof. Dr. Michael Wehrheim, der das Promotionsvorhaben stets unterstützend und mit innovativen Denkanstößen förderte, und Prof. Dr. Wolfgang Kerber, der ohne zu zögern bereit war, das Zweitgutachten zu erstellen und gleichzeitig die Arbeit in den Entstehungsprozessen aufmerksam begleitete.

Besonderer Dank richtet sich an die HEIM UND PARTNER Treuhand GmbH, WPG, StBG, Gelnhausen, ohne deren finanzielles Engagement meine Assistententätigkeit an der Philipps-Universität Marburg und folglich diese Arbeit nicht möglich gewesen wären.

Die kritischen Betrachtungen und hieraus resultierenden Diskussionen mit Dipl.-Kfm. Christian Hehl waren von wesentlicher Bedeutung für ein erfolgreiches Gelingen dieses Vorhabens und insbesondere nicht selbstverständlich. Dies gilt natürlich auch für meine Eltern, deren Unterstützung in vielfacher Hinsicht nicht vorauszusetzen war. Am Wichtigsten und nicht annähernd genug zu würdigen, war die mir zuteil gewordene Unterstützung durch meine Freundin, Dipl.-Päd. Dagmar Walter, im schwierigsten Teil dieser Arbeit: Das Leben „außerhalb" nicht zu vergessen.

Thorsten Schmitz

Inhaltsverzeichnis

Abkürzungsverzeichnis

a.a.O.	=	am angegebenen Ort
Abs.	=	Absatz
AfK	=	Archiv für Kommunalwissenschaften (Zeitschrift)
AG	=	Arbeitsgemeinschaft
AO	=	Abgabenordnung
Art.	=	Artikel
Bad.-Württ.	=	Baden Württemberg
BauGB	=	Baugesetzbuch
BayVerfGH	=	Bayerischer Verfassungsgerichtshof
BayVBl.	=	Bayerische Verwaltungsblätter (Zeitschrift)
BB	=	Betriebsberater (Zeitschrift)
BDI	=	Bundesverband der Deutschen Industrie e.V.
BdSt	=	Bund der Steuerzahler e.V.
BewG	=	Bewertungsgesetz
BewRGr	=	Richtlinien für die Bewertung des Grundvermögens
BFH	=	Bundesfinanzhof
BFH/NV	=	Sammlung amtlich nicht veröffentlichter Entscheidungen des Bundesfinanzhofs
BGBl.	=	Bundesgesetzblatt
BMF	=	Bundesministerium der Finanzen
BMWi	=	Bundesministerium für Wirtschaft und Technologie
bspw.	=	beispielsweise
BStBl.	=	Bundessteuerblatt
BT-Drucks.	=	Bundestags-Drucksache
BVerfG	=	Bundesverfassungsgericht
BVerfGE	=	Entscheidungen des Bundesverfassungsgerichts
BVerwG	=	Bundesverwaltungsgericht
BverwGE	=	Entscheidungen des Bundesverwaltungsgerichts
bzgl.	=	bezüglich
bzw.	=	beziehungsweise
ca.	=	circa
DB	=	Der Betrieb (Zeitschrift)
DfK	=	Deutsche Zeitschrift für Kommunalwissenschaften
d.h.	=	das heißt
DIHT	=	Deutscher Industrie- und Handelskammertag
Diss.	=	Disseration
DK	=	Durchschnittskosten
Dl	=	Der Landkreis (Zeitschrift)
DLT	=	Deutscher Landkreistag
DÖV	=	Die öffentliche Verwaltung (Zeitschrift)
DST	=	Deutscher Städtetag
DStR	=	Deutsches Steuerrecht (Zeitschrift)

DStRE	=	DStR Entscheidungsdienst (Zeitschrift)
DStZ	=	Deutsche Steuer-Zeitung (Zeitschrift)
DVBl.	=	Deutsches Verwaltungsblatt (Zeitschrift)
DVFA	=	Deutsche Vereinigung für Finanzanalyse und Anlageberatung
EGV	=	Vertrag zur Gründung der Europäischen Gemeinschaft
ErbStG	=	Erbschaftsteuer- und Schenkungsteuergesetz
ESt	=	Einkommensteuer
EStDV	=	Einkommensteuer-Durchführungsverordnung
EStG	=	Einkommensteuergesetz
etc.	=	et cetera
EU	=	Europäische Union
EuGH	=	Gerichtshof der Europäischen Gemeinschaft
EUV	=	Vertrag über die Europäische Union
E.V.	=	Eingetragener Verein
EWG	=	Europäische Wirtschaftsgemeinschaft
EWV	=	Ertragswertverfahren
f	=	folgende (Seite)
FAG	=	Gesetz über den Finanzausgleich zwischen Bund und Ländern (Finanzausgleichsgesetz)
FAZ	=	Frankfurter Allgemeine Zeitung
FG	=	Finanzgericht
FKPG	=	Gesetz über Maßnahmen zur Bewältigung finanzieller Erblasten im Zusammenhang mit der Herstellung der Einheit Deutschlands, zur langfristigen Sicherung des Aufbaus in den neuen Ländern, zur Neuordnung des bundesstaatlichen Finanzausgleichs und zur Entlastung der öffentlichen Haushalte
FördergebietsG	=	Gesetz über Sonderabschreibungen und Abzugsbeträge im Fördergebiet (Fördergebietsgesetz)
FR	=	Finanzrundschau (Zeitschrift)
gem.	=	gemäß
GemFinRefG	=	Gesetz zur Neuordnung der Gemeindefinanzen
GemH	=	Der Gemeindehaushalt (Zeitschrift)
GewSt	=	Gewerbesteuer
GewStG	=	Gewerbesteuergesetz
GG	=	Grundgesetz
ggf.	=	gegebenenfalls
GmbH	=	Gesellschaft mit beschränkter Haftung
GR	=	Geographische Rundschau (Zeitschrift)
GrEStG	=	Grunderwerbsteuergesetz
GrStG	=	Grundsteuergesetz
GZ	=	Geographische Zeitschrift
Habil.-Schr.	=	Habilitations-Schrift

HessVGH	=	Hessischer Verwaltungsgerichtshof
Hrsg.	=	Herausgeber
HSGZ	=	Hessische Städte- und Gemeinde-Zeitung (Zeitschrift)
i.A.	=	im Allgemeinen
i.d.R.	=	in der Regel
i.e.S.	=	im engeren Sinne
IFO	=	Institut für Wirtschaftsforschung
IFSt	=	Institut „Finanzen und Steuern" e.V.
IHK	=	Industrie- und Handelskammer
i.H.v.	=	in Höhe von
INF	=	Die Information über Steuer und Wirtschaft (Zeitschrift)
i.S.	=	im Sinne
IStR	=	Internationales Steuerrecht (Zeitschrift)
i.V.m.	=	in Verbindung mit
i.w.S.	=	im weiteren Sinne
i.Z.	=	im Zusammenhang
JZ	=	Juristenzeitung (Zeitschrift)
JStG	=	Jahressteuergesetz
Km	=	Kilometer
KStG	=	Körperschaftsteuergesetz
KStZ	=	Kommunale Steuerzeitschrift
LEG	=	Landesentwicklungsgesellschaft
LKV	=	Landes- und Kommunalverwaltung (Zeitschrift)
LT-Drucks.	=	Landtags-Drucksache
Mag.	=	Magister
Mrd.	=	Milliarde(n)
M.-V.	=	Mecklenburg-Vorpommern
Nds.	=	Niedersächsischer, -s
NdsStGH	=	Niedersächsischer Staatsgerichtshof
NdsVBl.	=	Niedersächsische Verwaltungsblätter (Zeitschrift)
n.F.	=	neue Fassung
NJW	=	Neue Juristische Wochenschrift (Zeitschrift)
Nr.	=	Nummer
NVwZ	=	Neue Zeitschrift für Verwaltungsrecht
NVwZ-RR	=	Neue Zeitschrift für Verwaltungsrecht – Rechtsprechungs-Report Verwaltungsrecht
NW	=	Nordrhein-Westfalen
NWB	=	Neue Wirtschafts-Briefe
NWVBl.	=	Nordrhein-Westfälische Verwaltungsblätter (Zeitschrift)
NZZ	=	Neue Züricher Zeitung
o.a.	=	oben angegebene(n)
OECD	=	Organization for Economic Co-Operation and Development
o.J.	=	ohne Jahrgangsangabe

o.O.	=	ohne Ortsangabe
ÖPNV	=	Öffentlicher Personenen Nahverkehr
o.V.	=	ohne Verfasserangabe
OVG	=	Oberverwaltungsgericht
Qm	=	Quadratmeter
RhPfVerfGH	=	Verfassungsgericht Rheinland-Pfalz
RuR	=	Raumforschung und Raumordnung (Zeitschrift)
SachsAnhVerfG	=	Verfassungsgericht Sachsen Anhalt
SächsVBl.	=	Sächsische Verwaltungsblätter (Zeitschrift)
Schl.-H.	=	Schleswig-Holstein
SG	=	Schmalenbach-Gesellschaft – Deutsche Gesellschaft für Betriebswirte
sog.	=	sogenannte(n)
SolZ	=	Solidaritätszuschlag
Stbg	=	Die Steuerberatung (Zeitschrift)
StGH Bad.-Württ.	=	Staatsgerichtshof Baden-Württemberg
StSenkG	=	Gesetz zur Senkung der Steuersätze und zur Reform der Unternehmensbesteuerung
StuB	=	Steuern und Bilanzen (Zeitschrift)
StuW	=	Steuer und Wirtschaft (Zeitschrift)
StVergAbG	=	Gesetz zum Abbau von Steuervergünstigungen und Ausnahmeregelungen (Steuervergünstigungsabbaugesetz)
StWStP	=	Staatswissenschaften und Staatspraxis (Zeitschrift)
SWV	=	Sachwertverfahren
u.a.	=	und andere
UmwStG	=	Umwandlungssteuergesetz
USt	=	Umsatzsteuer
UStG	=	Umsatzsteuergesetz
usw.	=	und so weiter
u.U.	=	unter Umständen
v.a.	=	vor allem
VCI	=	Verband der Chemischen Industrie e.V.
VerfGH	=	Verfassungsgerichtshof
VerwArch	=	Verwaltungsarchiv (Zeitschrift)
VGH	=	Verwaltungsgerichtshof
vs.	=	versus
WiSt	=	Wirtschaftswissenschaftliches Studium (Zeitschrift)
WiSu	=	Das Wirtschaftsstudium (Zeitschrift)
WiVerw	=	Wirtschaft und Verwaltung (Zeitschrift)
WPg	=	Die Wirtschaftsprüfung (Zeitschrift)
z.B.	=	zum Beispiel
ZDH	=	Zentralverband des Deutschen Handwerks
zfbf	=	Zeitschrift für betriebswirtschaftliche Forschung

ZfBR	=	Zeitschrift für deutsches und internationales Bau- und Vergaberecht
ZfW	=	Zeitschrift für Wasserrecht
ZG	=	Zeitschrift für Gesetzgebung
ZHR	=	Zeitschrift für das gesamte Handelsrecht und Wirtschaftsrecht
ZKF	=	Zeitschrift für Kommunalfinanzen
ZMR	=	Zeitschrift für Miet- und Raumrecht
ZParl	=	Zeitschrift für Parlamentsfragen
ZRP	=	Zeitschrift für Rechtspolitik
z.T.	=	zum Teil
ZWS	=	Zeitschrift für Wirtschafts- und Sozialwissenschaften
z.Zt.	=	zur Zeit

Abbildungsverzeichnis

Anhangverzeichnis

I. Einleitung

1. Problemstellung

Entscheidungen des BVerfG und des BVerwG haben in den letzten Jahren zunehmend die Politik der jeweiligen Bundesregierung bestimmt. Steuerpolitische Veränderungen sind häufig erst durch Grundsatz- bzw. Einzelfallentscheidungen der Gerichte angestoßen worden. Der vielfach zitierte „Reformstau" ist in der Steuerpolitik am Offensichtlichsten, nicht zuletzt durch die direkte Betroffenheit aller Personen und der daraus resultierenden unmittelbaren Fühlbarkeit. Gleichzeitig steigt die Mobilität steuerkräftiger, vor allem international ausgerichteter Unternehmen. Alternative Standorte außerhalb Deutschlands umwerben diese Unternehmen mit spezifischen Vorteilen bspw. geringen Lohn(neben)kosten, geringer Steuerbelastung teilweise durch erhebliche Vergünstigungen, flexibler Rechtsauslegung bei konstanter Wirtschafts- und Steuerpolitik. Dadurch treten die Vorteile des Standorts Deutschland in den Hintergrund, bspw. die im internationalen Vergleich hervorragende Infrastrukturausstattung bzw. berufliche Qualifikationsleistungen. Als weiterer bedeutender Vorteil im internationalen Vergleich wird – zumindest von Außenstehenden – die föderative Organisationsstruktur Deutschlands eingestuft, die auf unterster Ebene in Form der Kommunen ihre Ausprägung findet. Kleine Einheiten versprechen flexible Lösungen, kurzfristige Anpassungsreaktionen bei Veränderungen der Umwelt und Berücksichtigung alternativer Interessen. Doch auch dieser Bereich ist von einer Verwaltung des Ist-Zustandes geprägt, die durch eine inflexible Einnahmenkompetenz von Vorgaben des Bundesgesetzgebers abhängig und seitens der Länder bzw. Kommunen als Ausführungsorgan ohne eigene Befugnisse verkommen ist. Die derzeitige Situation entspricht nicht der anzustrebenden Ausgestaltung eines föderativ strukturierten Systems, das mittels des Grundgesetzes die dezentrale Aufgabenerfüllung in den Mittelpunkt rückt. Die Diskussion um eine Kompetenzneuordnung (i.S. des Grundgesetzes) scheint derzeit seinen Höhepunkt zu finden. Einerseits aufgrund der vom BVerfG ausgelösten Diskussion um das Finanzausgleichsgesetz durch das Urteil vom 11. November 1999[1] und den dem Gesetzgeber auferlegten Pflichten, andererseits durch die „Finanznot" öffentlicher Haushalte und den damit verbundenen Leistungskürzungen im Angebotskatalog der Gebietskörperschaften. Die aus diesem Dilemma resultierende Diskussion einer grundlegende Reformierung der Kompetenzverteilung zwischen den föderalen Ebenen Deutschlands, kann gleichzeitig als bedeutende Chance zur Stärkung der Eigenverantwortlichkeit aller Gebietskörperschaften interpretiert werden.

---

[1] Siehe: BVerfG, Urteil vom 11. November 1999, - 2 BvF 2, 3/98, 1, 2/99 -, in: BVerfGE 2000, Band 101, Seite 158 – 238.

Über die Notwendigkeit einer Neuordnung der Aufgaben zwischen Bund, Ländern und Kommunen besteht Einigkeit, allerdings will keine Ebene auf bisherige Rechte verzichten. Hinsichtlich der Ausgaben erfolgt einmütig die Forderung nach einer Verstetigung. Ein Rückschluss zu den erforderlichen Einnahmen erfolgt jedoch nur selten. Die Verfügbarkeitsmentalität finanzieller Mittel durch politische Akteure ist ungebrochen. Doch die i.d.R. angezweifelte steigende Mobilität von Haushalten und Unternehmen zwingt zur Neuorientierung. Abwanderungen an steuergünstige Standorte im In- und Ausland spiegeln dies wieder. Subventionswettläufe zwischen Gebietskörperschaften werden als Investition in die Zukunft dargestellt. Über die Folgen der somit nicht mehr für andere Projekte zur Verfügung stehenden Gelder wird Stillschweigen bewahrt. Daher ist ein systemkompatibles Anreizsystem für die Pflege von Steuerquellen zu schaffen, welches insbesondere einer unmittelbaren Kontrolle durch die Bevölkerung unterworfen werden kann. Verantwortung für Ausgaben und die damit zu erbringende Aufgabenerfüllung – also die Rechtfertigung der Staatstätigkeit – stellen Grundbausteine dar.

Insbesondere auf kommunaler Ebene bieten sich Möglichkeiten, auch durch Bewertung von Leistungen (in Form von Steuerpreisen) zwischen Kommunen einen innovationssteigernden Wettbewerb in Gang zu setzen, der gleichzeitig das Gesamtgefüge des Bundesstaates stärkt. Abhängigkeiten einzelner Länder bzw. Gemeinden von Ausgleichszahlungen anderer werden so gemindert. Die einheitsbegründende und zugleich gleichberechtigte Stellung von Partnern in Form von Gebietskörperschaften (auf horizontaler Ebene) sollte dabei zur Verfolgung gemeinsamer übergeordneter Gesamtstaatsziele erhalten bleiben. Diese kann allerdings nur gesichert werden, wenn Anreize zur Pflege und zum Ausbau von Steuerquellen existieren und Mehrerträge aufgrund von Leistungsfähigkeit nicht vollständig abgeschöpft werden. Die falsch verstandene Interpretation der Einheitlichkeit bzw. Gleichwertigkeit der Lebensverhältnisse läuft daher dem Grundverständnis und Ursprungsgedanken eines föderalen Systems entgegen. Folglich wäre bei einer umfassenden Neuordnung des Länderfinanzausgleichs die Reformierung der kommunalen Steuern zu integrieren und ein Anreizsystem auf allen Ebenen zu implementieren, welches eine aktive Steuer- und Leistungspolitik fördert. Nicht nur eine Verwaltung und Neuverteilung abzuschöpfender (Mehr-)Einnahmen im interjurisdiktionellen Vergleich zum Durchschnitt kann das Reformziel sein. Die Eigenständigkeit und Selbstverantwortung jeder einzelnen Gebietskörperschaft muss im Mittelpunkt zukünftiger Reformen stehen.

Daher erfolgt in dieser Arbeit neben einer Beleuchtung der derzeitigen allgemeinen Diskussion hinsichtlich einer Gemeindefinanzreform, die ihr Ergebnis in unterschiedlichen Reformkonzepten findet, eine spezifische Betrachtung kommunaler Kompetenzen unter dem Blickwinkel eines möglichen Steuerwettbewerbs zwischen Gebietskörperschaften.

1.2 Gang der Untersuchung

Beginnend mit einer einführenden Betrachtung der Stellung der Kommunen im Föderalstaat der Bundesrepublik Deutschland und insbesondere der kommunalen Selbstverwaltung als Organisationsprinzip (Kapitel II) erfolgt in Kapitel III eine theoretische Herangehensweise hinsichtlich eines Vergleichs zwischen unitaristisch bzw. föderativ organisierten Staatsformen. Unter Zuhilfenahme des Allokationsziels sowie Distributions-, Konjunktur- und Wachstumszielen wird die grundsätzlich dezentrale Ausrichtung der Bundesrepublik Deutschland innerhalb eines einheitsschaffenden Rahmens gerechtfertigt. Die Bedeutung der Bereitstellung öffentlicher Güter als Leistungsangebot der Gebietskörperschaften erfährt hierbei besondere Beachtung.

Im Anschluss daran erfolgt die Darstellung eines evolutorischen Wettbewerbskonzepts, welches bei den weiteren Ausführungen als theoretisches Fundament fungiert. Dieses Konzept wissenschaffenden Wettbewerbs zwischen Gebietskörperschaften basiert auf der Annahme, dass interjurisdiktioneller Wettbewerb ähnlich wie auf Gütermärkten abweichende Steuer- bzw. Preis-Leistungs-Pakete hervorruft, die sich an den regional unterschiedlichen Präferenzen der Bürger orientieren. Damit weicht dieses Modell von neoklassischen Grundannahmen ab. Die für den evolutorischen interjurisdiktionellen Wettbewerb zur Sanktionierung präferenzverfehlender Politiken erforderliche Mobilität wird zunächst aus theoretischer Sicht betrachtet und beurteilt. In Kapitel V erfolgt eine Überprüfung und Einschätzung der derzeit existierenden Mobilität von Unternehmen und Haushalten innerhalb der Bundesrepublik Deutschland.

Der Standortentscheidungsprozeß der Unternehmen beinhaltet die Einbeziehung einer Vielzahl von spezifischen Variabeln bei der Einstufung eines potentiellen Standortes als möglichen Zukunftsstandort. Dabei wird die Relevanz des Faktors kommunale Abgaben und Steuern – verstandenen als Preis für kommunale Leistungen – in den Mittelpunkt gestellt und eine Einschätzung aus Sicht der Steuerpflichtigen vorgenommen.

Eine ausführliche Analyse der derzeitigen Ist-Situation finanzieller Autonomie der Kommunen erfolgt in Kapitel IV. Neben einer Darlegung der aktuellen Finanzierungsmöglichkeiten wird eine kritische Auseinandersetzung insbesondere unter verfassungsrechtlichen Gesichtspunkten durchgeführt. Hier wird offensichtlich, dass einzelne Steuerarten aus verfassungsrechtlicher Sicht als fragwürdig einzustufen sind und der Ausgang einer Prüfung durch die Gerichte nicht vorhersehbar wäre. Die gleichzeitig erfolgende Diskussion originärer kommunaler Steuerarten (Gewerbesteuer, Grundsteuer) sowie der örtlichen Verbrauch- und Aufwandsteuern verdeutlicht zudem erhebliche Konfliktpotentiale zwischen Steuerpflichtigen und Kommunen. Weitere kommunale Einnahmequellen (Gebühren und sonstige Einnahmen) finden aufgrund der Eingrenzung des Themas auf den interkommunalen Steuerwettbewerb keine Berücksichtigung, ebenso wie die Europäische Ebene nur punktuell miteinbezogen wird. Statt dessen wird eine tiefgehende Untersuchung der Ziele und insbesondere der Problemfelder des aktiven Finanzausgleichs aus ökonomischer Sicht durchgeführt. Die Intransparenz des Zuweisungssystems und die daraus resultierende kollektive Verantwortungslosigkeit politischer Akteure wird als eine wesentliche Ursache für die mangelnde Präferenzorientierung der Kommunalpolitik herausgearbeitet. Mittels des Postulats Schaffung gleichwertiger Lebensverhältnisse wird großteils eine Rechtfertigung für eine verstärkte Zentralisierung der Aufgaben- und Finanzpolitik vorgenommen. Die Ausführungen hierzu werden jedoch zeigen, dass trotz der grundgesetzlichen Forderung nach der Gleichwertigkeit der Lebensverhältnisse, Disparitäten – auch finanzieller Art – zwischen den Kommunen als verfassungsgewünscht und systemkonstituierend eingestuft werden. Abschließend stellt ein Zwischenfazit einen Vergleich zwischen einerseits den grundgesetzlich kodifizierten Anforderungen an die kommunale Selbstverwaltung sowie der aus theoretischer Sicht anzustrebenden Wettbewerbsorientierung im interjurisdiktionellen Wettbewerb und andererseits den in der Realität vorzufindenden Gesetzgebungs- und Einnahmenkompetenzen der Kommunen sowie den Anforderungen der Unternehmen an das Leistungsangebot der Gebietskörperschaften dar. Erhebliche Diskrepanzen zwischen Soll-Vorstellung und Ist-Situation können als Ergebnis der dahin erfolgten Ausführungen aufgezeigt werden.

Zur Überwindung der subjektiv wahrgenommenen Diskrepanzen im kommunalen Steuersystem bzw. den kommunalen Steuerarten und der in Kapitel IV aufgezeigten Problemfelder der Gewerbe- und Grundsteuer wurden zur Neuordnung der kommunalen Einnahmenkompetenz eine Vielzahl von Vorschlägen entwickelt, die in Kapitel VI vorgestellt werden und eine ausführliche kritische Würdigung erfahren. Dies umfasst insbesondere Beteiligungs-, Substitutions- und Anrechnungsmodelle im Zusammenhang mit der Gewerbesteuer. Auch hinsichtlich der Grundsteuer existieren Vorschläge für eine Reformierung der Besteuerungsbemessungsgrundlage, die anschließend analysiert werden. Reformansätze, die entgegen der zuvor betrachteten Ansätze (isolierte Reformkonzepte) sowohl die Aufgaben-, Ausgaben-, Gesetzgebungs- und Einnahmenkompetenz zwischen den gesamtstaatlichen Ebenen beinhalten (integrative Reformkonzepte), finden nachfolgend Berücksichtigung. Damit erfolgt eine kritische Aufarbeitung der bisherigen allgemeinen Diskussion möglicher Reformoptionen i.Z. mit einer Gemeindefinanzreform. Die Ergebnisse und die Anforderungen an eine zukünftige Gestaltung der Einnahmenkompetenz der Kommunen – insbesondere unter dem Blickwinkel einer möglichen wettbewerblichen Leistungserstellung – werden innerhalb einer dieses Kapitel abschließenden Gesamtanalyse aufgezeigt.

Eine Einzelbetrachtung der in Kapitel V erarbeiteten bedeutenden Standortfaktoren Verkehrsinfrastruktur, Verfügbarkeit qualifizierter Arbeitskräfte (Ausbildung) und kommunaler Wirtschaftsförderung unter dem Gesichtspunkt einer
möglichen ausschließlichen Aufgabenkompetenzzuweisung zu Bund, Ländern
oder Kommunen erfolgt in Kapitel VII, ebenso wie Ausführungen zur Ausgabenkompetenz. Eine Trennung von Aufgaben- und Ausgabenverflechtungen
erscheint als notwendige Voraussetzung, um eine Neuordnung der Einnahme-
und Gesetzgebungskompetenzen aller Ebenen gestalten und damit Finanzbedarf
und Finanzierungsmöglichkeiten bestimmen zu können.

In Kapitel VIII wird anschließend der Versuch unternommen, die Berücksichtigung der bis dahin erarbeiteten Ergebnisse in ein (kommunales) Be-
steuerungssystem einfließen zu lassen, welches sowohl die Vielfalt in der Einheit sichert und gleichzeitig die Einheit trotz Vielfalt ermöglicht. Dabei wird
vom derzeitigen System ausgegangen. Veränderungen in den jeweiligen Steuer-
gesetzen werden so gering wie möglich gehalten. Das zu entwickelnde Drei-
Säulen-System, bestehend aus Einkommensteuer mit kommunalem Hebesatzrecht, einer marktwertbasierten Grundsteuer sowie einer kommunalen Objektsteuer mit gewinnbasierter Bemessungsgrundlage, greift Ansätze existierender
Vorschläge auf, entwickelt diese weiter und führt diese zu einem einheitlichen
System zusammen. Sowohl für die Einkommensteuer als auch für die Grundsteuer und die kommunale Objektsteuer mit gewinnbasierter Bemessungsgrundlage werden Gesetzesvorschläge ausformuliert und Konsequenzen, die eine
derartige Umgestaltung hervorruft – bezogen auf die einzelnen Steuerarten –
aufgezeigt.

Darauf aufbauend werden innerhalb des Kapitels IX mögliche Auswirkungen
auf die Unternehmensebene durch die Veränderungen in der Steuergesetzgebung, -politik bzw. -erhebung, sofern nicht bereits in einem vorherigen
Kapitel dargelegt, aufgezeigt und notwendige Bausteine einer interkommunalen
Wettbewerbsordnung diskutiert. Diese neu zu gestaltende Ordnung des interjurisdiktionellen Wettbewerbs legt erlaubte und unerlaubte Aktionsparameter
der Gebietskörperschaften fest. Auch innerhalb eines wettbewerblich organisierten föderativen Staatssystems sind – ebenso wie zwischen den Akteuren
auf Gütermärkten – Spielregeln einzuhalten und stellen damit den Rahmen für
eine evolutionäre, dynamische und innovative Vielfalt innerhalb der Einheit des
Staatenbundes dar.

Im Anschluss an eine Gesamtbetrachtung, in der Ergebnisse und Anforderungen
nochmals neben einem Ausblick zusammengefasst werden, schließt die Arbeit
mit einer thesenförmigen Zusammenfassung.

II. Die Bedeutung der Kommunen im föderativen Staatsaufbau

Innerhalb dieses einführenden Kapitels werden die Kommunen[2] als Bestandteil des Mehr-Ebenen-System Deutschlands beleuchtet. Die Einordnung der Kommunen innerhalb des Staatenbundes und insbesondere die im Grundgesetz kodifizierten Aufgaben gilt es zur späteren Analyse der Aufgabenkompetenz der Gemeinden herauszuarbeiten.

1. Die kommunale Selbstverwaltung als Ordnungsprinzip

Die Kommunen stellen innerhalb des Staatsgefüges Deutschlands bei einer vertikalen Betrachtung neben Bund und Ländern eine eigenständige juristische Person öffentlichen Rechts mit eigenem Haushalt und Verfassung dar. Sie gelten jedoch nicht als dritte Ebene im föderativen Aufbau Deutschlands, sondern werden staatsrechtlich als Bestandteil der Länder eingeordnet. Der Begriff der kommunalen Selbstverwaltung steht dabei synonym für die grundgesetzliche Garantie der Eigenverantwortlichkeit der Kommunen innerhalb deren Hoheitsgebiets.

1.1 Bestandteile der institutionellen Garantie kommunaler Selbstverwaltung

Die institutionelle Garantie der kommunalen Selbstverwaltung[3] wird in Art. 28 GG[4] geregelt und besteht aus drei Elementen[5]: Der institutionellen Rechtssubjektgarantie, der objektiven Rechtsinstitutionengarantie und der subjektiven Rechtsstellungsgarantie:

---

[2] Unter dem Begriff der Kommune werden grundsätzlich kreisfreie Städte, Landkreise sowie ihre kreisangehörigen Gemeinden subsumiert. Als Gemeinde werden i.d.R. kreisfreie Städte und kreisangehörige Gemeinden bezeichnet. Teilweise findet auch ein Zusammenschluss der dargestellten Definitionen unter dem Oberbegriff Gemeinde statt. Innerhalb dieser Arbeit werden die Begriffe Gemeinde und Kommune synonym unter Ausklammerung der Kreisebene verwendet.

[3] Siehe zum Begriff der institutionellen Garantie und dessen kritischer Würdigung ausführlich: Ehlers, Dirk, Die verfassungsrechtliche Garantie der kommunalen Selbstverwaltung, in: DVBl. 2000, Seite 1301 – 1310 und Ehlers, Dirk, Die verfassungsrechtliche Garantie der kommunalen Selbstverwaltung, in: Ehlers, Dirk/Krebs, Walter (Hrsg.), Grundfragen des Verwaltungsrechts und des Kommunalrechts, Berlin/New York 2000, Seite 59 – 91.

[4] Siehe: Grundgesetz für die Bundesrepublik Deutschland vom 23. Mai 1949, veröffentlicht in: BGBl. 1949, Seite 1 – 20, in: dtv (Hrsg.), Grundgesetz, 36. Auflage, München 2001, Seite 9 – 65.

[5] Einen Überblick gibt: Knemeyer, Franz-Ludwig/Wehr, Matthias, Die Garantie der kommunalen Selbstverwaltung nach Art. 28 Abs. 2 GG in der Rechtsprechung des Bundesverfassungsgerichts, in: VerwArch 2001, Seite 317 – 343.

- Die institutionelle Rechtssubjektgarantie gem. Art. 28 Abs. 2 GG beinhaltet einen grundsätzlichen Bestandsschutz der kommunalen Gebietskörperschaften. Dies entspricht allerdings nicht einer Garantie auf Bestandsschutz einzelner Gemeinden. D.h. die Kommunen sind nicht vor Veränderungen ihres räumlichen Zuschnitts (Neugliederung) und auch nicht vor ihrer Auflösung geschützt[6]. Vielmehr bezieht sich der Bestandsschutz auf die gesetzlich vorgeschriebene Existenz der Gemeinden neben Bund und Ländern. Dabei dürfen entsprechende Entscheidungen bzgl. der Auflösung, Zusammenschließung oder Eingemeindungen einzelner Kommunen ausschließlich aus gemeinwohlorientierter Sicht und nach Anhörung der betroffenen Gebietskörperschaften getroffen werden[7], d.h. der Gesetzgeber muss sich über die tatsächlichen Grundlagen der Neugliederungsentscheidung als Ergebnis einer komplexen „Abwägung aufgrund verlässlicher Quellen ein eigenes Bild verschaffen"[8].

- Als zweiter Pfeiler der Selbstverwaltung ist die objektive Rechtsinstitutionengarantie zu bezeichnen. Demnach muss den Gemeinden das Recht gewährleistet sein, alle Angelegenheiten der örtlichen Gemeinschaft im Rahmen der Gesetze[9] (Gesetzesvorbehalt) in eigener Verantwortung zu regeln. Dabei sind die Zentraltatbestände – „Angelegenheiten der örtlichen Gemeinschaft" und „eigene Verantwortung" – hervorzuheben.

- Gemäß der subjektiven Rechtsstellungsgarantie können Kommunen bei Verletzung der kommunalen Selbstverwaltung Verfassungsbeschwerde erheben[10]. Eine Verletzung darf von der Gemeinde selbst – also nicht von einzelnen Bürgern – gerügt werden[11].

---

[6] Siehe: BVerfG, Beschluß vom 27. November 1978, - 2 BvR 165/75 -, in: BVerfGE 1979, Band 50, Seite 50 – 56; BVerfG, Beschluß vom 17. Januar 1979, - 2 BvL 6/76 -, in: BVerfGE 1979, Band 50, Seite 195 – 205 und BVerfG, Beschluß vom 12. Mai 1992, - 2 BvR 470, 650, 707/90 -, in: BVerfGE 1993, Band 86, Seite 90 – 122.

[7] Im einzelnen unterliegen die Maßnahmen des Gesetzgebers zur kommunalen Gebietsreform verfassungsrechtlichen Grundmaßstäben. Dabei sind neben der Gemeinwohlorientierung und dem Anhörungsgebot mit Begründungspflicht das Abwägungsgebot und der sich daraus ergebenden verfassungsrechtlichen Maßstäben, die Motivkontrolle, Zielkontrolle mit Verbesserungsgebot, Kontrolle der Sachverhaltsermittlungen, Prognosekontrolle, Eignungsprüfung, Erforderlichkeitsprüfung, Verhältnismäßigkeitsprüfung, Systemgerechtigkeit und Willkürverbot zu beachten. Siehe hierzu: Stüer, Bernhard/Landgraf, Beate, Gebietsreform in den neuen Bundesländern – Bilanz und Ausblick, in: LKV 1998, Seite 209 – 216, hier: Seite 210 f.

[8] BVerfG, Beschluß vom 12. Mai 1992, - 2 BvR 470, 650, 707/90 -, a.a.O., hier: Seite 90.

[9] Siehe ausführlich: Knemeyer, Franz-Ludwig/Wehr, Matthias, Die Garantie der kommunalen Selbstverwaltung nach Art. 28 Abs. 2 GG in der Rechtsprechung des Bundesverfassungsgerichts, a.a.O., hier: Seite 337 – 342.

[10] Siehe beispielhaft: Ebenda.

[11] Siehe: Birkenfeld-Pfeiffer, Daniela, Kommunalrecht, 2. Auflage, Baden Baden 1998, Seite 61.

1.2 Definition örtlicher Angelegenheiten

Als örtliche Gemeinschaft kann der in einem „wirtschaftlich, ökologisch, strukturell gleichförmigen und emotional überschaubaren Raum entstandene Zusammenhang nachbarschaftlicher Verbundenheit"[12] angesehen werden, der das Zusammenleben und -wohnen der Menschen in der Gemeinde betrifft[13]. Örtliche Angelegenheiten weisen insbesondere einen spezifischen Bezug zur örtlichen Gemeinschaft auf und können eigenverantwortlich und selbständig von den Kommunen bewältigt werden (Grundsatz der Universalität oder Alleinzuständigkeit[14]). Die Abgrenzung zwischen örtlichen und überörtlichen Aufgaben ist in einer Vielzahl von Fällen schwierig bzw. nicht eindeutig vornehmbar. Insbesondere in zeitlicher Sicht können Veränderungen in der Zuweisung einzelner Aufgaben auf die verschiedenen Staatsebenen ausgemacht werden. Auch in Art. 28 Abs. 2 GG erfolgt keine Definition der Angelegenheiten örtlicher Gemeinschaft. Daher ist in diesem Zusammenhang zu betonen, dass der Inhalt dieses Begriffs ständiger Dynamik unterliegen kann[15] und muss. Nur auf diesem Wege können Anpassungen an die Veränderungen in der Gesellschaftsstruktur und die sich aufgrund wandelnder Präferenzen wechselnden zu erfüllenden Aufgaben vorgenommen werden. Somit unterliegen die Aufgaben, die die Kommunen zu erfüllen haben, einem ständigen Anpassungsbedarf[16]. Zugleich ist darauf zu verweisen, dass diese notwendigen Neuausrichtungsprozesse innerhalb eines – bedingt durch den erforderlichen Informationsbedarf – verzögerten Zeitraumes erfolgen. Somit sind die Prozesse dem Geschehen aufgrund der Unvollkommenheit von ökonomischen Vertragsgestaltungen, als welche auch bspw. das Grundgesetz anzusehen ist, nachgelagert. Die Notwendigkeit der grundsätzlichen Offenheit der Verträge zur Anpassung an zukünftige Herausforderungen ist als fundamentales Grundprinzip eines dynamischen Systems zu charakterisieren. Auch lässt sich nicht grundsätzlich für alle Aufgaben beantworten, ob eine Zuordnung zur örtlichen Gemeinschaft vorzunehmen ist. Vielmehr ist hier auf die jeweiligen Anforderungen abzustellen, d.h. der Aufgabenkreis kann für die Kommunen, bezogen auf die Einwohnerzahl,

[12] Schmidt-Jortzig, Edzard, Kommunalrecht, Stuttgart u.a. 1982, Seite 163.
Zum Inhalt des Begriffs örtliche Gemeinschaft siehe ausführlich: Loschelder, Wolfgang, Kommunale Selbstverwaltung und gemeindliche Gebietsgestaltung, Berlin 1976.
[13] Siehe: BVerfG, Beschluß vom 23. November 1988, - 2 BvR 1619, 1628/83 -, in: BVerfGE 1989, Band 79, Seite 127 – 161, hier: 127.
[14] Siehe: BVerfG, Urteil vom 20. März 1952, - 1 BvR 267/51 -, in: BVerfGE 1952, Band 1, Seite 167 – 184, hier: Seite 175; BVerfG, Beschluß vom 7. Oktober 1980, - 2 BvR 584, 598, 599, 604/76 -, in: BVerfGE 1981, Band 56, Seite 298 – 324, hier: Seite 312 und BVerfG, Beschluß vom 23. November 1988, - 2 BvR 1619, 1628/83 -, a.a.O., hier: Seite 150.
[15] Siehe: Ebenda, hier: Seite 152.
[16] Siehe beispielsweise Schoch, Friedrich, Finanzierungsverantwortung für gesetzgeberisch veranlaßte Ausgaben, in: Henneke, Hans-Günter (Hrsg.), Stärkung der kommunalen Handlungs- und Entfaltungsspielräume, Stuttgart u.a. 1996, Seite 33 – 50, hier: Seite 43 f.

flächenmäßiger Ausdehnung und Struktur unterschiedlich sein[17]. Auch hier ist von einem ständigen Wandel auszugehen, sowohl bezüglich der angesprochenen Kriterien als auch den damit verbundenen Anforderungen[18]. Wesentlich für dieses dynamische Verständnis und die Sicherung der kommunalen Selbstverantwortung erscheint es vor allem die Frage der Kompetenz der Zuteilung bzw. Einstufung von Aufgaben zu klären: Grundsätzlich hat der Gesetzgeber das Recht, die Aufgabenausstattung der Gemeinden zu regeln[19]. Dabei ist er allerdings verpflichtet, den Vorrang der Gemeinden bei örtlichen Angelegenheiten gem. Art. 28 Abs. 2 Satz 1 GG zu beachten (Subsidiaritätsgrundsatz). Bei Aufgaben, die dagegen keinen spezifischen Bezug zur örtlichen Gemeinschaft aufweisen, ist der Gesetzgeber in seiner Zuordnung frei, da diese Aufgaben aus dem Gewährleistungsbereich des Art. 28 Abs. 2 Satz 1 GG herausfallen[20]. Demgegenüber steht das Recht der Kommunen, sich bislang unbesetzten Aufgaben mit örtlichem Bezug nach eigenem Ermessen anzunehmen[21].

Örtliche Angelegenheiten sind gem. Art. 28 Abs. 2 Satz 1 GG in eigener Verantwortung zu regeln. Die Umsetzung der entsprechenden Angelegenheiten obliegt der Kommune. Dies bedeutet, dass sich sowohl die Zielprojektion, das Ermessen der Zweckmäßigkeit als auch die Form der entsprechenden Verwaltungstätigkeit im ausschließlichen Verantwortungsbereich der Gemeinde befindet. Dabei ist insbesondere auf die Verbesserung der Bürgermitwirkung an der politischen Gestaltung und den Willensbildungsprozeß hinzuweisen. Folglich besitzt die Selbstverwaltung der Gemeinden entscheidende Bedeutung für den Aufbau der „Demokratie von unten nach oben"[22]. Die Schaffung des Selbstbestimmungsrechts der Gemeindebürger und der daraus folgenden Möglichkeit einer wirksamen Teilnahme an den Angelegenheiten des Gemeinwesens sind als wesentlicher Baustein einer föderalen Ordnung und gleichzeitig als „Keimzelle der Demokratie"[23] anzusehen.

---

[17] Siehe: Henneke, Hans-Günter, Die Kommunen in der Finanzverfassung des Bundes und der Länder, 3. Auflage, Wiesbaden 1998, Seite 16 f.

[18] Siehe auch: Püttner, Günter, Kommunale Aufgaben, Aufgabenwandel und Selbstverwaltungsprinzipien, in: DfK 2002, Seite 52 – 60.

[19] Siehe: Clemens, Thomas, Kommunale Selbstverwaltung und institutionelle Garantie: Neue verfassungsrechtliche Vorgaben durch das BVerfG, in: NVwZ 1990, Seite 834 – 843, hier: Seite 835.

[20] Siehe: BVerfG, Beschluß vom 23. November 1988, - 2 BvR 1619, 1628/83 -, a.a.O., hier: Seite 152.

[21] Siehe hierzu: Ebenda, hier: Seite 155.

[22] Ebenda, hier: Seite 149.
Siehe hierzu ebenfalls: Gaggermeier-Scheugenpflug, Angela, Die verfassungsrechtliche Zulässigkeit der grenzüberschreitenden kommunalen Zusammenarbeit mit ausländischen Gemeinden, Diss. Universität Regensburg 1998, o.O. o.J., Seite 106 – 109 und Schmidt-Bleibtreu, Bruno/Klein, Franz, Kommentar zum Grundgesetz, 8. Auflage, Neuwied u.a. 1995, Seite 597.

[23] BVerfG, Beschluß vom 23. November 1988, - 2 BvR 1619, 1628/83 -, a.a.O., hier: Seite 149.

1.3 Zentrale Bereiche der Eigenverantwortlichkeit der Kommunen

Örtliche Aufgaben dürfen Kommunen lediglich dann entzogen werden, wenn bei einem Verbleib die ordnungsgemäße Aufgabenerfüllung nicht sichergestellt ist. Nur in diesem Fall ist eine staatliche zentrale Aufgabenwahrnehmung der durch die Verfassung determinierten dezentralen Wahrnehmung vorzuziehen[24]. Durch ein Bündel von Gemeindehoheiten wird der zentrale Bereich der Eigenverantwortlichkeit gekennzeichnet[25]:

1. Gebietshoheit: Hierunter wird der Zuständigkeitsbereich der einzelnen Gemeinde erfasst. In diesem Gebiet besitzt die Gemeinde das Recht, Hoheitsgewalt auszuüben, d.h. sämtliche Personen und Sachen unterliegen dem Hoheitsrecht der entsprechenden Kommune[26].

2. Organisationshoheit: Die Kommunen besitzen das Recht zur eigenverantwortlichen Gestaltung des Gemeindeaufbaus und Geschäftsablaufs[27], die innere Organisation der Kommune im Rahmen der Gesetze zu gestalten, Behörden und Dienststellen zu errichten oder aufzuheben, diese anforderungsgerecht auszustatten, die Beaufsichtigung der Verwaltung vorzunehmen und Steuerungsmechanismen festzulegen[28].

---

[24] Siehe: Münch, Ingo von/Kunig, Philip, Grundgesetz-Kommentar, Band 2, 3. Auflage, München 1995, Seite 296.
Die grundsätzliche Alleinzuständigkeit der Kommunen bei allen Angelegenheiten der örtlichen Gemeinschaft schließt allerdings nicht eine Staatsaufsicht aus. Diese begrenzt sich jedoch auf die Rechtskontrolle (Verbot der Einmischungsaufsicht), um so die einheitliche Wirksamkeit aller Verwaltungsinstanzen sicherzustellen und entspricht dem verfassungsrechtlichen Korrelat der Selbstverwaltung.
Siehe hierzu: BVerfG, Beschluß vom 21. Juni 1988, - 2 BvR 602, 974/83 -, in: BVerfGE 1989, Band 78, Seite 331 – 344, hier: Seite 341 und Frotscher, Werner, Selbstverwaltung und Demokratie, in: Mutius, Albert von (Hrsg.), Selbstverwaltung im Staat der Industriegesellschaft, Heidelberg 1983, Seite 127 – 147, hier: Seite 146 f.

[25] Siehe hierzu insbesondere: BVerfG, Urteil vom 24. Juli 1979, - 2 BvK 1/78 -, in: BVerfGE 1980, Band 52, Seite 95 – 131, hier: Seite 117.
Siehe ebenfalls: Blümel, Willi, Wesensgehalt und Schranken des kommunalen Selbstverwaltungsrechts, in: Mutius, Albert von (Hrsg.), Selbstverwaltung im Staat der Industriegesellschaft, Heidelberg 1983, Seite 265 – 303, hier: Seite 270 f.

[26] Siehe: BVerfG, Beschluß vom 24. Juli 1979, - 2 BvK 1/78 -, a.a.O., hier: Seite 117.

[27] Siehe hierzu: BVerfG, Beschluß vom 28. Oktober 1958, - 2 BvR 5/56 -, in: BVerfGE 1959, Band 8, Seite 256 – 260, hier: Seite 258; BVerfG, Beschluß vom 12. Juli 1960, - 2 BvR 373, 442/60 -, in: BVerfGE 1961, Band 11, Seite 266 – 277, hier: Seite 276 und BVerfG, Beschluß vom 07. Februar 1991, - L 24/84 -, in: BVerfGE 1991, Band 83, Seite 363 – 395, hier: Seite 382.

[28] Siehe: Tettinger, Peter J., [Kommentar zu] Artikel 28, in: Stark, Christian (Hrsg.), Das Bonner Grundgesetz, Band 2: Artikel 20 bis 78, 4. Auflage, München 2000, Seite 669 – 748, hier: Seite 723.

3. Kooperationshoheit: Gemeinden können in eigener Entscheidung Aufgaben im Zusammenwirken mit anderen Gemeinden wahrnehmen[29].

4. Personalhoheit: Die Auswahl, Anstellung, Beförderung und Entlassung des Gemeindepersonals obliegt der Kommune[30].

5. Planungshoheit: Die Planungshoheit umfasst die eigenverantwortliche Ordnung und Gestaltung des Gemeindegebiets[31].

6. Rechtsetzungshoheit: Die Kommunen besitzen das Recht, eigene Angelegenheiten mit verbindlicher Wirkung durch Satzungen – d.h. durch ortsrechtliche Vorschriften – zu regeln[32].

7. Finanzhoheit: Die Gewährleistung der kommunalen Selbstverwaltung umfasst auch die Grundlagen der finanziellen Eigenverantwortung – d.h. die eigenverantwortliche Einnahmen- und Ausgabenwirtschaft im Rahmen eines gesetzlich geordneten Haushaltswesens[33]. Zu diesen Grundlagen gehört auch eine den Gemeinden mit Hebesatzrecht zustehende wirtschaftsbezogene Steuerquelle.

8. Abgabenhoheit: Die Abgabenhoheit erlaubt es den Kommunen, die Einwohner zu den gemeindlichen Aktivitäten entstandenen Lasten heranzuziehen[34].

---

[29] Siehe: Schmidt-Jortzig, Edzard, Kooperationshoheit der Gemeinden und Gemeindeverbände bei Erfüllung ihrer Aufgaben, in: Mutius, Albert von (Hrsg.), Selbstverwaltung im Staat der Industriegesellschaft, Seite 525 – 539, hier: Seite 525.

[30] Siehe: BVerfG, Urteil vom 20. März 1952, - 1 BvR 267/51 -, a.a.O., hier: Seite 175; BVerfG, Beschluß vom 02. Dezember 1958, - 1 BvL 27/55 -, in: BVerfGE 1959, Band 8, Seite 332 – 364, hier: Seite 339; BVerfG, Urteil vom 27. April 1959, - 2 BvF 2/58 -, in: BVerfGE 1959, Band 9, Seite 269 – 291, hier: Seite 289 f; BVerfG, Beschluß vom 26. November 1963, - 2 BvL 12/62 -, in: BVerfGE 1965, Band 17, Seite 172 – 188, hier: Seite 181 f und NdsStGH, Urteil vom 13. März 1996, - StGH 1/94 u.a. -, in: DÖV 1996, Seite 657 – 659.
Siehe ebenfalls: Lecheler, Helmut, Die Personalhoheit der Gemeinden, in: Mutius, Albert von (Hrsg.), Selbstverwaltung im Staat der Industriegesellschaft, Heidelberg 1983, Seite 541 – 554.

[31] Siehe: VerfGH NW, Urteil vom 15. Dezember 1989, - VerfGH 5/88 -, in: NWVBl. 1990, Seite 51 – 55, hier: Seite 52.
Siehe ebenfalls: Kim, Nam-Cheol, Gemeindliche Planungshoheit und überörtliche Planungen, Diss. Universität Tübingen 1997, Frankfurt 1998.

[32] Neben dem Satzungsgebungsrecht wird zwischen Rechtsverodnungen und inneradministrativen Rechtssätzen differenziert.
Siehe hierzu: Schmidt-Aßmann, Eberhard, Die Rechtsetzungsbefugnis der kommunalen Körperschaften, in: Mutius, Albert von (Hrsg.), Selbstverwaltung im Staat der Industriegesellschaft, Heidelberg 1983, Seite 607 – 622.

[33] Siehe hierzu: BayVerfGH, Urteil vom 27. Februar 1997, - Vf. 17 - VII - 94 -, in: BayVBl. 1997, Seite 303 – 307, hier: Seite 304; BVerfG, Beschluß vom 21. Mai 1968, - 2 BvL 2/61 -, in: BVerfGE 1968, Band 23, Seite 353 – 373, hier: Seite 369 und BVerfG, Beschluß vom 24. Juni 1969, - 2 BvR 446/64 -, in: BVerfGE 1970, Band 26, Seite 228 – 245, hier: Seite 244.

[34] Siehe: Tettinger, Peter J., a.a.O., hier: Seite 723.

2. Aufgabenkompetenz

Die Aufgaben der Kommunen umfassen neben den Selbstverwaltungsaufgaben auch die sog. Wahrnehmungsaufgaben (Auftragsangelegenheiten/Staatsaufgaben). Diese Unterteilung entspricht der sog. Aufgabenstruktur nach dem dualistischen Modell. Eine Vielzahl von Bundesländern (z.B. Niedersachsen und Thüringen) folgen dieser kommunalen Aufgabenstruktur in den jeweiligen Landesverfassungen. Andere Bundesländer gehen von einem einheitlichen Begriff der öffentlichen Aufgaben aus und trennen somit die staatlichen Aufgaben nicht von den kommunalen Aufgaben (monistische Aufgabenstruktur). Hierzu zählen bspw. Baden-Württemberg und Nordrhein-Westfalen[35].

Die Selbstverwaltungsaufgaben stehen den Kommunen verfassungsmäßig zu und sind in eigener Verantwortung zu erfüllen. Somit stellen die Selbstverwaltungsaufgaben die eigenverantwortlich zu regelnden Angelegenheiten der örtlichen Gemeinschaft dar[36]. Hierzu gehören neben den freiwilligen Aufgaben[37] auch solche, die ihnen durch Bundes- oder Landesgesetze und Rechtsverordnungen auferlegt wurden, deren Umsetzung in den Zuständigkeitsbereich der einzelnen Kommune fällt und ein Erledigungszwang aufgrund der Rechtspflicht gegenüber dem Staat besteht (pflichtige Selbstverwaltungsaufgaben[38]). Letztere unterscheiden sich von ersteren dadurch, dass die Gemeinden keine Entscheidung treffen können, ob eine bestimmte Maßnahme durchgeführt wird oder nicht. Lediglich die Art und Weise einer Umsetzung der vom Gesetzgeber beschlossenen Maßnahmen kann bestimmt werden[39]. Hierin drückt sich das Interesse des Staates aus, dass bestimmte Angelegenheiten zwingend wahrgenommen werden müssen[40], wobei die Einhaltung bzw. Durchführung der vorgegebenen Aufgaben durch die Rechtsaufsicht überwacht wird[41].

Neben den Selbstverwaltungsaufgaben ist die Kommune verpflichtet, sog. Wahrnehmungsaufgaben durchzuführen bzw. umzusetzen[42]. Dabei wird der Ge-

---

[35] Siehe beispielsweise: Henneke, Hans-Günter, Öffentliches Finanzwesen, Finanzverfassung, 2. Auflage, Heidelberg 2000, Seite 330 – 367.

[36] Siehe: Schmidt-Jortzig, Edzard, Kommunalrecht, a.a.O., Seite 161 f.

[37] Hierzu zählen bspw. die Errichtung und der Betrieb von Theatern, Museen, Sportplätzen, Bibliotheken, Schwimmbädern, die Bereitstellung von Schulraum sowie die kommunale Wirtschaftsförderung.

[38] Beispielhaft seien hier die Jugendhilfe, der örtliche Straßenbau, die Wasserversorgung sowie die Abfall- und Abwasserbeseitigung genannt.

[39] Siehe: Schmidt-Jortzig, Edzard, Gemeinde- und Kreisaufgaben, in: DÖV 1993, Seite 973 – 984, hier: Seite 976.

[40] Hierbei kann es sich bspw. um eine infrastrukturelle Mindestausstattung handeln.

[41] Siehe: Frotscher, Werner, a.a.O., hier: Seite 147.

[42] Siehe: BVerfG, Beschluß vom 21. Juni 1988, - 2 BvR 975/83 -, in: BVerfGE 1989, Band 78, Seite 344 – 349, hier: Seite 348 und Schmidt-Jortzig, Edzard, Gemeinde- und Kreisaufgaben, a.a.O., hier: Seite 976.

meinde sowohl das „ob" als auch das „wie" der Aufgabenerfüllung vom Gesetzgeber auf Basis eines Gesetzes oder einer Rechtsverordnung vorgeschrieben,
unterliegt einer Fachaufsicht, behält aber die Organisations- und Personalhoheit[43].

3. Exkurs: Die Rechtsstellung der Kommunen in der Europäischen Union

„Europa lebt ... als Gemeinschaft von Staaten mit je eigener Identität, Geschichte und Verfassung"[44]. Wer die Bedeutung der kommunalen Selbstverwaltung innerhalb des nationalen Rahmen analysieren will, darf den Einfluss der
Europäischen Union auf die Gemeinden nicht ausblenden.

3.1 Einwirkung des Rechts der Europäischen Union auf die Kommunen

Durch die Übertragung von Kompetenzen[45] an die EU haben die Mitglieds-
staaten ihre nationale Rechtsordnung für Europarecht geöffnet. Dabei werden
die übertragenen Kompetenzen durch die EU mittels eigener Organe ausgefüllt.
Gleichzeitig setzt die EU durch diese Organe eigenes Recht, das Anwendungs-
und Geltungsvorrang vor nationalem Recht besitzt[46] und auch die kommunale
Selbstverwaltungsgarantie des Art. 28 Abs. 2 GG erfasst[47].

---

[43] Die Wahrnehmungsaufgaben können des weiteren in Pflichtaufgaben nach Weisung (z.B. Bauaufsicht, Melderecht, Ordnungsrecht) und in Auftragsangelegenheiten infolge bundesrechtlicher Regelungen (z.B. Ausbildungsförderung, Wohngeld, Zivil- und Katastrophenschutz, Durchführung der Bundestagswahlen) unterschieden werden.
Siehe: Birkenfeld-Pfeiffer, Daniela, a.a.O., Seite 104.
Zur Fachaufsicht und die Abgrenzung zur Staatsaufsicht siehe: Bracker, Reimer, Theorie und Praxis der Kommunalaufsicht, in: Mutius, Albert von (Hrsg.), Selbstverwaltung im Staat der Industriegesellschaft, Heidelberg 1983, Seite 459 – 478.

[44] Stern, Klaus, Europäische Union und kommunale Selbstverwaltung, in: Baur, Jürgen F./Watrin, Christian (Hrsg.), Recht und Wirtschaft der Europäischen Union, Berlin/New York 1997, Seite 16 – 41, hier: Seite 17.

[45] Die Übertragung von Kompetenzen ist Basis des Handelns der Organe der EU, da die EU keine Staatsqualität besitzt.

[46] Siehe: EuGH, Urteil vom 15. Juli 1964, Rechtssache 6/64, in: Sammlung der Rechtsprechung des Gerichtshofes 1964, Seite 1251 – 1311, hier: Seite 1269 – 1271 und EuGH, Urteil vom 09. März 1978, Rechtssache 106/77, in: Sammlung der Rechtsprechung des Gerichtshofes 1978, Seite 629 – 658, hier: Seite 652.

[47] Siehe: Blanke, Hermann-Josef, Die kommunale Selbstverwaltung im Zuge fortschreitender Integration, in: DVBl. 1993, Seite 819 – 831, hier: Seite 821.

Die Einwirkungen der EU bzw. des Rechts der EU auf die Kommunen lässt sich nach der Wirkungsrichtung und der Intensität der Verbindungen gliedern[48]:

1. Unmittelbare Einwirkungen auf kommunale Handlungsfelder:
   Die direkte Einwirkung erfolgt durch Rechtsetzung der EU in einem kommunalen Handlungsspielraum. Folgende Beispiele verdeutlichen dies:
   - Durch eine Richtlinie wurde das Kommunalwahlrecht für nichtdeutsche Unionsbürger eingeführt[49].
   - Den Kommunen wurde zur Behandlung kommunalen Abwassers eine sog. dritte Reinigungsstufe vorgeschrieben[50].

   Gleichzeitig können Kommunen – für von der EU als besonders förderungswürdig eingestufte Projekte – Finanzmittel aus den Strukturfonds der EU erhalten.

2. Mittelbare Einwirkungen durch Veränderung problem- und aufgabenspezifischer Faktoren:
   Als derzeit bedeutendste mittelbare Einwirkung können die Auswirkungen der Verwirklichung der vier Grundfreiheiten – Personen-, Waren-, Dienstleistungs- und Kapitalverkehrsfreiheit (Art. 3 Abs. 1 c EGV[51]) – eingestuft werden, die die freie Wanderung dieser Faktoren innerhalb der EU ermöglichen soll. Der Handlungsspielraum der Kommunen wird zum einen durch die aus den Grundfreiheiten hervorgehende erhöhte Mobilitätsfähigkeit von Waren, Personen, Dienstleistungen und Kapital eingeschränkt, da eine notwendigerweise vorzunehmende Zielgruppenorientierung Alternativprojekte in Einzelfällen ausschließt; zum anderen wird gleichzeitig der Handlungsspielraum durch die räumliche Erweiterung der Zielgruppen einer Kommunalpolitik erhöht.

3. Mittelbare Einwirkungen durch Verschiebungen im föderativen Gefüge:
   Durch die Verlagerung von Aufgaben der einzelnen Nationalstaaten auf die EU verringern sich (mittelbar) Kompetenzen und Finanzmittel bei Bund, Ländern und Kommunen.

---

[48] Siehe: Stöß, Angela, Europäische Union und kommunale Selbstverwaltung, Diss. Universität Marburg 1999, Frankfurt u.a. 2000, Seite 40 – 43.
Der Zugriff auf die einzelnen Gemeindehoheiten wird dargestellt bei: Schmahl, Stefanie, Europäisierung der kommunalen Selbstverwaltung, in: DÖV 1999, Seite 852 – 861.

[49] Siehe hierzu: Rat der Europäischen Union (Hrsg.), Richtlinie des Rates vom 19. Dezember 1994, - 94/80/EG -, in: Amtsblatt der Europäischen Gemeinschaften 1994, Nr. L 368/38 – L 368/47.

[50] Siehe hierzu: Rat der Europäischen Union (Hrsg.), Richtlinie des Rates vom 21. Mai 1991, - 91/271/EWG -, in: Amtsblatt der Europäischen Gemeinschaften 1991, Nr. L 135/40 – L 135/52.

[51] Siehe: Vertrag zur Gründung der Europäischen Gemeinschaft vom 25. März 1957, Konsolidierte Fassung mit den Änderungen durch den Vertrag von Amsterdam vom 02. Oktober 1997, in: dtv (Hrsg.), Vertrag über die Europäische Union mit sämtlichen Protokollen und Erklärungen – Vertrag zur Gründung der Europäischen Gemeinschaft (EG-Vertrag) in den Fassungen von Maastricht und Amsterdam, 4. Auflage, München 1998.

4. Institutionelle Einflussmöglichkeiten der Kommunen und Schutzmechanismen:
Die Mitwirkung der Kommunen an Entscheidungsfindungen auf EU-Ebene bspw. durch den Ausschuss der Regionen kann Intransparenz verhindern und zugleich Kompetenzabgrenzungen erreichen[52].

3.2 Schutz kommunaler Selbstverwaltung aus Sicht des Gemeinschaftsrechts

Die Beeinflussung des nationalen bzw. kommunalen Rechts durch das europäische Recht sowie die stetige Zunahme dieses Einflusses, ist unbestritten; jedoch inwieweit das nicht in den europäischen Verträgen kodifizierte Recht auf kommunale Selbstverwaltung den Kommunen garantiert ist, wird in der Literatur kontrovers diskutiert. Die „Europafestigkeit" des Art. 28 Abs. 2 GG kann – da keine direkte Regelung auf europäischer Ebene vorliegt und sich gleichfalls keine Sicherung über Art. 79 Abs. 3 GG ergibt – lediglich indirekt durch Ableitung und Interpretation des Unionsvertrages begründet werden.

Neben dem Versuch, eine Argumentationskette über das europarechtliche Postulat bürgernaher Entscheidungen[53] (Art. 1 Abs. 2 EUV[54]) aufzubauen, wird teilweise die in Art. 6 Abs. 3 EUV verankerte Achtung der nationalen Identität der Mitgliedstaaten[55] und der Grundsatz der Gemeinschaftstreue (Art. 10 EGV) als Ansatz- und gleichzeitig Garantiepunkt der kommunalen Selbstverwaltung angesehen[56], wobei dies teilweise als eine Überinterpretation des Gesetzestextes aufgefasst wird[57]. Der Argumentation über das Demokratieprinzip[58] (Art. 6

---

[52] Siehe auch: Knemeyer, Franz-Ludwig, Magna Charta der kommunalen Selbstverwaltung, in: Europas universale rechtsordnungspolitische Aufgabe im Recht des dritten Jahrtausends, Köbler, Gerhard/Heinze, Meinhard/Hromadka, Wolfgang (Hrsg.), Seite 507 – 521.

[53] Siehe: Magiera, Siegfried, Kommunale Selbstverwaltung in der Europäischen Union, in: Grupp, Klaus/Ronellenfitsch, Michael (Hrsg.), Kommunale Selbstverwaltung in Deutschland und Europa, Berlin 1995, Seite 13 – 33, hier: Seite 32.

[54] Siehe: Vertrag über die Europäische Union vom 07. Februar 1992, Konsolidierte Fassung mit den Änderungen durch den Vertrag von Amsterdam vom 02. Oktober 1997, in: dtv (Hrsg.), Vertrag über die Europäische Union mit sämtlichen Protokollen und Erklärungen – Vertrag zur Gründung der Europäischen Gemeinschaft (EG-Vertrag) in den Fassungen von Maastricht und Amsterdam, 4. Auflage, München 1998.

[55] Siehe: Pieper, Stefan Ulrich, Subsidiaritätsprinzip – Strukturprinzip der Europäischen Union, in: DVBl. 1993, Seite 705 – 712, hier: Seite 710.

[56] Siehe beispielsweise: Magiera, Siegfried, Kommunale Selbstverwaltung in der Europäischen Union, a.a.O., hier: Seite 18.

[57] Siehe: Blanke, Hermann-Josef, Die kommunale Selbstverwaltung im Zuge fortschreitender Integration, a.a.O., hier: Seite 825 f und Schoch, Friedrich, Kommunale Selbstverwaltung und Europarecht, in: Henneke, Hans-Günter (Hrsg.), Kommunen und Europa – Herausforderungen und Chancen, Stuttgart u.a. 1999, Seite 11 – 37, hier: Seite 24 f.

Abs. 1 EUV) ist entgegenzuhalten, dass zwar sowohl das BVerfG als auch der EuGH das Demokratieprinzip als zentralen Bestandteil der Staatsverfassung bzw. des Unionsvertrages einstufen; jedoch setzt die demokratische Gestaltung einer Staatsform nicht die kommunale Selbstverwaltung voraus[59]. Vielmehr entspricht das Demokratieprinzip einem Strukturprinzip, während die Selbstverwaltung lediglich als Organisationsprinzip zu charakterisieren ist[60].

Auch der Grundsatz der Subsidiarität erscheint nicht geeignet, das Recht auf kommunale Selbstverwaltung einklagbar zu gestalten, da sich diese Normierung gem. Art. 5 EGV ausschließlich auf die Ebene der Mitgliedstaaten bezieht und demzufolge die subnationale Ebene nicht berührt[61]. Allerdings ist eine Verlagerung von Aufgaben auf die Europäische Ebene von der Ebene der Mitgliedstaaten nur dann vornehmbar, wenn die Ziele der in Betracht gezogenen Maßnahmen auf nationaler Ebene nicht ausreichend erreicht bzw. umgesetzt werden und dies besser auf Gemeinschaftsebene erfolgen kann. Dieser „Sicherungsmechanismus" vor unzulässiger Aufgabenaneignung durch die Gemeinschaft bzw. deren Organe, die keine Kompetenz-Komeptenz besitzen, führt zu einem Abwägungsdilemma, welches aufgrund fehlender eindeutiger Kriterien in Einzelfallentscheidungen münden muss. Damit ist gleichzeitig der Gesichtspunkt der ökonomischen Effizienz als wesentliches allgemeines Entscheidungskriterium bei der Bestimmung normiert; die Möglichkeiten bzw. Umsetzung einer Messung bleiben jedoch undefiniert.

---

[58] Siehe beispielsweise: Zuleeg, Manfred, Selbstverwaltung und Europäisches Gemeinschaftsrecht, in: Mutius, Albert von (Hrsg.), Selbstverwaltung im Staat der Industriegesellschaft, Heidelberg 1983, Seite 91 – 110, hier: Seite 93.

[59] Gleichfalls gilt es darauf hinzuweisen, dass andere europäische Demokratien das Institut der kommunalen Selbstverwaltung nicht kennen und dies folglich zumindest auf europäischer Ebene zu unterschiedlichen Standpunkten bzgl. des Inhalts der „Demokratie" führt.
Siehe: Stern, Klaus, Europäische Union und kommunale Selbstverwaltung, a.a.O., hier: Seite 28.

[60] Siehe: Schmidt-Aßmann, Eberhard, Kommunale Selbstverwaltung nach „Rastede", in: Franken, Everhardt u.a. (Hrsg.), Bürger – Richter – Staat, München 1991, Seite 121 – 138, hier: Seite 124.

[61] Siehe: Ambrosius, Gerold, Kommunale Selbstverwaltung im Zeichen des Subsidiaritätsprinzips in Europa, in: Brede, Helmut (Hrsg.), Wettbewerb in Europa und die Erfüllung öffentlicher Aufgaben, Baden-Baden 2000/2001, Seite 55 – 64, hier: Seite 57 und Cathaly-Stelkens, Anne, Kommunale Selbstverwaltung und Ingerenz des Gemeinschaftsrechts, Mag.-Arbeit Universiät Saarbrücken 1995, Baden-Baden 1996, Seite 81 – 93.

4.   Fazit

Zusammenfassend bleibt festzuhalten, dass die kommunale Selbstverwaltung als „ein in der Verfassung angelegtes Ordnungsprinzip"[62] und Regelsystem zur Beeinflussung individueller Interaktionen einzustufen ist. Zum einen durch die Rechtsstaatlichkeit, die die rechtssichernde Ordnung verfolgt und gleichzeitig die Mäßigung der öffentlichen Gewalt als Mittelpunkt besitzt. Zum anderen durch die Demokratie, d.h. die Verankerung der Eigenverantwortlichkeit auf kommunaler Ebene sowie die Selbstbestimmung und aktive Teilnahme am (politischen) Leben innerhalb der gesetzten und gewachsenen formellen und informellen Regeln mit entsprechenden Sanktionsmöglichkeiten.

Gleichzeitig gilt es allerdings darauf hinzuweisen, dass die kommunale Selbstverwaltung aus europarechtlicher Sicht keinen Bestandsschutz besitzt, da es sich lediglich um ein Organisationsprinzip, nicht jedoch um ein Strukturprinzip handelt.

---

[62] Schmidt-Aßmann, Eberhard, Zum staatsrechtlichen Prinzip der Selbstverwaltung, in: Selmer, Peter/Münch, Ingo von (Hrsg.), Gedächnisschrift für Wolfgang Martens, Berlin/New York 1987, Seite 249 – 264, hier: Seite 255 – 257.

III. Theoretische Grundlagen kommunaler Reformen

Das im vorhergenden Kapitel aufgezeigte Mehr-Ebenen-System Deutschlands, welches durch die Kommunen als kleinste Einheit repräsentiert wird, erfährt im folgenden unter Rückgriff auf die aus der Finanzpolitik abgeleiteten Ziele (Allokations-, Distributions-, Konjunktur- und Wachstumsziele) und der Betrachtung des Angebots an öffentlichen Gütern seine Rechtfertigung aus theoretischer Sicht. Das Leistungsangebot der Gebietskörperschaften stellt das Äquivalent für gezahlte Steuern dar. In diesem Zusammenhang wird sich auf die Frage konzentriert, welche föderale Ebene die Aufgabenkompetenz für eine bestimmte Leistung besitzen sollte. Darauf aufbauend wird das theoretische Konzept des evolutorischen Wettbewerbs vorgestellt, welches Wettbewerb auch zwischen Gebietskörperschaften als Entdeckungsverfahren und Innovationswettbewerb charakterisiert. Dieses Konzept basiert auf der Annahme einer potentiellen Mobilität von Unternehmen und Individuen (privater Haushalte).

1. Optimalitätskriterium als Maßstab der Staatsorganisation

Im folgenden soll der Frage nachgegangen werden, ob der Föderalismus i.S. des deutschen Mehr-Ebenen-Systems, d.h. ein dezentraler föderativ aufgebauter Staat, oder ein unitaristischer Staat, die gestellten Aufgaben grundsätzlich effizienter erfüllen könnte.

1.1 Das Opportunitätskostenprinzip

Gemäß dem Opportunitätskostenprinzip wird untersucht, welche zusätzlichen Kosten dadurch entstehen, dass eine bestimmte Alternative gegenüber einer anderen Möglichkeit präferiert wird. Dabei bestimmt die bestmögliche Verwendung der zur Verfügung stehenden Ressourcen (Kapital, Arbeit, Boden) stets den Maßstab, an dem sich die Alternativkonzepte messen müssen, d.h. es gilt zu bestimmen, welche Kosten durch die nicht-optimale Wahl entstehen bzw. welche Möglichkeiten ungenutzt bleiben. Als Maßstab ist das Allokationsziel heranzuziehen, nachdem die Ressourcen einer Volkswirtschaft ihrer bestmöglichen Verwendung zuzuführen sind, wobei das Pareto-Kriterium als normative Basis zur Beurteilung angeführt werden kann.

Nach dem Pareto-Kriterium ist eine Ressourcenallokation und folglich auch ein gesellschaftlicher Zustand dann pareto-optimal, wenn kein Individuum durch eine Ressourcenumverteilung besser gestellt werden kann, ohne dass mindestens ein Individuum schlechter gestellt wird. Da diese Norm auf Werturteilen beruht, gibt es kein eindeutiges und objektives Vorgehen, um einen pareto-optimalen Zustand herzustellen. Darüber hinaus ist kein interindividueller Nutzenvergleich möglich, da es sich um ein ordinales Konzept handelt, d.h. der Nutzen eines Gutes kann nur in Relation zu anderen Gütern ausgedrückt werden. Zusätzlich sind die Nutzenniveaus der eigennützig und rational handelnden Individuen unterschiedlich. Demzufolge ist der Zustand des Pareto-Optimums und damit auch die effiziente Allokation erreicht, wenn sämtliche Waren und Dienstleistungen – also das Angebot – zu den niedrigstmöglichen Kosten entsprechend den Präferenzen sämtlicher Nachfrager hergestellt bzw. angeboten werden[63] und somit das Ziel der Konsumentensouveränität erreicht ist. Effiziente Allokation und das Pareto-Optimum lassen sich jedoch nur unzureichend messen. Somit ist gleichfalls keine allgemein gültige und pauschale Aussage treffbar, wann und insbesondere wie ein „optimaler Zustand" zu erreichen ist.

1.2   Aufgabenkompetenz bei öffentlichen Gütern

Bei der Einstufung einer präferenzgerechten Aufgabenerfüllung ist zunächst abzugrenzen zwischen privaten Gütern – hier sollte der Markt die Bereitstellung von Lösungen übernehmen – und öffentlichen Gütern (Abbildung 1). Entgegen vieler Modellrechnungen, nach denen ausschließlich fiskalische Unterschiede Entscheidungen von Unternehmen und Individuen für oder gegen einen Standort determinieren, beeinflussen andere nicht-fiskalische Faktoren in erheblichem Maße die Bewertung des Leistungsangebots der Kommunen durch die Bürger. Insbesondere das Angebot öffentlicher Güter ist bedeutsam. Deren kostendeckende Bereitstellung hängt vorrangig von deren Charakter, d.h. dem Grad der Rivalität und Ausschließbarkeit, ab. Während die Ausschließbarkeit wesentlich in Bezug auf die Marktfähigkeit der Güter einzustufen ist, gibt die Rivalität Informationen über die Höhe einer effizienten bzw. kostendeckenden Finanzierung. Insbesondere die Nicht-Ausschließbarkeit vom Konsum (reiner) öffentlicher Güter, die zum Trittbrettfahrer-Verhalten führen kann, unterbindet i.d.R. ein privatwirtschaftliches Angebot dieser Güter. Ob ein potentieller Nutzer ausgeschlossen werden kann, hängt dabei insbesondere von der räumlichen Dimension in Abhängigkeit des Wirkungs- bzw. Nutzungskreises ab. Ab einer bestimmten Zahl von gleichzeitigen Nutzern entstehen bei Nicht-Rivalität Ballungskosten, die sich einerseits in höheren zusätzlichen Bereitstellungskosten, andererseits in Nutzeneinbußen darstellen. Daraus resultierend entstehen dem jeweiligen Nutzer steigende Grenzkosten bei Garantie der erforderlichen Bereitstellungsmenge mit konstanter Qualität[64]. Somit hängt der Grad der Rivalität zum einen von der Nutzungselastizität der Bereitstellungsmenge, zum

---

[63] Siehe hierzu ausführlich: Fritsch, Michael/Wein, Thomas/Ewers, Hans-Jürgen, Marktversagen und Wirtschaftspolitik, 4. Auflage, München 2001, Seite 29 – 60 und Wellisch, Dietmar, Finanzwirtschaft I, München 2000, Seite 8 – 53.

[64] Siehe: Grossekettler, Heinz, Öffentliche Finanzen, in: Vahlens Kompendium der Wirtschaftstheorie und Wirtschaftspolitik, Band 1, 7. Auflage, München 1999, Seite 519 – 672, hier: Seite 532 – 563.

anderen von der Mengenelastizität der Bereitstellungskosten ab. Dabei drückt die Nutzungselastizität die prozentuale Steigerung der Bereitstellungsmenge bei konstanter Qualität bei einem Ansteigen der Nutzer um 1 % aus. Die Mengenelastizität zeigt die Steigerung der Bereitstellungskosten bei einer Mengensteigerung von 1 %. Sofern die Nutzungselastizität kleiner eins ist, liegen Gruppenvorteile bei der Nutzung vor (z.B. Museen), bei einer Nutzungselastizität von null (z.b. Deichen) ist keine Mindestauslastung erforderlich. Bei einer Mengenelastizität kleiner eins (z.b. Theater) entstehen i.d.r. durch Fixkosten fallende Durchschnittskosten (Subadditivität von Mengeneinheiten); bei einer Mengenelastizität gleich eins entsprechen die Durchschnittskosten den Grenzkosten[65]. Bei reinen öffentlichen Gütern betragen die Grenzkosten der Güterbereitstellung und der Nutzung auf lokaler Ebene zunächst null[66]. Aufgrund von Ballungsvorteilen sinken die Pro-Kopf-Kosten. Allerdings weisen auch reine öffentliche Güter Nutzungskapazitäten auf (z.B. Grünanlagen, Spielplätze), so dass unter der Bedingung einer Qualitätskonstanz Kapazitäten mit entsprechenden Fixkostensprüngen erweitert werden müssen, so dass sich ein stufenförmiger Kostenverlauf ergibt, der sich in makroökonomischer Sicht mittels einer konstanten Durchschnittskostenkurve approximieren lässt (Abbildung 2)[67].

Bevor letztlich geprüft werden kann, ob einzelne Leistungen auf lokaler, regionaler oder nationaler Ebene anzubieten sind, gilt es, die Administrationskosten in die Betrachtung mit einzubeziehen. Zu differenzieren ist zwischen den Kosten der Verwaltung und den Kosten der eigentlichen Präferenzermittlung. Hinsichtlich der Präferenzerhebung wurde bereits ausgeführt, dass der Ressourceneinsatz bei kleinen Gruppen i.d.R. geringer ist als bei großen Gruppen. Allerdings besteht die Gefahr, dass erheblich voneinander abweichende Wünsche an die Regierung herangetragen werden, so dass die lokale Bereit-

---

[65] Siehe ausführlich: Beck, Martin, u.a., Die Bereitstellung öffentlicher Güter: Eine Möglichkeit der Selbstregulierung des Steuerwettbewerbs?, Mannheim 2001, Seite 29 – 33 (unveröffentlicht).

[66] Siehe: Krause-Junk, Gerold, Steuerwettbewerb: Auf der Suche nach dem Offensichtlichen, in: Beihefte der Konjunkturpolitik 1999 – Fiskalischer Föderalismus in Europa, Seite 143 – 160, hier: Seite 149.
Die alleinige Betrachtung der Grenzkosten unter einer ceteris paribus Betrachtung greift an dieser Stelle jedoch zu kurz, da insbesondere die Durchschnittskosten für die kommunale Sicht (bei reinen öffentlichen Gütern) entscheidend sind.

[67] Siehe: Homburg, Stefan, Ursachen und Wirkungen eines Finanzausgleichs, in: Oberhauser, Alois (Hrsg.), Fiskalföderalismus in Europa, Berlin 1997, Seite 61 – 95, hier: Seite 78.
Siehe ebenfalls: Milbrandt, Beate, Die Finanzierung der Europäischen Union, Diss. Universität Berlin 2000, Baden Baden 2001, Seite 82 f.
Zum Kostenverlauf öffentlicher Leistungserstellung in Abhängigkeit von der Einwohner- und damit auch Nutzerzahl siehe: Seitz, Helmut, Der Einfluß der Bevölkerungsdichte auf die Kosten der öffentlichen Leistungserstellung, Frankfurt/Oder 2000, Seite 8 – 11 (unveröffentlicht).

stellung höhere Kosten verursacht als eine regionale bzw. nationale[68]. Die Durchführungskosten können insbesondere unter dem Gesichtspunkt steigen, dass durch eine bessere Kenntnis der Präferenzen mehr Leistungen angeboten werden können. Bezüglich der reinen Verwaltungskosten gilt, dass sie zwar grundsätzlich niedriger sein können als bei großen Gebietskörperschaften; in einer Gesamtbetrachtung gehen allerdings Verbundvorteile verloren. Erhebliche externe Koordinierungskosten treten auf[69]. Zum einen entstehen Kooperationskosten zur Internalisierung von Spillovers, zum anderen Kosten zur Erzielung von economies of scale. Die Kosten werden von der Anzahl der Gebietskörperschaften und von der Unterschiedlichkeit dieser bestimmt. Dabei ist davon auszugehen, dass die Kosten bei steigender Dezentralisierung zunehmen[70].

Abbildung 1: Rivalität und Ausschließbarkeit bei Gütern

		Rivalität	
		ja	nein
Ausschließbarkeit	ja	private Güter	kostenpflichtige Clubgüter
			kostenfreie Clubgüter
	nein	Allmendegüter	reine öffentliche Güter

In Anlehnung an: Blankart, Charles B., Öffentliche Finanzen in der Demokratie, 4. Auflage, München 2001, Seite 66.

Eine Mehrzahl öffentlicher Güter – und insbesondere die durch Kommunen angebotenen – ist ausschließlich am lokalen Standort und somit auch nur von Personen nutzbar, die sich in der Gemeinde aufhalten. Neben der Wohn- und Arbeitsbevölkerung sind dies auch Auswärtige, die allerdings für die Nutzung zusätzliche (Transaktions-)Kosten aufbringen müssen. Sofern die Nutzungsmöglichkeit grundsätzlich einen „überlokalen" Kreis umfasst, diese zusätzlichen Nutzer einen Vorteil (oder Nachteil) aus der Aktivität einer anderen Kommune ziehen, die nicht durch den Preismechanismus gesteuert wird[71], gilt es zu prüfen,

---

[68] Siehe: Sauerland, Dirk, Föderalismus zwischen Freiheit und Effizienz, a.a.O., Seite 168.
[69] Siehe: Ebenda, Seite 168 f.
[70] Siehe: Stahl, Dieter, Aufgabenverteilung zwischen Bund und Ländern, Diss. Universität Marburg 2000, Marburg 2000, Seite 91 – 93.
[71] Bei der dezentralen Bereitstellung öffentlicher Güter können allerdings Ineffizienzen auftreten, die wie folgt kategorisiert werden können:

ob es sich bei dem angebotenen Gut immer noch um ein lokales oder aber um ein regionales bzw. nationales öffentliches Gut handelt – einhergehend mit der Forderung der Finanzierung durch eine übergeordnete Gebietskörperschaft. Diese Forderung kann allerdings keine „Einbahnstraße" sein. Insbesondere unter dem Gesichtspunkt der sich stets verändernden Präferenzen der Konsumenten sowie der Entwicklung der technischen Möglichkeiten einer Ausschließbarkeit der Nutzung ist die Prüfung der Aufgabenzuordnung laufend vorzunehmen und ggf. auch an eine nachgelagerte Ebene zurückzuverweisen. Hier bedarf es einer regelmäßigen Einzelfallprüfung. Diese Möglichkeit ist in der Bundesrepublik Deutschland durch die Offenheit des Grundgesetzes als ökonomischer Vertragsgrundlage gewährleistet.

Abbildung 2: Durchschnittskosten reiner öffentlicher Güter

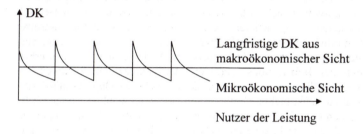

DK = Durchschnittskosten

In Anlehnung an: Homburg, Stefan, Ursachen und Wirkungen eines Finanzausgleichs, a.a.O., Seite 77.

---

1. Kosten-Spillover (Anwohner anderer Gebietskörperschaften zahlen teilweise Steuern der betrachteten Gebietskörperschaft).
2. Nutzen-Spillover (Nutzung öffentlicher Leistungen durch Anwohner einer anderen Gebietskörperschaft, ohne Zahlungen zu leisten.
3. Überfüllungskosten verändern sich.
4. Die Ressourcenkosten öffentlicher Leistungen anderer Gebietskörperschaften verändern sich.
5. Steuereinnahmen verändern sich aufgrund von ökonomischen Aktivitäten anderer Gebietskörperschaften (Steuerwettbewerb).
6. Produkt- und Faktorpreisänderungen bevorteilen Anwohner der betrachteten Gebietskörperschaft gegenüber solchen anderer Gebietskörperschaften.
Siehe: Gordon, Roger H., An Optimal Taxation Approach to Fiscal Federalism, in: Quarterly Journal of Economics 1983, Seite 567 – 586.

1.3 Allokationsziele

Die öffentlichen Güter sind für die Begründung des zu wählenden Staatssystems von entscheidender Bedeutung: Bei einem unitaristischen Staat werden sämtliche Leistungen von der Zentralebene ausgeführt. Da sich die Präferenzen der Individuen im Zeitablauf ändern, ist der Staat ebenfalls zu Anpassungen gezwungen, um das Ziel einer effizienten Allokation zu erreichen. In diesem Zusammenhang ist wesentlich, dass zum einen nicht alle Individuen die gleichen Präferenzen besitzen und zum anderen der Staat auf sämtliche Präferenzänderungen kurzfristig reagieren muss. Hieraus folgend sind den Individuen alternative Reaktionsmöglichkeiten anzubieten, die stets von der zentralen Ebene weiterzuentwickeln sind. Da der Staat jedoch nicht allen Präferenzen gerecht werden kann, entstehen durch die Überstimmung der eigenen Präferenzen durch die Mehrheit Kosten, die aus einer unvollständigen Berücksichtigung der Wünsche entstehen. Diese sog. Frustrationskosten können allerdings gesenkt werden, wenn Individuen sich in kleineren Einheiten – bspw. wie in Deutschland in Kommunen – organisieren, ihre Interessen vertreten und umsetzen können (Dezentralisierungstheorem)[72]. Zwar kann ein zentral organisierter Staat diesen Anforderungen auch gerecht werden, dies bedeutet jedoch einen erheblichen Anstieg der Informations- (Problem der Nichtzentralisierbarkeit von Wissen) und Kontrollkosten, so dass unter dem Aspekt der Opportunitätskosten ein Zentralstaat zunächst nicht zu befürworten ist. Gleichwohl ist jedoch für bestimmte Aufgaben (z.B. Verteidigung) unter dem Gesichtspunkt der Opportunitätskosten eine dezentrale Lösung abzulehnen, da die Gebietskörperschaft groß genug sein sollte, um den optimalen Nutzerkreis zu umfassen und gleichzeitig eine Produktion zu ausreichend geringen Kosten durch Skalenvorteile in der Bereitstellung zu garantieren.

1.4 Distributions-, Konjunktur- und Wachstumsziele

Neben dem Allokationsziel stehen weitere ökonomische Ziele im Mittelpunkt der Abwägung einer föderativ mit einer zentral organisierten Staatsform: Distributions-, Konjunktur- und Wachstumsziele. Dabei sind die politisch veranlaßten Umverteilungs- und sozialen Absicherungsmaßnahmen (Distributionsziel) bei Befürwortung des mehrstufigen Staatsaufbaus grundsätzlich durch eine höhere Staatsebene als der Kommunen zu garantieren. Begründet werden kann dies mit der Gefahr einer aus politischer Sicht und gesellschaftlichem Gerechtigkeitsempfinden unerwünschten Trennung einkommensstarker und -schwacher Bevölkerungsschichten, sofern eine dezentrale Bereitstellung erfolgen würde.

---

[72] Siehe: Oates, Wallace E., Fiscal federalism, New York 1972, Seite 35.

Zur Verdeutlichung seien die Gemeinden A und B betrachtet, die in der Ausgangssituation eine identische Verteilung hinsichtlich einkommensstarken und -schwachen Bevölkerungsgruppen besitzen. Die Höhe der Steuerlast ist in beiden Gemeinden identisch. In Periode t_1 erhöht Gemeinde A ihre Steuersätze erheblich (bspw. um 50 %), um einkommensteuerschwachen Bevölkerungsschichten ein gesteigertes Niveau an Sozialleistungen zur Verfügung stellen zu können. Sofern die gestiegene Besteuerung eine bestimmte Fühlbarkeitsschwelle überschreitet und die subjektiv empfundene Steuergerechtigkeit einkommensstarker und gleichzeitig hoch besteuerter Bevölkerungsschichten untergraben wird, werden hoch besteuerte Gruppen in Gemeinde B abwandern[73]. Dagegen erfolgt ein Zustrom einkommensschwacher Bürger, die die im Vergleich zu anderen Gemeinden besseren Sozialleistungen nutzen wollen. Damit steigt in Gemeinde A der Bedarf an Steuereinnahmen – zugleich sinkt das Potential an besteuerungsfähigen Bevölkerungsschichten. Die Umverteilungspolitik scheitert an mangelnden finanziellen Ressourcen. In Gemeinde B sinkt das Angebot an Sozialleistungen, da aufgrund der Einkommensstärke der Bürger eine Inanspruchnahme entfällt. Eine Umverteilungspolitik kann entfallen. Analog sinken die Steuern. Ergebnis wäre demzufolge, dass Gemeinde A hohe Steuersätze von sozial Schwachen erhebt und Gemeinde B eine geringe Steuerbelastung der einkommensstarken Bürger aufweist.

Konjunkturziele sind aus kommunaler Sicht nur von begrenztem Interesse. Zum einen finden gesamtwirtschaftliche Ziele (z.B. gemeinsame Arbeitsmarktstabilisierung) im Kalkül der Gemeinden nur sehr begrenzt Berücksichtigung, da aufgrund auftretender räumlicher externer Effekte[74] free-rider-Verhalten einer Investitionstätigkeit und einem Mittelabfluss vorgezogen wird. Zum anderen wird eine Gemeinde in Aufschwung- bzw. Boomphasen keine konjunkturellen stützenden Maßnahmen ergreifen, auch wenn diese Programme erst in Folgeperioden, die u.U. Rezessionsphasen darstellen, konjunkturelle Wirkungen entfalten. Kommunales Interesse herrscht allerdings i.Z. mit dem lokalen Angebot

---

[73] Die Kosten der Wanderung sowie weitere Transaktionskosten seien an dieser Stelle vernachlässigt. Zudem wird eine potentielle Mobilität der Bevölkerungsgruppen unterstellt.

[74] Externe Effekte sind gekennzeichnet durch die Interdependenz zwischen den Akteuren und der fehlenden marktmäßigen Entschädigung für die Wirkungen dieser Interdependenz. Auftretende Nutzen-Spillover führen dazu, dass die (öffentlichen) Güter nicht in der gesamtwirtschaftlich erforderlichen (effizienten) Menge bereitgestellt werden. Ein Beispiel hierfür ist Umweltschutz. Daher wird für das öffentliche Gut Umwelt eine überregionale Koordinierung aufgrund eines gesellschaftlichen Konsens als erforderlich angesehen. Die Bewertung der externen Effekte als interindividuelle Nutzenverzichte erfolgt durch die Individuen jedoch aus subjektiver Perspektive. Externe Effekte sind weder objektiv vorgegeben noch kann eine eindeutige quantitative Bestimmung erfolgen. Siehe: Hansjürgens, Bernd, Studiengebühren: Zwischen Effizienz und Verteilungsgerechtigkeit, in: ORDO 1999, Seite 259 – 284, hier: Seite 265. Grundlegend zu externen Effekten siehe: Fritsch, Michael/Wein, Thomas/Ewers, Hans-Jürgen, a.a.O., Seite 96 – 159.

vor, bspw. Umstrukturierung von Leistungsangeboten und einer verstärkten Bürgerorientierung bzw. Vereinfachung von Genehmigungsverfahren.

Wachstumsziele sind sowohl auf nationaler Ebene (z.B. durch gemeinsame Rechtsordnung) zu verfolgen als auch auf kommunaler Ebene. Regionale Bedürfnisse (z.B. Autobahnanschluss) weichen erheblich voneinander ab und können auf dezentraler Ebene zielgenauer erfüllt werden[75].

1.5 Konflikt ökonomischer Zielsetzungen

Bei der Bestimmung der Staatsform, Mehr-Ebenen-System oder unitaristischer Staat, findet eine Gewichtung der angeführten ökonomischen Ziele der Staatstätigkeit statt. Bei der in Deutschland gewählten Staatsform ist insbesondere die Vorteilhaftigkeit einer dezentralen Aufgabenerfüllung anhand des Allokationsziels begründet worden, da somit eine verbesserte Möglichkeit besteht, die Konsumentensouveränität auch unter dynamischen Gesichtspunkten herzustellen und gleichfalls eine Kostenminimierung zu erreichen. Daneben werden gleichzeitig andere ökonomische Ziele durch höhere Ebenen verfolgt. Sofern das Allokationsziel in seiner Bedeutung hinter Distributions-, Konjunktur- und Wachstumszielen eingestuft würde, wäre eine unitaristisch organisierte Staatsform u.U. der dezentralen vorzuziehen.

In Abhängigkeit vom Nutzerkreis sind aus allokativer Sicht Lösungen zu organisieren und aufgrund verbesserter Präferenzberücksichtigungs- und Innovationsförderungsmöglichkeiten bei kleinem Nutzerkreis dezentrale Strukturen zu bevorzugen; bei großem Nutzerkreis ist insbesondere unter Kostenaspekten (economics of scale) eine Einzelfallabwägung zwischen einer zentralen oder dezentralen Lösung vorzunehmen. In Abhängigkeit des jeweiligen Umfangs[76] des Nutzerkreises, hat eine Aufgabenerfüllung durch Bund, Land oder Kommune zu erfolgen. Als wesentlich für die Zuordnung einer Leistung zu einer der drei Ebenen wird ebenfalls die Existenz externer Effekte angesehen und ob diese internalisierungsbedürftig[77] sind. Dementsprechend sind die Aufgaben ggf. einer höheren Ebene zuzuordnen.

---

[75] Siehe hierzu: Feld, Lars P./Kirchgässner, Gebhard, Fiskalischer Föderalismus, WiSt 1998, Seite 65 – 70, hier: Seite 67 f und Zimmermann, Horst/Henke, Klaus-Dirk, Finanzwissenschaft, 8. Auflage, München 2001, Seite 183 – 185.

[76] Dabei ist im Einzelfall zu unterscheiden, ob der einbezogene Umfang sich an der Einwohner- oder Unternehmenszahl orientieren sollte, oder ein Umfang i.S. einer räumlichen Betrachtung entscheidend ist.

[77] Die Internalisierung externer Effekte bewirkt die Zurechnung der verursachten (sozialen) Kosten auf den Verursacher (Verursacherprinzip).

Abbildung 3: Ökonomische Ziele der Staatstätigkeit

Ökonomische Ziele	Tendenziell zentrale Aufgabenerfüllung	Tendenziell dezentrale Aufgabenerfüllung
Allokationsziele		
• Abstimmung Angebot öffentlicher Leistung mit Präferenzen der Nachfrager;		X
• Förderung innovativer Prozesse und Verfahren;		X
• Produktion zu geringstmöglichen Kosten.	X	X
Distributionsziele	X	X
Konjunkturziele	X	
Wachstumsziele	X	X

In Anlehnung an: Zimmermann, Horst/Henke, Klaus-Dirk, Finanzwissenschaft, a.a.O., Seite 180.

Die Vorteilhaftigkeit einer dezentralen Leistungserstellung ist allerdings nur dann garantiert, wenn die Kommunen ihr Leistungsangebot aufgrund autonomer Entscheidungen modifizieren können. Diese eigenverantwortlichen Entscheidungen beziehen sich nicht nur auf die Ausgabenseite, sondern umfassen gleichfalls die Einnahmeseite, um Anpassungen an den jeweiligen Finanzbedarf vornehmen zu können. Ohne die Möglichkeit, Anpassungen zu vollziehen, bleibt jedoch die kommunale Selbstverwaltung ebenso wie föderale Organisation des Staates ein inhaltsloses Instrument, da neben der Einnahmenseite auch die Ausgabenseite eingeschränkt bleibt. Wie noch zu zeigen sein wird, scheint dies allerdings gegenwärtig in Deutschland der Fall zu sein.

2. Finanzierung öffentlicher Leistungen

Die Finanzierung öffentlicher Leistungen auf Basis des Prinzips der fiskalischen Äquivalenz soll eine Verschwendung bzw. eine Unterversorgung mit Gütern vermeiden, in dem Nutzen-, Finanzierungs- und Entscheiderkreis einer Leistung übereinstimmen[78]. Eine Inkongruenz der drei Gruppen führt bspw. durch die Mitfinanzierung öffentlicher Leistungen durch Nichtnutzer zu paretoinferioren Zuständen. Dies bedeutet für die Gebietskörperschaften, d.h. hier für die Kommunen, dass die Zuteilung bzw. Übernahme einer Aufgabe gleichzeitig die vollständige Ausgaben- und Einnahmenhoheit umfassen sollte. Dies führt zum sog. Marginalkalkül, nach dem Grenzausgaben mit Grenzeinnahmen abgewogen werden müssen. Der resultierende optimierte Nutzengewinn führt dann im Er-

---

[78] Siehe: Olson, Mancur, The Principle of „Fiscal Equivalence", in: American Economic Review 1969, Papers and Proceedings, Seite 479 – 487.

gebnis zu einem effizienten Ergebnis. Die Zusammengehörigkeit von Aufgaben-
und Ausgabenverantwortung ist wesentlicher Bestandteil. Bei Auseinanderfallen
(unsichtbarer Finanzausgleich) führen Entscheidungen bzgl. einzelner Aufgaben
zu (finanziellen) Belastungen bzw. Entlastungen anderer Gebietskörperschaften
und zu ineffizienten Zuständen[79].

Abzugrenzen vom Prinzip der fiskalischen Äquivalenz ist als erstes Fundamentalprinzip der Besteuerung das Äquivalenzprinzip (benefit principle)[80].
Dabei werden die Nutzer einer kommunalen Leistung für die entsprechende Inanspruchnahme direkt herangezogen, wobei zwischen der kostenmäßigen Äquivalenz, bei der eine Ausrichtung an den Kosten der genutzten (Staats-) Leistung
stattfindet[81], und der marktmäßigen Äquivalenz differenziert wird. Hier werden
die Leistungen entsprechend dem Preismechanismus auf privaten Märkten abgerechnet[82]. Dies bedeutet, dass die Konsumenten „die staatlichen Dienste mit dem
Preis bezahlen würden, den sie ihnen wert sind, wobei sie nach dem
2. Gossenschen Gesetz ... entscheiden"[83], marktmäßige Äquivalenz vorliegt[84].

Entscheidender Vorteil der Erzielung von Einnahmen auf Basis des Äquivalenzprinzips ist der Marktbezug, da eine unmittelbare Verbindung zwischen
Leistung und Gegenleistung ersichtlich ist, eine Verhältnisrechnung durchgeführt werden kann, die Konsumentensouveränität, Tauschgerechtigkeit und
letztlich die effiziente Allokation begünstigt wird[85]. Als weitere Vorteile bzw.
Kriterien können die folgenden Aspekte angeführt werden[86]:

• Das Kriterium der Ausreichendheit. Die Erzielung von Einnahmen erfolgt
  mindestens in der Höhe, die die Kosten der Leistungserstellung deckt
  (kostenmäßige Äquivalenz).
• Der hohe Autonomiegehalt.

---

[79] Zum Prinzip der fiskalischen Äquivalenz siehe beispielhaft: Stahl, Dieter, Aufgabenverteilung zwischen Bund und Ländern, Diss. Universität Marburg 2000, Marburg 2000, Seite
31 f; Stöß, Angela, a.a.O., Seite 48 – 50 und Zimmermann, Horst/Henke, Klaus-Dirk,
Finanzwissenschaft, a.a.O., Seite 179 – 183.

[80] Siehe: Haller, Heinz, Die Bedeutung des Äquivalenzprinzips für die öffentliche Finanzwirtschaft, in: Finanzarchiv 1961, Seite 248 – 260.

[81] Siehe hierzu ausführlich: Hessler, Heinz Dieter, Die Fundamentalprinzipien der Besteuerung (I), in: WiSu 1983, Seite 281 – 285, hier: Seite 283 – 285.

[82] Sollte eine reine Marktlösung umsetzbar sein, ist stets eine Privatisierung zu präferieren,
um auf diesem Weg dem Konsumenten die Leistungen zu i.d.R. niedrigeren gesamtwirtschaftlichen Kosten zur Verfügung zu stellen.
Siehe hierzu: Zimmermann, Horst, Kommunalfinanzen, Baden Baden 1999, Seite 132.

[83] Haller, Heinz, Die Steuern, 2. Auflage, Tübingen 1971, Seite 13.

[84] Siehe auch zusammenfassend: Zimmermann, Horst/Henke, Klaus-Dirk, Finanzwissenschaft, a.a.O., Seite 107 f.

[85] Siehe hierzu grundlegend: Wicksell, Knut, Finanztheoretische Untersuchungen, Jena 1896.

[86] Siehe im folgenden: Zimmermann, Horst, Kommunalfinanzen, a.a.O., Seite 133 – 135.

- Die Fühlbarkeit der Abgabenlast steigt; auch die Mittelverwendung wird für die Bürger transparent. Hierdurch wird die Stärkung der Eigenverantwortlichkeit bzw. der Selbstbestimmung der Bürger durch Wahlmöglichkeiten aus einem Abwägungsprozess der Vorteile der Leistung bzw. den Nachteilen der Gegenleistung gestärkt, die Fiskalillusion gesenkt und somit ein Kostenminimierungsanreiz auf Seiten der Kommunen und eine Mittelverwendungsprüfung auf Seiten der Konsumenten (hier: Bürger) in Gang gesetzt. Folglich resultiert eine Verbesserung der Situation unter dem Gesichtspunkt der effizienten Allokation. Sowohl Anbieter als auch Nachfrager einer Leistung werden gezwungen, ihr Nutzenkalkül zu überprüfen.

- Auch unter Gültigkeit des Äquivalenzprinzips ist eine Berücksichtigung unterschiedlicher individueller Budgets möglich, so dass die zu zahlenden Steuern auf der Grundlage einer höheren Zahlungsbereitschaft und -möglichkeit eine progressive Staffelung erfahren könnten[87] und folglich die individuelle Produzenten- bzw. Konsumentenrente abgeschöpft würde.

Als zweites Fundamentalprinzip der öffentlichen Entgelterhebung wird das Leistungsfähigkeitsprinzip (ability to pay-principle) gesehen[88]: Steuerpflichtige haben bei gleichen steuerbaren Sachverhalten einen identischen Steuerbeitrag zu entrichten (horizontale Gerechtigkeit)[89]. Dagegen liegt vertikale (Steuer-) Gerechtigkeit vor, wenn unterschiedliche (persönliche/sachliche) Verhältnisse existieren und folglich einzelne Besteuerungssubjekte bzw. -objekte eine höhere Belastung tragen können als andere. Dabei eignet sich dieses Prinzip nicht zur Rechtfertigung der grundsätzlichen Besteuerung, sondern lediglich zur besonderen Steuerrechtfertigung (d.h. bezogen auf Einzelsteuerarten)[90]. Das Leistungsfähigkeitsprinzip setzt zwei Bedingungen voraus:

1. Die Erhebung von Abgaben wurde bereits durch das Äquivalenzprinzip gerechtfertigt sowie deren Höhe insgesamt bestimmt und
2. über den Maßstab zur Beurteilung der Leistungsfähigkeit besteht Einigkeit.

---

[87] Siehe: Blankert, Charles B., Öffentliche Finanzen in der Demokratie, a.a.O., Seite 189 – 195.

[88] Siehe insbesondere: Tipke, Klaus, Die Steuerrechtsordnung, 2. Auflage, Köln 2000, Seite 469 – 534.
Siehe bspw. auch: Jachmann, Monika, Leistungsfähigkeitsprinzip und Umverteilung, in: StuW 1998, Seite 293 – 297; Pohmer, Dieter, Einige Bemerkungen zu Inhalt und Bedeutung des Leistungsfähigkeitsprinzips, in: Finanzarchiv 1988, Seite 135 – 153; Schneider, Dieter, Leistungsfähigkeitsprinzip und Abzug von der Bemessungsgrundlage, in: StuW 1984, Seite 356 – 367 und Walzer, Klaus, Hauptgründe für die Wahl einer Besteuerung nach dem Leistungsfähigkeitsprinzip, in: StuW 1986, Seite 201 – 209.

[89] Siehe: Oberhauser, Alois, Leistungsfähigkeitsprinzip und Steuerreform, in: Hamburger Jahrbuch für Wirtschafts- und Gesellschaftspolitik 1998, Seite 113 – 127, hier: Seite 114.

[90] Siehe: Homburg, Stefan, Allgemeine Steuerlehre, 2. Auflage, München 2000, Seite 9 f.

Dabei ist stets die vertikale und die horizontale Komponente zu beachten. Unter horizontalem Gesichtspunkt ergibt sich dieses Prinzip „aus einem Zusammenwirken des Demokratieprinzips, der Freiheitsrechte, der Gleichheitsrechte und des Sozialstaatsgedankens"[91] und fordert zugleich eine sozial ausgewogene Verteilungsgerechtigkeit gem. Art. 3 Abs. 1 GG i.V.m. Art. 20 GG[92]; vertikal resultiert eine unterschiedliche Besteuerung nach der Höhe eines entsprechenden Zuflusses (z.B. Einkommen, Gewinn, Cash-Flow[93]).

Sowohl in der Finanzwissenschaft als auch im Bereich des Steuerrechts findet heute eine fast ausschließliche Betrachtung unter Verteilungsgesichtspunkten statt. „Die Vernachlässigung des Äquivalenzgedankens und Fokussierung auf das Leistungsfähigkeitsprinzip sowie die Trennung der beiden Budgetseiten ... geht einher mit einer spezifischen Perspektive, die bei der Behandlung der Besteuerungsprinzipien eingenommen wird, nämlich der starken Betonung des ... Gerechtigkeitsziels. Sofern das Äquivalenzprinzip überhaupt ausführlicher gewürdigt wird und nicht vorrangig oder ausschließlich auf das Leistungsfähigkeitsprinzip ... abgestellt wird, wird es nämlich ganz überwiegend als Steuerverteilungs- und Gerechtigkeitsnorm gesehen, ohne ausreichend zu berücksichtigen, dass es auch vor dem Hintergrund anderer Zielsetzungen, insbesondere des Allokationsziels, Wirkungen entfaltet, die bei einer Beurteilung dieser Norm einzubeziehen sind"[94]. Insbesondere die Versuche, das Leistungsfähigkeitsprinzip – im Gegensatz zum Äquivalenzprinzip – grundgesetzlich zu verankern, sind zurückzuweisen, da sie nur eine Ausschnittsbetrachtung vornehmen. Die Berücksichtigung von Verteilungsfragen kann nur vorgenommen werden, wenn bereits in einem vorgelagerten Schritt die Finanzierung mittels Steuern oder sonstigen Einnahmen geklärt wurde; d.h. die Erhebung wurde vorher durch das Äquivalenzprinzip gerechtfertigt[95]. Andernfalls würde eine verfassungsrechtliche Legitimierung der Trennung von Aufgaben-, Einnahmen- und Ausgabenzusammenhängen vollzogen.

---

[91] BFH, Beschluß vom 09.05.2001, - XI B 151/00 -, www.bundesfinanzhof.de/www/entscheidungen/2001.6.28/ 11B15100.html, Seite 3, abgerufen am 16.11.2001.

[92] Siehe: Ebenda, Seite 3.

[93] Siehe beispielsweise: Wehrheim, Michael, Einkommensteuer und Steuerwirkungslehre, Wiesbaden 2001, Seite 7 – 9.

[94] Hansjürgens, Bernd, Die Sicht des Äquivalenzprinzips in der Finanzwissenschaft, in: Akademie der Wissenschaften und der Literatur (Hrsg.), Colloquia Academica, Mainz 1999, Seite 7 – 36, hier: Seite 11.
Siehe auch: Hansjürgens, Bernd, Allokative Begründung des Äquivalenzprinzips: Mehr Effizienz im politischen Prozeß, in: List Forum für Wirtschafts- und Finanzpolitik 1998, Seite 307 – 325.

[95] Siehe: Ebenda, Seite 13.
Siehe auch: Blankart, Charles B., Öffentliche Finanzen in der Demokratie, a.a.O., Seite 194 f.

Vielfach wird in der Literatur gegen eine Anwendung des Äquivalenzprinzips § 3 Abs. 1 AO[96] angeführt[97], dass Steuern Geldleistungen ohne Gegenleistungen darstellen und folglich die Trennung der Ausgaben- und Einnahmenseite gesetzlich gewünscht sei. Nicht in diese Betrachtung einbezogen wird jedoch, dass es sich um Geldleistungen, die nicht Gegenleistung für eine besondere Leistung sind, handelt. Der Fokus müsste demzufolge auf „eine besondere Leistung" d.h. einer „individuelle[n] Gegenleistung"[98] liegen. Sofern jedoch keine direkte und folglich unmittelbare Gegenleistung vorliegt, ist eine Trennung der Ausgaben- und Einnahmenseite nicht vorzunehmen.

Zusammenfassend erfährt das Äquivalenzprinzip mit zunehmender Marktfähigkeit der öffentlichen Güter eine wachsende Bedeutung, da sich gleichzeitig Zahlungsbereitschaft der Konsumenten und die Gegenleistung, d.h. die in Anspruch genommenen öffentlichen Güter, aneinander anpassen und somit gleichzeitig eine Präferenzoffenbarung stattfindet. Resultat wäre – bei einer strikten Anwendung –, dass Umverteilungen nicht mehr durchgeführt werden könnten. Sofern ein progressiver Steuersatz erhoben würde, könnten allerdings entsprechende Maßnahmen unter strenger Beachtung des Interessenausgleichsprinzips stattfinden. Außerdem würde erreicht, dass eine Senkung der Steuern unter die Bereitstellungskosten der öffentlichen Güter insgesamt unterbleibt. Die optimale Gestaltung der Preise der Nutzung der öffentlichen Güter müsste demzufolge in Abhängigkeit der Einkommens- und Steuerpreiselastizität[99] der Konsumenten[100] unterschiedlich sein[101]:

- Je einkommenselastischer die Nachfrage für ein öffentliches Gut ist, desto stärker muss der Preis mit dem Einkommen steigen.
- Um so steuerpreiselastischer die Reaktion der Nachfrage, desto weniger müssen die Preise differenziert werden.

---

[96] Siehe: Abgabenordnung (AO 1977) vom 16. März 1976, veröffentlicht in: BGBl. I 1976, Seite 613 – 697, ber. BGBl. I 1977, Seite 269, in: Verlag C.H. Beck oHG (Hrsg.), Steuergesetze, München 2002.

[97] Siehe beispielsweise: Scheffler, Wolfram, Besteuerung von Unternehmen I: Ertrags-, Substanz- und Verkehrsteuern, 4. Auflage, Heidelberg 2001, Seite 264.

[98] BVerfG, Urteil vom 27. Juni 1991, - 2 BvR 1493/89 -, a.a.O., hier: Seite 269.

[99] Die Einkommenselastizität drückt die prozentuale Veränderung der nachgefragten Menge bei einem Anstieg des Einkommens um 1 % aus. Die Steuerpreiselastizität stellt die prozentuale Veränderung der nachgefragten Menge bei einer Steuerpreisänderung um 1 % dar.

[100] Siehe: Blankart, Charles B., Öffentliche Finanzen in der Demokratie, a.a.O., Seite 191 – 194.

[101] Die Unterschiedlichkeit bezieht sich ausschließlich auf unterschiedliche Höhe der Besteuerungsgrundlage. Bei gleicher Höhe wird auch die gleiche Steuer erhoben.

Diese optimale Ausprägung und Gestaltung der Preise für öffentliche Güter „bereitet jedoch ... gravierende Realisierungsprobleme"[102], ist nur bei einem Steuersystem, welches von Einstimmigkeit und damit vollständiger Äquivalenz gekennzeichnet ist, umsetzbar und mündet damit letztlich in einem reinen Gebührensystem in Abhängigkeit von Einkommens- und Vermögensklassen.

Daher wird die individuelle Äquivalenz nicht ermittelbar bzw. umsetzbar sein – auch wenn sie für jeden Bürger postuliert werden kann. Statt dessen kann das Prinzip des Interessenausgleichs Anwendung finden, welches auf der Vorstellung beruht, dass die spezifischen Bedürfnisse einer sozialen Gruppe durch das Aufkommen aus Abgaben der selben Gruppe finanziert werden sollten[103]. Anwendung findet diese Bestimmung des Knappheitspreises bspw. bei Versicherungen bzw. deren Leistungen[104].

3. Wettbewerbstheoretische Modelle

Innerhalb dieses Abschnitts erfolgt nunmehr die Vorstellung eines theoretischen Konzeptes, welches für die späteren Betrachtungen als Maßstab dient. Hierauf aufbauend wird im Verlauf der Arbeit geprüft, unter welchen Voraussetzungen ein interkommunaler Steuerwettbewerb in der Bundesrepublik Deutschland Berücksichtigung finden kann und welche positiven Effekte aber auch Gefahren aus einem interjurisdiktionellen[105] Steuer-Leistungs-Wettbewerb resultieren könnten. Grundlage verschiedener Theorien der Differenzierung von Kommunen durch Wettbewerb bildet ein Aufsatz von Charles M. Tiebout[106]. Da die Überlegungen Tiebouts – trotz umfangreicher Modellrestriktionen – als Anknüpfungspunkt weiterer Überlegungen dienen, erfolgt eine kurze, kritische Analyse seines Modellvorschlags. Der Fokus der Betrachtung liegt dabei auf der Aufdeckung individueller Präferenzen beim Angebot öffentlicher Güter.

---

[102] Müller, Walter, Plädoyer für eine Steuerwettbewerbsordnung, in: Müller, Walter/Fromm, Oliver/Hansjürgens, Bernd (Hrsg.), a.a.O., Seite 153 – 168, hier: Seite 161.

[103] Siehe: BMF (Hrsg.), Gutachten zur Reform der Gemeindesteuern in der Bundesrepublik Deutschland, Bonn 1982, Seite 33.
Zum Äquivalenzprinzip als Orientierungsnorm zur Ausgestaltung eines Steuersystems siehe: Hansjürgens, Bernd, Das Äquivalenzprinzip als zentraler Maßstab für fairen Steuerwettbewerb, in: Müller, Walter/Fromm, Oliver/Hansjürgens, Bernd (Hrsg.) Regeln für den europäischen Systemwettbewerb, Marburg 2001, Seite 71 – 88.

[104] Siehe auch: Männer, Leonhard, Faustregeln für eine kommunale Steuer, Abgaben- und Schuldenpolitik, in: Lang, Eva/Brunton, William/Ebert, Werner (Hrsg.), Kommunen vor neuen Herausforderungen, Berlin 1996, Seite 193 – 215, hier: Seite 209.

[105] Unter einer Jurisdiktion wird der Zuständigkeitsbereich einer eigenständigen Rechtsordnung verstanden. Im Gegensatz zum Begriff der Gebietskörperschaft bleibt er nicht nur auf territorial abgegrenzte Rechtsordnungen beschränkt. Im folgenden werden die Begriffe Gebietskörperschaft und Jurisdiktion synonym verwendet.

[106] Siehe: Tiebout, Charles M., A Pure Theory of Local Expenditures, in: The Journal of Political Economy 1956, Seite 416 – 424.

Im Anschluss an das Modell Tiebouts, werden weitere Modelle, die auf einem neoklassischen Wettbewerbskonzept basieren, vorgestellt sowie ein evolutorisches Konzept wissenschaffenden Wettbewerbs auf Basis der Überlegungen Hayeks[107] und Schumpeters[108] dargestellt, welches die Hauptfunktion des Wettbewerbs in Schaffung und Verbreitung von Wissen sieht. Die Funktionen werden in Analogie zu den Gütermärkten auf Jurisdiktionen übertragen. Das Modell eines evolutorischen Wettbewerbs zwischen Gebietskörperschaften wird in den anschließenden Kapiteln als theoretische Grundlage der Ausführungen herangezogen und geprüft, inwieweit eine Implementierung im Rahmen der Neuordnung der Gemeindefinanzen und insgesamt des föderativen Systems – in seinem Konflikt zwischen Einheit und Wettbewerb – möglich ist.

Abbildung 4: Ausgewählte Modelle des Systemwettbewerbs

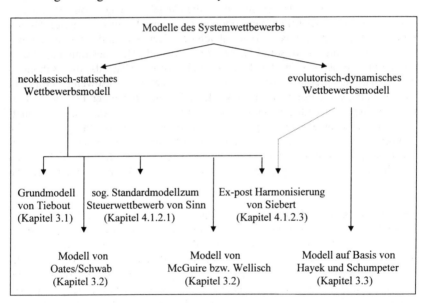

---

[107] Siehe: Hayek, Friedrich A. von, Der Wettbewerb als Entdeckungsverfahren, in: Freiburger Studien, Hayek, Friedrich A. von (Hrsg.), 2. Auflage, Tübingen 1994, Seite 249 – 265.

[108] Siehe: Schumpeter, Joseph, Theorie der wirtschaftlichen Entwicklung, 9. Auflage, Berlin 1997.
Zusammenfassend: Kesting, Peter, Schumpeters Theorie der Innovation und der wirtschaftlichen Entwicklung, in: WiSt 2003, Seite 34 – 38.

3.1   Das Basismodell von Tiebout

Tiebout sieht die Möglichkeit, dass durch ein dezentralisiertes Angebot öffentlicher Güter eine fehlende Offenbarung der Präferenzen der Bürger (hier: Konsumenten) auf lokaler Ebene behoben werden kann, indem sie die Möglichkeit
erhalten, in die Gebietskörperschaft zu ziehen, die ihren Präferenzen am besten
entspricht. Dabei bieten die verschiedenen Gebietskörperschaften unterschiedliche Bündel lokaler öffentlicher Güter an, für die sie einen Preis in Form von
Steuern verlangen (Steuer-Leistungs-Pakete). Durch die Entscheidung der Konsumenten, in eine Gebietskörperschaft zu ziehen bzw. aus ihr abzuwandern,
offenbaren sie indirekt ihre Präferenzen und damit verbunden ihre Zahlungsbereitschaft für die bereitgestellten öffentlichen Güter (voting by feet).

Damit knüpft Tiebout mit seinen Überlegungen an den Feststellungen
Samuelsons an, der bewiesen hat, dass die Angebotsmenge von öffentlichen
Gütern gesamtwirtschaftlich dann optimal ist, wenn die aufsummierten Grenznutzen aller potentiellen Nachfrager gleich den Grenzkosten der Produktion des
öffentlichen Gutes und somit seines Preises sind. Die Bestimmung dieses
Optimums ist jedoch in der Realität nicht vornehmbar, da die Zahlungsbereitschaft der rational handelnden Konsumenten ebensowenig bestimmt
werden kann, wie diese gezwungen werden können, ihre wahren Präferenzen für
die jeweiligen öffentlichen Güter zu offenbaren: „... in fact, the ‘rational’
consumer will understate his preferences and hope to enjoy the goods while
avoiding the tax“[109] (Trittbrettfahrerverhalten). Samuelson folgert daraus Eingriffe des Staates in den Markt, um eine Versorgung mit öffentlichen Gütern zu
gewährleisten, auch wenn damit nur eine zweitbeste Lösung erreicht werden
kann[110].

Tiebout unterstellt bei seinem Modell, dass die Konsumenten vollkommen mobil sind, d.h. es entstehen keine Kosten durch Zu- bzw. Abwanderung, und sie
ziehen in die Gebietskörperschaft, die ihre Präferenzen zu dem von ihnen als angemessen eingeschätzten Preis am besten erfüllen. Dabei existiert voll-
kommenes Wissen über die Unterschiede bezüglich Leistung und Belastung in
den verschiedenen Gebietskörperschaften, und die Konsumenten reagieren ausschließlich auf diese Unterschiede, während persönliche Präferenzen für eine
Entscheidung, in eine bestimmte Gebietskörperschaft zu ziehen bzw. aus ihr abzuwandern, irrelevant sind.

Durch die Entscheidungen der Konsumenten werden die Politiker unter Druck
gesetzt, die öffentlichen Güter nicht zu überhöhten Kosten anzubieten und damit
Steuern zu verschwenden. Für jedes Bündel an öffentlichen Leistungen gibt es

---

[109] Tiebout, Charles M., a.a.O., Seite 417.
[110] Siehe: Postlep, Rolf-Dieter, Gesamtwirtschaftliche Analyse kommunaler Finanzpolitik,
Habil.-Schr. Universität Marburg 1990, Baden Baden 1993, Seite 82.

eine optimale Gemeindegröße, die mittels der Durchschnittskosten bestimmt wird. Kommunale Manager erfüllen ihre Aufgabe dann am besten, wenn sie solche Leistungen anbieten, die im Rahmen der Konkurrenz zwischen den Gemeinden zu den niedrigsten Durchschnittskosten angeboten werden können. Die zur optimalen Gemeindegröße notwendige Einwohnerzahl stellt sich dann aufgrund der Präferenzen der Konsumenten durch Wanderungen auf Basis einer individuellen Kosten-Nutzen-Abwägung automatisch ein[111]. Dabei herrscht für die Gemeinden kein direkter Zwang zur Anpassung. Vielmehr sind es die Konsumenten, die sich dem gegebenen Angebot durch ihr Migrationsverhalten anpassen müssen. In dem dann erreichten Gleichgewichtszustand, in dem das öffentliche Leistungsangebot und die Präferenzen der Konsumenten vollkommen aneinander angepasst sind, werden in den jeweiligen Kommunen, entsprechend den jeweiligen Präferenzen und Kosten, unterschiedlich hohe Belastungs- und Ausgabenniveaus erreicht[112]. Die Gemeinden, deren Einwohnerzahlen unterhalb des Gleichgewichtszustandes liegen, versuchen, neue Einwohner zu gewinnen. Hat eine Gemeinde das Optimum erreicht, entstehen Bemühungen, die Zuwanderungen zu beschränken bzw. Abwanderungen zu fördern.

Zwei Modifikationen bezüglich der getroffenen Annahmen stammen von Tiebout selbst. Zum einen sind die Kosten für die Mobilität, d.h. die Kosten für einen Wohnortwechsel mit in die Überlegungen einzubeziehen, da es durchaus aufgrund der entstehenden effizienzmindernden Kosten günstiger sein kann, einen Wohnortwechsel nicht durchzuführen und eine nicht optimale Befriedigung der Präferenzen in Kauf zu nehmen. Zum anderen wird die Annahme, dass keine räumlichen externen Effekte lokaler öffentlicher Güter existieren, zurückgenommen[113]. Die ausschließliche Betrachtung fiskalisch motivierter Wanderungen im interkommunalen Wettbewerbssystem vernachlässigt zudem, dass die Bürger auch aus anderen als fiskalischen Gründen wandern können[114].

Hervorzuheben ist, dass Tiebout eine Analogie zieht zwischen dem Konsumenten, der seine optimale Gemeinde sucht und dem, der seine Konsumgüter auf den Märkten erst nach Vergleich zu dem von ihm als optimal angesehenen Preis-Leistungsverhältnis erwirbt: „Spatial mobility provides the local public-goods counterpart to the private market's shopping trip"[115]. Dabei geht Tiebout

---

[111] Siehe: Ebenda, Seite 84.
    Siehe auch: Feld, Lars P., Steuerwettbewerb und seine Auswirkungen auf Allokation und Distribution, Diss. Universität St. Gallen 1999, Tübingen 2000, Seite 27 f und Sauerland, Dirk, Föderalismus zwischen Freiheit und Effizienz, a.a.O., Seite 63.
[112] Siehe: Postlep, Rolf-Dieter, a.a.O., Seite 85 f.
[113] Siehe: Tiebout, Charles M., a.a.O., Seite 421 f.
[114] Siehe: Meisterling, Günther, Zur Problematik von Marktanalogien in der ökonomischen Theorie des Föderalismus, Diss. Universität der Bundeswehr Hamburg 1985, Frankfurt u.a. 1986, Seite 43.
[115] Tiebout, Charles M., a.a.O., Seite 422.

in seinem Modell von einer Volkswirtschaft ohne Individualgüterproduktion aus. Wenn diese aber integriert werden soll, um so eine Übertragung auf Kommunen vornehmen zu können, müssen im Modell sowohl Arbeit als auch Kapital in ihrer räumlichen Dimension miteinbezogen werden, wodurch die Optimalitätsbedingungen aufgrund vorhandener Interdependenzen komplizierter werden[116].

Zudem ist ein wesentlicher Kritikpunkt des Modells sein statischer Charakter; es findet keine Prozessbetrachtung statt. Sowohl die Präferenzen als auch die Ressourcen, der Raum, das technisch-organisatorische Wissen und die öffentlichen Güter sind gegeben[117], wobei diese nach außen ausschließbar sind, d.h. wer die Gemeinde verlässt, ist von der Nutzung der öffentlichen Güter ausgeschlossen.

3.2 Weitere neoklassisch-basierte Modelle des Systemwettbewerbs

Im Unterschied zum dargestellten Modell von Tiebout werden im Modell von Oates/Schwab[118] nicht die privaten Haushalte sondern die Unternehmen als vollkommen mobil angenommen[119]. Die weiteren Modellannahmen hinsichtlich des Ziels der Jurisdiktion(-sregierung), eine Wohlfahrtmaximierung der Einwohner zu erzielen, fehlende Standortwechselkosten d.h. Exit-Kosten (Kosten der Raumüberwindung, Such- und Informationsbeschaffungskosten, Kosten durch Entwertung des Humankapitals), vollständige Information der Unternehmen hinsichtlich alternativer Standorte und Standortfaktoren und folglich sämtlicher Steuer-Leistungs-Pakete, sowie der vollständigen Information der Jurisdiktionen über positive Steuerexternalitäten der Unternehmen werden auch bei Oates/Schwab unterstellt. Aufgrund der Kenntnis der Unternehmen über die

---

[116] Siehe: Postlep, Rolf-Dieter, a.a.O., Seite 94 – 101.

[117] Weitere Kritikpunkte an diesem Modell sind beispielsweise enthalten in: Ebenda, Seite 87 – 103 und Sauerland, Dirk, Föderalismus zwischen Freiheit und Effizienz, a.a.O., Seite 59 – 80.

[118] Siehe: Oates, Wallace E./Schwab, Robert M., The allocative and distributive implications of local fiscal competition, in: Keynon, Daphne A./Kincaid, John, Competition among States and Local Governments, Washington 1991, Seite 127 – 145.

[119] Von einer vollständigen Mobilität des Kapitals geht das Modell von Janeba/Peters aus, welches die Erhebung einer EU-Gemeinschaftsteuer zur Vermeidung von Steuerflucht zu rechtfertigen versucht. „We argue that the tax treatment of nonresistents interest income plays a crucial role. When decision on discrimination and on withholding tax rates are made non-cooperatively, the outcome is similar to a prisoners` dilemma. All countries discriminate, but in equilibrium internationally mobile portfolio capital evades taxation successfully. In contrast all governments did not discriminate, tax competition leads to less tax evasion". Janeba, Eckhard/Peters, Wolfgang, Tax Evasion, Tax Competition and The Gains From Nondiscrimination: The Case of Interest Taxation in Europe, in: Finanzarchiv 1999, Seite 93 – 101, hier: Seite 93.

Steuer-Leistungs-Pakete alternativer Standorte, setzt ein Wettbewerb zwischen den Jurisdiktionen (Gebietskörperschaften) ein, mobile Unternehmen und Kapital durch Steuersatzsenkungen anzulocken. In den Gebietskörperschaften, aus denen Unternehmen abwandern, sinken sowohl die Unternehmenssteuereinnahmen als auch die Einkommensteuereinnahmen bedingt durch den aus der Abwanderung resultierenden Verringerung von Arbeitsplätzen. In den zuwandernden Jurisdiktionen kommt es zu positiven Steuerexternalitäten. Das Optimum aus Sicht der Wohlfahrt ist dann erreicht, wenn sich die positiven Steuerexternalitäten und der aus der Senkung der Steuersätze resultierende Steuerrückgang ausgleichen. Die Gebietskörperschaften werden bei Erreichung des Optimums Steuersenkungen nicht mehr vornehmen, so dass zum einen die allokative Effizienz zum anderen die Bereitstellungseffizienz erreicht werden.

Im Modell von McGuire[120] bzw. im Modell von Wellisch[121] werden ebenfalls neoklassische Prämissen gesetzt: Vollständige Information der Akteure, keine Transaktionskosten und wohlwollende Jurisdiktionsregierungen. Zusätzlich wird unterstellt, dass Unternehmen und private Haushalte heterogen in der Mobilität sowie in der Vermögens- und Einkommenssituation zu beurteilen sind und homogen hinsichtlich gegebener Präferenzen für redistributive Maßnahmen. Folglich setzt ebenso wie bei Oates/Schwab ein Steuersenkungswettbewerb zwischen den Gebietskörperschaften um die mobilen und reichen Zielgruppen ein, der allerdings zu einem suboptimalen Wohlfahrtsniveau führt, da entgegen der beiden erstgenannten Modelle keine einheitliche Besteuerung entsprechend des Nutzens sondern bei den Immobilen auf Basis der Leistungsfähigkeit erfolgen wird. Die sich in einer Gefangendilemmasituation befindlichen Jurisdiktionen werden die Besteuerung der mobilen Akteure aufgrund ihres potentiellen Exits unter das (gesamtwirtschaftliche) Wohlfahrtsoptimum senken und eine Nutzenbesteuerung durchführen. Beide Modelle zeigen, dass sofern redistributive Maßnahmen in die Betrachtungen integriert werden[122], die effiziente Bereitstellung öffentlicher Güter zwar erfolgt, die allokative Effizienz jedoch nicht erreicht wird[123]. Zudem weist „das Modell von McGuire ... auf ein

---

[120] Siehe: McGuire, Therese J., Federal aid to states and localities and the appropriate competitive framework, in: Keynon, Daphne A./Kincaid, John, Competition among States and Local Governments, Washington 1991, Seite 153 – 166.

[121] Siehe: Wellisch, Dietmar, Dezentrale Finanzpolitik bei hoher Mobilität, Tübingen 1995. Hierbei handelt es sich im Gegensatz zum Modell von McGuire um eine formalanalytische Herleitung.

[122] Zum Einfluss von fiskalischen Wettbewerb auf das Niveau staatlicher Umverteilungen siehe: Hindriks, Jan, The Consequences of Labour Mobility for Redistributation: Tax vs. Transfer Competition, in: Journal of Public Economics 1999, Seite 215 – 234. Dabei wird der Fall der unvollständigen Mobilität reicher und armer Einwohner analysiert, wobei das Einkommen der Armen durch die Gebietskörperschaften maximiert wird.

[123] Wellisch differenziert nochmals in der Nutzung der bereitgestellten Leistungen, die nicht nur konsumiert sondern auch in den Produktionskreislauf der Unternehmen einfließen und die Kapitalproduktivität steigen lassen. Die hieraus resultierende steigende Kapitalnach-

wichtiges Ergebnis hin ...: Wettbewerb kommt nur unter bestimmten Rahmenbedingungen zustande und kann auch nur unter bestimmten Rahmenbedingungen zu den erwünschten Ergebnissen führen. Damit wird deutlich, daß die Spielregeln, die das Handeln der Jurisdiktionen begrenzen, relevant für die Ergebnisse sind. Für föderale Strukturen bedeutet dies, daß zum einen die Spielregeln möglichst in einer Verfassung verankert werden und zum anderen höhere föderale Ebenen als Schiedsrichter bzw. Hüter des Wettbewerbs ... auftreten können"[124].

Die Unterstellung des „wohlwollenden Diktators" in den bisher aufgezeigten Modellen wird vielfach kritisiert[125], da sowohl politische Akteure als auch Bürokraten aufgrund des unvollständigen politischen Wettbewerbs eigene Interessen verfolgen (können)[126]. Hauptziel ist neben der Realisierung individueller Ziele (Macht, Einfluss, Status) die Strategie der „Positionssicherung", d.h. Stimmenmaximierung bei Wahlen (Wiederwahl). Zur Erreichung dieses Ziels werden vor allem Wählergruppen, die einen hohen Organisationsgrad aufweisen, gezielt begünstigt (rent-seeking[127]) und die Kosten möglichst unspürbar auf die Allgemeinheit überwälzt. Durch diese Form der Koalition von Interessengruppen können Wählermehrheiten gewonnen werden (Stimmentausch, log-rolling) Als hoch organisiert kann die Gruppe der Bürokraten, die insbesondere das Ziel einer Budgetmaximierung verfolgen, eingeordnet werden, die somit ein hohes Wählerpotential darstellt. Auf der Gegenseite, der Nachfrageseite politischer Leistungen, besitzt insbesondere das Wähler- und gleichzeitige Drohpotential von in Verbänden organisierten

---

frage führt zur Steigerung des Steueraufkommens und wieder zu einer effizienten Versorgung mit öffentlichen Gütern.

[124] Erlei, Mathias/Leschke, Martin/Sauerland, Dirk, Neue Institutionenökonomik, Stuttgart 1999, Seite 380.
Siehe auch: Sauerland, Dirk, Wettbewerb zwischen Jurisdiktionen, in: WiSt 2000, Seite 90 – 95.

[125] Das Verhalten von Politikern wird im Rahmen der Public-Choice Theorie analysiert, d.h. es findet keine Betrachtung der Gebietskörperschaft als Einheit statt, sondern die Interessen der einzelnen Akteure treten in den Mittelpunkt der Betrachtung.

[126] Siehe bspw. auch: Schenk, Monika, Effiziente Steuersysteme und internationaler Steuerwettbewerb, Diss. Universität Erlangen-Nürnberg 2002, Frankfurt u.a. 2002, Seite 283.
Eine Betrachtung aus internationaler Sicht nimmt vor: Brosius, Felix, Internationaler Steuerwettbewerb und Koordination der Steuersysteme, Diss. Universität Hamburg 2002, Frankfurt u.a. 2003.

[127] Unter rent-seeking wird die Suche nach spezifischen Vorteilen (Renten) von Interessengruppen für ihre Mitglieder verstanden. Grundlage hierfür ist insbesondere das Vorliegen einer asymmetrischen Informationsverteilung sowie die (Markt-)Macht der organisierten Gruppen. Durch rent-seeking wird der „Wettbewerbspreis" eines Gutes über die langfristigen Grenzkosten angehoben, bspw. durch spezifische Marktzutrittschranken. Die hierdurch entstehenden sozialen Kosten zeigen sich zum einen in der entgangenen Konsumentenrente. Zum anderen kann Monopolrente abgeschöpft werden. Gleichzeitig treten Wohlfahrtsverluste in Form von Ressourcenverschwendung auf: Einerseits durch Regulierungskosten, andererseits durch Aufwendungen, die die Interessengruppen zur Erlangung spezifischer Vorteile einsetzen.

Interessengruppen erheblichen Einfluss auf den politischen (Meinungsbildungs-) Prozeß. Die meisten Steuerzahler (Bürger) können jedoch als unorganisierte Nachfrager charakterisiert werden, zahlen allerdings die Wahlgeschenke an die organisierten Gruppen durch erhöhte Steuersätze. Damit stellt sich das Verhältnis zwischen politischen Akteuren und Wählern als Prinzipal-Agent-Beziehung dar, die aufgrund von Kontrolldefiziten Anreize für die politischen Akteure zur individuellen Zielverfolgung liefert. Ein Modell, welches auch eigennutzorientierte politische Akteure berücksichtigt, wurde von Besley/Case[128] vorgestellt. Aufgrund der Möglichkeit der Bürger, die Leistung der eigenen Regierung in Relation zu Nachbargebietskörperschaften zu beurteilen, erfolgt ein Wettbewerb um die (relativ) beste Politik. Als Sanktionsmechanismus dient die Voice-Option[129].

3.3 Wettbewerb zwischen Gebietskörperschaften: Ein evolutorischer Prozess

Ein vom vorgestellten Konzept abweichendes Modell basiert auf den Überlegungen Hayeks (Wettbewerb als Entdeckungsverfahren)[130] und Schumpeters (Wettbewerb als Innovationswettbewerb)[131] und zeigt, dass auch beim Wettbewerb zwischen Jurisdiktionen durch Experimentieren neues Wissen über bessere kollektive Problemlösungen entstehen kann[132]. Hieraus folgend werden auch im Bereich staatlicher Aktivitäten wettbewerbliche Innovations-Imitations-Prozesse in Gang gesetzt. Die von den jeweiligen Jurisdiktionen angebotenen unterschiedlichen Steuer-Leistungs-Pakete sind als das Ergebnis eines Versuch-Irrtums-Verfahrens anzusehen. Hypothesen müssen getestet werden und fordern

---

[128] Siehe: Besley, Timothy/Case, Anne, Incumbent Behavior: Vote seeking, Tax-Setting and Yardstick Competition, in: The American Economic Review 1995, Seite 25 – 45.

[129] Ausgangspunkt der Betrachtung in Periode eins ist eine Verteuerung in der Bereitstellung öffentlicher Güter, die zu einer Steuererhöhung führt. Nunmehr gilt es drei Fälle zu unterscheiden: Sofern die Regierungen der betrachteten Nachbar-Gebietskörperschaften aus „guten" politischen Akteuren besteht, erfolgt nach wie vor eine effiziente Bereitstellung, d.h. ein Angebot der präferierten Menge zu minimalen Kosten. Sofern in den betrachteten Gebietskörperschaften nur „schlechte" politische Akteure agieren, werden einheitlich zu hohe Preise festgesetzt. Im dritten Fall kann ein Vergleich eines „guten" mit einem „schlechten" politischen Akteur, der zu hohe Steuern erhebt, vorgenommen werden und in der nächsten Wahlperiode sanktioniert werden.

[130] Siehe: Hayek, Friedrich A. von, Der Wettbewerb als Entdeckungsverfahren, a.a.O., Seite 249 – 265.

[131] Siehe: Schumpeter, Joseph, a.a.O., Seite 88 – 139 und Seite 207 – 239.

[132] Siehe hierzu ausführlich: Vanberg, Viktor/Kerber, Wolfgang, Institutional Competition among Jurisdictions, in: Constitutional Political Economy 1994, Seite 193 – 219 und Kerber, Wolfgang, Zum Problem einer Wettbewerbsordnung für den Systemwettbewerb, in: Jahrbuch für Neue Politische Ökonomie 1998, Seite 199 – 230.

die etablierten Lösungen heraus[133]. Aufgrund der Tatsache, dass die Anbieter lediglich Vermutungswissen in Form von Hypothesen über die Präferenzen der Nachfrager besitzen (fallibles Wissen), sind sie gezwungen, verschiedene Produkte auf den Märkten zu testen (trial and error). Die Nachfrager entscheiden dann durch ihre Wahlhandlungen über die Leistung des Anbieters und liefern Rückkopplungsinformationen[134] durch den Erwerb oder die Inanspruchnahme bzw. durch Unterlassung des Erwerbs oder Inanspruchnahme, die die Anbieter zur Verbesserung ihrer Produkte nutzen können. Damit begünstigt Wettbewerb die Entdeckung neuen Wissens, neuer Produkte und neuer Produktions- techniken, sorgt für die Verbreitung derselben[135] und bewirkt gleichzeitig Kostensenkungen.

Im interjurisdiktionellen Wettbewerb kann ähnlich wie im Wettbewerb auf Gütermärkten von einem rivalisierenden Wettbewerb mit Vorstößen, Nach- ziehen und Überholen gesprochen werden[136]. Auch für die Jurisdiktionen gibt es Anreize, Innovationen zu entwickeln, um so den Zustrom von (mobilen) Produktionsfaktoren zu erreichen. So wie Individuen informationsmäßig offene Systeme sind, die lediglich über subjektives und selektiv verzerrtes Wissen ver- fügen, durch Erfahrung und Kommunikation lernen und sich neues Wissen an- eignen[137], können auch Jurisdiktionen, die als territoriale Klubs zu begreifen sind[138], interpretiert werden. Die Gebietskörperschaften, die mit ihren Hypo- thesen die Präferenzen der mobilen Produktionsfaktoren verfehlt haben, geraten unter Wettbewerbsdruck, da sie sich Abwanderungsprozessen gegenüber sehen. Durch Imitation der erfolgreichen kollektiven Problemlösungen versuchen sie, diese Prozesse zu verhindern[139]. Der Problemlösungswettbewerb (Innovations-

---

[133] Siehe hierzu die Feststellung Hayeks: „Wo wir aber die Tatsachen, die wir mit Hilfe des Wettbewerbs entdecken wollen, nicht schon vorher kennen, können wir auch nicht fest- stellen, wie wirksam er zur Entdeckung aller relevanter Umstände führt, die hätten ent- deckt werden können".
Hayek, Friedrich A. von, Der Wettbewerb als Entdeckungsverfahren, a.a.O., hier: Seite 250.
Siehe auch: Hayek, Friedrich A. von, Die Anmaßung von Wissen, in: Kerber, Wolfgang (Hrsg.), Die Anmaßung von Wissen, Tübingen 1996, Seite 3 – 15.

[134] Siehe: Benkert, Wolfgang, Interkommunale Konkurrenz, in: Postlep, Rolf-Dieter (Hrsg.), Aktuelle Fragen zum Föderalismus, Marburg 1996, Seite 167 – 185, hier: Seite 170 – 174.

[135] Siehe: Leipold, Helmut, Theoretische und rechtliche Grundlagen der deutschen und euro- päischen Wettbewerbspolitik, in: Nase Gospodarstvo 1995, Seite 272 – 279, hier: Seite 272.

[136] Siehe: Hoppmann, Erich, Wettbewerb als Norm der Wettbewerbspolitik, in: ORDO 1967, Seite 77 – 94, hier: Seite 89 – 93.

[137] Siehe zum Wissenserwerb als Voraussetzung für Wettbewerb: Streit, Manfred E./Wegner, Gerhard, Wissensmangel, Wissenserwerb und Wettbewerbsfolgen – Transaktionskosten aus evolutorischer Sicht, in: ORDO 1990, Seite 183 – 200.

[138] Siehe: Buchanan, James M., An Economic Theory of Clubs, in: Economica 1965, Seite 1 – 14.

[139] Siehe: Vanberg, Viktor/Kerber, Wolfgang, a.a.O., Seite 204.

wettbewerb) mit seinen Produkt-, Verfahrens- und Organisationsinnovationen dient aufgrund der auf die jeweiligen erfolgreichen Innovationen folgende Imitation der Schaffung und Verbreitung neuen Wissens (Entdeckungs- und Fortschrittsfunktion des Wettbewerbs). Als Konsequenz hieraus stimuliert Wettbewerb die Leistungsanbieter dazu, ihre Produkte an die Bedürfnisse der Nachfrager anzupassen, verbessert so die allokative und produktive Effizienz der Güterversorgung auf den Märkten (Allokationsfunktion) und zwingt die Wettbewerber auf neue Produkte und neue Verfahren zu reagieren (Rivalitätswettbewerb). Insgesamt ist der Wettbewerb als zentrale Triebfeder der wirtschaftlichen Entwicklung anzusehen.

Entscheidend für die Funktionsfähigkeit dieses Konzepts ist, dass die (Kommunal-)Regierungen, die für die Festlegung der Steuer-Leistungs-Pakete verantwortlich sind, durch diesen Anreiz-Sanktions-Mechanismus und Variations-Selektions-Mechanismus[140] bewertet werden[141]. Zum einen besitzen die Wirtschaftssubjekte die Möglichkeit der Abwanderung (exit). Zum anderen kann durch (politische) Meinungsäußerung mittels Widerspruch oder Zustimmung (voice)[142], d.h. durch bspw. Stimmabgabe bei Wahlen, Druck auf die Regierung ausgeübt und so Einfluss auf kollektive Entscheidungen genommen

---

Ähnlich auch Apolte, der als entscheidenden Parameter eines institutionellen und effizienzsteigernden Wettbewerbs nicht die Mobilität der Produktionsfaktoren annimmt, sondern den freien Informationsfluss.
Siehe: Apolte, Thomas, Institutioneller Wettbewerb: Ansätze, Theoriedefizite und Entwicklungsperspektiven, in: Berg, Hartmut (Hrsg.), Theorie der Wirtschaftspolitik: Erfahrungen – Probleme – Perspektiven, Berlin 2001, Seite 179 – 210, hier: Seite 206.
Allerdings setzt die Prüfung eines Preis-Leistungs-Verhältnisses mit einer Sanktionsmöglichkeit mittels Wechselverhaltens (durch Abwanderung) stets einen hohen Informationsfluss (durch das Preissystem) voraus. Daher erscheint die Betonung des Informationsflusses nur eine Ausschnittsbetrachtung. Eine zwar vornehmbare Bewertung allerdings ohne Sanktionsmöglichkeit (durch Abwanderung) wird keine effizienzsteigernde Wirkung ausüben.
Grundlegend siehe: Schumpeter, Joseph, Theorie der wirtschaftlichen Entwicklung, 9. Auflage, Berlin 1997, Seite 88 – 139.

[140] Siehe: Kerber, Wolfgang, Recht als Selektionsumgebung für evolutorische Wettbewerbsprozesse, in: Priddat, Birger P./Wegner, Gerhard (Hrsg.), Zwischen Evolution und Institution, Marburg 1996, Seite 301 – 330, hier: Seite 302 – 307.

[141] An dieser Stelle gilt es darauf hinzuweisen, dass stets eine Gesamtbetrachtung der Steuer-Leistungs-Pakete erfolgt. Eine Bewertung einzelner (Teil-)Leistungen bzw. Problemlösungen ist ebenso wie bei Produkten der Gütermärkte nicht möglich.
Siehe: Vanberg, Viktor, Systemtransformation, Ordnungsevolution und Protektion: Zum Problem der Anpassung von Wirtschaftssystemen an ihre Umwelt, in: Institutionelle Probleme der Systemtransformation, Cassel, Dieter (Hrsg.), Berlin 1997, Seite 11 – 41, hier: Seite 28.

[142] Zur Substituierbarkeit von exit und voice siehe ausführlich: Feld, Lars P., Exit, Voice and Income Taxes: The Loyalty of Voters, in: European Journal of Political Economy 1997, Seite 455 – 478.

werden[143]. Als entscheidend ist in diesem Zusammenhang die Glaubwürdigkeit der Drohung, abzuwandern, anzusehen, da nur so die Regierungen zu einer ständigen Überprüfung, Anpassung und Optimierung der von ihnen angebotenen Steuer-Leistungs-Pakete gezwungen werden[144]. Die Glaubwürdigkeit der Abwanderung ist insbesondere von den entstehenden Kosten der Wanderung abhängig. Nur wenn diese geringer sind als die Kosten eines Verbleibs in der derzeitigen Jurisdiktion, ist eine potentielle Abwanderungsdrohung glaubhaft. Diese Drohung wirkt jedoch nur dann disziplinierend, wenn es sich um Unternehmen, Individuen und Produktionsfaktoren handelt, auf welche die politischen Akteure dringlich angewiesen sind, um ihr politisches Überleben zu sichern[145].

Damit wird die Analogie, die zwischen Wettbewerb unter Jurisdiktionen und Wettbewerb zwischen Unternehmen gezogen wird, deutlich[146] und kann spezifiziert werden:

- Kommunen: Sie stehen untereinander als Anbieter von Leistungen im Wettbewerb und können als Unternehmen betrachtet werden;
- Kommunalregierung: Die Kommunalregierung vertritt die Bürger in ihren Interessen nach innen und außen. Damit steht die Kommunalregierung einer Unternehmensführung gleich. Bei ihrer Politik orientiert sich die Kommunalregierung an den Vorgaben und Präferenzen der Bürger. Die politisch Verantwortlichen können als Vorstandsmitglieder interpretiert werden;
- Behörden und Ämter können als Profit centers interpretiert werden. Jedes einzelne Amt bzw. jede einzelne Behörde stellt eine eigenverantwortliche Abteilung mit eigenem Personal, Budget und Produktangebot dar;
- Die Bürger sind als Eigentümer des Unternehmens anzusehen. Sie bestimmen durch Wahlen die Kommunalregierung;
- Standort: Der Standort stellt das zu vermarktende Produkt dar;
- Standortfaktoren: Subjektiv wahrgenommene Standortfaktoren (Produktkomponenten) fließen bei der Bewertung des Produkts durch die Zielgruppen als Teil mit ein. Entscheidend für eine erfolgreiche Produktpolitik ist ein funktionierendes Zusammenspiel aller Komponenten;

---

[143] Siehe: Hirshman, Albert O., Abwanderung und Widerspruch, Tübingen 1974, Seite 17 – 45.

[144] Siehe: Straubhaar, Thomas, Standortbedingungen im globalen Wettbewerb, in: Globalisierung und Wettbewerb, Biskup, Reinhold (Hrsg.), Bern/Stuttgart/Wien 1996, Seite 217 – 239, hier: Seite 227.

[145] Siehe: Kiwit, Daniel/Voigt, Stefan, Grenzen des institutionellen Wettbewerbs, in: Jahrbuch für Neue Politische Ökonomie 1998, Seite 313 – 337, hier: Seite 322.

[146] Siehe ähnlich beispielsweise: Martens, Dirk/Thiel, Friedrich-Karl/Zanner, Harald, Konzern Stadt, Stuttgart/Berlin/Köln 1998 und Müller, Walter, Was ist „fairer" Steuerwettbewerb und welche Regeln braucht er?, in: Konjunkturpolitik 1998, Seite 313 – 352, hier: Seite 315.

- Steuern: Die zu zahlenden Steuern können als Preis für die Nutzung des Standortes – also des Produktes – interpretiert werden. Dabei ist von einer ständigen Weiterentwicklung des Produktes bzw. der Produktkomponenten auszugehen. Daher wirken sich Veränderungen bei den jeweiligen Komponenten auf die Steuern aus. Dabei beinhaltet der Preis für das Produkt nicht den käuflichen Erwerb des Produktes, über welches er dann alleinigen Nutzungsanspruch besitzt. Er stellt vielmehr den Kauf eines zeitlich begrenzten Nutzungsrechtes dar;
- Profil: Das Profil der Kommune kann als Produktmarke angesehen werden. Die Kommunen versuchen ebenso wie Unternehmen, ihr Produkt zu positionieren. Qualitätsassoziationen und ein hoher Identifikationsgrad sollen erreicht werden.

Als Aktionsparameter stehen den Akteuren insbesondere die Institutionen (Recht, Regulierungen), die öffentliche Infrastruktur (Verkehr, Kommunikation), aber auch andere Faktoren (z.B. Bildung, soziale Leistungen, Kultur) als Aktionsparameter zur Verfügung[147]. Damit besteht zum einen die Analogie mit den Gütermärkten, dass es sich bei den vor- und nachstoßenden Wettbewerbsprozessen um evolutorische Phänomene handelt, die durch Variation, Selektion und Restabilisierung gekennzeichnet sind[148]. Zum anderen existiert ein entscheidender Unterschied: Während beide Prozesse in eine institutionelle Ordnung eingebettet sind (choice within rules), werden beim interjurisdiktionellen Steuerwettbewerb die Institutionen selbst Objekt der Wahlhandlungen von Individuen (choice of rules)[149].

---

[147] Siehe: Kerber, Wolfgang, Die EU-Beihilfenkontrolle als Wettbewerbsordnung: Probleme aus der Perspektive des Wettbewerbs zwischen Jurisdiktionen, in: Europäische Integration als ordnungspolitische Gestaltungsaufgabe, Cassel, Dieter (Hrsg.), Berlin 1998, Seite 37 – 74, hier: Seite 41.
Siehe allgemein: Ebert, Werner, Kommunale Haushaltswirtschaft aus evolutorischer Perspektive, in: Lang, Eva/Brunton, William/Ebert, Werner, Kommunen vor neuen Herausforderungen, Berlin 1996, Seite 123 – 175.
[148] Siehe: Röpke, Jochen, Die Strategie der Innovation, Tübingen 1977, Seite 65.
[149] Siehe: Wohlgemuth, Michael, Systemwettbewerb als Entdeckungsverfahren, in: Streit, Manfred E./Wohlgemuth, Michael, Systemwettbewerb als Herausforderung an Politik und Theorie, Baden Baden 1999, Seite 49 – 70, hier: Seite 57 f.
In diesem Zusammenhang wird teilweise auf einen entstehenden Regulierungswettlauf nach unten hingewiesen, der durch die Lockerung von Auflagen und Anforderungen entstehen könnte. Ursache wären die Aussichten für Unternehmen auf eine Senkung der Kosten und einhergehend damit eine Steigerung der Renditen, um auf diesem Wege eine Ansiedlung zu erreichen.
Siehe hierzu: Oates, Wallace E., An Essay on Fiscal Federalism, in: Journal of Economic Literature 1999, Seite 1120 – 1149, hier: Seite 1136 f und Apolte, Thomas, Die ökonomische Konstitution eines föderalen Systems, Habil-Schr. Universität Duisburg 1998, Tübingen 1999, Seite 126.

4. Rahmenbedingungen eines interjurisdiktionellen Wettbewerbs

4.1 Die grundsätzliche Mobilität von Unternehmen und privaten Haushalten

Entscheidende Voraussetzung des dargestellten Modells des interjurisdiktionellen Wettbewerbs ist die Mobilität von Unternehmen und Bürgern, da andernfalls die Sanktionsmöglichkeit eines exit entfallen würde und keine glaubwürdige Abwanderungsdrohung signalisiert werden könnte. Die einzige Reaktionsmöglichkeit der Bevölkerung auf nicht erwünschte politische Entscheidungen wäre daraus folgend voice. Jedoch ist zum einen diese Möglichkeit auf einen bestimmten regelmäßig wiederkehrenden Zeitpunkt (alle vier bzw. fünf Jahre) beschränkt und damit sind kurzfristige individuelle Präferenzänderungen nicht aufzeigbar, zum anderen steigen bei Überstimmung der eigenen Präferenzen bei den Wahlen durch andere Bürger die Frustrationskosten[150].

4.1.1 Besteuerung immobiler Akteure

Abweichend von Modellen, die die Mobilität der Unternehmen und Individuen in den Mittelpunkt stellen, gehen die Kritiker davon aus, dass ein Wettbewerb zwischen Gebietskörperschaften zu einer verstärkten bzw. ausschließlichen Besteuerung der immobilen Akteure führen würde[151]. Dabei legen diese Kritiker bei der Beurteilung der Mobilitätsbereitschaft die Prämissen neoklassischer Modelle zu Grunde[152], als deren Leitbild der homo oeconomicus fungiert. Die einhergehende Rationalisierung, Entemotionalisierung und ausschließliche Orientierung an Gewinnmaximierungskalkülen eines vollständig informierten Unternehmers unter planbaren, sicheren Rahmenbedingungen und Umwelteinflüssen entspricht allerdings in keinster Weise den in der Realität anzutreffenden

---

[150] Als Kosten des Voice können zum einen die Informationsbeschaffungskosten zum anderen die Kosten der Teilnahme an Wahlen (Entscheidungsfindungskosten und Diskriminierungs-/ Frustrationskosten) genannt werden. Auch sei an dieser Stelle auf das im Kapitel III.3.2 aufgegriffene Problem des Stimmentauschs (log-rolling) sowie das Problem der Paketlösungen hingewiesen. Da bei politischen Wahlen nur die Möglichkeit zwischen ganzen Paketen von Leistungen (und Gegenleistungen) zu wählen besteht, ist eine individuelle präferenzgerechte Kombination einzelner Komponenten nicht möglich.

[151] Siehe hierzu: Kübbeler, Michael, Steuerwettbewerb als Ordnungsprinzip einer rationalen Finanzverfassung, in: Kübbeler, Michael/Langer, Christian, Wirtschafts- und Finanzpolitik nach ordoliberalen Prinzipien, Berlin 1999, Seite 45 – 75, hier: Seite 60 und Sinn, Hans-Werner, Deutschland im Steuerwettbewerb, in: Jahrbuch für Nationalökonomie und Statistik 1997, Seite 672 – 692, hier: Seite 684 f.

[152] Siehe: Maier, Gunther/Tödtling, Franz, Regional- und Stadtökonomik, 2. Auflage, Wien/New York 1995, Seite 40.

Bedingungen[153]. Durch die Unvollkommenheit der Informationen im Hinblick auf Handlungsalternativen und Ungewissheit der zukünftigen Entwicklungen – sei es im Unternehmen selbst oder bezogen auf das Umsystem – ist eine ausschließliche Verfolgung des Gewinnmaximierungsziels nicht möglich. Zudem erfolgt bedingt durch die bounded rationality[154] des Entscheidungsträgers keine Suche nach dem „objektiven Optimum". Dies hat zur Konsequenz, dass aus der durch Informations-, Kosten- und Zeitproblemen begrenzten Zahl der Handlungsalternativen die gewählt wird, die sein subjektives Anspruchsniveau befriedigt, d.h. er nimmt eine individuelle und subjektive Nutzenmaximierung vor. Folgt man jedoch dem neoklassisch basierten Leitbild, würden mobile Akteure entlastet werden.

Der These einer verstärkten Besteuerung immobiler Akteure soll daher an dieser Stelle folgendes entgegen gehalten werden: Die Unterstellung einer grundsätzlichen Immobilität von einer Mehrzahl von Unternehmen, Individuen und Produktionsfaktoren wird nicht zuletzt aufgrund der restriktiven Prämissen neoklassischer Modelle zurückgewiesen. Sie sind außerhalb von Modellwelten grundsätzlich als mobil einzustufen. Somit können sie zumindest mittel- bis langfristig den Einflüssen eines interkommunalen Wettbewerbs durch Wechsel in eine andere Kommune umgehen und dadurch den für sie ungünstigen Standortbedingungen widersprechen. Dies gilt auch – zumindest indirekt – für Eigentum an Grund und Boden, da die Rechte der Nutzung dieses originären Produktionsfaktors ohne hohe Kosten räumlich übertragbar sind. Durch die Veräußerung wird eine Bewertung vorgenommen und diese Informationen durch das Preissystem transportiert. Daraus resultierend ist eine hohe indirekte Mobilität für das Recht der Nutzung des Grund und Boden kennzeichnend. Auch ist bedingt durch die fortschreitende Technologie eine Verlagerung von Unternehmen mit immer weniger Nachteilen verbunden – d.h. im Laufe der Zeit erhöht sich der Mobilitätsgrad. Dies bedeutet zugleich, dass immer mehr Konkurrenten (aufgrund des höheren Mobilitätsradiuses) in rascherem Tempo um mobil werdende Faktoren werben, und mobile Faktoren schneller auf Entwicklungen reagieren können[155]. Dabei sind die auftretenden Mobilitätskosten um so geringer, desto räumlich näher eine konkurrierende Jurisdiktion als Ausweichmöglichkeit vorhanden ist.

---

[153] Siehe ebenfalls: Ernst, Paul u.a., Standortwahl und Standortverlagerung in der Europäischen Union – insbesondere Darstellung der steuerlichen Rahmenbedingungen, in: Peemöller, Volker/Uecker, Peter (Hrsg.), Standort Deutschland, Berlin 1995, Seite 111 – 147, hier: Seite 117.
Siehe einführend auch: Güth, Werner/Maciejovsky, Boris, (Un)eingeschränkte Rationalität, in: WiSt 2002, Seite 527 – 529.

[154] Siehe hierzu bspw.: Conlisk, John, Why Bounded Rationality?, in: Journal of Economic Literature 1996, Seite 669 – 700.

[155] Siehe: Thomas Straubhaar, Standortbedingungen im globalen Wettbewerb, a.a.O., Seite 220 – 223.

68

4.1.2 Race to the bottom

4.1.2.1 Das Standardmodell zur Begründung für ein race to the bottom

Das sog. Standardmodell des Steuerwettbewerbs[156] geht von folgenden Prämissen aus:

- Es wird ein im internationalen Vergleich kleiner Staat betrachtet, d.h. der Staat kann die Rendite des Kapitals nach Steuern, die in anderen Ländern erwirtschaftet wird, nicht beeinflussen und wird damit als gegeben festgelegt.
- Der betrachtete Staat produziert seinen wirtschaftlichen Output mit den Produktionsfaktoren Kapital und Arbeit sowie weiteren Faktoren wobei ausschließlich das Kapital mobil ist.
- Die Grenzproduktivität des Kapitals, d.h. der mögliche Produktionszuwachs ist eine fallende Kurve.
- Kapitalsteuern werden ausschließlich durch den Staat festgelegt, in dem Kapital investiert wird (Quellenstaatprinzip)[157].

Aus diesen Prämissen resultierend, fließt dem betrachteten Land bis zu dem Zeitpunkt Kapital zu, bis die letzte Einheit Mehrkapital mindestens die Nettorendite erzielt.

Im folgenden werden zwei Simulationen durchgeführt. Zum einen die Situation ohne Kapitalbesteuerung zum anderen die Situation mit Kapitalbesteuerung.

Situation A:
Es existiert keine Kapitalertragsbesteuerung, so dass für Gewinne, die durch das Kapital erzielt werden, keine Steuern zu entrichten sind. Das mobile Kapital erwirtschaftet somit die Fläche OBCE (Abbildung 5), während die immobilen Produktionsfaktoren die Fläche ECH inklusive der abzuführenden Steuern erzielen. Die Bruttowertschöpfung des Staates ergibt sich demzufolge als Fläche OBCH.

---

[156] Siehe: Sinn, Hans-Werner, Das Selektionsprinzip und der Systemwettbewerb, in: Oberhauser, Alois (Hrsg.), Fiskalföderalismus in Europa, Berlin 1997, Seite 9 – 60.
Siehe auch: Sinn, Hans-Werner, Wieviel Brüssel braucht Europa?, in: StWStP 1994, Seite 155 – 186.
[157] Zu Modellen, die eine Kapitalbesteuerung nach dem Wohnsitzlandprinzip durchführen, siehe: Eggert, Wolfgang/Haufler, Andreas, Capital Taxation and Production Efficiency in an Open Economy, Economics Letters 1999, Seite 85 – 90 und Homburg, Stefan, Competition and Co-ordination in International Capital Income Taxation, in: Finanzarchiv 1999, Seite 1 – 17.

Abbildung 5: Besteuerung des mobilen Faktors Kapital

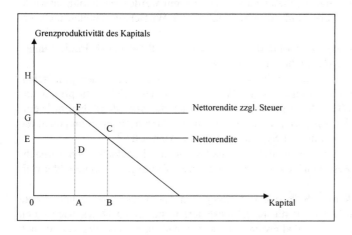

Situation B:
Der betrachtete Staat erhebt eine Kapitalsteuer, so dass das Kapital zur Erreichung der Nettorendite nach Steuern zusätzlich die Summe der Steuerlast erwirtschaften muss. Der Kapitalzufluss vermindert sich resultierend aus dem Schnittpunkt der Grenzproduktivität mit Nettorendite zzgl. Steuern (F). Die Bruttowertschöpfung vermindert sich im Vergleich zur Situation A auf OAFH. Das Nettoeinkommen des Kapitals umfasst die Fläche OADE, der Staat erhält Steuermehreinnahmen i.h.v. EDFG und das Einkommen der immobilen Faktoren inklusive Steuern beträgt EDFH. Insgesamt betrachtet findet also ein Wohlfahrtsverlust in Höhe der Fläche CDF statt.

Aus dem Vergleich der beiden Situationen wird der Schluss gezogen, dass der Verzicht auf die Besteuerung des Produktionsfaktor Kapital die Steigerung der Wohlfahrt zur Folge hat. „Das Modell legt es nahe, daß alle Staaten die Kapitalsteuern abschaffen. Man befürchtet, daß damit eine Umverteilung vom Faktor Kapital zugunsten des anderen Teils der Gesellschaft (etwa Faktor Arbeit) unmöglich wird"[158] und somit eine Erosion der Kapitalbesteuerung i.S. eines race to the bottom resultiert.

Haupteinwände gegen das Standardmodell richten sich gegen die festgelegten Bedingungen. Insbesondere sind folgende Aspekte anzuführen:

---

[158] Müller, Markus, Systemwettbewerb, Harmonisierung und Wettbewerbsverzerrung, Diss. Universität Tübingen 1999, Baden Baden 2000, Seite 47.

- Die bereits aufgezeigten neoklassischen Grundannahmen sind als nicht mit der Realität vereinbar anzusehen. Zudem werden die Funktionsweise des Wettbewerbs und die Koordination der Wirtschaftssubjekte nicht erklärt[159].

- Das Wissensproblem und die Funktion des Wettbewerbs als Entdeckungsfunktion werden nicht berücksichtigt[160].

- Das unterstellte rationale Verhalten des Staates bzw. der politischen Akteure wird in Frage gestellt. Wenn man mit dem „Selektionsprinzip annimmt, daß der Staat gut und allwissend ist, das Subsidiaritätsprinzip einhält und dementsprechend effizient handelt, dann definiert Sinn genau die Probleme weg, die der Systemwettbewerb lösen soll"[161].

- Ordnungsrelevante Institutionen und somit die Regeln werden vernachlässigt. Diese sind jedoch für einen regelabhängigen Systemwettbewerb relevant[162].

- Die Kritiker des Steuerwettbewerbs gehen davon aus, dass die unterstellte Kapitalmobilität auf die Kapitalbesteuerung nur einen Druck nach unten ausübt. „Dabei wird allerdings übersehen, daß für ein einzelnes Land auch Anreize bestehen können, die Besteuerung von Kapital zu erhöhen, um z.B. ausländische Direktinvestoren zu belasten und in diesem Sinne Steuerlasten zu exportieren. Für diese These spricht, daß in vielen Ländern – entgegen der Steuerwettbewerbstheorie – ausländische Direktinvestitionen steuerlich immer noch diskriminiert werden"[163].

4.1.2.1 Zusammenhang mit der Bereitstellung öffentlicher Güter

Werden die neoklassisch-statischen Prämissen aufgehoben und unterstellt, dass neben dem Produktionsfaktor Kapital auch weitere Produktionsfaktoren mobil sind, besteht für diese mobilen Faktoren eine Vielzahl von Möglichkeiten, einer Besteuerung in einem bestimmten Staat bzw. einer bestimmten Gebietskörperschaft zu entgehen und unter Ausnutzung entsprechender Vorteile eine An-

---

[159] Siehe: Wohlgemuth, Michael, Economic and Political Competition in Neoclassical and Evolutionary Perspective, in: Constitutional Political Economy 1995, Seite 71 – 96, hier: Seite 72.

[160] Siehe: Mussler, Werner/Wohlgemuth, Michael, Institutionen im Wettbewerb – Ordnungstheoretische Anmerkungen zum Systemwettbewerb in Europa, in: Oberender, Peter/Streit, Manfred E. (Hrsg.), Europas Arbeitsmärkte im Integrationsprozeß, Seite 9 – 45, hier: Seite 12.

[161] Müller, Markus, a.a.O., Seite 94.
Siehe zum Selektionsprinzip: Sinn, Hans-Werner, Das Selektionsprinzip und der Systemwettbewerb, a.a.O..

[162] Siehe: Mussler, Werner/Wohlgemuth, Michael, Institutionen im Wettbewerb – Ordnungstheoretische Anmerkungen zum Systemwettbewerb in Europa, a.a.O., hier: Seite 12.

[163] Huber, Bernd, Der Steuerwettbewerb: Gefahr oder Chance?, in: List Forum für Wirtschafts- und Finanzpolitik 1997, Seite 242 – 255, hier: Seite 249 f.

siedlung in einer anderen vorzunehmen[164]. Somit wären einerseits Kommunen zum Handeln gezwungen, da die Gefahren einer Profilverschlechterung – zumindest indirekt – auf sie selbst zurückfallen würde. Durch zu hohe Vermögensverluste bzw. Einkommenseinbußen (bspw. bei der Veräußerung eines Grundstücks) würde der Standort für (neue) Investitionen uninteressant. Auch ist – wie bereits angesprochen – eine notwendigerweise zu vollziehende Verhaltensänderung der Individuen und Unternehmen andererseits Basis der Überlegungen, welche einer Senkung der Mobilitätskosten gleich kommt, d.h. die Exitkosten der Individuen und die Kosten aus irreversiblen Investitionen sind durch das eigene Verhalten auf ein Minimum zu beschränken. Dabei ist allerdings ausdrücklich auf die stets bestehenden Opportunitätskosten hinzuweisen, also die Mehrkosten der Wanderung selbst (Raumüberwindungskosten), sowie die Informationsbeschaffungskosten, die Entwertung des Humankapitals und nicht messbaren Faktoren der Individuen (z.B. Heimatverbundenheit). Dies bedeutet, dass die Mobilitätskosten nicht gleich Null sind und gleichfalls ein race to the bottom, nicht stattfindet[165]. Somit bleibt an dieser Stelle festzuhalten, dass alle Faktoren zumindest tendenziell und mittel- bis langfristig als indirekt mobil einzustufen sind, aber bedingt durch Exitkosten nicht vollkommen mobil sein können.

Unter der Annahme des race to the bottom würde eine Kommune unter der Gültigkeit des Prinzips der fiskalischen Äquivalenz ab einem bestimmten Steuersatz nicht mehr in der Lage sein, ihre Aufgaben zu erfüllen – im speziellen: Die Bereitstellung öffentlicher Güter müsste unterbleiben. Dies ginge mit einer sinkenden Attraktivität der entsprechenden Kommune einher: Infrastruktur, Wohnumfeld, Image, Kultur usw. würden in der Qualität sinken bzw. Ausgaben in diesen Bereichen könnten nicht mehr getätigt werden[166]. An dieser Stelle gilt es zu überprüfen, ob die Individuen, Unternehmen und Produktionsfaktoren nicht in andere – steuererhebende – Kommunen abwandern, da hier das entsprechende notwendige Umfeld existiert und in einer Gesamtbetrachtung die Kosten – Opportunitätskosten – geringer sind als in der Null-Steuersatz-Kommune. Auch

---

[164] Hier ist bspw. an die Bildung von faktischen Konzernen zu denken, wobei das Mutterunternehmen in der Gebietskörperschaft mit den günstigsten (Steuer-)Bedingungen ihre Niederlassung besitzt.

[165] Ein Modell, welches explizit die Kosten der Kontrolle der Politiker durch die Exit- und Voice-Option der Nachfrager berücksichtigt, wurde von Breton entwickelt. In diesem Modell können – ebenso wie bei McGuire und Wellisch – negative Effekte in Form von ruinöser Konkurrenz auftreten, wenn ein entsprechender Regelrahmen, der durch eine übergeordnete Jurisdiktion überwacht wird, fehlt.
Siehe: Breton, Albert, Competitive Governments: An Economic Theory of Politics and Public Finance, Camebridge 1996.

[166] Siehe hierzu auch: Siebert, Horst/Koop, Michael J., Europa zwischen Wettbewerb und Harmonisierung, in: WiSt 1994, Seite 611 – 616, hier: Seite 613.
Siehe auch: Kirchgässner, Gebhard, Das Finanzleitbild aus wirtschaftswissenschaftlicher Sicht, in: Aussenwirtschaft 2000, Seite 183 –208, hier: Seite 192.

für die Kommune wird der Grenznutzen der Steuersatzsenkung durch die Opportunitätskosten aufgewogen[167]. Daher ist davon auszugehen, dass sich ein Gleichgewicht zwischen (Regulierungs-)Kosten und Nutzen herausbildet, sodass das Regulierungs- und speziell das Besteuerungsniveau keineswegs auf Null herabfällt[168].

4.1.2.3 Neoklassische Modellwelt vs. evolutorisches Marktgeschehen

Erneut sei an dieser Stelle eine Analogie zu den Gütermärkten gezogen: Das neoklassisch basierte race to the bottom-Verhalten unterstellt eine Steuer- bzw. Preissenkung bis hin zur 0 %-Steuer, die eine Versorgung der Nachfrager (hier: Bürger, Wirtschaftssubjekte) nicht mehr gewährleisten kann und somit zu einer Unterversorgung mit (öffentlichen) Gütern führt. Unterstellt wird bei diesen Überlegungen stets, dass alle Betroffenen ausschließlich auf den Aktionsparameter Steuern (Preis) reagieren bzw. dieser der einzige Faktor ist, der deren Kalkül bestimmt und folglich eine Steuersatzsenkung zu einem allgemeinen Steuersenkungswettbewerb, ausgelöst durch fiskalisch induzierte Wanderungen der Betroffenen hin zum geringsten Steuersatz, führt.

Fraglich erscheint bei diesen Überlegungen insbesondere die einheitliche Bewertung des subjektiven Nutzens einer Steuersatzsenkung und die Quantifizierung der Nutzenfunktion hin zu einer Null-Kosten-Funktion. Diese Annahme kann durch Beobachtung der realen (unvollkommenen) Gütermärkte widerlegt werden, da die Positionierung der Produkte nicht ausschließlich unter Preisaspekten erfolgt[169]. Außerhalb der neoklassischen Modellwelt lassen sich anhand der Wettbewerbsmatrix von Porter die unterschiedlichen Betrachtungsebenen zur Erzielung eines Wettbewerbsvorteils zusammenführen und auf die kommunale Ebene übertragen: Neben der Möglichkeit einer Kommune, sich durch umfassende Kostenführerschaft auszuzeichnen und folglich in sämtlichen (öffentlichen) Leistungsangeboten einen Kostenvorsprung zu besitzen, sind auch die Strategien der Differenzierung (also die Herstellung einer Singularität aus Sicht der Nutzer bzw. Wirtschaftssubjekte bei sämtlichen Leistungen und gleich-

---

[167] Siehe: Wrobel, Ralf M., Systemwettbewerb statt fiskalischem Föderalismus, in: WiSt 1999, Seite 676 – 678, hier: S. 677.
Siehe auch: Oberender, Peter/Christl, Claudius, Race to the Bottom: Eine unvermeidliche Folge der Liberalisierung?, in: Hamburger Jahrbuch für Wirtschafts- und Gesellschaftspolitik 2000, Seite 209 – 221.

[168] Siehe: Schäfer, Wolf, Systemwettbewerb versus Politik-Kartell: Eine Betrachtung aus Sicht der Wirtschaftswissenschaften, in: Hasse, Rolf/Schenk, Karl-Ernst/Graf Wass von Czege, Andreas (Hrsg.), Europa zwischen Wettbewerb und Harmonisierung, Baden Baden 2002, Seite 39 – 50, hier: Seite 44.

[169] Zur Diskussion der race to the bottom These i.Z. mit einem Regulierungswettbewerb auf europäischer Ebene siehe: Wegner, Gerhard, Zur Funktionsfähigkeit des institutionellen Wettbewerbs, Bochum 2000, Seite 34 –43.

zeitig eine hohe Identifikation und Loyalität mit der Kommune aufzubauen) und die Konzentration auf bestimmte Schwerpunkte (d.h. Ausrichtung auf die speziellen Bedürfnisse einzelner Zielgruppen) mögliche Positionierungsstrategien.

Zwar können sich sowohl im Wettbewerb zwischen Unternehmen als auch zwischen Gebietskörperschaften die Produkte, angebotenen Leistungen bzw. Steuer-Leistungs-Pakete angleichen. Dies wäre dann allerdings Ergebnis eines vollzogenen Wettbewerbs, so dass sich die Konstellation durchsetzt, die sich unter wettbewerblichen Gesichtspunkten bewährt hat. Zudem handelt es sich bei einer sich so gebildeten Ordnung um ein dynamisches Gebilde, welches der Weiterentwicklung unterliegt. Damit wird deutlich, dass eine Vorabdefinition bzw. Bestimmung eines Harmonisierungsstandes sowie -grades wie bspw. im Modell von Siebert[170] entscheidende Parameter nicht testen und selektieren kann. Siebert sieht im Systemwettbewerb einen Prozess, der ein Entdeckungsverfahren mit offenem Ausgang darstellt und in einer Harmonisierung der Aktionsparameter endet (ex-post-Harmonisierung). Im Vergleich zur ex-ante-Harmonisierung und damit zur politisch-vorgegebenen wird als entscheidender Unterschied der zeitliche Aspekt hervorgehoben. Demzufolge reduziert Siebert den Entdeckungsprozess ausschließlich auf einen Harmonisierungsprozess. Doch zum einen wird die Frage, ob im Wettbewerb überhaupt eine Harmonisierung erfolgt, nicht bestimmt, zum anderen bleibt offen, sofern sich eine Harmonisierung durchgesetzt hat, ob diese dauerhaft bestehen bleibt oder ob aufgrund der Diskontinuität, Dynamik und Komplexität der gesellschaftlichen Systeme nach einem Harmonisierungszeitraum erneut ein Wettbewerb als Entdeckungsverfahren mit offenem Ausgang startet. Auch blendet Siebert die Möglichkeit „neue" Alternativen zu entdecken aus und beschränkt sich auf die Betrachtung bekannter Alternativen. Die aus Zeitaspekten präferierte Vorab-Harmonisierung und die damit implizierte Zwangsgleichgewichtherstellung geht demzufolge erneut von den dargestellten neoklassisch-statischen Wettbewerbsparametern aus und berücksichtigt nicht den dynamischen Aspekt des Wettbewerbs. Lernen – durch Heterogenität – wird unmöglich, Innovations-Imitations-Prozesse und damit auch wirtschaftliche Weiterentwicklung eingeschränkt.

4.2 Mobilität und das Prinzip der fiskalischen Äquivalenz

Als wesentlicher Baustein zur Durchsetzung der o.a. Überlegungen ist die Umsetzung der fiskalischen Äquivalenz, nach der – wie bereits dargestellt – eine Übereinstimmung zwischen Nutznießern, Zahlern und Entscheidungsträgern in einer Gebietskörperschaft vorliegen muss. Vorteile bestünden neben positiven Allokationswirkungen durch die Verknüpfung von Einnahmen und Ausgaben

---

[170] Siehe: Siebert, Horst, The Harmonization Issue in Europa: Prior Agreement or a Competitive Prozess?, in: Siebert, Horst (Hrsg.), The Completion of the Internal Market, Tübingen 1990, Seite 53 – 75.

auch in der Spürbarkeit und Wahrnehmbarkeit der Belastungen, so dass Kosten-bewusstsein für die staatlich bereitgestellten Leistungen in den Mittelpunkt tritt und folglich auch rent-seeking erschwert wird. Neben der Aufgabenkompetenz der Kommunen müssen sie auch Ausgabenverantwortung besitzen, d.h. die Möglichkeit, über verschiedene Steuersätze Produktionsfaktoren anzuziehen bzw. nicht abwandern zu lassen oder eine Zuwanderung zu vermeiden.

Unter Gültigkeit des Prinzips der fiskalischen Äquivalenz und der Mobilitätsan-nahme wird gleichzeitig die Macht der Regierung bzw. der politischen Akteure dadurch begrenzt, dass tatsächliche oder potentielle Verlierer, d.h. Interessen-gruppen, die nicht in den Genuss politisch gesicherter Renten gelangen, in andere Jurisdiktionen abwandern (können). Daraus kann die Konsequenz ge-zogen werden, dass Standorte, die an Investitionen verlieren, Arbeitslose ge-winnen und politische Akteure, die an ihrer wirtschaftspolitischen „perfor-mance" gemessen werden, Stimmen verlieren[171]. Da politische Akteure „selbst betroffene Wettbewerber mitten im Spiel"[172] sind, findet eine Begrenzung ihrer Monopolmacht[173] gegenüber den Individuen statt (Wettbewerb als Kontroll-verfahren)[174].

4.3   Exkurs: Immobilität und kommunale Stimmrechte

Einzelne Individuen oder Unternehmen können in einer relativen Betrachtung als tendenziell immobil eingestuft werden[175]. Hier gilt es zu prüfen, ob eine von den grundsätzlich mobilen Faktoren abweichende Bewertung und Einstufung innerhalb der Kommune vorzunehmen ist. So kann die Glaubwürdigkeit der individuellen Kostenversenkung Kriterium einer Bestimmung hinsichtlich des Grades der Immobilität sein. Subjektive Interpretationsspielräume sowie Ab-hängigkeiten von Einkommen und Vermögen stellen jedoch eine Barriere für eine objektive Beurteilung und Klassifizierung dar. Zudem erscheint es frag-würdig, aus einer tendenziellen Immobilität, die vorrangig auf bewusste indivi-duelle Entscheidungen oder auf (unbewusstes) nichtrationales Verhalten (bspw. Ideologien, sunk-cost-Effekt)[176] zurückgeht, ein gegenüber mobilen Faktoren pauschales verstärktes Mitwirkungs- und Mitspracherecht innerhalb der

[171] Siehe: Wohlgemuth, Michael, Institutioneller Wettbewerb als Entdeckungsverfahren, Jena 1998, Seite 18.
[172] Ebenda, Seite 25.
[173] Monopolmacht besitzen die politischen Akteure grundsätzlich für den Zeitraum ihrer Amtszeit, der i.d.R. vier bis fünf Jahre beträgt.
[174] Siehe: Streit, Manfred E., Systemwettbewerb und Harmonisierung im europäischen Integrationsprozeß, Jena 1995, Seite 7 f.
[175] Bspw. sind rohstofffördernde Unternehmen an den Förderort gebunden. Allerdings be-sitzen auch diese Unternehmen die Möglichkeit, zumindest Teile des Unternehmens bzw. den Hauptfirmensitz in eine andere Gebietskörperschaft zu verlagern.
[176] Siehe hierzu Kapitel III.5.2.

Kommune – bspw. durch Doppelstimmen bei Wahlen – herzustellen. An diese Forderung knüpft sich die Überlegung, dass tendenziell Immobile ein verstärktes Interesse an den kommunalen Steuer-Leistungs-Pakten besitzen und aufgrund ihrer spezifischen kostenversenkenden Investitionen langfristig eine Sicherung und Verbesserung der öffentlichen Leistungen anstreben. Damit wird Mobilen vorrangig Abschöpfungsverhalten unterstellt.

Neben den angesprochenen Abgrenzungs- und Bestimmungsproblematiken ist insbesondere die grundsätzliche Unterstellung eines erheblichen bzw. wohlwollenden Interesses der tendenziell Immobilen an der Kommunalpolitik fragwürdig. Statt dessen besteht für jeden Bürger die Möglichkeit, aktiv an der Kommunalpolitik mitzuwirken. Dieses Interesse ist bei unterstellter Immobilität und erheblicher Kostenversenkung grundsätzlich wesentlich höher als bei Mobilen. Somit existiert insbesondere für die Immobilen ein Anreiz, entweder politische Akteure verstärkt zu kontrollieren und das Meinungsbild in der Öffentlichkeit entscheidend argumentativ zu prägen, zum anderen die direkte politische Mitarbeit auf kommunaler Ebene anzustreben. Folglich findet nicht nur eine Stärkung der Eigenverantwortlichkeit und Selbstbestimmung sowie der Begrenzung und Überwachung der öffentlichen bzw. politischen Gewalt statt, es erfolgt grundsätzlich eine wesentliche Stärkung der Demokratie von unten nach oben. Aus dieser Überlegung resultierend ist eine unterschiedliche Behandlung bzw. Einstufung mobiler bzw. immobiler Faktoren nicht erforderlich. Entscheidend für die Praktikabilität ist allerdings, dass die Kommunen eine wesentlich erweiterte Aufgaben-, Ausgaben-, Gesetzgebungs- und Einnahmenkompetenz zugewiesen erhalten und folglich alle Angelegenheiten der örtlichen Gemeinschaft eigenständig und mit allen Konsequenzen zu verantworten haben.

Ergänzend sei vollständigkeitshalber angeführt, dass ein grundsätzliches Stimmrecht von Kapitalgesellschaften bei Wahlen an dieser Stelle abgelehnt wird. Zum einen stellt die juristische Person (Kapitalgesellschaft) selbst ein Wahlrecht dar. Hierfür wird ein bestimmter Preis in Form von einer von der Besteuerung natürlicher Personen abweichenden Steuerbelastung entrichtet. Die vielfach angestrebte rechtsformneutrale Besteuerung vereinheitlicht unterschiedliche Voraussetzungen und Bedingungen, bspw. im Bereich der Publizität, der Rechnungslegung, der Haftung und den Mitwirkungsrechten bzw. -pflichten. Für unterschiedliche Rechtsfolgen und abweichende Konsequenzen im Geschäftsverkehr sollte vielmehr ein alternativer Preis in Form von höheren bzw. niedrigeren Steuern zu entrichten sein. Zum anderen kann durch die Beibehaltung einer neben der Besteuerung natürlicher Personen existierende Steuerart für juristische Personen ein „Korrektiv" geschaffen werden, welches Anreize für die Kommunalregierung zur Pflege aller Steuerpflichtigen und damit der Einnahmequellen beinhaltet, wobei aufgrund alternativer Rechtsformen auch abweichende Präferenzen sowohl auf unternehmerischer als auch auf kommunaler Seite existieren (können). Abweichende Steuerarten als Preis für spezifische

(Gegen-)Leistungen führen auch in der Kommunalpolitik zur Berücksichtigung unterschiedlicher Interessen im Bereich der bereitzustellenden Infrastruktur.

4.4 Notwendigkeit einer Wettbewerbsordnung

Hauptargumente von Gegnern einer wettbewerblichen Leistungserstellung durch Gebietskörperschaften sind kritisch zu betrachten[177]:

- Wie bereits dargestellt, spiegelt der vielfach herangezogene Referenzmaßstab der vollständigen Konkurrenz nicht die in der Realität anzutreffenden Bedingungen wieder. Innovations- und Lernprozesse bleiben unberücksichtigt.
- Die Kosten der Bereitstellung öffentlicher Güter im Rahmen eines evolutorischen Wettbewerbs sind abzuwägen mit den Kosten nichtwettbewerblicher Lösungen. Kosten i.S. eines Staatsversagens von Wissens- und Rent-seeking-Problemen bleiben hierbei jedoch vielfach unberücksichtigt.
- Ein race to the bottom insbesondere im Bereich eines Regulierungswettbewerbs kann bisher aus empirischer Sicht nicht bestätigt werden[178]. Statt dessen sind auch Innovations- und Lerneffekte durch rechtliche Vielfalt vorstellbar[179]. Daher gilt es die Funktionsbedingungen für einen Rechtssetzungswettbewerb, d.h. Regulierungskompetenzen, festzulegen, um dezentrales Experimentieren mit unterschiedlichen Regeln zu ermöglichen (Rechtswahlfreiheit).
- Das Problem des Marktversagens (insbesondere die Unterversorgung mit öffentlichen Gütern) tritt nicht ausschließlich im Wettbewerb auf. Stattdessen ist die Funktionsfähigkeit institutioneller Rahmenbedingungen bei Auftreten von Marktversagensproblemen zu prüfen.

Die Verhinderung eines Markt- bzw. Wettbewerbsversagens i.Z. mit der Umsetzung eines evolutorischen Wettbewerbskonzeptes gilt es, durch eine Wettbewerbsordnung – vergleichbar mit den Regelungen für den Wettbewerb zwischen Unternehmen für private Güter – zu sichern[180]. Dieser noch zu gestaltende

---

[177] Einen Überblick zu nachfolgenden Argumenten gibt: Kerber, Wolfgang, Wettbewerbsordnung für den interjurisdiktionellen Wettbewerb, in: WiSt 2001, Seite 368 – 374, hier: Seite 369.

[178] Siehe bspw.: Sun, Jeanne-Mey/Pelkmans, Jacques J., Regulatory Competition in the Single Market, in: Journal of Common Market Studies 1995, Seite 67 – 89.

[179] Siehe: Kerber, Wolfgang, Rechtseinheitlichkeit und Rechtsvielfalt aus ökonomischer Sicht, in: Grundmann, Stefan (Hrsg.), Systembildung und Systemlücken in Kerngebieten des Europäischen Privatrechts, Tübingen 2000, Seite 67 – 97.

[180] Siehe bspw. zu den Regelklassen der Wettbewerbsregeln in der Schweiz: Feld, Lars P., Steuerwettbewerb in der Schweiz – kein Auslaufmodell, in: Wagschal, Uwe/Rentsch, Hans (Hrsg.), Der Preis des Föderalismus, Zürich 2002, Seite 151 – 175, hier: Seite 171 f und Feld, Lars P./Kirchgässner, Gebhard, Steuerwettbewerb oder Steuerharmonisierung?, in: NZZ vom 27./28. Januar 2001, Seite 103.

Regelrahmen legt die Bedingungen i.S. einer konstituierenden Ordnung durch Bestimmung erlaubter und unerlaubter Aktionsparameter fest und definiert Sanktionsmöglichkeiten[181]. So ist bspw. im Bereich der (kommunalen) Wirtschaftsförderung eine Definition bzw. Abgrenzung einzelner Maßnahmen der direkten bzw. indirekten Wirtschaftsförderung vorzunehmen[182]. Bereits heute unterliegen bestimmte Beihilfen der Beihilfenkontrolle und können untersagt werden[183].

Nur innerhalb einer i.S. eines offenen Vertrages gestalteten Rechtsordnung ist die Umsetzung innovations- und imitationsfördernder Steuer-Leistungswettbewerbe zwischen Jurisdiktionen möglich.

5. Die Rationalitätsprämisse

Ein weiterer – neben der Mobilität der Unternehmen und Individuen wesentlicher Baustein des evolutorischen Wettbewerbskonzepts – besteht in der Aufhebung der Rationalitätsprämisse. Der homo oeconomicus existiert wie bereits angesprochen ausschließlich in Modellwelten. Daher erfolgt innerhalb dieses Kapitels eine Analyse nichtrationalen Verhaltens. Dies beinhaltet eine begriffliche Abgrenzung sowie die Herausarbeitung von nicht rationalen Verhaltensausprägungen; daneben wird aufgezeigt, dass nicht rationales Verhalten u.U. rational sein kann.

5.1 Die ökonomische Rationalität

Neben der Wertrationalität, nach der das Ergebnis der Handlungen, aber auch die Handlung selbst Gegenstand der Betrachtung ist und in der Ökonomie nur geringe Berücksichtigung findet, sind zweckrationale Entscheidungen, die ausschließlich am Ergebnis von Handlungen ansetzen, Grundlage der ökonomischen Theorie. Dabei steht die objektive neben der subjektiven Rationalität.

Bei Ersterer verhalten sich die Akteure als Maximierer i.S. des ökonomischen Prinzips. Bei sicheren Erwartungen folgt daraus, dass die Entscheidungsalternative gewählt wird, die die individuelle Nutzenfunktion maximiert. Unter Un-

---

Eine Betrachtung der Vor- und Nachteile eines internationalen Steuerwettbewerbs nimmt vor: Feld, Lars P./Kirchgässner, Gebhard, Vor- und Nachteile des internationalen Steuerwettbewerbs, in: Müller, Walter/Fromm, Oliver/Hansjürgens, Bernd (Hrsg.), Regeln für den europäischen Systemwettbewerb, Marburg 2001, Seite 21 – 51.

[181] Siehe Kapitel IX.

[182] Siehe Kapitel VII.1.2.3.

[183] Siehe bspw. ausführlich zur kommunalen Wirtschaftsförderung und Beihilfenkontrolle der EU: Stöß, Angela, a.a.O., Seite 103 – 123.

sicherheit (und i.d.R. unterstellter Risikoneutralität) erfährt die Variante Berücksichtigung, die den höchsten Kapitalwert aufweist. Somit wird Verhalten als (objektiv) rational bezeichnet, wenn es „planmäßig auf die Verwirklichung eines umfassenden, wohldurchdachten und in sich ausgewogenen Zielsystems gerichtet ist und dabei den höchstmöglichen Erfolgsgrad erreicht, der unter den jeweiligen Umständen möglich ist"[184].

Die subjektive Rationalität geht von der Unvollkommenheit der zur Verfügung stehenden Informationen aus. Zugleich wird die Verarbeitung von Informationen durch die Akteure beschränkt, da sie sich nicht mehr als Maximierer, sondern als Satisfizierer verhalten, d.h. Grundlage ist ein individuell anzustrebender Zielerreichungsgrad. Dass Suboptimalitäten auftreten, wird in einer Abwägung von möglicher Zielerreichung (zusätzlicher Ertrag) bei gegebenem, beschränktem Informationsstand und dafür aufzubringendem zusätzlichem Aufwand bewusst in Kauf genommen, sofern der erreichte Zustand ein subjektiv akzeptables Ergebnis darstellt. Folglich kann es unter dem Gesichtspunkt möglicher Opportunitätskosten durchaus rational sein, nicht vollständig informiert zu sein (bounded rationality). Damit rückt die subjektive Alternativenentscheidung durch Alternativenvergleich in den Mittelpunkt der Analyse.

Die Irrationalität ist neben Entscheidungsanomalien (Status-quo-Präferenz, Besitzeffekt, Verlust-Aversion) und dem ipsativen Möglichkeitsraum (d.h. dem Auseinanderfallen von objektiven und subjektiv wahrgenommenen Möglichkeiten durch Über- oder Unterschätzung) Ausprägung der Nichtrationalität. Unter Irrationalität versteht man das Verhalten von Individuen, das gegen eigene Interessen, Ziele und die eigene Nutzen- bzw. Zielfunktion verstößt. Daraus folgt per Definition, dass eine Beurteilung über Irrationalität lediglich individuell vorgenommen werden kann und es sich stets um subjektive Einschätzungen handelt. Im Zusammenhang mit diesen subjektiven nichtrationalen Präferenzen der Individuen, die sie teilweise offenbaren, gilt es zu prüfen, ob eine bewusste Schädigung der eigenen Interessen vorliegt, oder ob nicht vielmehr Informationsdefizite, Interpretationsprobleme, Fehlanreize, individuelle Erfahrungswerte, gruppendynamische Effekte[185] und insbesondere Unwissenheit über die eigenen Präferenzen Ursache eines im ökonomischen Sinne nichtrationalen Verhaltens sein können.

---

[184] Giersch, Herbert, Allgemeine Wirtschaftspolitik, Wiesbaden 1961, Seite 22.
[185] In diesem Zusammenhang sei auf die Anomalien an den Finanzmärkten verwiesen.
Siehe auch: Schamp, Eike W., Evolution und Institution als Grundlage einer dynamischen Wirtschaftsgeographie: Die Bedeutung von externen Skalenerträgen für geographische Konzentrationen, in: GZ 2002, Seite 40 – 51, hier: Seite 42.

5.2 Nichtrationales Verhalten

Individuen zeichnen sich, entgegen der Annahme der normativ modellhaften und prämissenreichen Ökonomie, durch Nichtrationalität aus[186]. Die Verarbeitung von Informationen erfolgt auf Basis von gefilterten und subjektiv als bedeutend eingestuften Informationen (anchoring). Allerdings handelt es sich häufig um irrelevante Informationen. Die Bestimmung der Filterkriterien erfolgt insbesondere durch das Informationssuchverhalten und wird durch implizites Wissen determiniert, beschränkt und verzerrt (availbility bias)[187]. Auch die Auswertung unterliegt systematischen Fehlern. So findet eine Vernachlässigung von Grundwahrscheinlichkeiten und Überbewertung von spezifischen Informationen statt (base rate fallacy)[188]. Zugleich liegt weniger ein Mangel an Informationen vor, vielmehr stellen pfadabhängige Verarbeitungsmuster auf Basis von Erfahrungsnetzwerken die Orientierungsnorm bei der Bewertung spezifischer Informationen dar. Im Einzelnen können folgende Ausprägungen des nichtrationalen Verhaltens bestimmt werden[189]:

1. Status-quo-Präferenz: Der Status-quo wird von einer Mehrzahl von Individuen als Referenzpunkt zur Bewertung von Alternativen herangezogen, „because the disadvantages of leaving it loom larger than advantages"[190]. Damit folgt die Bewertung eines Nutzens nicht an einem Optimalitätskalkül, sondern einer individuellen Bewertung auf Basis eines subjektiven Anspruchsniveaus. Durch empirische Untersuchungen konnte nachgewiesen werden, dass eine bestimmte Situation bzw. ein bestimmter Zustand präferiert wurde, nur weil dieser als Status-quo definiert war. Bei Durchführung der identischen Untersuchung wurden, sofern kein Status-quo vorgegeben wurde, signifi-

---

[186] Dies gilt nach Wallerath nicht nur für Individuen sondern auch für den Staat selbst. Siehe: Wallerath, Maximilian, Der ökonomisierte Staat, in: JZ 2001, Seite 209 – 218, hier: Seite 217.

[187] Siehe: Frey, Bruno S./Eichenberger, Reiner, Zur Bedeutung entscheidungstheoretischer Anomalien für die Ökonomik, in: Jahrbücher für Nationalökonomie und Statistik 1989, Seite 81 – 101, hier: Seite 83.

[188] Siehe: Eichenberger, Reiner/Frey, Bruno S., Entscheidungsanomalien, in: WiSt 1989, Seite 270 – 274, hier: Seite 271.

[189] Siehe überblickartig: Rabin, Matthew, Psychology and Economics, in: Journal of Economic Literature 1998, Seite 11 – 46 und Wiswede, Günter, Einführung in die Wirtschaftspsychologie, 3. Auflage, München/Basel 2000, Seite 32 – 34.
Siehe auch zur Erklärung von Institutionen zur Umgehung von Nichtrationalitäten: Frey, Bruno S., Vergleichende Analyse von Institutionen: Die Sicht der politischen Ökonomie, in: StWStP 1990, Seite 158 – 175.

[190] Kahneman, Daniel/Knetsch, Jack L./Thaler, Richard H., Anomalies, in: Journal of Economic Perspectives 1991, Seite 193 – 206, hier: Seite 197 f.
Siehe auch: Fernandez, Raquel/Rodrik, Dani, Resistance to Reform: Status Quo Bias in the Presence of Individual-Specific Uncertainty, in: The American Economic Review 1991, Seite 1146 – 1155.

kante Abweichungen festgestellt[191]. Ursache für die Abweichung in Handlungsoptionen können die Unsicherheit zukünftiger Entwicklungen sowie entstehende Transaktionskosten der Alternativensuche und -wahl sein. In der hier angesprochenen Untersuchung wurden jedoch Transaktionskosten als insignifikant, Unsicherheiten als dem Grade nach identisch vorgegeben. Damit scheiden beide Phänomene zur Erklärung der Status-quo-Präferenz aus[192].

2. Besitzeffekt: „The main effect of endowment is not to enhance the appeal of the good one owns, only the pain of giving it up"[193]. Der Nutzen eines Gutes steigt demzufolge in dem Moment des Nutzenübergangs. Dies widerspricht jedoch dem Grundsatz der Reversibilität, da das Gut präferiert wird, welches sich derzeit im Besitz befindet. Demzufolge ist von einem Auseinanderfallen des Entscheidungsnutzens (im Zusammenhang mit der Status-quo-Präferenz) und des Erfahrungsnutzens auszugehen[194]. Gleichzeitig stellt sich die Frage, ob Individuen ihre eigenen Präferenzen – unabhängig vom Besitz – definieren können. Die Bewertung von Handlungen bezogen auf den Referenzpunkt, der insbesondere langfristig Veränderungen unterliegen kann, erfolgt vielfach nicht nicht unter Rationalitätsaspekten, da zukünftige Entwicklungen nicht einbezogen werden (können). Dies gilt auch, wenn diese Ereignisse bereits bekannt sind.

3. Verlust-Aversion: Bei der Verlust-Aversion wird davon ausgegangen, dass die Bewertung (individueller) Gewinne und Verluste bei Wertgleichheit voneinander abweicht: Eine Verschlechterung der Situation bezogen auf einen Referenzwert (Status-quo) wird intensiver erlebt als eine betragsmäßig gleiche Verbesserung[195]. „Dort, wo der Nutzen in Geld bewertet wird, werden geringfügige Verluste oft etwa doppelt so hoch bewertet wie gleich große Gewinne"[196] (asymmetrische Verteilung). Dies untermauert die Gültigkeit des Besitzeffekts. Zugleich begründet die Ausgangsposition in Relation

---

[191] Siehe: Samuelson, William/Zeckhauser, Richard, „Status Quo Bias in Decision Making", in: Journal of Risk and Uncertainty 1988, Seite 7 – 59.
Siehe auch: Rabin, Matthew, Psychology and Economics, in: Journal of Economic Literature 1998, Seite 11 – 46, hier: Seite 14 – 16.

[192] Siehe: Heinemann, Friedrich, Die Psychologie begrenzt rationaler Wirtschaftspolitik: Das Beispiel des Reformstaus, in: ZfW 2001, Seite 96 – 110, hier: Seite 101 f.

[193] Kahneman, Daniel/Knetsch, Jack L./Thaler, Richard H., a.a.O., hier: Seite 197.

[194] Siehe: Heinemann, Friedrich, Da weiß man, was man hat, in: FAZ vom 02. Juni 2001, Seite 15.

[195] Bspw. werden Steuererleichterungen für kinderreiche Familien positiv bewertet, während Zuschläge für Kinderlose eine negative Bewertung erfahren.
Siehe: Gierl, Heribert/Höser, Hans, Der Reihenfolgeeffekt auf Präferenzen, in: zfbf Februar 2002, Seite 3 – 18, hier: Seite 5 – 7 und Tversky, Amos/Kahneman, Daniel, Rational Choice and the Framing of Decisions, in: The Journal of Business 1986, Seite S251 – S278.

[196] Heinemann, Friedrich, Die Psychologie irrationaler Wirtschaftspolitik am Beispiel des Reformstaus, Mannheim 2000, Seite 10.
Siehe auch: Nippa, Michael, Risikoverhalten von Managern bei strategischen Unternehmensentscheidungen – Eine erste Annäherung, Freiberg 1999, Seite 24.

zum Referenzpunkt die Risikobereitschaft des Akteurs: Sofern die individuelle Situation günstiger eingeschätzt wird, steigt die Risikobereitschaft, bei einem relativ schlechten Status-quo steigt die Risikoaversion.

4. Sunk-cost Effect: Bei einer Vielzahl von individuellen Entscheidungen werden auch die Kosten bereits durchgeführter Investitionen als Entscheidungsgrundlage herangezogen. Auch wenn unter Rationalitätsgesichtspunkten eine Nutzenverbesserung durch eine Verhaltensänderung zu erreichen wäre, verharren Individuen in der Ist-Situation. Die Nichtberücksichtigung von Bindungskosten an individuellen Besitz (Opportunitätskosten) führt zu Abweichungen von der Erwartungsnutzenmaximierung.

5. Diminishing sensitivity: Je näher Veränderungen am Referenzpunkt liegen, desto genauer können sie bestimmt werden. Temperatursteigungen um drei bzw. sechs Grad Celsius können von Individuen wesentlich genauer differenziert werden als Unterschiede von 13 bzw. 16 Grad Celsius[197]. „In the context of preferences over uncertain monatary outcomes, diminishing sensitivity implies that the slope of a person´s utility function over wealth becomes flatter as her wealth gets further away from her reference level"[198]. Zudem erfolgt die (subjektive) Wahrnehmung und Bewertung von marginalen Veränderungen in der Nähe des Referenzpunktes wesentlich intensiver als bei wertmäßig identischer Veränderungen weiter entfernt vom Referenzpunkt.

6. Ideologien: Die Interpretation von Veränderungen erfolgt auf Basis eines pfadabhängigen Qualitätswandels bei der Informationsrezeption[199]. Die subjektive Bewertung und Gewichtung zukünftiger Entwicklungen bzw. einzelner Parameter und Restriktionen wird erheblich durch das kulturelle Umfeld und durch individuelle Sozialisationsprozesse determiniert[200]. Ein Festhalten an objektiv falschen mentalen Modellen kann insbesondere durch fehlende oder zu schwache Rückkopplungsinformationen begründet werden. Zusätzlich besteht die Gefahr einer individuellen Strukturverkrustung, die eine Weiterentwicklung und laufende Überprüfung der bestehenden Modelle und Erkenntnis- bzw. Erfahrungsnetzwerke verhindert[201]. Dabei ist letztlich nur die Sicht als objektiv definierbar, die im Rahmen eines Informationsaustauschs von einer Mehrzahl von Individuen geteilt wird. „Objektive

---

[197] Siehe: Kahneman, Daniel/Tversky, Amos, Prospect Theory: An Analysis of Decision under Risk, in: Econometrica 1979, Seite 263 – 291, hier: Seite 278.

[198] Rabin, Matthew, Psychology and Economics, a.a.O., hier: Seite 15.

[199] Siehe: Koch, Lambert T., Kognitive Determinanten der Problementstehung und -behandlung im wirtschaftspolitischen Prozeß, in: ZWS 1998, Seite 597 – 622, hier: Seite 603.

[200] Siehe: Döring, Thomas, Institutionenökonomische Fundierung finanzwissenschaftlicher Politikberatung, Habil.-Schr. Universität Marburg 2001, Seite 104 f (Manuskript).

[201] Siehe: Feldmann, Horst, Ordnungstheoretische Aspekte der Institutionenökonomik, Habil.-Schr. Universität Tübingen 1998, Berlin 1999, Seite 77.
Zum Einsatz von Ideologien im politischen Wahlkampf siehe: Dümler, Holger, Steuersysteme im Standortwettbewerb, Diss. Universität Bayreuth 2000, Bayreuth 2000, Seite 140 – 142.

Objektivität" im subjektiven Wahrnehmungs- und Interpretationsbereich wird nicht erreichbar sein, da individuelle Bewertungen durch Gewichtungsverschiebungen per Definition voneinander abweichen.

5.3 Rationalität nichtrationalen Verhaltens

Die Unterstellung rationalen Verhaltens als Maxime individueller Entscheidungen führt aus ökonomischer Sicht zur Maximierung des individuellen (Erwartungs-) Nutzens. Dennoch kann nichtrationales Verhalten aus subjektiver Sicht situationsbezogen rational sein. Die folgenden Beispiele verdeutlichen, dass subjektive Rationalität als objektive Nichtrationalität einzustufen sein kann. Entscheidend ist ausschließlich die individuelle Sichtweise:

1. Die Unternehmenssicht: Unternehmen zeichnen sich i.d.R. durch Gewinnstreben aus. Die erzielten Überschüsse unterliegen zum einen auf Unternehmensebene zum anderen auf der Ebene der Gesellschafter der Besteuerung. Rationale Handlungsweisen führen aufgrund der Nutzen- bzw. Gewinnmaximierung zu einer steigenden Besteuerung. Unterstellt man irrationales Verhalten, also ein begrenztes oder fehlendes Gewinnmaximierungsziel, kann dies zumindest teilweise zu (staatlichen) direkten Fördermaßnahmen führen, insbesondere dann, wenn zum einen die entsprechende Branche eine starke Lobby besitzt oder zum anderen es sich um arbeitsplatzreiche Unternehmen handelt. Für diese Unternehmen kann es durchaus rational sein, sich nicht rational zu verhalten, um ggf. eine Selektion durch den Markt zu vermeiden. Folglich eliminiert ein so gestalteter Wettbewerb irrationale Akteure nicht; statt dessen werden vorrangig rationale Akteure besteuert.

2. Die Sicht politischer Akteure: Auch wenn die Einleitung von Reformmaßnahmen von politischen Akteuren grundsätzlich befürwortet und sowohl aus individueller als auch gesamtwirtschaftlicher Perspektive als rational eingestuft werden, haben viele politische Akteure kein Interesse an einer Umsetzung. Aus ihrer individuellen Sicht ist es durchaus rational, nicht rationales Verhalten zu praktizieren. Würde eine Reform eingeleitet werden, ist insbesondere der Referenzpunkt der Wähler bezogen auf deren Gewinne/Verluste einer solchen Maßnahme entscheidend. Da es aus Sicht der politischen Gegner rational ist, Reformverlierer zu unterstützen, Verluste im Vergleich zum Status-quo stärker gewichtet werden als Gewinne und eine Asymmetrie in der Informationsverbreitung und der individuellen Informationsaufnahme, -gewichtung und -verarbeitung existiert, bleiben einzelne negative Aspekte stärker haften als positive Wirkungen. Daraus folgt, dass der Status-quo-orientierte Wähler, der von einer Verlust-Aversion gekennzeichnet ist, den reformorientierten Politiker durch Abwahl sanktionieren würde. Damit besteht für den betroffenen politischen Akteur die Gefahr einer

Nutzensenkung, während bei der Verharrung im Ist-Zustand Nutzenkonstanz zu erwarten ist.

3. Die Sicht des Wählers: Aus Sicht des Wählers ist seine einzelne Stimme nicht wahlbeeinflussend. Daher besteht für ihn zum einen ein geringer Informationsbeschaffungsanreiz (bounded rationality). Zum anderen hat der Wähler keinerlei Anreize, eine Optimierung seiner Nutzenfunktion auf Basis der politischen Programme durch seine Stimmabgabe vorzunehmen, da seine Stimme keinen Einfluss auf die Wahl besitzt. Daher kann es für ihn rational sein, sich nicht zu informieren, die Stimmabgabe auf Basis von angeborenen Instinkten vorzunehmen[202] oder nicht zu wählen. Damit steht der nichtrationale dem rationalen Wähler in allen Konsequenzen gleich.

6.   Die Möglichkeit eines evolutorischen Wettbewerbs zwischen Gebietskörperschaften aus theoretischer Sicht

Das dargestellte Konzept eines interjurisdiktionellen Wettbewerbs unter Bezugnahme auf den Wettbewerb als Entdeckungsverfahren und Innovationswettbewerbs kann unter Gültigkeit der Mobilitätsannahme der Individuen und privaten Haushalte als Fundament eines föderativ organisierten Staatenbundes fungieren. Damit würde die Vielfalt innerhalb der Einheit Deutschlands mittels des Variations-Selektions-Mechanismusses, des Anreiz-Sanktions-Mechanismusses und des Innovations-Imitations-Verfahrens, durch den neues Wissen verbreitet und weiterverarbeitet wird, gestärkt. Gleichzeitig erfolgt durch Rückkopplungsinformationen eine Bewertung hinsichtlich der angebotenen Steuer-Leistungs-Pakete. Diese zunächst theoretischen Überlegungen werden im Nachfolgenden auf empirisch festzustellende Sachverhalte, die vorzufindende Organisation und insbesondere der Finanzhoheit der Kommunen sowie hinsichtlich Verhaltensmuster der Unternehmen und privaten Haushalte überprüft. Allerdings wird – wie gezeigt werden konnte – die Mobilität auch von Verhaltensanomalien wesentlich beeinflusst. Insbesondere der sunk-cost Effekt ist hier als Verharrungsgrund zu nennen. Spezifische Investitionen, d.h. individuelle Kostenversenkungen, führen zum Festhalten am Status-quo und zur situativen Immobilität. Dies ändert jedoch wie bereits ausgeführt nicht die Grundaussage einer aus theoretischer Sicht existierenden potentiellen Mobilität, da hier aufgrund von subjektiver Bewertung ein nutzenverbessernder Zustand bewusst oder unbewusst nicht realisiert wird. Auch dieser Aspekt wird nachfolgend wiederholt aufgegriffen.

---

[202] Siehe: Heinemann, Friedrich, Da weiß man, was man hat, a.a.O., Seite 15.

IV.   Der Kommunalhaushalt und die derzeitige Form der Finanzierung

Im Anschluss an die bisherige Betrachtung, bei der die kommunale Selbstverwaltung aus Sicht des Grundgesetzes analysiert und anschließend ein Konzept zur Stärkung von Innovations-Imitations-Prozessen innerhalb eines Entdeckungsverfahrens im interjurisdiktionellen Wettbewerb diskutiert wurde, findet eine Auseinandersetzung mit den derzeitigen Hauptfinanzierungsquellen der Kommunen statt. Damit rückt die mit der bereits beleuchteten Aufgabenkompetenz verbundene Einnahme- und Gesetzgebungskompetenz der Kommunen in den Mittelpunkt der Betrachtung. Die Ausgestaltung der originären kommunalen Steuerarten, Gewerbe- und Grundsteuer, sowie der örtlichen Verbrauch- und Aufwandsteuern erfährt eine schwerpunktmäßige Betrachtung. Dies beinhaltet auch den Einbezug verfassungsrechtlicher Aspekte. Daneben wird eine kritische Würdigung der Zuweisungen übergeordneter Gebietskörperschaften an die Kommunen sowie des Postulats gleichwertiger Lebensverhältnisse vollzogen. Damit wird die Ist-Situation kommunaler Hoheitsrechte und gleichzeitig bestehende Problemfelder, die bei einer Reformierung der kommunalen Einnahmenkompetenz berücksichtigt werden müssen, definiert.

1. Kommunale Finanzhoheit

In einem ersten Schritt werden die den Kommunen zufließenden Einnahmen überblickartig aufgezeigt. Daran anschließend erfolgt eine Differenzierung hinsichtlich landesspezifischer Finanzierungsregelungen, die die finanzielle Eigenständigkeit der Kommunen wesentlich beeinflussen. Insbesondere das Konnexitätsprinzip (Art. 104 a GG) erfährt als Bestandteil der dualistischen Finanzgarantie eine ausführliche Betrachtung.

1.1   Kommunale Einnahmenkompetenz

Zur Erfüllung bzw. Wahrnehmung der in Kapitel II.2 aufgezeigten kommunalen Aufgaben ist die Finanzhoheit notwendiger Bestandteil. Die Kommunen führen ihre Haushaltswirtschaft grundsätzlich eigenverantwortlich in dem durch den Gesetzgeber gesetzten Rahmen. Dabei steht ihnen die Erhebung von Einnahmen und die Leistung von Ausgaben zu[203]. Folglich obliegt den Kommunen die Bestimmung der Verwendung bzw. des Einsatzes über die ihnen zufließenden Mittel. Die Finanzhoheit erfordert eine ausreichende Mittel- bzw. Finanzausstattung, so dass die Kommunen ihre Aufgaben angemessen erfüllen können, d.h. die den Kommunen zur Verfügung stehenden Gelder sind mit den

---

[203] Siehe hierzu: BVerfG, Urteil vom 21. März 1968, - 2 BvL 2/61 -, a.a.O., hier: Seite 369 und BVerfG, Beschluß vom 15. Oktober 1985, - 2 BvR 1808, 1809, 1810/82 -, in: BVerfGE 1986, Band 71, Seite 25 – 38, hier: Seite 36.

kommunalen Aufgaben abzustimmen. Die Ausgestaltung der Finanzierung kommunaler Aufgaben ergibt sich aus den Entscheidungen des demokratisch legitimierten Landesgesetzgebers[204]. Grundsätzlich gilt es, neben der Sicherung der zugewiesenen Aufgaben die Schaffung eines ausreichenden Spielraums zur Erfüllung freiwilliger Selbstverwaltungsaufgaben herzustellen[205].

Daneben besitzen die Kommunen ein begrenztes Steuergestaltungsrecht, d.h. sie können eigenverantwortlich über ihre Einnahmen bestimmen („qualitatives Element der Selbstgestaltung"[206]). Im Zusammenhang mit der Gewerbe- und Grundsteuer, die den Kommunen neben den örtlichen Verbrauch- und Aufwandsteuern zustehen (partielle Finanzgarantie)[207], ist ihnen das Recht eingeräumt, Hebesätze im Rahmen der Gesetze und somit die Höhe der Besteuerung festzulegen (Art. 106 Abs. 6 GG). Zudem hat der Verfassungsgeber die Länder verpflichtet (Art. 106 Abs. 7 GG), den Gemeinden einen Teil der den Ländern zufließenden Gemeinschaftsteuern (Art. 106 Abs. 3 GG) an die Kommunen weiterzuleiten[208]. Derzeit erhalten die Kommunen 15 % am Aufkommen der Lohn- und veranlagten Einkommensteuer[209] und 12 % aus dem Zinsabschlag,

---

[204] Siehe: StGH Bad.-Württ., Urteil vom 10. Mai 1999, - GR 2/97 -, in: DÖV 1999, Seite 687 – 693, hier: Seite 690 und Kirchhof, Ferdinand, Das Finanzsystem der Landkreise, in DVBl. 1995, Seite 1057 – 1063, hier: Seite 1057.

[205] Siehe StGH Bad.-Württ., Urteil vom 10. Mai 1999, - GR 2/97 -, a.a.O., hier: Seite 687. Siehe ebenfalls: NdsStGH, Beschluß vom 15. August 1995, - StGH 2, 3, 6, 7, 8, 9, 10/93 -, in: DVBl. 1995, Seite 1175 – 1179 und Schwarz, Kyrill-Alexander, Die finanzielle Absicherung der kommunalen Selbstverwaltung, in: GemH 1998, Seite 12 – 17, hier: Seite 14.

[206] Henneke, Hans-Günter, Perspektiven der kommunalen Selbstverwaltung an der Schwelle zum 21. Jahrhundert, in: dl 2000, Seite 3 – 11, hier: Seite 6.

[207] Die Gewerbesteuer steht gem. § 6 GemFinRefG den Gemeinden nach Abzug einer Gewerbesteuerumlage zu. Siehe: Gesetz zur Neuordnung der Gemeindefinanzen (Gemeindefinanzreformgesetz), in der Fassung der Bekanntmachung vom 04. April 2001, veröffentlicht in: BGBl. I 1995, Seite 482 – 486, in: Verlag C.H. Beck oHG (Hrsg.), Steuergesetze, München 2002. Siehe auch: Henneke, Hans-Günter, Steuerpolitische Entscheidungen des Jahres 2000 belegen den Reformbedarf der Finanzverfassung des GG, in: dl 2001, Seite 185 – 187, hier: Seite 185 f.

[208] Der Länderanteil an der Einkommen- und Körperschaftsteuer bemisst sich auf Länderebene nach dem örtlichen Aufkommen, d.h. die Steuererträge stehen den Ländern zu, in denen sie auch vereinnahmt werden. Das Lohnsteueraufkommen wird davon abweichend dem Land zugeteilt, in dem der Arbeitnehmer seinen Wohnsitz inne hat. Das Körperschaftsteueraufkommen wird nach dem Betriebsstättenprinzip verteilt.

[209] Entscheidend für die Bestimmung des Steueranteils, der den einzelnen Gemeinden zur Verfügung steht, ist das Einkommensteueraufkommen des entsprechenden Bundeslandes. Den Betrag, den die jeweiligen Gemeinden erhalten, wird mittels Schlüsselzahlen berechnet. Dabei basiert die Berechnung nicht auf der tatsächlich geleisteten Steuerzahlung, sondern durch Berücksichtigung einer Sockelgrenze erfolgt eine pauschale Betrachtung. Zur Diskussion um die 1969 vorgenommene Gemeindefinanzreform, die die Einführung einer Beteiligung der Gemeinden an der Einkommensteuer beinhaltete siehe: Hansen,

2,07614 % an der Umsatzsteuer[210] sowie Zuweisungen durch die jeweilige Landesgesetzgebung. Daneben enthält Art. 106 Abs. 5 GG die Möglichkeit, dass die Gemeinden Hebesätze für den Gemeindeanteil an der Einkommensteuer festsetzen. Der Anteil wird derzeit – ohne Verbindung mit einem Hebesatzrecht – von den Ländern auf Grundlage der Einkommensteuerleistung der Einwohner an die Kommunen weitergeleitet[211].

Neben den Steuern und Zuweisungen decken die Gemeinden ihre Ausgaben ebenfalls mittels Entgelten. Daneben fließen ihnen aus eigenen (kommunalen) Unternehmen und Beteiligungen Erwerbseinkünfte zu. Gebühren werden für tatsächlich in Anspruch genommene öffentliche Leistungen erhoben, während es sich bei Beiträgen um Geldleistungen für angebotene öffentliche Leistungen handelt, unabhängig, ob sie in Anspruch genommen werden oder nicht.

Gem. Art. 105 Abs. 2 GG i.V.m. Art. 70 Abs. 1 GG steht die Gesetzgebungskompetenz im Bereich der konkurrierenden Gesetzgebung grundsätzlich den Ländern zu, sofern der Bund nicht von seinem Steuergesetzgebungsrecht gem.

Andreas, Auswirkungen der geplanten Gemeindefinanzreform, in: Wirtschaft und Statistik 1969, Seite 245 – 252.
Siehe auch: BMF (Hrsg.), Der Gemeindeanteil an der Einkommensteuer in der Gemeindefinanzreform, o.O. 1999.

[210] Vom Aufkommen der Umsatzsteuer stehen dem Bund seit 1999 vorab 5,63 % des Umsatzsteueraufkommens als Ausgleich für die Belastungen aufgrund eines zusätzlichen Bundeszuschusses an die Rentenversicherung der Arbeiter und Angestellten zu. Vom danach verbleibenden Aufkommen stehen den Gemeinden 2,2 % zu. Dies entspricht unter Berücksichtigung des Vorababzugs einem Gemeindeanteil von 2,07614 %.
Siehe: Gesetz über Maßnahmen zur Bewältigung finanzieller Erblasten im Zusammenhang mit der Herstellung der Einheit Deutschlands, zur langfristigen Sicherung des Aufbaus in den neuen Ländern, zur Neuordnung des bundesstaatlichen Finanzausgleichs und zur Entlastung der öffentlichen Haushalte (Gesetz zur Umsetzung des Föderalen Konsolidierungsprogramms – FKPG) vom 23. Juni 1993, veröffentlicht in: BGBl. I 1993, Seite 944 – 991, hier: Seite 977 f.
Zur Diskussion um die Abschaffung der Gewerbekapitalsteuer und der Beteiligung der Gemeinden an der Umsatzsteuer siehe: Karrenberg, Hanns, Abschaffung der Gewerbekapitalsteuer und Umsatzsteuerbeteiligung der Städte und Gemeinden, in: KStZ 1997, Seite 61 – 68.
Siehe zusammenfassend: Fromme, Jochen-Konrad, Gewerbesteuerreform und Beteiligung der Gemeinden an der Umsatzsteuer, in: GemH 1997, Seite 241 – 244 und Reidenbach, Michael, Der Ersatz der Gewerbekapitalsteuer durch die Beteiligung der Gemeinden am Umsatzsteueraufkommen – Die Auswirkungen auf die gemeindlichen Finanzen, in: GemH 1998, Seite 1 – 8.

[211] Siehe: Brümmerhof, Dieter, Finanzwissenschaft, 8. Auflage, München/Wien/Oldenbourg 2001, Seite 655.
Einen Überblick der Gesetzesänderungen der letzten Jahre gibt: Henneke, Hans-Günter, Verfassungsänderungen zwischen Placebo-Effekten und tagespolitisch motivierten Einzelfallregelungen, in: ZG 1999, Seite 1 – 27.

Art. 72 GG Gebrauch macht[212]. Dann tritt für die Länder eine Sperrwirkung für die Besteuerung gleichartiger Sachverhalte ein[213], um Mehrfachbelastungen zu vermeiden. Zudem besitzen die Länder gem. Art. 105 Abs. 2 a GG die Befugnis zur Gesetzgebung über die örtlichen Verbrauch- und Aufwandsteuern, solange und soweit sie nicht bundesgesetzlich geregelten Steuern gleichartig sind. Art. 105 Abs. 2 a GG ermöglicht die Übertragung der Steuergesetzgebungsbefugnis aufgrund landesrechtlicher Regelungen auf die Kommunen. Damit wird das grundgesetzlich geregelte Steuererfindungsrecht der Länder auf die Kommunen verlagert[214], d.h. den Kommunen wird die Kompetenz zur Erhebung selbst entwickelter örtlicher Verbrauch- und Aufwandsteuern übertragen, die bisher nicht gesetzlich geregelt wurden. Die Einführung einer neuen kommunalen Steuerart ist aufgrund bestehender verfassungsrechtlicher Grenzen an vier kummulativ zu erfüllende Kriterien gebunden[215]:

1. Es handelt sich um eine Steuer i.S. des Grundgesetzes: Die rechtliche und tatsächliche Belastungsgleichheit der Steuerpflichtigen beinhaltet neben der Gleichheit der normativen Steuerpflicht auch die Gleichheit bei deren Durchsetzung in der Steuererhebung. Dabei stellt die Steuer eine Gemeinlast dar, „die alle Inländer trifft; sie werden zur Finanzierung der allgemeinen Staatsaufgaben herangezogen. Der Staat greift dabei – ohne individuelle Gegenleistung – auf das Vermögen des Einzelnen zu, indem er ihm die Pflicht auferlegt, von dem Seinigen etwas abzugeben. Der darin liegende Eingriff in die Vermögens- und Rechtssphäre des Steuerpflichtigen gewinnt seine Rechtfertigung daher auch und gerade aus der Gleichheit der Lastenzuteilung"[216].
2. Eine besondere örtliche Radizierbarkeit[217] bzw. Örtlichkeit ist gegeben: Zum einen hat die Steuer in ihrer Entstehung an lokalen Gegebenheiten anzuknüpfen. Zum anderen muss die Steuer in ihrem unmittelbaren Wirkungskreis auf das Gemeindegebiet beschränkt sein. Erst wenn beide Bedingungen kumulativ erfüllt sind, gilt die Voraussetzung der besonderen örtlichen Radizierbarkeit als erfüllt[218].

---

[212] Siehe: BVerfG, Beschluß vom 12. Oktober 1978, - 2 BvR 154/74 -, in: BVerfGE 1979, Band 49, Seite 343 – 375, hier: Seite 359.

[213] Siehe: BVerfG, Beschluß vom 04. Juni 1975, - 2 BvR 824/74 -, in: BVerfGE 1976, Band 40, Seite 56 – 64, hier: Seite 62.

[214] Siehe: BVerwG, Urteil vom 28. Juni 1974, - BVerwG VII C 97.72 -, in: BVerwGE 1975, Band 45, Seite 264 – 276 und BVerfG, Beschluß vom 06. Dezember 1983, - 2 BvR 1275/79 -, in: BVerfGE 1984, Band 65, Seite 325 – 359, hier: Seite 343.

[215] Siehe zuletzt: BVerfG, Urteil vom 07. Mai 1998, - 2 BvR 1991, 2004/95 -, in: BVerfGE 1999, Band 98, Seite 106 – 134.

[216] BVerfG, Urteil vom 27. Juni 1991, - 2 BvR 1493/89 -, a.a.O., hier: Seite 269.

[217] Siehe: BVerwG, Beschluß vom 28. Juni 1974, - BVerwG VII C 97.72 -, in: BVerwGE 1975, Band 45, Seite 264 – 276, hier: Seite 273.

[218] Siehe: Mohl, Helmut, Die Einführung und Erhebung neuer Steuern aufgrund des kommunalen Steuererfindungrechts, Stuttgart u.a. 1992, hier: Seite 78.

3. Es liegt eine Verbrauch- oder Aufwandsteuer vor: Verbrauchsteuern sind Warensteuern, die den Verbrauch vertretbarer, regelmäßig zum baldigen Verzehr oder kurzfristigen Verbrauch bestimmter Güter des ständigen Bedarfs belasten[219]. Dagegen handelt es sich bei Aufwandsteuern um für den Gebrauch von Gütern auferlegte Steuern, die die Aufrechterhaltung eines tatsächlichen oder rechtlichen Zustandes belasten[220].

4. Es existiert keine Gleichartigkeit mit bundesgesetzlich geregelten Steuern.

Einen Überblick über die verschiedenen Einnahmequellen der Gemeinden gibt Abbildung 6.

Abbildung 6: Kommunalfinanzen 1996 – 2002

Ein-nahmen	1996	1997	1998	1999	2000	2001	2002
Steuern	30,55 %	31,85 %	33,68 %	34,85 %	35,68 %	34,08 %	33,50 %
Gebühren	13,08 %	12,86 %	12,14 %	11,66 %	11,48 %	11,49 %	10,79 %
Zuwei-sungen	33,78 %	33,13 %	31,79 %	31,54 %	32,84 %	32,98 %	31,44 %
Sonstige Ein-nahmen	22,59 %	22,16 %	22,39 %	21,95 %	20,00 %	21,45 %	24,27 %
	100,00 %	100,00 %	100,00 %	100,00 %	100,00 %	100,00 %	100,00 %

Die absoluten Zahlen können der Anlage 1 des Anhangs entnommen werden.

In Anlehnung an: Karrenberg, Hanns/Münstermann, Engelbert, Gemeindefinanzbericht 1998, in: Der Städtetag 1998, Seite 143 – 233, hier: Seite 146 und 148; Karrenberg, Hanns/Münstermann, Engelbert, Städte im Griff von EU, Bund und Ländern (Kurzfassung), in: Der Städtetag April 2000, Seite 4 – 16, hier: Seite 11 f und Karrenberg, Hanns/Münstermann, Engelbert, Städtische Finanzen: Kollaps oder Reformen! (Kurzfassung), in: Der Städtetag April 2002, Seite 4 – 13, hier: Seite 5.

---

[219] Siehe: BVerfG, Urteil vom 07. Mai 1998, - 2 BvR 1991, 2004/95 -, a.a.O., hier: Seite 123 f.

[220] Siehe: BVerfG, Beschluß vom 06. Dezember 1983, - 2 BvR 1275/79 -, a.a.O., hier: Seite 347 und BVerwG, Urteil vom 07. März 1958, - BVerwG VII C 84.57 -, in: BVerwGE 1958, Band 6, Seite 247 – 270, hier: Seite 256.

1.2 Finanzierungsregelungen aufgrund landesverfassungsrechtlicher Garantien

Grundsätzlich haben die Kommunen ihre Aufgaben in alleiniger Verantwortung zu finanzieren. Da eine Vielzahl von Aufgaben durch übergeordnete Gebietskörperschaften auf die Gemeinden übertragen werden, ist gleichzeitig sicherzustellen, dass eine finanzielle Bewältigung dieser Aufgaben möglich ist, d.h. es muss gewährleistet sein, dass die Gemeinden angemessen mit Finanzmitteln ausgestattet werden. Dies wird durch einen Finanzausgleich zwischen den jeweiligen Ländern und den Gemeinden garantiert, der in den jeweiligen Verfassungen der Länder begründet ist. Entscheidend ist dabei, dass ein Kernbestand freiwilliger Selbstverwaltungsaufgaben den Kommunen zur Verfügung steht und eine Umsetzung aus finanzieller Sicht möglich ist. Sollten sämtliche Aufgaben durch den Gesetzgeber vorgegeben, d.h. staatlich reglementiert sein, läge eine unzulässige Aushöhlung der Selbstverwaltung[221] vor.

Aufgrund der unterschiedlich strukturierten landesverfassungsrechtlichen Garantien ist eine Differenzierung hinsichtlich der Finanzierungsregelungen vorzunehmen[222]:

- Dualistische Finanzgarantie: Die dualistische Finanzgarantie beinhaltet zum einen die kommunale Abgabenhoheit und steuer- bzw. umlagekraftabhängige staatliche Finanzzuweisungen, zum anderen die Kostendeckungsregelung bei staatlicher Aufgabenübertragung auf Basis des Konnexitätsprinzips[223].

---

[221] Siehe: BVerfG, Beschluß vom 23. November 1988, - 2 BvR 1619, 1628/83 -, a.a.O., hier: Seite 155.
Siehe ebenfalls: BVerfG, Urteil vom 20. März 1952, - 1 BvR 267/51 -, in: BVerfGE 1952 Band 1, Seite 167 – 184, hier: Seite 175; BVerfG, Beschluß vom 21. Mai 1968, - 2 BvL 2/61 -, a.a.O., hier: Seite 367 und Schmidt-Aßmann, Eberhard, Kommunale Selbstverwaltung „nach Rastede", a.a.O., hier: Seite 134 f.

[222] Siehe ausführlich: Henneke, Hans-Günter, Landesverfassungsrechtliche Finanzgarantien der Kommunen zwischen normativen Neuregelungen und verfassungsrechtlicher Ausformung, in: dl 2003, Seite 190 – 249.

[223] Siehe beispielsweise: Komorowski, Alexis v., Amtshaftungsansprüche von Gemeinden gegen andere Verwaltungsträger, in: VerwArch 2002, Seite 62 – 99, hier: Seite 73 f; Meyer, Hubert, Finanzierung fremdbestimmter kommunaler Aufgaben – Harmonie und Dissonanzen in der neueren Rechtsprechung der Landesverfassungsgerichte, in: NVwZ 1999, Seite 843 – 847, hier: Seite 844 und Wieland, Joachim, Strukturvorgaben im Finanzverfassungsrecht der Länder zur Steuerung kommunaler Aufgabenerfüllung, in: Henneke, Hans-Günter (Hrsg.), Steuerung der kommunalen Aufgabenerfüllung durch Finanz- und Haushaltsrecht, Stuttgart u.a. 1996, Seite 43 – 53.

Das Konnexitätsprinzip erfährt wiederum zwei Ausprägungen mit erheblich abweichenden Auswirkungen[224]:

- Striktes Konnexitätsprinzip: Sofern den Gemeinden per Gesetz die Erledigung bestimmter Aufgaben übertragen werden, sind Bestimmungen hinsichtlich der Kostendeckung vorzunehmen. Sollten die Ausgaben zu einer finanziellen Mehrbelastung führen, ist den Kommunen ein angemessener bzw. entsprechender Ausgleich zu gewähren·

- Relatives Konnexitätsprinzip: Die Landesverfassungen Niedersachsens und Nordrhein-Westfalens beinhalten keine ausdrückliche Bestimmung zum (Voll-)Kostenausgleich. In Niedersachen beinhaltet die durch den NdsStGH herausgearbeitete Kostendeckungspflicht nur die Weisungsaufgaben[225], in Nordrhein-Westfalen dagegen ist eine Kostendeckungspflicht bei allen übertragenen Aufgaben vorzunehmen[226]. Zurückzuführen ist dies auf die monistische Aufgabenstruktur des Landes, bei der – wie bereits dargelegt – keine Trennung zwischen staatlichen und kommunalen Aufgaben erfolgt.

Das Konnexitätsprinzip regelt demzufolge zum einen das Verhältnis von Aufgaben- und Ausgabenzuständigkeit auf Landesebene auf Basis der Landesverfassungen, zum anderen stellt das Konnexitätsprinzip i.S. des Art. 104 a GG den zentralen Lastenverteilungsgrundsatz im Bundesstaat dar. Es stellt jedoch keinen Zusammenhang zwischen Aufgaben, Ausgaben und Einnahmen her. „Diese Vorschrift ... bezieht sich auf das Verhältnis des Bundes zum Land, legt die Kostenverteilung zwischen diesen beiden fest und überlässt die Regelung der Kostenverteilung zwischen dem Land und seinen Gemeinden ... dem Landesrecht. Art. 104 a GG enthält keine Regelungen des Kostenausgleichs von Aufgaben, die den Gemeinden ... auf der

---

[224] Siehe hierzu ausführlich: Henneke, Hans-Günter, Landesverfassungsrechtliche Finanzgarantie der Kommunen zwischen normativen (Neu-)Regelungen und verfassungsrechtlicher Präzisierung, in: dl 2001, Seite 120 – 166.
Siehe auch: Henneke, Hans-Günter, Selbstverwaltungssicherung durch Organisation und Verfahren, in: ZG 1999, Seite 256 – 293 und Kluth, Winfried, Lastenverteilung – Ansatzpunkte für eine Stärkung der Finanzautonomie von Ländern und Kommunen, in: Henneke, Hans-Günter (Hrsg.), Verantwortungteilung zwischen Kommunen, Ländern, Bund und Europäischer Union, Stuttgart u.a. 2001, Seite 151 – 172, hier: Seite 159 – 160.

[225] Siehe NdsStGH, Beschluß vom 15. August 1995, - StGH 2, 3, 6, 7, 8, 9, 10/93 -, a.a.O.; NdsStGH, Urteil vom 25. November 1997, - StGH 14/95 -, in: DVBl. 1998, Seite 185 – 189 und Henneke, Hans-Günter, Zwischen Bückeburg und Maastricht: Der Verfassungsrahmen für die Finanzpolitik in Niedersachsen, in: ZG 1998, Seite 1 – 25.

[226] Siehe: Henneke, Hans-Günter, Landesverfassungsrechtliche Finanzgarantien der Kommunen zwischen normativen (Neu-) Regelungen und verfassungsrechtlicher Präzisierung, a.a.O., hier: Seite 128.

Grundlage eines Bundesgesetzes übertragen werden"[227]. Dies hat zur Konsequenz, dass der Bund eine (direkte) Kostendeckung der den Gemeinden übertragenen und normierten Aufgaben nicht übernehmen muss und zugleich die Länder weder durch Art. 104 a GG noch durch die Landesgesetze zur Übernahme der Kosten verpflichtet sind (Prinzip der Vollzugskausalität)[228].

• Monistisches Finanzierungsmodell: Diese Finanzierungsstruktur findet sich derzeit in Rheinland-Pfalz. Allen Kommunen muss ohne Aufgabenbezug und unabhängig von der Aufgabenstruktur eine für die Aufgabenerfüllung insgesamt ausreichende Finanzausstattung gewährt werden[229]. Während bei einer dualistischen Finanzierungsgarantie bspw. eine Trennung der Wahrnehmung staatlich übertragener Aufgaben und Aufgaben des örtlichen Sozialhilfeträgers vorgenommen werden kann, ist dies bei einer monistischen Finanzierungsstruktur nicht möglich. Dies hat zur Konsequenz, dass sich aufgabenbezogene Abgeltungsansprüche für die Wahrnehmung staatlich übertragener Aufgaben aber auch für die Wahrnehmung einzelner Aufgaben bspw. des örtlichen Sozialhilfeträgers nicht aus der Verfassung herleiten lassen[230].

Grundsätzlich besteht für die Kommunen eine Schutzwirkung im Sinne einer finanziellen Mindestausstattung durch Art. 28 Abs. 2 Satz 3 1. Halbsatz GG[231]. Diese Schutzwirkung greift, wenn eine Aushöhlung der kommunalen Finanzausstattung vorliegt[232], d.h. die Wahrnehmung freiwilliger Selbstverwaltungsauf-

---

[227] StGH Bad.-Württ., Urteil vom 10. November 1993, - GR 3/92 -, in: DVBl. 1994, Seite 206 – 208, hier: Seite 207.
Siehe auch: Döring, Thomas, Subsidiarität und Umweltpolitik in der Europäischen Union, Diss. Universität Marburg 1997, Marburg 1997, Seite 56 – 59 und Färber, Gisela, Effizienzprobleme des Verwaltungsföderalismus, in: DÖV 2001, Seite 485 – 496, hier: Seite 495.

[228] Siehe: Isensee, Josef, Der Rechtsanspruch auf einen Kindergartenplatz, in: DVBl. 1995, Seite 1 – 9.
Siehe ebenfalls: Bull, Hans Peter/Welti, Felix, Schwachstellen der geltenden Finanzverfassung, in: NVwZ 1996, Seite 838 – 846, hier: Seite 844 – 846 und Schoch, Friedrich, Rechtliche Rahmenbedingungen einer Verantwortungsteilung im Mehr-Ebenen-System, in: Henneke, Hans-Günter (Hrsg.), Verantwortungsteilung zwischen Kommunen, Ländern, Bund und Europäischer Union, Stuttgart u.a. 2001, Seite 21 – 44, hier: Seite 40.
Siehe hierzu zuletzt: BVerfG, Urteil vom 03. Juli 2000, - 2 BvG 1/96 -, in: JZ 2001, Seite 91 f und Hermes, Georg, Anmerkungen [zu: BVerfG, Urteil vom 03. Juli 2000, - 2 BvG 1/96 -, in: JZ 2001, Seite 91 f], in: JZ 2001, Seite 92 – 95.

[229] Siehe: RhPfVerfGH, Entscheidung vom 30. Januar 1998, - VGH N 2/97 -, in: NVwZ-RR 1998, Seite 607 – 611.

[230] Siehe: Henneke, Hans-Günter, Landesverfassungsrechtliche Finanzgarantien der Kommunen zwischen normativer (Neu-)Regelungen und verfassungsgerichtlicher Präzisierung, a.a.O., hier: Seite 124.

[231] Siehe: RhPfVerfGH, Urteil vom 05. Dezember 1977, - VGH 2/74 -, in: KStZ 1978, Seite 173 – 176.

[232] Siehe: BVerfG, Beschluß vom 07. Februar 1991, - 2 BvL 24/84 -, a.a.O., hier: Seite 386.

gaben aufgrund einer fehlenden Mindestfinanzausstattung nicht erfolgen kann (unantastbarer Kernbereich kommunaler Selbstverwaltung). Neben einer ggf. zu erfolgenden Aufstockung finanzieller Mittel durch den Gesetzgeber kann auch eine finanzielle Entlastung der Kommunen[233] durch Aufgabenverzicht, Aufgabenabbau[234] und durch Verminderung kostenintensiver Standards[235] erfolgen. Zusätzlich zur Verpflichtung des Gesetzgebers, die absolut untere Grenze des kommunalen Finanzausgleichs zu wahren, steht den Kommunen eine aufgabenangemessene Finanzausstattung i.S. einer Verteilungssymmetrie aufgrund der Gleichwertigkeit der Aufgaben von Ländern und Kommunen zu, mittels derer ein Mindestmaß an freiwilligen Selbstverwaltungsaufgaben durchgeführt werden kann[236].

2. Originäre kommunale Steuerarten

Innerhalb dieses Kapitels werden die unterschiedlichen Steuerarten, die z.Zt. den Kommunen vollständig bzw. anteilig zufließen, einer Betrachtung unterzogen. Neben einer jeweils kurzen Vorstellung wird versucht, die Verfassungsmäßigkeit der einzelnen Steuerarten zu prüfen. Als übergeordnetes Ziel sollen die unterschiedlichen Finanzierungsmöglichkeiten kommunaler Aufgaben (Aufgabenkompetenz) mittels alternativer Steuerarten aufgezeigt, deren Stellung im (kommunalen) Steuersystem beleuchtet und Problemfelder aktueller Steuerarten einer kritischen Analyse unterworfen werden. Dabei sei nochmals betont, dass andere Einnahmequellen – mit Ausnahme der Zuweisungen – bei der weiteren Diskussion nicht betrachtet werden können.

Einen Überblick über die Bedeutung der jeweiligen Steuerarten als Einnahmequellen gibt Abbildung 7.

Siehe auch: Meyer, Hubert, „Delegiere, teile und herrsche" oder verfassungsrechtliche Finanzgarantien für Kommunen?, in: LKV 2000, Seite 1 – 13, hier: Seite 4.

[233] Siehe: Schmitt-Glaeser, Walter/Horn, Hans-Detlef, Die Rechtsprechung des Bayerischen Verfassungsgerichtshofs, in: BayVBl. 1999, Seite 353 – 363, hier: Seite 356.

[234] Siehe: Schumacher, Paul, Eine neue Regelung für Aufgabenübertragungen in der Brandenburger Landesverfassung, in: LKV 2000, Seite 98 – 104, hier: Seite 101 f.

[235] Siehe: RhPfVerfGH, Urteil vom 28. März 2000, - VGH N 12/98 -, in: DVBl. 2000, Seite 992 – 997, hier: Seite Seite 995.
Siehe ebenfalls ausführlich: Henneke, Hans-Günter/Schlebusch, Gernot, Rückführung von Normen und Standards, in: Henneke, Hans-Günter (Hrsg.), Stärkung der kommunalen Handlungs- und Entfaltungsspielräume, Stuttgart u.a. 1996, Seite 51 – 93.

[236] Siehe hierzu: Henneke, Hans-Günter, Landesverfassungsrechtlicher Schutz der kommunalen Finanzausstattung am Beispiel der Thüringischen Verfassung, in: GemH 1999, Seite 169 – 178, hier: Seite 176.

Abbildung 7: Kommunale Steuereinnahmen 1996 – 2002

Steuerart	1996	1997	1998	1999	2000	2001	2002
GewSt (netto)	38,86 %	41,19 %	38,16 %	38,18 %	37,66 %	34,94 %	34,46 %
USt	0,00 %	0,00 %	4,79 %	5,17 %	5,27 %	5,46 %	5,57 %
ESt	43,92 %	41,30 %	40,34 %	40,07 %	40,22 %	41,62 %	42,20 %
Sonstige Steuereinnahmen	17,22 %	17,51 %	16,71 %	16,58 %	16,85 %	17,98 %	17,77 %
	100,00 %	100,00 %	100,00 %	100,00 %	100,00 %	100,00 %	100,00 %

Die absoluten Zahlen können der Anlage 2 des Anhangs entnommen werden.

In Anlehnung an: Karrenberg, Hanns/Münstermann, Engelbert, Gemeindefinanzbericht 1998, a.a.O., hier: Seite 146 und 148; Karrenberg, Hanns/Münstermann, Engelbert, Städte im Griff von EU, Bund und Ländern (Kurzfassung), a.a.O., hier: Seite 11 f und Karrenberg, Hanns/Münstermann, Engelbert, Städtische Finanzen: Kollaps oder Reformen! (Kurzfassung), a.a.O., hier: Seite 5.

2.1 Die Gewerbesteuer

Die Gewerbesteuer[237] stellt die – an der Einnahmenhöhe gemessen – bedeutenste originäre kommunale Steuerart dar. Gleichzeitig unterliegt sie sowohl von gemeindlicher als auch von unternehmerischer Seite massiver Kritik. Bedingt durch diese Kritik wurde eine Vielzahl von Reformvorschlägen entwickelt, die ebenso wie Reformmodelle zur Grundsteuer hinsichtlich ihrer Auswirkungen auf die Kommunen und Unternehmensebene in einem späteren Kapitel beleuchtet werden.

2.1.1 Ermittlung der Steuerschuld

Die Gewerbesteuer wird als Realsteuer eingeordnet, d.h. sie knüpft nicht an die steuerliche Leistungsfähigkeit eines Steuersubjektes an, sondern an ein Steuerobjekt (Objektsteuer). Gegenstand der Besteuerung ist die Ertragskraft des Gewerbebetriebs. Daraus folgend sind die individuellen persönlichen Verhältnisse des Betriebsinhabers unbeachtlich. Jeder Gewerbebetrieb bzw. jedes gewerbliche Unternehmen i.S. des Einkommensteuergesetzes, welches im Inland be-

---

[237] Einführend zur Gewerbesteuer siehe beispielsweise: Daumke, Michael, Grundriß des deutschen Steuerrechts, 4. Auflage, Bielefeld 2000, Seite 275 – 285; Rose, Gerd, Die Ertragsteuern, 16. Auflage, Wiesbaden 2001, Seite 167 – 196 und Wehrheim, Michael, Grundzüge der Unternehmensbesteuerung, München 2002, Seite 60 – 81.

trieben wird, unterliegt der Gewerbesteuer. Dagegen werden Betätigungen, die als Ausübung von Land- und Forstwirtschaft, als freiberufliche oder als eine andere selbständige Arbeit anzusehen sind sowie Einkünfte aus Überschusseinkunftsarten nicht der Gewerbesteuer unterworfen. Grundlage der Besteuerung stellt der Gewerbeertrag dar, der nach den Vorschriften des Einkommensteuerbzw. Körperschaftsteuergesetzes[238] ermittelt wird, korrigiert um Hinzurechnungen gem. § 8 GewStG[239] (bspw. 50 % der Zinsen für Dauerschulden, wodurch eine einheitliche Besteuerung der Erträge, die durch Eigen- bzw. Fremdkapital erzielt wurden, erreicht werden soll) und Kürzungen gem. § 9 GewStG (bspw. 1,2 % des Einheitswertes der Betriebsgrundstücke, um hierdurch eine Doppelbesteuerung des Grundbesitzes mit der Grundsteuer zu vermeiden). Noch nicht ausgeglichene Gewerbeverluste aus vorangegangenen Erhebungszeiträumen sind zur Ermittlung des Gewerbeertrages ebenfalls in Abzug zu bringen (§ 10 a GewStG). Der auf diesem Wege berechnete Gewerbeertrag ist nach Rundung auf volle 100 Euro (nach unten), bei natürlichen Personen und Personengesellschaften um einen Freibetrag (i.H. von 24.500 Euro) zu kürzen (§ 11 Abs. 1 Nr. 1 GewStG)[240]. Der verbleibende Betrag wird mit einer Steuermesszahl gem. § 11 Abs. 2 GewStG multipliziert[241]. Hierdurch ergibt sich der Steuermessbetrag.

Gem. § 1 GewStG sind die Kommunen berechtigt und zugleich verpflichtet, Gewerbesteuer zu erheben. Allerdings hat die Kommune das Recht, mittels eines (örtlichen) Hebesatzes gem. § 16 GewStG entscheidenden Einfluss auf die Höhe der Gewerbesteuer zu nehmen. Hinsichtlich der Höhe des Hebesatzes besitzt jede Gemeinde ein Satzungsrecht. Der mit dem Hebesatz multiplizierte Steuermessbetrag ergibt die Gewerbesteuerschuld, die beim Unternehmen wiederum als Betriebsausgabe – da betrieblich veranlasst – abzugsfähig ist.

---

[238] Zum Einkommensteuergesetz siehe: Einkommensteuergesetz 1997 (EStG 1997), in der Fassung der Bekanntmachung vom 16. April 1997, in: BGBl. I 1997, Seite 821 – 929, in: Verlag C.H. Beck oHG (Hrsg.), Steuergesetze, München 2002.
Zum Körperschaftsteuergesetz siehe: Körperschaftsteuergesetz 1999, in der Fassung der Bekanntmachung vom 22. April 1999, veröffentlicht in: BGBl. I 1999, Seite 817 – 842, in: Verlag C.H. Beck oHG (Hrsg.), Steuergesetze, München 2002.

[239] Siehe: Gewerbesteuergesetz 1999, in der Fassung der Bekanntmachung vom 19. Mai 1999, veröffentlicht in: BGBl. I 1999, Seite 1010 – 1022, ber. in: BGBl. I 1999, Seite 1491, in: Verlag C.H. Beck oHG (Hrsg.), Steuergesetze, München 2002.

[240] Abweichend hiervon wird bspw. Unternehmen von juristischen Personen des öffentlichen Rechts gem. § 11 Abs. 1 Nr. 2 GewStG ein Freibetrag i.H. von 3.900 Euro gewährt.

[241] Die Steuermeßzahl beträgt für Kapitalgesellschaften einheitlich 5 %. Für Gewerbebetriebe, die von natürlichen Personen oder von Personengesellschaften betrieben werden, wird ein sog. Staffelbetrag angewendet. Dieser beträgt für die ersten 12.000 Euro 1 %, für die weiteren 12.000 Euro 2 %, für die weiteren 12.000 Euro 3 %, für die weiteren 12.000 Euro 4 % und für alle weiteren Beträge 5 %. Ziel dieser Staffelung ist es, für diese Unternehmen einen Ausgleich für die nicht gewerbesteuermindernde Abzugsfähigkeit der Gesellschafter-Geschäftsführergehälter sowie andere Vergünstigungen zu schaffen.

Bedingt durch die unterschiedliche Höhe des Hebesatzes in den Gemeinden schwankt die Belastung der Unternehmen mit Gewerbesteuer.

2.1.2 Mängel der Gewerbesteuer

2.1.2.1 Kritische Argumentation aus Sicht der Wirtschaft

Für die gewerbliche Wirtschaft stellt die Gewerbesteuer eine Sonderbelastung dar, die anderen Einkunftsarten nicht auferlegt wird. Insbesondere die Rechtfertigung der Gewerbesteuer über Argumentation mittels des Äquivalenzprinzips kann zumindest aus heutiger Sicht nicht die ausschließliche Belastung einer einzigen Einkunftsart begründen, da kommunale Einrichtungen und Leistungen ebenso von Unternehmen anderer Einkunftsarten (und privaten Haushalten) genutzt werden, ohne dass eine Heranziehung zur Gewerbesteuer erfolgt[242]. Statt dessen wäre insbesondere aufgrund des Wandels zu einer Dienstleistungsgesellschaft eine Anknüpfung der Besteuerung an unternehmerischer – nicht an gewerblicher – Tätigkeit (d.h. bspw. die Einbeziehung selbständiger Tätigkeiten i.S. des § 18 EStG) zu begrüßen, ebenso die wie eine Einbeziehung von staatlichen Organisationen bzw. Verwaltungen übergeordneter Gebietskörperschaften, da sie wie andere Leistungserbringer die örtliche Infrastruktur in Anspruch nehmen.

Als weitere Argumente gegen die Gewerbesteuer sind aus Sicht der Wirtschaft folgende Aspekte anzuführen:

• Im internationalen Wettbewerb stellt die Gewerbesteuer einen Standortnachteil zu Ungunsten Deutschlands dar, da mit Ausnahme von Luxemburg eine vergleichbare Steuer(-belastung) nicht erhoben wird[243].

---

[242] Siehe bspw.: Karl-Bräuer-Institut des Bundes der Steuerzahler (Hrsg.), Zur Reform der Gemeindesteuern, Wiesbaden 1975, Seite 34 – 36.
Zu den Problemfeldern der Gewerbesteuer allgemein siehe überblickartig: Spahn, Bernd P., Zur Reform der Gemeindefinanzen, in: AfK 1989, Seite 67 – 85, hier: Seite 71 f.

[243] Siehe bspw.: Karl-Bräuer-Institut des Bundes der Steuerzahler (Hrsg.), Steuerharmonisierung in der Europäischen Gemeinschaft, Wiesbaden 1989, Seite 101 – 105 und Wendt, Rudolf, Reform der Unternehmensbesteuerung aus europäischer Sicht, in: StuW 1992, Seite 66 – 80, hier: Seite 78.
Es erscheint allerdings äußerst fraglich, einen internationalen Vergleich ausschließlich auf Basis einer Steuerart zu führen und einen Versuch einer Analogübertragung vorzunehmen. Statt dessen ist in diesem Zusammenhang vielmehr die ausschließliche Belastung der gewerblichen Wirtschaft in den Mittelpunkt zu stellen.
Allgemein zur Beurteilung zu Aussagen über die Wettbewerbsfähigkeit und Wettbewerbsverzerrungen auf europäischer Ebene: Mainerth, Ralf, Wettbewerbsneutralität der Besteuerung, Diss. Universität Berlin 1999, Bielefeld 2001.

- Bedingt durch das nationale Hebesatzgefälle findet eine unterschiedliche Belastung gleicher unternehmerischer Leistung (Gewinne) statt. Dabei sollten unterschiedliche Hebesätze gem. dem Äquivalenzprinzip die volkswirtschaftlichen bzw. kommunalen Kosten, die durch die unterschiedliche Bereitstellung von Leistungen, unterschiedliches Klima oder Topographie in den Kommunen entstehen, widerspiegeln und an den Nutzer weiterleiten. Ob jedoch diese Zielsetzung erhebliche Hebesatzdifferenzen begründet, wird zumindest aus unternehmerischer Sicht bezweifelt[244].

- Vielfältiger Kritik ist auch die Bemessungsgrundlage der Gewerbesteuer unterworfen. So wird bspw. die Hinzurechnung der Dauerschuldzinsen zu 50 % heftig kritisiert, da dies eine Umwidmung von Betriebsausgaben hin zu einem Ertrag bedeutet, folglich Betriebsausgaben als fiktiver Gewinn versteuert werden müssen und es insbesondere in Rezessionsphasen mit Verlusten zu einer Substanzbesteuerung kommen kann. Entgegen dem Prinzip der Besteuerung nach der Leistungsfähigkeit kommt es daher dann zu einer Belastung trotz steuerlicher Leistungsunfähigkeit[245]. Daneben finden Kürzungen um Gewinne aus gewerblichen Mitunternehmerschaften statt, jedoch werden Gewinne aus Beteiligungen an Kapitalgesellschaften unter 1 % nicht aus dem Gewinn heraus gerechnet, obwohl diese ebenso wie Gewinne aus Mitunternehmerschaften bereits der Gewerbesteuer unterworfen wurden[246].

- Die Abzugsfähigkeit von Tätigkeitsvergütungen ist bei Personengesellschaften sowie Einzelunternehmen nicht möglich, d.h. es ist kein Abzug der Entgelte für eigene unternehmerische Leistungen vornehmbar, während bei Kapitalgesellschaften aufgrund der eigenen Rechtspersönlichkeit sämtliche Kosten als Betriebsausgabe abzugsfähig sind. Dieser Nachteil soll durch einen entsprechenden Freibetrag (z.Zt. 24.500 Euro) sowie den sog. Staffeltarif ausgeglichen werden, was allerdings zur Konsequenz hat, dass die Ge-

---

[244] Siehe hierzu: BMF (Hrsg.), Gutachten der Kommission zur Verbesserung der steuerlichen Bedingungen für Investitionen und Arbeitsplätze, Bonn 1991, Seite 115.

[245] Siehe bei BdSt (Hrsg.), Wie lange noch Gewerbesteuer, Wiesbaden 1983, Seite 12.
Beispiel: Ein alleinstehender Gewerbetreibender erzielt ausschließlich einen Gewinn aus Gewerbebetrieb i.H.v. 10.000 Euro. Aufgrund von Sonderausgaben und Außergewöhnlichen Belastungen beträgt die tarifliche Einkommensteuer 0 Euro. Bedingt durch ein großes Investitionsvorhaben mit gleichzeitiger Neuausrichtung seines Betriebs musste er einen hohen Kredit aufnehmen für den insgesamt Zinsen i.H.v. 50.000 Euro anfallen. Bedingt durch die 50 % Zurechnung der Dauerschulden liegt sein gewerbesteuerpflichtiger Gewinn bei 25.000 Euro und es fällt Gewerbesteuer an.
Das angeführte Beispiel spiegelt allerdings nicht die ständige Rechtsprechung des BVerfG wieder, da eine Trennung zwischen dem Steuerobjekt Gewerbebetrieb und dem Steuersubjekt natürliche Person im Rahmen der ESt bewusst vollzogen wird. Gemäß dieser Rechtsprechung ist jedes Steuerobjekt isoliert zu besteuern. Eine „Mischbetrachtung" ist daher nicht besteuerungsrelevant. Siehe Kapitel IV.2.1.4.

[246] Siehe bspw.: Haberstock, Lothar/Breithecker, Volker, Einführung in die Betriebswirtschaftliche Steuerlehre, Bielefeld 2000, Seite 86.

werbesteuer sich zu einer Großbetriebssteuer entwickelt[247]. „Tatsächlich gleichen diese Beträge bei größeren Unternehmen auch nicht annähernd die vergleichbaren Geschäftsführergehälter bei Kapitalgesellschaften aus"[248]. Durch diese Regelungen wird zusätzlich die durch den Gesetzgeber angestrebte Rechtsformneutralität der Besteuerung verhindert. Die Gewährleistung einer Besteuerung unabhängig von Branche und Größe ist nicht gegeben[249].

• Auch die Befürchtung, dass die Kommunen durch die Hebesatzautonomie die Belastungen für die Unternehmen stetig erhöhe, stellt ein vielfach vorgebrachtes Argument dar und wird mit der Gefahr einer Selbstbedienungsmentalität begründet: „Die relativ wenigen Gewerbesteuerzahler einer Gemeinde stellen ... kein großes Wählerpotential dar"[250]. Dies bedeutet gleichzeitig, dass aus Sicht der Betroffenen die Einflussmöglichkeiten auf die Kommunen als gering eingestuft werden, sofern die Stellung des jeweils einzelnen Unternehmens nicht so herausragend (bspw. erhebliche Arbeitsplatzeffekte) ist, dass „Sonderkonditionen" vereinbar sind.

2.1.2.2 Defizitäre Funktionsbedingungen aus Sicht der Kommunen

Als meistgenannter Kritikpunkt von kommunaler Seite aus wird die Krisenanfälligkeit und Konjunkturempfindlichkeit der Gewerbesteuer angeführt. Aus diesem Grunde sei die Gewerbesteuer nicht geeignet, öffentliche Haushalte zu finanzieren, da die Ausgaben der Gemeinden im Gegenzug überwiegend nur sehr eingeschränkt und langfristig beeinflussbar seien[251]. Daher sei eine Steuerquelle, die weniger bzw. nicht gewinnabhängig sei, vorzuziehen[252].

---

[247] Siehe: Flick, Hans, Gewerbesteuerreform aus der Sicht der Wirtschaft, insbesondere der Vorschlag des DIHT, in: IHK Regensburg (Hrsg.), Gewerbesteuer auf neuem Kurs?, Regensburg 1984, Seite 23 – 26, hier: Seite 24.

[248] Reiß, Wolfram, Rechtsformabhängigkeit der Unternehmensbesteuerung, in: Wassermeyer, Franz (Hrsg.), Grundfragen der Unternehmensbesteuerung, Köln 1994, Seite 3 – 39, hier: Seite 26.

[249] Siehe zur Wettbewerbsneutralität der Besteuerung: Söllner, Fritz, Die Reform der Unternehmensbesteuerung, in: List Forum für Wirtschafts- und Finanzpolitik 2000, Seite 183 – 203, hier: Seite 190 – 202.

[250] Siehe: BMF (Hrsg.), Gutachten der Kommission zur Verbesserung der steuerlichen Bedingungen für Investitionen und Arbeitsplätze, a.a.O., Seite 116 f und Institut der deutschen Wirtschaft (Hrsg.), Alte Steuer – gute Steuer?, Köln 1986, Seite 17.

[251] Siehe auch: Broer, Michael, Möglichkeiten zur Stabilisierung der kommunalen Einnahmen, in: Wirtschaftsdienst 2003, Seite 132 – 136.

[252] Die Abschaffung der Gewerbeertragsteuer wurde bereits in den 70er Jahren diskutiert. Allerdings sollte im Gegenzug die Gewerbekapitalsteuer ausgebaut werden. Siehe hierzu: Kock, Heinz, Vorschläge zur Verstetigung der Gemeindefinanzen, in: Konjunkturpolitik 1975, Seite 309 – 336, hier: Seite 322 f.

Gleichzeitig wird auf die Abhängigkeit von gewerblichen Unternehmen und dem daraus resultierenden Anreiz, ausschließlich solche Betriebe zu attrahieren und Zugeständnisse bei der Ansiedlung vornehmen zu müssen, hingewiesen. Die Finanzierung der Kommunalhaushalte erfolgt i.d.r. durch wenige Großbetriebe, die Gewerbesteuer zahlen müssen. Hieraus tritt die Notwendigkeit eines einseitig vorangetriebenen Ausbaus der Infrastruktur in den Mittelpunkt kommunalpolitischer Entscheidungen, die sich folgerichtig vorrangig an den Präferenzen der Gewerbebetriebe orientiert[253]. Die Beeinflussung der kommunalen Willensbildung und daraus folgend der Bereitstellung öffentlicher Leistungen durch einzelne Großbetriebe und den damit verbunden Arbeitsplätzen wird offensichtlich.

Die Auferlegung der Gewerbesteuer ausschließlich einer Einkunftsart führt desweiteren zum Bemühen der Steuerpflichtigen, diese Einkunftsart mittels steuerlicher Gestaltungsmöglichkeiten (wie bspw. die Umqualifizierung gewerblicher Einkünfte in nicht mit Gewerbesteuer belastete Einkünfte) zu umgehen. Beispielhaft sei hier auf die Wahl der Rechtsform einer Ein-Mann-GmbH hingewiesen, um auf diesem Weg die Umqualifizierung des Gesellschafter-Geschäftsführer-Gehalts in Einkünfte aus nichtselbständiger Arbeit zu erreichen. Damit unterliegt das Gehalt nicht mehr wie beim gewerblichen Einzelunternehmen der Gewerbesteuer, es ist nicht mehr als Vorabgewinn einzustufen und damit zugleich als Betriebsausgabe vollständig abzugsfähig. Die Gestaltung mittels Anstellungsverträgen mit Familienangehörigen, die ebenfalls das Ziel einer Umqualifizierung unternehmerischer Einkünfte in Einkünfte aus nichtselbständiger Arbeit verfolgt, ist beispielhaft als weitere Gestaltungsmöglichkeit anzuführen.

Ein weiterer häufig geäußerter Einwand beruht auf der unterschiedlichen örtlichen Ertragskraft der gewerblichen Betriebe. Hierdurch wird das Aufkommen der Gewerbesteuer ungleich verteilt, so dass es steuerstarke und -schwache Gemeinden gibt. „Allerdings darf nicht verkannt werden, dass vom System her bei einer gemeindlichen Einnahmequelle mit eigenem Hebesatzrecht eine gewisse Streuung systemimmanent und also zwangsläufig ist"[254]. In Anknüpfung an das Äquivalenzprinzip würde dies bedeuten, dass den höheren Einnahmen einzelner Kommunen auch wesentlich bessere Leistungen und Einrichtungen gegenüberstehen, was jedoch zumindest teilweise verneint werden muss.

Siehe auch: Oberhauser, Alois, Kommunale Wertschöpfungsteuer als Alternative zur Gewerbesteuer, in: IHK Regensburg (Hrsg.), Gewerbesteuer auf neuem Kurs?, Regensburg 1984, Seite 12 – 22, hier: Seite 15.

[253] Siehe: Karl-Bräuer-Institut des Bundes der Steuerzahler (Hrsg.), Abbau und Ersatz der Gewerbesteuer, Wiesbaden 1984, Seite 33.

[254] BMF (Hrsg.), Gutachten der Kommission zur Verbesserung der steuerlichen Bedingungen für Investitionen und Arbeitsplätze, a.a.O., Seite 118.

Seit der Finanzreform 1969 haben die Kommunen eine Gewerbesteuerumlage an Bund und Länder abzuführen[255]. Im Gegenzug wurden die Kommunen an der Einkommensteuer mit 15 % beteiligt. Damit wird deutlich, dass entgegen der „öffentlichen Meinung" Bund und Länder einen bedeutenden finanziellen Zugriff auf das Gewerbesteueraufkommen besitzen, der durch Bundesgesetz[256] bestimmt wird. Aufgrund der mangelnden Transparenz über Existenz als auch über die Höhe der Beteiligung ist erneut ein Auseinanderfallen des Nutzen-, Finanzierungs- und Entscheiderkreises i.s. des Prinzips der fiskalischen Äquivalenz festzustellen. Somit handelt es sich bei der Gewerbesteuer statt um eine ausschließliche originäre kommunale Steuerart vielmehr um eine Kommunalsteuer mit flexiblem Bundes- und Landeszugriff.

Abschließend bleibt festzustellen, dass die Beschränkung der Gewerbesteuer auf eine einzelne Einkunftsart i.s. des Einkommensteuergesetzes und daraus resultierend eine vielfach fehlende fühlbare steuerliche Belastung aller Gemeindeeinwohner (mit Gewerbesteuer) zu einem geringen Interesse an der kommunalen Finanzpolitik führt. Der Zusammenhang zwischen Zahlern, Nutzern und Entscheidungsträgern ist in keinster Weise gegeben.

2.1.3 Die Anrechnung der Gewerbesteuer auf die Einkommensteuer (§ 35 EStG)

Die bis zum Veranlagungszeitraum 2000 geltende Vorschrift des § 32 c EStG, die durch eine Begrenzung des Grenzsteuersatzes gewerblicher Einkünfte auf 43 % (1999: 45 %) unter bestimmten Voraussetzungen einen Entlastungsbetrag ermöglichte, der von der tariflichen Einkommensteuer abzugsfähig war, wurde durch den BFH mit Beschluss vom 24. Februar 1999[257] dem BVerfG zur Klärung der Verfassungsmäßigkeit vorgelegt. Die Anfrage umfasste die Prüfung

---

[255] Siehe bspw.: Hidien, Jürgen W., Zehn Thesen zur Gewerbesteuerumlage, in: ZG 2000, Seite 157 – 164.
Der Anteile der Gewerbesteuerumlage am Gewerbesteueraufkommen betrug bzw. wird schätzungsweise betragen in
• 2000 in den alten Ländern 21,2 %, in den neuen Ländern 11,8 %;
• 2001 in den alten Ländern 23,3 %, in den neuen Ländern 15,3 %;
• 2002 in den alten Ländern 26,0 %, in den neuen Ländern 18,7 %;
• 2003 in den alten Ländern 29,0 %, in den neuen Ländern 22,0 %;
• 2004 in den alten Ländern 29,7 %, in den neuen Ländern 23,1 %;
• 2005 in den alten Ländern 29,9 %, in den neuen Ländern 23,0 %.
Siehe: Karrenberg, Hanns/Münstermann, Engelbert, Städtische Finanzen: Kollaps oder Reformen!, in: Der Städtetag April 2002, Seite 14 – 96, hier: Seite 64.

[256] Siehe: § 6 des Gesetz zur Neuordnung der Gemeindefinanzen (Gemeindefinanzreformgesetz), a.a.O..

[257] Siehe: BFH, Beschluß vom 24. Februar 1999, - X R 171/96 -, in: BStBl. II 1999, Seite 450 – 466.

der Vereinbarkeit des § 32 c EStG mit Art. 3 Abs. 1 GG insoweit, „als diese Vorschrift

- die Tarifbegrenzung nach näherer Maßgabe des § 32 c Abs. 2 EStG nur für gewerbliche Einkünfte gewährt, die beim Bezieher der Gewerbesteuer unterlegen haben;
- bei Gewinnen, die von einer Körperschaft ... ausgeschüttet werden, die Tarifbegrenzung versagt (§ 32 c Abs. 2 Satz 2 EStG i.V.m. § 9 Nr. 2 a GewStG), obwohl diese Gewinne bei der Körperschaft der Gewerbesteuer unterlegen haben;
- die Tarifbegrenzung für gewerbliche Einkünfte insoweit ausschließt, als deren Anteil am zu versteuernden Einkommen unterhalb des die Entlastung auslösenden Grenzbetrags (§ 32 c Abs. 2 i.V.m. Abs. 4 und 5 EStG) bleibt"[258].

Mit Inkrafttreten des StSenkG vom 23. Oktober 2000[259] kam der Gesetzgeber einer Entscheidung durch das BVerfG zuvor und hob den § 32 c EStG auf.

Für die Veranlagungszeiträume 2001 und 2002 ermäßigt sich die tarifliche Einkommensteuer, soweit sie anteilig auf im zu versteuernden Einkommen enthaltene gewerbliche Einkünfte[260] entfällt, um das 1,8fache des jeweils für den dem Veranlagungszeitraum entsprechenden Erhebungszeitraum nach § 14 GewStG für das Unternehmen festgesetzten Steuermessbetrag (Gewerbesteuermessbetrag i.S. des § 35 Abs. 1 Nr. 1 EStG)[261]. Dies gilt sowohl für gewerbliche Einkünfte eines Einzelunternehmers i.S. § 15 Abs. 1 Satz 1 Nr. 1 EStG, als auch für gewerbliche Einkünfte als Mitunternehmer i.S. § 15 Abs. 1 Satz 1 Nr. 2 und Nr. 3 EStG (Ermäßigungsbasisbetrag). Gleichzeitig bleibt die Gewerbesteuer als Betriebsausgabe abzugsfähig. Als Intention des Ge-

---

[258] Siehe: Ebenda, hier: Seite 450.

[259] Siehe: Gesetz zur Senkung der Steuersätze und zur Reform der Unternehmensbesteuerung (Steuersenkungsgesetz – StSenkG) vom 23. Oktober 2000, in: BStBl. I 2000, Seite 1428 – 1461.

[260] Das BMF stellt auf gewerbliche Einkünfte i.S. des § 15 EStG zuzüglich gewerbesteuerpflichtiger Veräußerungsgewinne gem. § 16 Abs. 1 Satz 1 Nr. 1 Satz 2 und Abs. 1 Satz 2 EStG sowie § 7 Satz 2 GewStG, aber ohne die gewerblichen Einkünfte i.S. des § 18 Abs. 4 Satz 1 und 2 UmwStG ab.
Siehe: BMF (Hrsg.), Anwendungsschreiben zu der Steuerermäßigung bei Einkünften aus Gewerbebetrieb nach § 35 EStG, in: BStBl. 2002, Seite 533 – 537, hier: Seite 533 f.
Kritisch hierzu: Korezkij, Leonid, Steuerermäßigung bei Einkünften aus Gewerbebetrieb: Die Brennpunkte des Anwendungsschreibens zu § 35 EStG, in: BB 2002, Seite 2099 – 2103.
Zum UmwStG siehe: Umwandlungssteuergesetz (UmwStG) vom 28. Oktober 1994, veröffentlicht in: BGBl. I 1994, Seite 3267 – 3278, in: Verlag C.H. Beck oHG (Hrsg.), Steuergesetze, München 2002.

[261] Siehe hierzu: Glanegger, Peter, [Kommentar zu] § 35, in: Schmidt, Ludwig (Hrsg.), Einkommensteuergesetz, 21. Auflage, München 2002, Seite 2106 – 2118.

setzgebers ist das Bemühen um die Herstellung einer rechtsformneutralen Be-steuerung[262] ohne wesentliche Eingriffe in die Finanzautonomie der Gemeinden anzusehen. Die erhebliche Absenkung des Körperschaftsteuersatzes auf 26,5 % für den Veranlagungszeitraum 2003 und 25 % ab dem Veranlagungszeitraum 2004 (Definitivbelastung) soll durch eine auf diesem Weg zu erreichende weit-gehende Entlastung für gewerbliche Personengesellschaften und Einzelunter-nehmen von der Gewerbesteuer ausgeglichen und eine Gleichstellung von ge-werblichen und anderen Einkünften (bspw. i.S. des § 18 EStG) erreicht werden[263].

Durch das StVergAbG vom 16. Mai 2003[264] wurde der § 35 EStG in seiner Wirkungsweise begrenzt. Ab dem Veranlagungszeitraum 2003 erfolgt eine Steuerermäßigung gem. § 35 Abs. 1 EStG nicht, wenn der den gewerblichen Einkünften entsprechende Gewerbeertrag einer nur niedrigen Gewerbesteuerbe-lastung unterliegt. Das ist der Fall, wenn der von der hebeberechtigten Ge-meinde bestimmte Hebesatz 200 vom Hundert unterschreitet. Gleichzeitig wurden erhebliche Änderungen im Bereich der Gewerbesteuer vorgenommen, die zu § 35 EStG korrespondieren: Die Neueinführung eines § 8a GewStG be-stimmt, dass der Gewerbeertrag einer Kapitalgesellschaft unter bestimmten Voraussetzungen[265] dem Anteilseigner zugerechnet wird, sofern sich der Sitz der Kapitalgesellschaft in einer Gemeinde mit Gewerbesteuerhebesatz von unter 200 % befindet. Die Versteuerung erfolgt somit zu dem Hebesatz, der für die Gemeinde des Anteilseigers gilt. Gleichzeitig werden die Gemeinden, deren Hebesatz unter 200 % liegen, nicht an der Zerlegung des Gewerbesteuermess-betrags beteiligt. Der Gewerbesteuermessbetrag wird ab dem Veranlagungszeit-raum 2003 nur auf die Gemeinden aufgeteilt, deren Hebesatz mindestens 200 % beträgt. Im Bereich der Mitunternehmerschaften wurde ebenfalls die Möglich-keit der Nutzung des Hebesatzes zur Verschaffung eines Standortvorteils be-schnitten. Ist ein Unternehmer an einer Personengesellschaft mit Geschäfts-leitung in einer Gemeinde mit einem Hebesatz von unter 200 % beteilt, findet ab dem Veranlagungszeitraum 2003 entgegen der bisherigen Gesetzeslage keine

---

[262] Siehe: Deutscher Bundestag (Hrsg.), BT-Drucks. 14/2683, Seite 97.

[263] Siehe hierzu auch: Jachmann, Monika, Steuerermäßigung bei Einkünften aus Gewerbebe-trieb, Stuttgart u.a. 2001, Seite 12 – 20.

[264] Siehe: Gesetz zum Abbau von Steuervergünstigungen und Ausnahmeregelungen (Steuer-vergünstigungsabbaugesetz – StVergAbG) vom 16. Mai 2003, veröffentlicht in: BGBl. I 2003, Seite 660 – 667.

[265] Eine Hinzurechnung erfolgt, wenn die Kapitalgesellschaft Geschäftsleitung und Sitz im In-land hat, die Beteiligung seit dem Beginn des Erhebungszeitraumes ununterbrochen be-standen hat und die Beteiligung ununterbrochen mindestens zu einem Zehntel bestand. Ist die Kapitalgesellschaft wiederum an einer weiteren Kapitalgesellschaft beteiligt (Enkel-gesellschaft) und werden die genannten Voraussetzungen erfüllt, kann es zu einer Ketten-Hinzurechnung kommen. Siehe bspw.: Hegemann, Jürgen/Querbach, Torsten, Erste praktische Hinweise zum Steuervergünstigungsabbaugesetz, in: Stbg 2003, Seite 197 – 210, hier: Seite 208.

Kürzung des bereits gewerbesteuerlich belasteten Gewinns zur Vermeidung einer Doppelbesteuerung statt (§ 9 Nr. 2a GewStG)[266].

Abbildung 8 zeigt auf, wie hoch die Einkommensteuerbelastung unter Einbezug des Solidaritätszuschlags[267] in Abhängigkeit der Hebesätze sein muss, damit eine vollständige Entlastung von der Gewerbesteuer und somit dem Ziel vom Gesetzgeber angestrebten rechtsformneutralen Besteuerung nahe zukommen, erreicht wird[268]. Den kritischen Hebesatz – d.h. der Hebesatz, bei dem unter Annahme des Spitzensteuersatzes eine vollständige Entlastung von der Gewerbesteuer erreicht wird – stellt Abbildung 9 dar.

Abbildung 8: Vollständige GewSt-Entlastung und ESt/SolZ-Satz

Hebesatz	280 %	300 %	310 %	330 %
ESt-/SolZ-Satz	35,71 %	40,00 %	41,94 %	45,45 %

Hebesatz	340 %	360 %	400 %	460 %
ESt-/SolZ-Satz	47,06 %	50,00 %	55,00 %	60,87 %

Quelle: Förster, Ursula, Problembereiche der Anrechnung der Gewerbesteuer auf die Einkommensteuer gem. § 35 EStG 2001, in: FR 2000, Seite 866 – 870, hier: Seite 866.

Deutlich wird, dass der Hebesatz trotz der ab dem Veranlagungszeitraum 2003 eingeführten Begrenzungen einen stärkeren Einfluss auf die Gesamtsteuerbelastung – sowohl auf Unternehmensebene, als auch bezogen auf die einkommensteuerliche Gestaltung – gewinnt und somit der Hebesatz zu einem Instrument steuerlicher Gestaltungsmöglichkeiten genutzt werden kann.

---

[266] Siehe bspw.: Christoffel, Hans Günter, Die Änderungen durch das Steuervergünstigungsabbaugesetz, in: Steuerrecht aktuell 2003, Seite 178 – 201, hier: Seite 195 – 199 und Höreth, Ulrike/Schiegl, Brigitte/Zipfel, Lars, Die Giftliste der Bundesregierung – welche Steuerverschärfungen jetzt tatsächlich kommen, in: BB 2003, Seite 983 – 990, hier: Seite 986 f.

[267] Zu den gesetzlichen Grundlagen siehe: Solidaritätszuschlaggesetz 1995 vom 23. Juni 1993, veröffentlicht in: BGBl. I 1993, Seite 975 f, in: Verlag C.H. Beck oHG (Hrsg.), Steuergesetze, München 2002.

[268] Dabei wird von einem konfessionslosen Ledigen ausgegangen.

Abbildung 9: Kritische Hebesätze der Jahre 2001 – 2005

	2001/2002	2003/2004	ab 2005
Einkommensteuer-Spitzensteuersatz	48,5 %	47 %	42 %
Kritischer Hebesatz ohne Berücksichtigung des SolZ	350 %	340 %	311 %
Kritischer Hebesatz unter Berücksichtigung des SolZ	388 %	376 %	341 %

In Anlehnung an: Kollruss, Thomas, Anrechnung der Gewerbesteuer auf die Einkommensteuer bei Personenunternehmen gem. § 35 EStG 2001, in: Stbg 2000,
Seite 559 – 570, hier: Seite 570 und Ritzer, Claus J./Stangl, Ingo, Anwendungsprobleme der Steuerermäßigung für gewerbliche Einkünfte für
gewerbliche Einkünfte von Einzelunternehmen und Personengesellschaften
nach § 35 EStG, in: INF 2000, Seite 641 – 646, hier: Seite 642.

2.1.4 Verfassungsrechtliche Aspekte des § 35 EStG

Die Umsetzung des Gewerbesteueranrechnungsmodell erweist sich in mehr-
facher Hinsicht verfassungsrechtlich problematisch und wird nicht nur von
Kritikern als „völlig systemloses, pragmatisches Modell"[269] angeprangert. Sogar
die Befürworter stufen das derzeit geltende Recht als „Notlösung"[270] ein.

Die Voraussetzungen, um die Abzugsfähigkeit der Gewerbesteuer von der Einkommensteuer zu realisieren, sind

1. die Existenz positiver gewerblicher Einkünfte (nach horizontalem Verlustausgleich) und
2. das Bestehen einer tariflichen Einkommensteuerschuld.

Mit Einführung des § 35 EStG konnte in den Veranlagungszeiträumen 2001 und
2002 eine Minderung der auf die gewerblichen Einkünfte entfallenden
tariflichen Einkommensteuer i.H.v. 180 % des Gewerbesteuermessbetrags
erfolgen, ohne dass Gewerbesteuer gezahlt wurde. Da die Kommunen das
Hebesatzrecht besitzen und somit über die Höhe des Hebesatzes entscheiden,
der auf den Gewerbesteuermessbetrag angewendet wird, resultierte hieraus bei
einem Hebesatz i.H.v. 0 % eine Gewerbesteuer i.H.v. 0,00 Euro. Gleichzeitig
war jedoch in den Veranlagungszeiträumen 2001 und 2002 das 1,8fache des
Gewerbesteuermessbetrags pauschal von der tariflichen Einkommensteuer
abzugsfähig; ab 2003 gilt dies nur noch, sofern der Hebesatz mindestens 200 %
beträgt.

---

[269] Sigloch, Jochen, Unternehmenssteuerreform 2001 – Darstellung und ökonomische
Analyse, StuW 2000, Seite 160 – 176, hier: Seite 168.

[270] Thiel, Jochen, Die Ermäßigung der Einkommensteuer für gewerbliche Einkünfte, in: StuW
2000, Seite 413 – 420, hier: Seite 414.

Im entgegengesetzten Fall ist eine Nichtanrechnung der Gewerbesteuer trotz Zahlung von Gewerbesteuer aufgrund des horizontalen Verlustausgleichs die Folge[271]. Der Ermäßigungsbasisbetrag wird zunächst für jedes gewerbliche Unternehmen isoliert ermittelt und anschließend aggregiert. Dabei fließen Gewerbebetriebe mit negativen Gewerbesteuermessbeträgen in den einheitlichen Ermäßigungsbasisbetrag mit einem Messbetrag von null ein. Dennoch kann aus dem Ziel der „Nichtanrechnung ohne Gewerbesteuerbelastung"[272] die Nichtanrechnung trotz Gewerbesteuerbelastung werden, sofern die Einkünfte aus Gewerbebetrieb nach Anwendung des § 2 Abs. 3 EStG null betragen. Die resultierende Anrechnungsbegrenzung greift, soweit die tarifliche Einkommensteuer anteilig auf die im zu versteuernden Einkommen enthaltenen gewerblichen Einkünfte entfällt (relativer Ermäßigungshöchstbetrag). Daher führt die Pauschalierung der Anrechnung auf die Einkommensteuer gleichfalls zu dem Problem, dass ein vollständiger Abbau der Gewerbesteuerbelastung in vielen Fällen nicht möglich ist.

Die Periodenbezogenheit des § 35 EStG stellt sich allerdings bei möglichen Steueroptimierungsstrategien als problematisch dar. Anrechnungsüberhänge[273] können nicht auf andere Veranlagungszeiträume vor- bzw. rückgetragen werden.

Sie entstehen

- durch Abweichungen der Einkünfte aus Gewerbebetrieb vom Gewerbeertrag bedingt durch Hinzurechnungen und Kürzungen (des Freibetrags oder des gewerblichen Verlustvortrags),
- durch Verlustrück- bzw. -vorträge bei der Einkommensteuer,

---

[271] Zur Verdeutlichung folgendes Beispiel: Ein Einzelunternehmer zahlt aufgrund eines Gewinns seines Betriebs i.H.v. 100.000 Euro in der Gemeinde X (Hebesatz 300 %) eine Gewerbesteuer von 7.725,00 Euro. Gleichzeitig wird ihm aus seiner Mitunternehmerschaft an der CD-OHG ein Verlust i.H.v. 200.000 Euro zugewiesen. Somit betragen seine Einkünfte aus Gewerbebetrieb nach horizontalem Verlustausgleich ./. 100.000 Euro. Gleichzeitig erfüllt er die Voraussetzung für eine Anrechnung der Gewerbesteuer nicht mehr, da aufgrund negativer gewerblicher Einkünfte der Anteil gewerblicher Einkünfte an dem zu versteuernden Einkommen null beträgt und somit die Voraussetzung zur Anwendung des § 35 EStG nicht gegeben ist.

[272] Meinhövel, Harald, § 35 EStG in der Fassung des Steuersenkungsgesetzes, in: StuB 2000, Seite 974 – 977, hier: Seite 975.
Siehe auch: Meinhövel, Harald, Die pauschalierte Gewerbesteueranrechnung ab 2001: Neutralität erreicht?, in: StuB 2000, Seite 298 – 302 und DIHT (Hrsg.), Die neue Unternehmensbesteuerung, Berlin/Bonn 2000, Seite 28 – 31.

[273] Ein Anrechnungsüberhang liegt vor, wenn bedingt durch die Abzugsbeschränkung auf die anteilige tarifliche Einkommensteuer, die auf die gewerblichen Einkünfte entfällt, nicht der 1,8fache Gewerbesteuermeßbetrag zum Abzug kommt.
Siehe: Förster, Ursula, a.a.O., hier: Seite 868 und Köplin, Manfred/Niggemeier, Oliver, Steuerermäßigung bei Einkünften aus Gewerbebetrieb nach § 35 EStG, in: NWB, Seite 11479 – 11484, hier: Seite 11479 – 11481.

- durch andere negative Einkünfte – aufgrund derer die anteilige Einkommensteuer gering oder gleich null ist – oder
- durch sonstige Steuerermäßigungen, die Vorrang vor der Tarifermäßigung haben[274].

Das Ziel und gleichzeitig auch Gesetzesbegründung, dass „alle Unternehmen, die Einkünfte aus Gewerbebetrieb erzielen und der Gewerbesteuer unterliegen, ... durch eine Ermäßigung der Einkommensteuer um die Gewerbesteuer entlastet"[275] werden, ist in vielen Fällen aufgrund der angeführten notwendigen Voraussetzungen nicht erreichbar. Auch im Zusammenhang mit Mitunternehmerschaften stellt sich die Anrechnungsbeschränkung (absoluter Ermäßigungshöchstbetrag) hinsichtlich der Aufteilung des Gewerbesteuermessbetrags als problematisch dar. Der Anteil der Einkünfte aus Mitunternehmerschaft (inklusive Vorabgewinne bzw. Sondervergütungen) entspricht nicht dem Anteil des Gewerbesteuermessbetrags (exklusive Vorabgewinne und Sondervergütungen), sondern dem allgemeinen Gewinnverteilungsschlüssel (§ 35 Abs. 3 EStG), was gleichzeitig zu einer Verzerrung hinsichtlich der Anrechnung bei der Einkommensteuer der Gesellschafter führt[276]. Das BMF vertritt allerdings nunmehr die Auffassung, dass gewinnabhängige Vorabgewinnanteile und gewinnabhängige Sondervergütungen i.S. des § 15 Abs. 1 Satz 1 Nr. 2 EStG Bestandteil des allgemeinen Gewinnverteilungsschlüssels i.S. des § 35 Abs. 3 Satz 2 EStG sind[277].

Fraglich erscheint auch, ob die Gleichbehandlung von Einkünften aus Gewerbebetrieb mit anderen Einkünften gewährleistet ist. Art. 3 Abs. 1 GG fordert, dass Einkünfte aus unterschiedlichen Quellen gleich belastet werden sollen. An diesem Grundsatz scheiterte bereits § 32 c EStG[278]. Wie der BFH in seinem Vorlagebeschluss vom 24. Februar 1999 ausführlich darlegte, verletzt die Begünstigung gewerblicher Gewinne das Gebot einer grundsätzlich gleichen und folgerichtigen Belastung der Einkunftsarten, ohne dass dies durch sachliche Gründe gerechtfertigt wird. Die Belastung mit Gewerbesteuer wird nicht als solcher Grund angesehen. In ständiger Rechtsprechung bestätigt das BVerfG die

---

[274] Zur Problematik bei körperschaftsteuerlichen Organschaften siehe: Korezkij, Leonid, Anrechnung der Gewerbesteuer nach § 35 EStG (2. Teil), in: BB 2001, Seite 389 – 394, hier: Seite 392 f.

[275] Deutscher Bundestag (Hrsg.), BT-Drucks. 14/2683, Seite 142.

[276] Eine Beispielrechnung ist enthalten in: Herzig, Norbert/Lochmann, Uwe, Die Steuerermäßigung für gewerbliche Einkünfte bei der Einkommensteuer nach dem Entwurf zum Steuersenkungsgesetz, in: DB 2000, Seite 1192 – 1202, hier: Seite 1197.
Zur Problematik der Sonderbetriebseinnahmen siehe auch: Ritzer, Claus J./Stangl, Ingo, a.a.O., hier: Seite 643 f und Rödder, Thomas, Pauschalierte Gewerbesteueranrechnung – eine komprimierte Bestandsaufnahme, in: DStR 2002, Seite 939 – 943.

[277] Siehe: BMF (Hrsg.), Anwendungsschreiben zur der Steuerermäßigung bei Einkünften aus Gewerbebetrieb nach § 35 EStG, a.a.O., hier: Seite 534 f.

[278] Siehe auch: Tipke, Klaus/Lang, Joachim, Steuerrecht, 17. Auflage, Köln 2002, Seite 430.

Rechtmäßigkeit, d.h. Verfassungskonformität, die Gewerbesteuer neben der Einkommensteuer zu erheben[279]. Da die Gewerbesteuer als Objektsteuer an ein Steuerobjekt und die Einkommensteuer an ein Steuersubjekt anknüpft, es sich demzufolge um zwei unterschiedliche Steuergegenstände handelt, „ist es systemwidrig und ein Fehlgebrauch von Gestaltungsmöglichkeiten, diese Belastungsentscheidung in einem anderen Steuergesetz wieder ... rückgängig zu machen"[280]. Eine Anrechnung einer – in den Veranlagungszeiträumen 2001 und 2002 teilweise gar nicht und ab 2003 nur teilweise geschuldeten – Gewerbesteuer hat die Funktion einer kompensierten Steuererstattung und steht folglich außerhalb der Sachgesetzlichkeit des objektiven Nettoprinzips[281]. Zudem ist darauf hinzuweisen, dass die Gewerbesteuer beim Gewerbebetrieb selbst als Betriebsausgabe abzugsfähig ist und somit den einkommensteuerlich relevanten Gewinn bereits gemindert hat. Diese Belastung ist allerdings „im Binnensystem des Einkommensteuerrechts in vollem Umfang berücksichtigt"[282].

Gem. den Brühler Empfehlungen zur Reform der Unternehmensbesteuerung[283] wäre die Gewerbesteuer nicht – wie in den Veranlagungszeiträumen 2001 und 2002 – in vollem Umfang[284], sondern nur insoweit auf die Einkommensteuer anzurechnen, als sie unter Berücksichtigung des Betriebsausgabenabzugs noch als wirtschaftliche Belastung wirkt[285]. Dies wird auch nicht für die durch das StVergAbG eingeführten Regelungen erreicht. Aufgrund des progressiven Einkommensteuertarifs und den erheblich differierenden Hebesätzen in den Kommunen ist es allerdings nicht möglich, die wirtschaftliche Belastung für sämtliche Unternehmen einzeln zu ermitteln. Daraus folgend bedeutet dies, dass das derzeit geltende Verfahren ebenso wie ein reines Anrechnungsverfahren zu Verwerfungen im Belastungsvergleich zwischen Steuerpflichtigen führt und auch nicht über das Argument der Handhabbarkeit und Verwaltungsvereinfachung[286] gerechtfertigt werden kann.

Gleichfalls ist zu kritisieren, dass ertragsstarke Unternehmungen infolge von Kürzungen nach § 9 GewStG von der Gewerbesteuer entlastet sein können, während ein ertragschwaches bzw. ertragloses Unternehmen aufgrund von Hin-

---

[279] Siehe bspw.: BVerfG, Urteil vom 24. Januar 1962, - 1 BvR 845/58 -, in: BVerfGE 1963, Band 13, Seite 331 – 355, hier: Seite 348 und BVerfG, Beschluß vom 17. November 1998, - 1 BvL 10/98 -, in: DStR 1999, Seite 109 – 111.

[280] BFH, Beschluß vom 24. Februar 1999, - X R 171/96 -, a.a.O., hier: Seite 460.

[281] Siehe: Ebenda, hier: Seite 460.

[282] Ebenda, hier: Seite 460.

[283] Siehe: BMF (Hrsg.), Brühler Empfehlungen zur Reform der Unternehmensbesteuerung, Berlin 1999.

[284] Zum Konflikt hinsichtlich einer Verfassungswidrigkeit eines solchen Vorgehens siehe: Ebenda, Seite 93 f.

[285] Siehe: Ebenda, Seite 90.

[286] Siehe: Ebenda, Seite 90 und Seite 92.
Siehe auch: Deutscher Bundestag (Hrsg.), BT-Drucks. 14/2683, Seite 97.

zurechnungen gem. § 8 GewStG mit Gewerbesteuer belastet wird. Zwar ist die Rechtskonformität durch das BVerfG unter dem Hinweis auf die Systematik der Gewerbesteuer bestätigt worden. Jedoch ist die (Quasi-)Übertragung dieser Rechtsprechung auf die personenbezogene Einkommensteuer – bedingt durch mit den Kürzungen und Hinzurechnungen verbundenen Konsequenzen und der pauschalen Anrechnung der GewSt – als verfassungsrechtlich fragwürdig einzustufen, da das Resultat eine bereits angesprochene unterschiedliche Besteuerung verschiedener Einkünfte zur Folge hat. Auch hinsichtlich der Neuregelungen ab dem Veranlagungszeitraum 2003 werden verfassungsrechtliche Aspekte diskutiert. So wird der Ausschluss der Gemeinden mit niedrigem Hebesatz von der Zerlegung des Gewerbesteuermessbetrags als Verstoß gegen Art. 106 Abs. 6 GG gewertet, da, obwohl den Gemeinden eine grundgesetzlich verbürgte Ertragshoheit zugestanden wird, diese zu einem bestimmten Verhalten hinsichtlich der Festsetzung des Hebesatzes genötigt werden[287].

Dagegen sind die Verfassungsbedenken bzgl. des finanzverfassungsrechtlichen Steuerertragsverteilungssystems (Art. 106 GG)[288] zurückzuweisen, da entgegen der Beanstandungen keine Verlagerung von Steueraufkommen erfolgt. Es liegt kein Verstoß gegen das GG vor, solange das Aufkommen an Einkommensteuer gemindert, nicht jedoch umverteilt wird[289]: „Die sich ergebenden Aufkommensveränderungen bei der Einkommensteuer begründen ... keinen Verfassungsverstoß, da die Regelungen zur Steuerertragshoheit weder den Bestand noch ein bestimmtes Aufkommensniveau einzelner Steuern garantieren"[290].

2.1.5 Betriebswirtschaftliche Optimierungsstrategien

Das bisherige Ziel, die Qualifizierung von gewerblichen Einkünften zu verhindern, kann sich bedingt durch die geänderte Gesetzeslage ab dem Veranlagungszeitraum 2001 zu einem Anreiz wandeln, gewerbliche Einkünfte mittels Gestaltungsmaßnahmen zu erzielen, um in den Anwendungsbereich des § 35 EStG zu gelangen. Ursache ist – wie bereits dargelegt – die durch das Anrechnungsverfahren verursachte Gewerbesteuerentlastung, die unter Annahme eines Einkommensteuersatzes von 48,5 % zu einer Überkompensation der Gewerbesteuerbelastung im Betrieb unter der Voraussetzung eines Hebesatzes der ent-

[287] Siehe: Förster, Guido, Die Änderungen durch das StVergAbG bei der Einkommensteuer und der Körperschaftsteuer, in: DB 2003, Seite 899 – 905, hier: Seite 901.

[288] Siehe bspw.: Hidien, Jürgen, Steuerreform 2000 – Anmerkungen zum gewerbesteuerlichen Anrechnungsmodell, in: BB 2000 Seite 485 – 487, hier: Seite 486.

[289] Siehe hierzu auch: BVerfG, Urteil vom 10. Juni 1969, - 2 BvR 480/61 -, in: BVerfGE 1970, Band 26, Seite 172 – 186, hier: Seite 182.
Einen Überblick gibt: Jachmann, Monika, Ansätze zu einer gleichheitsgerechten Ersetzung der Gewerbesteuer, in: BB 2000, Seite 1432 – 1442, hier: Seite 1436 f.

[290] Deutscher Bundestag (Hrsg.), BT-Drucksache 14/2683, Seite 98.

sprechenden Gemeinde von mindestens 200 % jedoch unter 350 % führt. Im Jahr 2000 lag der bundesdurchschnittliche Gewerbesteuerhebesatz bei Gemeinden mit 50.000 und mehr Einwohnern bei 428 %[291], im Kalenderjahr 2001 bei 437 %[292]. Ab 2005 findet die Überkompensation bedingt durch den gesunkenen Spitzensteuersatz auf 42 % ab einem Hebesatz von 311 % statt[293]. Als mögliche betriebswirtschaftliche Optimierungsstrategien können daher bspw. die folgenden Gestaltungsinstrumente im Einzelfall geprüft werden:

*   der gewerbliche Grundstückshandel durch gezielte Überschreitung der sog. Drei-Objekt-Grenze[294];
*   die gewerblichen Einkünfte eines Freiberuflers ohne eigenverantwortliche Tätigkeit;
*   die gewerbliche Infizierung oder Prägung selbständiger oder land- und forstwirtschaftlicher Einkünfte im Rahmen einer Mitunternehmerschaft[295];
*   die Spaltung des Betriebes in eine Betriebs- und eine Besitzgesellschaft und Verlagerung der Besitzgesellschaft in eine Kommune mit geringerem Hebesatz[296];
*   die bewusste „Erzielung" von Hinzurechnungen gem. § 8 GewStG (z.B. durch Dauerschulden, typisch stille Beteiligungen, Anmietung beweglicher Wirtschaftsgüter von Nichtgewerbetreibenden) bzw. Vermeidung von Kürzungen i.S. des § 9 GewStG sowie von gewerbesteuerlichen Verlustvorträgen, um die Bemessungsgrundlage zur Berechnung des Gewerbesteuermessbetrages zu erhöhen;
*   die Verschmelzung von Gewinn- und Verlustbetrieben zur Vermeidung von Anrechnungsüberhängen beim horizontalen Verlustausgleich.

Im Rahmen der Einkommensteuer gilt es für den Steuerpflichtigen, neben der Prüfung der Auswirkungen von Tarif- und Progressionseffekten zu beachten, durch welche Maßnahmen Anrechnungsüberhänge vermieden werden können.

---

[291] Siehe: IFSt (Hrsg.), Entwicklung der Realsteuerhebesätze der Gemeinden mit 50.000 und mehr Einwohnern in 2000 gegenüber 1999, Bonn 2000, Seite 29.
[292] Siehe: Karrenberg, Hanns/Münstermann, Engelbert, Städtische Finanzen: Kollaps oder Reformen!, a.a.O., hier: Seite 94 f. In diese Untersuchung wurden Städte mit einer Einwohnerzahl ab 20.000 Einwohnern einbezogen.
[293] Siehe bspw.: Hey, Johanna, Von der Verlegenheitslösung des § 35 EStG zur Reform der Gewerbesteuer?, in: FR 2001, Seite 870 – 880, hier: Seite 872.
[294] Siehe zuletzt hierzu: BFH, Beschluß vom 10. Dezember 2001, - GrS 1/98 -, in: FR 2002, Seite 452 – 455. Kommentierend: Söffing, Günter, Gewerblicher Grundstückshandel, in: DB 2002, Seite 964 – 969.
[295] Siehe Breithecker, Volker/Klapdor, Ralf/Zisowski, Ute, Unternehmenssteuerreform, Bielefeld 2001, Seite 52.
[296] Einführend zur Betriebsaufspaltung: Wehrheim, Michael, Die Betriebsaufspaltung in der Finanzrechtsprechung, Diss. Universität Frankfurt 1988, Wiesbaden 1989.

Zu prüfen ist bspw.:

- die Wahl der Veranlagungsart, um auf diesem Weg eine vertikale bzw. horizontale Verlustverrechnung zu vermeiden;
- ob auf einen Verlustvor- bzw. -rücktrag verzichtet werden sollte;
- Sonderausgaben und außergewöhnliche Belastungen verlagert werden können.

2.1.6 Fazit

Die Rechtfertigung der Gewerbesteuer über das Äquivalenzprinzip scheitert, weil die Diskrepanz zwischen den kommunalen Leistungen, die den Gewerbebetrieben zugerechnet werden können, und der im Gegenzug entrichteten Gewerbesteuer beträchtlich ist, so dass letztlich nur – wie bereits seit Jahrzehnten gefordert und aus (steuer-)systematischer Sicht einzige Lösung – die Abschaffung der Gewerbesteuer in der derzeitigen Form verbleibt.

Gleichzeitig gilt es jedoch sicherzustellen, dass den Kommunen die Gewährleistung der Selbstverwaltung durch Garantie der finanziellen Eigenverantwortung erhalten bleibt und nicht in ein Zuweisungssystem mündet, das den bestehenden ordnungspolitischen Rahmen zerstört. Die bereits dargelegten Ziele der Rechtsstaatlichkeit, die die rechtssichernde Ordnung verfolgt und die Mäßigung der öffentlichen Gewalt umfasst, sowie die Verankerung der Eigenverantwortlichkeit, Selbstbestimmung und aktiven Teilnahme am politischen Leben auf der kommunalen Ebene werden wesentlich durch ein entsprechendes, insbesondere spürbares, auf die örtliche Situation bezogenes, nachvollziehbares und transparentes kommunales Steuersystem begründet. Nicht zuletzt deshalb wurde vom Gesetzgeber das Recht auf eine eigene den Gemeinden mit Hebesatz zustehende wirtschaftsbezogene Steuerquelle in Art. 28 Abs. 3 GG aufgenommen.

Das Ziel des Gesetzgebers, mit Einführung des § 35 EStG durch das StSenkG den Weg für eine rechtsformneutrale Besteuerung zu ebnen, eine gleichwertige Entlastung von Personengesellschaften und Einzelunternehmen einerseits und Kapitalgesellschaften andererseits zu erreichen und zu einer Vereinfachung des Besteuerungssystems beizutragen, ist nicht nur unter dem Aspekt der aufgezeigten verfassungsrechtlichen Problematik als verfehlt einzustufen. Auch die angeführten steuerlichen Gestaltungsmöglichkeiten entsprechen aus betriebswirtschaftlicher Sicht nicht dem gesteckten Ziel, ein gerechtes, einfaches und transparentes Steuersystem zu erreichen. Die Umwandlung der Objektsteuer Gewerbesteuer in eine pauschalierte Steuervergünstigung im Rahmen der Subjektsteuer Einkommensteuer bei niedrigen Hebesätzen ist unter dem Blickwinkel eines gewünschten und auch notwendigen Standort- und Steuerwettbewerbs

zwischen Kommunen abzulehnen und gehört auf den „Abfallhaufen der Steuer-
geschichte"[297]. Trotzdem bleibt an dieser Stelle festzuhalten, dass der
Gesetzgeber den Steuerwettbewerb im Rahmen eines Standortwettbewerbs[298]
auf kommunaler Ebene durch das StSenkG begünstigt hat, und die Diskussion
um eine Gemeindefinanzreform – auch unter wettbewerblichem Blickwinkel –
erneut angestoßen hat. Der Versuch des Gesetzgebers, die offensichtlich nicht
gewünschten Spielräume der Gemeinden zur Erlangung eines Standortvorteils
durch das StVergAbG im Bereich der Gewerbesteuer und des § 35 EStG wieder
zu begrenzen, zerstören dagegen die Planbarkeit der steuerlichen Folgen
unternehmerischer Entscheidungen.

2.2   Die Grundsteuer

2.2.1   Besteuerungssystematik und Bemessungsgrundlage

Da die Grundsteuer als Real- bzw. Objektsteuer sich ausschließlich auf den Wert
bzw. die Beschaffenheit eines inländischen Grundstücks i.S. des Bewertungs-ge-
setztes[299] bezieht, bleiben die persönlichen Verhältnisse des Steuerschuldners
gem. § 10 Abs. 1 GrStG[300] – ebenso wie bei der Gewerbesteuer – außer Acht.
Differenziert wird zwischen der Grundsteuer für Betriebe der Land- und
Forstwirtschaft (Grundsteuer A) und der Grundsteuer für Grundstücke ein-
schließlich der Betriebsgrundstücke (Grundsteuer B), welche beide ausschließlich den Gemeinden zufließen (Art. 106 Abs. 6 GG). Steuerbefreit sind gem.
§ 3 – § 8 GrStG insbesondere Grundstücke, deren Nutzung öffentlichen und ge-
meinnützigen Zwecken dienen. Grundsätzlich soll die Grundsteuer den zu Beginn eines Kalenderjahres vorhandenen Grundbesitz besteuern. Daher sollte die
Bewertung anhand des Wertes des Grundbesitzes zum Stichtag (Wiederbe-
schaffungskosten, d.h. Markt- bzw. Verkehrswert) durchgeführt werden.

Das Aufkommen der Grundsteuer entspricht ca. 40 % der Gewerbesteuer. Damit
steht sie in der absoluten Bedeutung zwar weit hinter der Gewerbesteuer,
dennoch ist ihr Anteil am kommunalen Haushalt als bedeutend einzustufen, da
sich die Grundsteuer als stetige und konjunkturunabhängige Steuerquelle bewährt und damit eine Hauptforderung der Kommunen an originäre kommunale
Steuerarten erfüllt ist.

---

[297] Reiß, Wolfram, a.a.O., Seite 26.

[298] Siehe zum Standortwettbewerb allgemein: Siebert, Horst, Zum Paradigma des Standortwettbewerbs, Tübingen 2000.

[299] Siehe: Bewertungsgesetz (BewG), in der Fassung der Bekanntmachung vom 01. Februar
1991, veröffentlicht in: BGBl. I 1991, Seite 230 – 275, in: Verlag C.H. Beck oHG (Hrsg.),
Steuergesetze, München 2002.

[300] Siehe: Grundsteuergesetz (GrStG) vom 07. August 1973, veröffentlicht in: BGBl. I 1973,
Seite 965 – 974, in: Verlag C.H. Beck oHG (Hrsg.), Steuergesetze, München 2002.

Besteuerungsgrundlage für Grundbesitz ist in den alten Bundesländern und für Betriebe der Land- und Forstwirtschaft (ohne Wohnungen) in den neuen Ländern der nach dem Bewertungsgesetz ermittelte Ersatzwirtschaftswert nach den Wertverhältnissen 1964. Für Grundstücke in den neuen Ländern, für die nach dem Bewertungsgesetz ein Einheitswert nach den Wertverhältnissen 1935 festgestellt oder festzustellen ist, gilt der Einheitswert von 1935. Für vor 1991 entstandene Mietwohngrundstücke und Einfamilienhäuser in den neuen Ländern, für die kein Einheitswert 1935 festgestellt ist, ist die Ersatzbemessungsgrundlage Wohn- oder Nutzfläche nach Maßgabe des § 42 GrStG anzuwenden. Durch Multiplikation von Einheitswert und einer Steuermesszahl gem. § 15 GrStG ergibt sich der Steuermessbetrag. Auf diesen Steuermessbetrag wendet die Gemeinde ihre Hebesätze an, die innerhalb des Hoheitsgebiets der Gemeinde nicht variieren dürfen. Davon abweichend können unterschiedliche Hebesätze für die Grundsteuer A und Grundsteuer B festgesetzt werden.

Die von den Finanzbehörden der Länder mittels verschiedener Verfahren (Ertragswert-, Sachwert- und vergleichenden Verfahren[301]) festgestellten Einheitswerte sollen die Verkehrswerte widerspiegeln bzw. für diese einen Ersatzwert schaffen. Nach dem Willen des Gesetzgebers sollten alle sechs Jahre (§ 16 Abs. 1 GrStG i.V.m. § 21 Abs. 1 BewG) neue Hauptfeststellungen durchgeführt werden, durch die die Einheitswerte für Grundbesitz festzustellen sind. Diese Regelung wurde durch das Bewertungsänderungsgestz vom 13. August 1965[302] in sofern geändert, dass der nächste Hauptfeststellungszeitpunkt durch ein spezielles Gesetz zu bestimmen ist. Da bisher ein solches Gesetz nicht erlassen wurde, gelten immer noch die Werte der Feststellungen 1964 (für die alten Bundesländer) bzw. 1935 (für die neuen Bundesländer).

2.2.2 Unvereinbarkeit mit dem Grundsatz der steuerlichen Gerechtigkeit

Die Grundsteuer unterliegt ebenso wie die Gewerbesteuer grundsätzlicher Kritik. Die Rechtfertigung über das Äquivalenzprinzip aber auch durch das Leistungsfähigkeitsprinzip erfährt eine nachhaltige Diskussion. Aus Sicht der Kritiker verletzt die Grundsteuer aus mehreren Gründen das Äquivalenzprinzip[303]:

---

[301] Zu diesen Verfahren siehe: Wehrheim, Michael, Grundzüge der Unternehmensbesteuerung, a.a.O., Seite 122 – 129.

[302] Siehe: Gesetz zur Änderung des Bewertungsgesetzes vom 13. August 1965, in: BGBl. I 1965, Seite 851 – 876.

[303] Siehe bspw.: Karl-Bräuer-Institut des Bundes der Steuerzahler (Hrsg.), Die Einheitsbewertung des Grundbesitzes, Wiesbaden 1993, Seite 54 f.

1. Die Leistungen der Gemeinden werden vielfach bereits durch Beiträge und Gebühren direkt abgerechnet. Daher sei eine zusätzliche Belastung der Grundstückseigentümer ohne (direkte) Gegenleistung nicht zu rechtfertigen.

2. Die Leistungen einer Gemeinde kommen allen Einwohnern zugute – nicht ausschließlich den Grundbesitzeigentümern. Die Grundsteuer kann allerdings auf Grundstücks- bzw. Wohnungsnutzer (Mieter) umgelegt werden. Damit trägt der Grundstücksnutzer die Kosten für die kommunalen Leistungen.

3. Durch die Bereitstellung von Wohn- und Geschäftsräumen erfahren die Gemeinden positive Effekte, die unberücksichtigt bleiben.

Darüber hinaus wird gleichzeitig die Rechtfertigung über das Leistungsfähigkeitsprinzip als nicht begründet angesehen[304]:

- Die Höhe der Steuerlast ist unabhängig von den erwirtschafteten Erträgen aus dem Grundbesitz und unabhängig von den Belastungen, die den Erwerb bzw. die Nutzung betreffen. Das Nettoprinzip, welches z.b. für die Einkommens- und Körperschaftsteuer charakteristisch ist, bleibt unberücksichtigt.

- Teilweise wird eine Einordnung der Grundsteuer als Sollertragsteuer[305] vorgenommen. Dies führt allerdings zum Problem der Doppelbelastung der Erträge aus Grundbesitz, da durch eine Sollertragbesteuerung in pauschalierter Form potentielle zukünftige Erträge besteuert werden. Sofern dieser Einstufung der Grundsteuer als einer Sollertragbesteuerung gefolgt werden würde, läge ein Widerspruch zum Grundsatz der Gleichmäßigkeit der Besteuerung (Art. 3 Abs. 1 GG) vor, da im derzeitigen Steuersystem eine Besteuerung der tatsächlich vereinnahmten Entgelte (Ist-Besteuerung) im Rahmen der Einkommensteuer (§ 21 EStG) vorgenommen wird. Ein sachlicher Grund, der eine Doppelbesteuerung rechtfertigen könnte, ist nicht ersichtlich. Der Einstufung als Sollertragsteuer bleibt entgegenzuhalten, dass als Steuergegenstand gem. § 2 GrStG der Grundbesitz i.S. des Bewertungsgesetzes herangezogen wird. Hieraus folgend wird nicht der Ertrag Besteuerungsgrundlage; der Ertrag dient vielmehr als Grundlage für die Bestimmung des Wertes des Grundstücks in seiner eigenen Substanz dar. Eine Sollertragsteuer ist daher nicht begründbar.

- Zudem wird die Bemessungsgrundlage – der Einheitswert – in Frage gestellt.

Grundsätzlich besteht zwar keine Äquivalenzbeziehung i.e.S., da eine persönliche Zuordnung und Abrechnung von der Inanspruchnahme kommunaler (Infrastruktur-)Leistungen nicht erfolgen kann; allerdings kann die Beziehung

---

[304] Siehe hierzu bspw.: Scheffler, Wolfram, a.a.O., Seite 263 f.

[305] Siehe: Drosdzol, Wolf-Dietrich, Grundsteuer – Möglichkeiten einer Neuregelung, in: DStZ 1999, Seite 831 – 837, hier: Seite 832 f.

zwischen Nutzern bzw. deren Nutzenmöglichkeit und Zahlern i.S. eines Interessenausgleichsprinzips angesehen werden. Gleichzeitig zielt die Grundsteuer „als Objektsteuer wirtschaftlich auf die durch den Besitz sogenannten fundierten Einkommens vermittelte Leistungskraft"[306] (Fundustheorie). Grundlage der derzeitigen Bemessungsgrundlage sind die Einheitswerte aus den Jahren 1964 bzw. 1935, so dass eine erhebliche Kluft zwischen Besteuerungsgrundlage und dem tatsächlichen Verkehrswert des Grundbesitzes zum Stichtag auftritt. Zwar wurde versucht, dieses Auseinanderdriften durch einen Zuschlag von 40 % gem. § 121 a BewG auf Grundstücke (bzw. Betriebsgrundstücke) – nicht jedoch für land- und forstwirtschaftliche Grundstücke – zu relativeren. Diese Regelung fand jedoch ausschließlich für Zwecke der Erbschaft- und Schenkungsteuer[307] sowie für die mittlerweile ausgesetzte Vermögensteuer Anwendung, allerdings nicht für die Grundsteuer. Mit dem Jahressteuergesetz 1997[308] wurden durch den Gesetzgeber für Zwecke der Erbschaft- und Schenkungsteuer ab dem 01. Januar 1996 bzw. ab 01. Januar 1997 für die Grunderwerbsteuer[309] neue Grundbesitzwerte nach Maßgabe der §§ 138 – 150 BewG eingeführt. Demzufolge haben die Einheitswerte 1964 bzw. 1935 nur noch für die Grundsteuer Bedeutung. Da die Steuereinnahmen ausschließlich den Gemeinden zufließen, die Einheitswerte von den Finanzbehörden der Länder ermittelt werden, Bund und Länder jedoch keine originäre Verwendung dieser Zahlen (mehr) haben, ist gleichfalls nicht mit einer personalintensiven und kostenaufwendigen neuen Hauptfeststellung zu rechnen.

Die grundsätzliche Unterbewertung des Grundbesitzes erscheint zunächst verfassungsrechtlich nicht problematisch, da dies auf alle der Besteuerung unterlegenen Grundstücke zutrifft und eine Ungleichbehandlung (wie zuvor bei der Vermögensteuer[310] sowie Erbschaft- und Schenkungsteuer[311] der Fall war) ver-

---

[306] BVerfG, Beschluß vom 06. Dezember 1983, - 2 BvR 1275/79 -, a.a.O., hier: Seite 353.

[307] Zu den gesetzlichen Grundlagen siehe: Erbschaftsteuer- und Schenkungsteuergesetz (ErbStG), in der Fassung der Bekanntmachung vom 27. Februar 1997, veröffentlicht in: BGBl. I 1997, Seite 378 – 392, in: Verlag C.H. Beck oHG (Hrsg.), Steuergesetze, München 2002.

[308] Siehe: Jahressteuergesetz (JStG) 1997 vom 20. Dezember 1996, in: BStBl. I 1996, Seite 1523 – 1555.

[309] Zu den gesetzlichen Grundlagen siehe: Grunderwerbsteuergesetz (GrESt), in der Fassung der Bekanntmachung vom 26. Februar 1997, veröffentlicht in: BGBl. I 1997, Seite 418 – 425, ber. BGBl. I 1997, Seite 1804, in: Verlag C.H. Beck oHG (Hrsg.), Steuergesetze, München 2002.

[310] Die Aussetzung der Vermögensteuer erfolgte aufgrund der festgestellten Unvereinbarkeit des § 10 Nr. 1 VStG mit dem Grundgesetz.
Siehe hierzu: BVerfG, Beschluß vom 22. Juni 1995, - 2 BvL 37/91 -, in: BStBl. II 1995, Seite 655 – 665.

[311] Die Erb- und Schenkungsteuer wurde aufgrund der Unvereinbarkeit des § 12 Abs. 1 und 2 ErbStG mit dem Grundgesetz durch das JStG 1997 neu geregelt.
Siehe hierzu: BVerfG, Beschluß vom 22. Juni 1995, - 2 BvR 552/91 -, in: BStBl. II 1995, Seite 671 – 675.

schiedener Vermögensarten nicht auftritt. Daher ist Art. 3 Abs. 1 GG in diesem Punkt gewahrt.

Dennoch erscheint eine verfassungsrechtliche Überprüfung der derzeitigen Ausgestaltung der Grundsteuer notwendig. Die Unterbewertungen des Grundbesitzes fallen je nach verwendetem Verfahren – Ertragswert- oder Substanzwertverfahren – unterschiedlich aus (siehe Abbildung 10). Ebenso erfolgt keine Berücksichtigung veränderter Bautechniken und Bauvorschriften oder Veränderungen des ursprünglichen Zustand bzw. der Ausstattung. Dies wird insbesondere dann deutlich, wenn statt des Ertragswertverfahrens aufgrund besonderer Gestaltung und Ausstattung das Substanzwertverfahren angewendet werden muss (§ 76 BewG), welches im Vergleich der beiden Verfahren zu höheren Einheitswerten führt. Die Beurteilungskriterien zur Anwendung des Substanzwertverfahrens gem. Abschnitt 16 Abs. 4 BewRGr[312] wie bspw. Isolierverglasung, Türen aus Eiche oder Fassaden aus Naturstein sind weit hinter der heutigen Bauweise zurückgeblieben und drücken nicht mehr ein besonderes Bauverhalten aus. Aber auch innerhalb der Verfahren treten Divergenzen in der Bewertung auf. So werden innerhalb des Ertragswertverfahrens Grundstücke mit Altbauten überproportional unterbewertet und in „verfassungsrechtlich problematischer Weise priviligiert"[313]. Gleichfalls kritisch einzustufen ist, dass Alterswertminderungen seit 1964 bzw. 1935 nicht berücksichtigt werden (können).

Ein Vergleich der Grundstückswerte einerseits ermittelt mit dem Ertrags- bzw. Substanzwert anderseits mit dem Verkehrswert zeigt erhebliche Abweichungen bei der Wertermittlung. Beide betrachteten Untersuchungen basieren auf dem jeweils zum Zeitpunkt der Untersuchung aktuellen Verkehrswert, der 100 % entspricht. Darauf bezogen werden die mittels des Ertragswert- und Sachwertverfahrens ermittelten Einheitswerte und in Relation gesetzt. Deutlich wird, dass sowohl 1980 als auch 1992 die mittels des Einheitswertes bestimmten Besteuerungsgrundlagen nur zu einem Bruchteil dem Verkehrswert, d.h. dem Marktwert entsprechen. Zudem wird die grundsätzlich höhere Bewertung bei Anwendung des Substanzwertverfahrens im Vergleich zum Ertragswertverfahren innerhalb einer Grundstücksart offensichtlich. Dabei stellt sich die Diskrepanz zwischen den verschiedenen Bewertungsverfahren zum Verkehrs-

---

[312] Siehe: Richtlinien für die Bewertung des Grundvermögens (BewRGr) vom 19. September 1966, veröffentlicht in: BStBl. I 1966, Seite 890 – 942, in: Verlag C.H. Beck oHG (Hrsg.), Steuerrichtlinien, München 2002.

[313] BMF (Hrsg.), Gutachten der Kommission zur Verbesserung der steuerlichen Bedingungen für Investitionen und Arbeitsplätze, a.a.O., Seite 150.

wert[314] nicht als Ergebnis einer politischen Willenserklärung dar, sondern ist das Ergebnis einer Verschleppung der Bewertung[315].

Abbildung 10: Vergleich des Ertragswert- und Substanzwertverfahrens mit dem Verkehrswert

	1980	1992
Einfamilienhäuser		12,5 % (EWV) 20,6 % (SWV)
Zweifamilienhäuser		11,7 % (EWV) 25,5 % (SWV)
Ein- und Zweifamilienhäuser	Altbauten: 15,0 % (EWV) 30,0 % (SWV) Nachkriegsbauten: 20,0 % (EWV)	
Mietwohngrundstücke	Altbauten: 15,0 % (EWV) Nachkriegsbauten: 20,0 % (EWV)	11,5 % (EWV) 15,6 % (SWV)
Geschäftsgrundstücke	25,0 % (EWV) 30,0 % (SWV)	15,2 % (EWV) 20,6 % (SWV)
Gemischt genutzte Grundstücke unter 50 % betriebliche Nutzung		13,1 % (EWV) 16,8 % (SWV)
Gemischt genutzte Grundstücke über 50 % betriebliche Nutzung		14,8 % (EWV) 19,0 % (SWV)
Eigentumswohnungen		12,7 % (EWV) 13,2 % (SWV)
Unbebaute Grundstücke	10,0 %	
Landwirtschaftliche Grundstücke	3,5 %	
Forstwirtschaftliche Grundstücke	0,4 %	
Intensivkulturen	15,0 %	

Dabei entspricht der Verkehrswert stets 100 %.

EWV = Ertragswertverfahren   SWV = Substanzwertverfahren

Quelle: Für die Werte 1980 siehe: Troll, Max, Zur Aussetzung der Vollziehung von Einheitswertbescheiden, in: DStR 1981, Seite 123 – 131, hier: Seite 124. Es erfolgte ein Vergleich der Verkehrswerte 1980 mit den Einheitswerten 1964.
Für die Werte 1992 siehe: BMF (Hrsg.), Rechtsgutachten zu Möglichkeiten einer Vereinfachung der Bewertung des Grundbesitzes, Bonn 1992, Seite 65. Es erfolgte ein Vergleich der Verkehrswerte 1992 mit den Einheitswerten 1964.

---

[314] Siehe hierzu ebenfalls: Mohl, Helmut/Dicken, Claudia, Überlegungen zu einer Reform der Grundsteuer, in: KStZ 1996, Seite 7 – 11, hier: Seite 8.

[315] Siehe: Loritz, Karl-Georg, Das Grundgesetz und die Grenzen der Besteuerung, in: NJW 1986, Seite 1 – 10, hier: Seite 7.

Der Wissenschaftliche Beirat beim BMF kritisierte bereits 1989 in scharfer Form das Ermittlungsverfahren der Einheitswerte: „Die Einheitswerte ... verstoßen nach einhelliger Überzeugung des Beirats in eklatanter Weise gegen den Grundsatz der steuerlichen Gerechtigkeit. ... Die Bewertung führt somit bei allen einheitswertabhängigen Steuern zu Ergebnissen, die zu den erklärten Zielen der Einheitsbewertung in krassem Gegensatz stehen"[316].

Hinzuweisen bleibt im Vergleich beider Untersuchungen auf die Entwicklung der Ertrags- bzw. Substanzwerte bei Mietwohn- und Geschäftsgrundstücken. Die Werthaltigkeit der Grundstücke nimmt bei beiden Grundstücksarten von 1980 zu 1992 ab. Zu vermuten ist, daß die derzeitige Wertentwicklung der Steuerbemessungsgrundlage rückläufig ist. Zurückzuführen ist dies auf die Diskrepanz zwischen fixierten Einheitswerten teilweise auf Vorkriegsniveau und einer Bodenwert- bzw. -preisentwicklung, die die Bedeutung und zunehmende Knappheit von Bauland widerspiegelt. Zudem sind die Bodenpreise in der Realität bedeutend stärker angestiegen als die Lebenshaltungskosten, d.h. die Nachfrage ist erheblich größer als das Angebot. Zum Ausgleich der Wertdifferenzen versuchen die Gemeinden, die zunehmende Unterbewertung des Grundbesitzes durch steigende Hebesätze zu neutralisieren (Abbildung 11).

Abbildung 11: Entwicklung der Hebesätze Grundsteuer B

	1975	1980	1985	1990	1995	2000
Hebesatz (gewogener Durchschnitt)	268 %	274 %	295 %	306 %	350 %	445 %

Quelle: Für die Jahre 1975 bis 1995 siehe: Josten, Rudolf, a.a.O., Seite 21.
Für das Jahr 2000 siehe: IFSt (Hrsg.), Entwicklung der Realsteuerhebesätze der Gemeinden mit 50.000 und mehr Einwohnern in 2000 gegenüber 1999, a.a.O., Seite 39.

Damit findet jedoch keine Anpassung an die Entwicklung des Bodenwertes statt, vielmehr erfolgt eine Potenzierung von Bewertungsfehlern. Daher sei darauf hingewiesen, dass die derzeitige Ausgestaltung der Grundsteuer eine optimale Bodenallokation beeinträchtigt: Aufgrund der gemeinsamen Besteuerung von Grund und Boden erfolgt eine hohe Besteuerung von hochwertig bebauten Grundstücken und eine geringe Besteuerung von unbebauten oder minderwertig genutzten Grundstücken. Demzufolge fehlt zugleich ein Anreiz, Grundstücke ihrer optimalen Nutzung zuzuführen[317] und somit eine Annäherung von

---

[316] BMF (Hrsg.), Die Einheitsbewertung in der Bundesrepublik Deutschland, Bonn 1989, Seite 42.

[317] Siehe hierzu: Josten, Rudolf, Die Bodenwertsteuer – eine praxisorientierte Untersuchung zur Reform der Grundsteuer, Diss. Universität Dortmund 1999/2000, Stuttgart u.a. 2000,

Angebot und Nachfrage zu erreichen. Zudem wird auf diesem Wege die Steuerungsfunktion des Preises mit seiner Informationsfunktion untergraben und behindert.

2.2.3 Fazit

Die Grundsteuer stellt neben der Gewerbesteuer die derzeit wichtigste kommunale Steuerart dar. Die Bemessungsgrundlage – die Einheitswerte – basieren auf Werten von vor 38 bzw. 67 Jahren. Damit kann die Grundsteuer ihrer Aufgabe, eine Besteuerung der Wertverhältnisse zum Stichtag (Verkehrswert) vorzunehmen, nicht erfüllen. Zusätzlich findet bei der Ermittlung der Einheitswerte durch unterschiedliche Verfahren eine Ungleichbehandlung der Bodenwerte statt. Darüber hinaus erscheinen die veralteten Kriterien zur Verfahrensbestimmung mit der Konsequenz einer erheblich abweichenden Grundsteuerbelastung verfassungsrechtlich bedenklich, da der Gleichbehandlungsgrundsatz innerhalb dieser Steuerart nicht gewährleistet wird[318].

2.3 Steuern mit Lenkungsintention: Ausgewählte örtliche Verbrauch- und Aufwandsteuern

Im folgenden werden einzelne örtliche Verbrauch- und Aufwandsteuern i.S. des Art. 105 Abs. 2 a GG betrachtet, deren Aufkommen gem. Art. 106 Abs. 6 GG den Gemeinden (oder Gemeindeverbänden) zusteht. Die Gesetzgebungskompetenz steht gem. Art. 105 Abs. 2 a GG grundsätzlich den Ländern zu, kann allerdings durch Landesgesetzgebung auf die Gemeinden übertragen werden. Die örtlichen Verbrauch- und Aufwandsteuern machen i.d.R. einen vergleichsweise unbedeutenden Anteil am Kommunalhaushalt aus[319]. Trotzdem erscheint es von Bedeutung, sie in die Betrachtung mit einzubeziehen, da sie häufig ordnungspolitischen Zwecken dienen. Diese Lenkungszwecke sind als bewusste Steuerung von Verhalten, aber auch als eine bewusste Ausgrenzung bestimmter Personen- bzw. Unternehmensgruppen von wesentlicher Bedeutung. Von ebenfalls erheblicher Relevanz stellt sich die Umsetzung bzw. Inanspruchnahme des bereits dargestellten Steuererfindungsrecht dar.

Seite 32 f und Reidenbach, Michael (Hrsg.), Bodenpolitik und Grundsteuer, Berlin 1999, Seite 7.

[318] Siehe hierzu auch: BFH, Beschluß vom 11. Juni 1986, - II B 49/83 -, in: BStBl. II 1986, Seite 782 – 785, hier: Seite 784.

[319] Einen umfassenden Überblick gibt: Rhein, Kay-Uwe, Die kleinen kommunalen Steuern, Diss. Universität Osnabrück 1997, Stuttgart u.a. 1997 und Schwarting, Gunnar, Kommunale Steuern: Grundlagen – Verfahren – Entwicklungstendenzen, Berlin 1999, Seite 148 – 153.

2.3.1 Die Hundesteuer

Die Hundesteuer knüpft als örtliche Aufwandsteuer an das Halten von Hunden an. Neben der Erzielung von Einnahmen besteht insbesondere die Zielsetzung, eine Verminderung bzw. Begrenzung der Anzahl der Hunde innerhalb einer Gemeinde zu erreichen. Die seit mehreren Jahren erheblich gestiegenen Abgaben für Hunde mit erheblichem Aggressionspotential (sog. Kampfhunde) wurden durch das BVerwG bestätigt[320].

Die Versuche, die Hundesteuer mittels des Äquivalenzprinzips bzw. des Leistungsfähigkeitsprinzips zu rechtfertigen, sind umstritten. Beim ersten Ansatz wird versucht, eine Argumentationskette auf Basis der zusätzlichen Straßenreinigungskosten herzustellen. Einer Begründung mittels des Leistungsfähigkeitsprinzips kann entgegen gehalten werden, dass die Hundesteuer unsoziale Wirkungen zeige und einkommensschwache Personen übermäßig belaste[321]. Das BVerfG hat allerdings festgestellt, dass derjenige, der sich einen Hund hält, grundsätzlich auch über die wirtschaftlichen Mittel zur Anschaffung und zum Unterhalt verfügt. Daher ist zu vermuten, dass der Hundehalter insoweit leistungsfähig ist[322]. Zudem erreichte „mit einer Steuerbelastung von 60 DM monatlich ... der beanstandete Steuersatz ... nicht ein solches Ausmaß, dass damit eine Abschaffung des Hundes erzwungen würde. Dies gilt insbesondere auch dann, wenn die genannte Belastung zu den sonstigen Aufwendungen ... in Beziehung gesetzt wird, die das Halten eines größeren Hundes notwendigerweise nach sich zieht"[323].

Festzuhalten bleibt, dass die Hundesteuer vorrangig Lenkungszwecken dient. Dies wird nicht zuletzt durch die Diskussion um die erhöhte Steuerlast für Kampfhunde verdeutlicht. Ziel der einzelnen Gemeinden ist eine Begrenzung

---

[320] Siehe: BVerwG, Urteil vom 19. Januar 2000, - 11 - C 8.99 -, in: KStZ 2000, Seite 194 – 198.
Siehe ebenfalls: BFH, Urteil vom 14. Oktober 1987, - II R 11/85 -, in: ZKF 1988, Seite 81 f.
Zur bis zu diesem Urteil bestehenden Diskussion, ob die Kampfhundesteuer in den grundsätzlichen Zuständigkeitsbereich der Kommunen fällt und somit eine verfassungskonforme Rechtsetzungshoheit vorliegt, siehe: Karst, Thomas, Die „Kampfhundesteuer" – Ausfluß kommunalgesetzgeberischer Rechtsetzungshoheit oder Willkür?, in: NvWZ 1999, Seite 244 – 250; OVG Magdeburg, Urteil vom 18. März 1998, - A 2 S 317/96 -, in: NVwZ 1999, Seite 321 – 323; OVG Münster, Urteil vom 23. Januar 1997, - 22 A 2455/96 -, in: NVwZ 1999, Seite 318 – 321; OVG NW, Urteil vom 23. Januar 1997, - 22 A 2455/96 -, in: KStZ 1999, Seite 196 – 199.

[321] Siehe beispielsweise: Karl-Bräuer-Institut des Bundes der Steuerzahler (Hrsg.), Die Bagatellsteuern, Wiesbaden 1980, Seite 69 – 71.

[322] Siehe: BVerfG, Urteil vom 10. August 1989, - 2 BvR 1532/88 -, in: NVwZ 1989, Seite 1152 f.

[323] BVerwG, Urteil vom 19. Januar 2000, - BVerwG 11 C 8.99 -, a.a.O., hier: Seite 270 f und BVerwG, Beschluß vom 10. Oktober 2001, - 9 BN 2.01 -, in: DÖV 2002, Seite 249 f.

des Aufkommens insbesondere von Kampfhunden, die „so gefährlich wie Waffen seien"[324], um einen verbesserten Schutz vor Angriffen zu erreichen[325].

2.3.2 Die Zweitwohnungsteuer

Gegenstand der Zweitwohnungsteuer als örtliche Aufwandsteuer ist das Innehaben einer weiteren Wohnung neben dem Hauptwohnsitz im Steuergebiet der steuererhebenden Kommune, d.h. es findet eine Anknüpfung an eine örtliche Gegebenheit statt. Rechtsgrundlage für die Erhebung der Zweitwohnungsteuer sind neben Art. 105 Abs. 2 a GG die Kommunalabgabengesetze bzw. die Gemeindesatzungen der Länder und Gemeinden[326]. Die erstmalige Erhebung einer Zweitwohnungsteuer wurde 1973 von der Gemeinde Überlingen vorgenommen. Die erlassene Satzung wurde zwar durch das BVerfG als nicht verfassungskonform eingestuft und folglich als nichtig erklärt, weil sie ohne hinreichenden, sachlichen Grund nur auswärtige Zweitwohnungsinhaber besteuert, soweit sie nicht aus beruflichen Gründen oder zu Ausbildungszwecken in der Stadt wohnen. Dennoch stellt dieses Urteil gleichzeitig die grundsätzliche Verfassungskonformität einer solchen neuen örtlichen Steuerart fest[327].

Mittels dieser Steuer soll erreicht werden, dass der Inhaber einer Zweitwohnung einen Ausgleich dafür erbringt, dass er die Infrastruktur einer Gemeinde zwar durch seinen Zweitwohnsitz nutzt, allerdings keinen dieser Nutzung entsprechenden Anteil an den Kosten der Gemeinde leistet. Folglich wird der Gemeinde ein gewisser Ausgleich dafür geschaffen, dass auch den Zweitwohnungsinhabern die öffentlichen Einrichtungen zur Verfügung stehen

---

[324] Bundesrat (Hrsg.), Pressemitteilung 149/2000.
Zu der Verfassungsmäßigkeit sog. (Kampf-)Hunde-Verordnungen siehe beispielsweise: HessVGH, Urteil vom 29. August 2001, - 11 N 2497/00 -, in: DVBl. 2001, Seite 1627 f; Nds. OVG, Urteil vom 30. Mai 2001, - 11 K 2877/00 -, in: DVBl. 2001, Seite 1628; Nds. OVG, Urteil vom 30. Mai 2001, - 11 K 4333/00 -, in: DVBl. 2001, Seite 1628; OVG M.-V., Urteil vom 06. April 2001, - 4 K 32/00 -, in: DVBl. 2001, Seite 1628; OVG Schl.-H., Urteil vom 29. Mai 2001, - 4 K 8/00 -, in: DVBl. 2001, Seite 1628 und RhPfVerfGH, Urteil vom 30. August 2001, - VGH 12, 18/00, 8/01 -, in: DVBl. 2001, Seite 1627.

[325] Dieses Ziel wird vom Bundesrat höher bewertet als bspw. Erleichterungen bei der Resozialisierung oder sogar der Datenschutz.
Siehe: Bundesrat (Hrsg.), Pressemitteilung 149/2000.

[326] Siehe: BVerfG, Beschluß vom 06. Dezember 1983, - 2 BvR 1275/79 -, a.a.O., hier: Seite 343 – 354.
Einen Überblick über die historischen Grundlagen gibt: Bayer, Hermann-Winfried, Zur Einführung der Zweitwohnungsteuer im Lande Nordrhein-Westfalen, in: KStZ 1991, Seite 2 – 11 und Seite 23 – 29.

[327] Siehe: BVerfG, Beschluß vom 06. Dezember 1983, - 2 BvR 1275/79 -, a.a.O..
Siehe auch: BFH, Urteil vom 01. August 2001, - II R 71/99 -, in: BFH/NV 2002, Seite 232 – 234 und FG Berlin, Urteil vom 29. Juni 2001, - 10 K 9135/00 -, in: DStRE 2001, Seite 1297 – 1299.

(potentielle Nutzungsäquivalenz), aber nur die Inhaber von Hauptwohnungen bei dem Aufkommen aus Einkommen- und Umsatzsteuer und im Finanzausgleich berücksichtigt werden[328].

Das Innehaben einer weiteren Wohnung neben der Hauptwohnung für den persönlichen Lebensbedarf erfordert i.d.R. finanziellen Aufwand, der über die Befriedigung des allgemeinen Lebensbedarf hinausgeht und durch den die besondere wirtschaftliche Leistungsfähigkeit ausgedrückt wird[329]. Nicht erfasst werden folgerichtig Wohnungen, die als (reine) Kapitalanlage dienen, da hier kein Aufwand für die persönliche Lebensführung erbracht wird[330]. Zwar werden nicht in allen Gemeinden Zweitwohnungsteuern erhoben, dennoch verstößt die Erhebung einer Zweitwohnungsteuer nicht gegen den Grundsatz der Gleichmäßigkeit der Besteuerung[331], da das besondere Maß der wirtschaftlichen Leistungsfähigkeit die steuerlich stärkere Belastung zu rechtfertigen vermag[332]. Beachtet werden muss jedoch der Grundsatz der Verhältnismäßigkeit. Solange bspw. ein Eigentümer seine Wohnung, die ihm grundsätzlich als Kapitalanlage dient, für einen jährlich begrenzten Zeitraum selbst nutzt, ist es ihm nicht zuzumuten, eine volle Jahressteuer zu entrichten. Statt dessen muss eine anteilige Besteuerung erfolgen, die den zeitlichen Umfang berücksichtigt[333]. Die Bemessung des der Besteuerung unterliegenden jährlichen Mietaufwands erfolgt gem. § 79 BewG anhand der Jahresrohmiete.

In den meisten Gemeinden ist das Aufkommen der Zweitwohnungsteuer im Vergleich zu anderen Steuerarten (insbesondere Gewerbe- und Grundsteuer) sehr gering. Dennoch stellt die Zweitwohnungsteuer insbesondere für Kur- und Ferienorte eine bedeutende und nicht zu vernachlässigende Steuerquelle dar.

---

[328] Siehe: FG Bremen, Urteil vom 01. Februar 2000, - 299283 K 2 -, in: KStZ 2000, Seite 171 – 174, hier: Seite 172.
Siehe auch: BVerwG, Urteil vom 12. April 2000, - 11 C 12.99 -, in: HSGZ 2000, Seite 329 – 331.

[329] Siehe: BVerfG, Beschluß vom 06. Dezember 1983, - 2 BvR 1275/79 -, a.a.O. hier: Seite 345 f.

[330] Siehe bspw.: BFH, Beschluß vom 31. Mai 1995, - II B 126/94 -, in: DStR 1995, Seite 1111; BVerwG, Urteil vom 26. Juli 1979, - BVerwG VII C 53.77 -, in: BVerwGE 1980, Band 58, Seite 230 – 244, hier: Seite 230; BVerfG, Beschluß vom 26. Juni 1995, - 1 BvR 1800/94, 1 BvR 2480/94 -, in: DStR 1995, Seite 1270 f, hier: Seite 1270; BVerwG, Urteil vom 10. Oktober 1995, - 8 C 40.93 -, in: KStZ 1997, Seite 36 – 38.

[331] Siehe auch bspw.: BVerfG, Beschluß vom 15. Dezember 1989, - 2 BvR 436/88 -, in: ZMR 1990, Seite 91 f.

[332] Anderer Auffassung: Blankenburg, Götz, Rechtliche und finanzwissenschaftliche Aspekte der Zweitwohnungsteuer, in: Wirtschaftsdienst 2003, Seite 272 – 276, hier: Seite 276.

[333] Siehe: BVerwG, Urteil vom 30. Juni 1999, - 8 C 6/98 -, in: NVwZ 2000, Seite 204 und Weyhenmeyer, Hans, Zweitwohnungsteuer – zum neuen Urteil des BVerwG, in: NVwZ 2000, Seite 161 f.
Siehe zuletzt: BVerwG, Urteil vom 26. September 2001, - 9 C 1.01 -, in: DÖV 2002, Seite 246 – 249.

2.3.3 Die Verpackungsteuer

Die Verpackungsteuer knüpft an nicht wiederverwendbare Verpackungen und Geschirre an, sofern darin Speisen und Getränke zum Verzehr an Ort und Stelle verkauft werden. Die Höhe der Steuer bemisst sich nach Verpackungseinheiten (Einwegdose, -flasche, -becher etc.). Erstmalig wurde diese Steuer von der Stadt Kassel ab dem 01. Juli 1992 erhoben. Andere Gemeinden folgten diesem Beispiel. Die Begründung zur Erhebung der Steuer umfasste zum einen das Ziel der Einnahmeverbesserung, zum anderen einen wirksamen Beitrag zur Vermeidung von Abfällen zu leisten.

Durch das BVerfG wurde festgestellt, dass die Verpackungsteuer als eine örtliche Verbrauchsteuer i.S. des Art. 105 Abs. 2 a GG einzustufen ist[334], da sie

- eine Steuer i.S. des Grundgesetzes ist,
- die Voraussetzungen einer Verbrauchsteuer erfüllt,
- durch die Besteuerung von Einwegverpackungen für Speisen und Getränke zum Verzehr an Ort und Stelle die Voraussetzung der Örtlichkeit i.S. des Art. 105 Abs. 2a GG erfüllt und
- nicht mit bundesgesetzlich geregelten Steuern gleichartig ist.

„Dementsprechend ist nach Art. 105 Abs. 2 a GG das Land grundsätzlich zur Regelung einer Verpackungsteuer als örtlicher Verbrauchsteuer zuständig. Diese Kompetenz ist in Hessen auf die Gemeinden übertragen worden"[335].

Dennoch wurde die Verpackungsteuer für verfassungswidrig erklärt, da sie in ihrer Ausgestaltung als Lenkungssteuer bundesrechtlichen Vorgaben des Abfallrechts zuwider läuft[336]. Auf Bundesebene soll im Rahmen der gemeinsamen Umweltverantwortung von Staat, Wirtschaft und Gesellschaft der Ausgleich zwischen individueller Freiheit und gesellschaftlichen Bedürfnissen unter Mit-

---

[334] Siehe: BVerfG, Urteil vom 07. Mai 1998, - 2 BvR 1991, 2004/95 -, a.a.O., hier: Seite 122 – 125.

[335] Ebenda, hier: Seite 125.
Zu gleichem Ergebnis kommt: Mohl, Helmut, Rechtliche und praktische Anforderungen an eine kommunale Verpackungsteuer – die gerichtsfeste Verpackungsmüll-Satzung –, in: WiVerw 1996, Seite 102 – 113.

[336] Siehe hierzu: Kloepfer, Michael/Bröcker Klaus T., Das Gebot der widerspruchsfreien Normgebung als Schranke der Ausübung einer Steuergesetzgebungskompetenz nach Art. 105 GG, in: DÖV 2001, Seite 1 – 12.
Kritisch und als Mißbrauch des Steuersystems für außersteuerliche Zwecke einstufend: Fischer, Lutz, Steuerchaos und betriebliche Standortwahl – unter besonderer Berücksichtigung der steuerlichen Fördermaßnahmen in den neuen Bundesländern, in: Peemöller, Volker H./Uecker, Peter, Standort Deutschland, Berlin 1995, Seite 171 – 197, hier: Seite 180.

wirkung der Betroffenen gefunden werden[337]. Insbesondere die kollektive Verantwortung der verschiedenen Gruppen soll das gemeinsame Ziel durch Aufgabenteilung und Verhaltensabstimmung fördern und erreichen helfen. Die abfallwirtschaftlichen Ziele der Vermeidung und Verwertung von Einwegverpackungen werden auf bundesstaatlicher Ebene nach dem Kooperationsprinzip verfolgt. Die steuerliche Lenkung durch eine Verpackungsteuer läuft jedoch dem „Kooperationsziel zuwider, da sie generell auf Vermeidung hinwirkt, ohne zu unterscheiden, ob im konkreten Fall die Einführung von Ein- oder Mehrwegsystemen ökonomisch und ökologisch sinnvoll ist oder sonstigen Belangen, z.b. der Sicherstellung einer ausreichenden Versorgung oder Hygiene, widerspricht"[338]. D.h. mittels der steuerlichen Lenkung wird ein gemeinschaftliches und abgestimmtes Handeln unterbunden und gleichzeitig übergeordnete ökonomische und ökologische Ziele gefährdet[339].

2.4 Fazit

Steuern stellen einen wesentlichen Teil der kommunalen Einnahmen dar. Da die Kommunen gemäß ihrer grundgesetzlich kodifizierten kommunalen Selbstverwaltung eigenverantwortlich über ihre Ausgaben entscheiden sollen, ist eine Entscheidungsautonomie bzgl. der Einnahmen notwendiger Bestandteil. Insbesondere die Gewerbesteuer garantiert den Kommunen zum einen eine bedeutende Einnahmequelle. Zum anderen wird durch das Hebesatzrecht eine Möglichkeit zur Differenzierung gegenüber anderen Kommunen geschaffen, die sich sowohl in der Steuerhöhe als auch in den daraus resultierenden Angebotsleistungen der Kommune widerspiegeln sollte. Auch die Grundsteuer ermöglicht mittels eines Hebesatzrechts eine interkommunale Abgrenzung.

Fraglich bleibt jedoch bei der derzeitigen Ausgestaltung der Gesetze, ob die Möglichkeiten, die die Kommunen zur Gestaltung der Einnahmeseite und folglich auch der Ausgabenseite besitzen, den Anforderungen einer kommunalen Selbstverwaltung genügen. Insbesondere der Wandel der Kommunen hin zu einem Erfüllungsgehilfen von Bund und Ländern durch die zunehmende Übertragung von pflichtigen Selbstverwaltungsaufgaben und Wahrnehmungsaufgaben zeigt die Zurückdrängung freiwilliger Selbstverwaltungsaufgaben, die grundsätzlich den Kern der Selbstverwaltung ausmachen, jedoch vielfach aufgrund erheblicher Begrenzungen in den Gestaltungsmöglichkeiten – sowohl

---

[337] Siehe: Deutscher Bundestag (Hrsg.), BT-Drucks. 7/5684, Seite 9.
Kritisch: Gas, Tobias, Finanzverfassungsrechtliche und rechtsstaatliche Aspekte einer kommunalen Verpackungsteuer, in: SächsVBl. 1998, Seite 229 – 236.

[338] BVerfG, Urteil vom 07. Mai 1998, - 2 BvR 1991, 2004/95 -, a.a.O., hier: Seite 132.

[339] Zu den Grenzen der widerspruchsfreien Gesetzgebung: Kloepfer, Michael/Bröcker, Klaus T., Das Gebot der widerspruchsfreien Normgebung als Schranke der Ausübung einer Steuergesetzgebungskompetenz nach Art. 105 GG, a.a.O..

auf der Einnahme- als auch auf der Ausgabeseite – scheitern. Mit der Entscheidung, welche Steuerarten den Kommunen zustehen und insbesondere von ihnen autonom erhoben werden dürfen, wird ein „zentrales Element der Finanzautonomie"[340] und damit auch die Ausprägung und Tiefe des föderativen Staatsaufbaus bestimmt. Die Grundlagen der Eigenverantwortlichkeit und Selbstbestimmungsmöglichkeiten innerhalb des Staatsaufbaus werden wesentlich determiniert. Das gewährte Hebesatzrecht stellt trotz seiner Vorteile nur einen Kompromiss dar, da die Gesetzgebung der betreffenden Steuerarten weiterhin beim Bund liegt und somit ausschließlich mittels Hebesatzvariationen Einfluss auf die Besteuerung genommen werden kann. Die Zielgruppen, Steuerbefreiungen, Fördermaßnahmen oder weitere Gestaltungsmaßnahmen innerhalb der Steuerarten bleiben (mit Ausnahme der örtlichen Verbrauch- und Aufwandsteuern, sofern eine landesbezogene Übertragung der Kompetenzen auf die Gemeinden erfolgt) für die Gemeinden letztlich unerreichbar.

Die Neustrukturierung der Grundsteuer erscheint aufgrund der dargestellten Mängel umgehend erforderlich. Da auch – wie gezeigt werden konnte – die Gewerbesteuer in der derzeitigen Form abgeschafft bzw. einer grundsätzlichen Reformierung bedarf, wäre – wie teilweise in der Literatur diskutiert – eine isolierte Neustrukturierung der Grundsteuer bzw. der Gewerbesteuer als verfehlt einzustufen. Statt dessen gilt es, den Rahmen auf das gesamte kommunale Steuersystem auszuweiten und ein Gesamtkonzept zur Besteuerung zu erarbeiten. Dabei ist es in einem ersten vorgelagerten Schritt erforderlich, die Zielsetzungen bzw. Anforderungen an ein kommunales Steuersystem zu bestimmen und insbesondere den derzeitigen Entwicklungstendenzen sowohl auf kommunaler als auch auf unternehmerischer und individueller Ebene Rechnung zu tragen.

Die vorgestellten kleinen kommunalen Steuerarten zeigen hingegen zum einen, dass die Kommunen Möglichkeiten besitzen können, eigene örtliche Steuern zu entwickeln und zu erheben, um auf diesem Weg ihre Einnahmesituation zu verbessern. Die vom Gesetzgeber vorgegebenen engen Rahmenbedingungen beschränken die Kommunen allerdings erheblich. Zum anderen wird deutlich, dass nicht immer ausschließlich fiskalische Ziele im Mittelpunkt der Besteuerung stehen. Ordnungspolitische Ziele finden hier ihre Berücksichtigung. Dabei sind die den Kommunen auferlegten Grenzen des Steuererfindungsrechts zwingend erforderlich, um Doppelbelastungen zu vermeiden. Andererseits wird auf diesem Weg die Möglichkeit einer interkommunalen Differenzierung durch unterschiedliche Steuerarten bzw. -tarife begrenzt.

---

[340] Zimmermann, Horst/Henke, Klaus-Dirk, Finanzwissenschaft, a.a.O., hier: Seite 187.

Es bleibt festzuhalten, dass in Deutschland eine sehr weitgehende Zentralisierung der Steuerpolitik stattgefunden hat[341]. Steuergesetzgebungskompetenzen besitzt fast ausschließlich der Bund. Die Länder – und somit im Sinne des zweistufigen Staatsaufbaus auch die Kommunen – besitzen zwar über den Bundesrat eine bedeutende Stellung im Rahmen der konkurrierenden Gesetzgebung, der eigenständige Gesetzgebungsspielraum ist jedoch erheblich begrenzt[342]. Finanzautonomie der Kommunen aber auch der Länder kann bis auf wenige Ausnahmen verneint werden. Aufgrund der Aushöhlung der Finanzautonomie ist Deutschland faktisch zu einem „Einheitsstaat" geworden und dies kann als zentrale Schwäche der Finanz- und Staatsverfassung Deutschlands bestimmt werden. Erstaunlicherweise liegen dem entgegengesetzt im Grundgesetz die Bausteine eine starken Dezentralisierung – also einer verfassungsrechtlich gewünschten Aufgaben- und Kompetenzteilung – verankert. Gem. Art. 30 GG besteht die Aufgabe der Länder in der Ausübung der staatlichen Befugnisse und in der Erfüllung der staatlichen Aufgaben. Auch Art. 28 GG (kommunale Selbstverwaltung), Art. 70 GG (grundsätzliche Gesetzgebungskompetenz der Länder) und Art. 79 Abs. 3 GG (grundsätzliche Mitwirkungspflicht der Länder bei der Gesetzgebung) begründen die föderale Struktur, die starke Stellung der Länder und fordern damit gleichzeitig einen Wettbewerb zwischen den Gebietskörperschaften auf horizontaler Ebene[343].

3.   Aktiver Finanzausgleich

3.1   Stärkung der kommunalen Selbstverwaltung als Maßstab

Neben dem bereits dargestellten passiven Finanzausgleich (vertikale Aufgabenverteilung) bedeutet der aktive Finanzausgleich – der (unmittelbaren) Einnahmeverteilung zwischen den Gebietskörperschaften – für die Gemeinden die zweitwichtigste Einnahmequelle (Abbildung 6). Die Länder sind grundgesetzlich verpflichtet, den Gemeinden im Rahmen der finanziellen Leistungsfähigkeit des Landes einen übergemeindlichen vertikalen Finanzausgleich[344] zu gewähren, wobei die Ausgestaltung dieses Ausgleichs auf Länderebene vorgenommen

---

[341] Siehe auch: Blankart, Charles B., Die schleichende Zentralisierung der Staatstätigkeit: Eine Fallstudie, in: ZWS 1999, Seite 331 – 350.

[342] Siehe: Huber, Bernd/Lichtblau, Karl, Reform der deutschen Finanzverfassung – die Rolle des Konnexitätsprinzips,in: Hamburger Jahrbuch für Wirtschafts- und Gesellschaftspolitik 1999, Seite 69 – 93, hier: Seite 78 – 80.

[343] Siehe hierzu auch: Ebenda, hier: Seite 79 f.

[344] Siehe überblickartig: Henneke, Hans-Günter, Empfiehlt sich auch für den kommunalen Finanzausgleich ein Maßstäbegesetz?, in: NdsVBl. 2001, Seite 53 – 62, hier: Seite 61.
Zur Beeinflussung der Höhe und der Zusammensetzung von Finanztransfers siehe: Feld, Lars P./Schaltegger, Christoph A., Wähler, Interessengruppen und Finanzausgleich: Die Politische Ökonomie vertikaler Finanztransfers, in: Konjunkturpolitik 2002, Seite 93 – 122, hier: Seite 98 – 105.

wird. Neben der vertikalen Verteilung existiert zum Ausgleich der Finanzkraft zwischen den Gemeinden ein horizontaler Ausgleich, der jedoch nicht durch direkte Transfers vollzogen wird, sondern sich ebenfalls in dem vertikalen Ausgleich allerdings mit horizontalem Effekt niederschlägt. Differenzierungen resultieren im vertikalen Finanzausgleich aus der jeweiligen Finanzkraft der Gemeinde. Abweichungen sind neben der absoluten Höhe der Zuweisung auch in der Höhe der von der Kommune abzuführenden Gewerbesteuerumlage und anderen Umlagen (bspw. Krankenhausumlage), die in Abhängigkeit von der Finanzkraft festgesetzt werden, festzustellen[345].

Grundsätzlich ist eine Differenzierung zwischen allgemeinen, zweckgebundenen und sonstigen Zuweisungen vorzunehmen[346]. Dabei stehen allgemeine Zuwendungen den Kommunen zur freien Verwendung zur Verfügung. Demgegenüber sind zweckgebundene (konditionale) Aufgaben an ein bestimmtes Verhalten des Empfängers geknüpft.

Die Zielvorstellungen[347] eines solchen Ausgleichs basieren auf der auf diesem Weg vorzunehmenden Stärkung der kommunalen Selbstverwaltung:

- Der Gewährleistung eines Finanzkraftausgleichs zwischen den Gemeinden (distributives Ziel): Es soll ein Ausgleich geschaffen werden zwischen Gemeinden, deren Finanzkraft in Relation zum Finanzbedarf gering ist (arme Gemeinden) und umgekehrt (reiche Gemeinden).
- Der Sicherung der finanziellen Ausstattung der Gemeinden (fiskalisches Ziel): Zum einen sollen mittels dieser Maßnahme eine fehlende Übereinstimmung von Einnahmemöglichkeiten und Ausgabedarf geschlossen werden. Zum anderen existiert hierdurch eine garantierte zusätzliche Einnahmequelle.
- Der Lenkung von Gemeindeaufgaben: Hinter diesem Argument steht der Anspruch, die Zuteilung von Zuweisungen an genau spezifizierte Gegenleistungen zu binden, um auf diesem Wege übergeordnete Ziele (des Landes) erfüllt zu wissen.
- Berücksichtigung allokativer Ziele: Hierbei handelt es sich um die Unterstützung von Maßnahmen, die die Gemeinde grundsätzlich befürwortet, jedoch bei einer ausschließlich gemeindeeigenen Finanzierung lediglich ein suboptimales Ergebnis erreicht würde. Ursache für die mangelnde Bereitschaft der Gemeinden, in bestimmte Infrastrukturmaßnahmen bzw.

---

[345] Siehe beispielhaft für Sachsen und Baden-Württemberg: Birke, Anja, Der kommunale Finanzausgleich des Freistaates Sachsen, Diss. Universität Leipzig 2000, Frankfurt 2000. Für Hessen siehe: Broer, Michael, Der kommunale Finanzausgleich in Hessen, Diss. Universität Frankfurt 2000/2001, Frankfurt 2001.

[346] Siehe hierzu im Einzelnen: Brinkmeier, Hermann Josef, Kommunale Finanzwirtschaft, Band 1, 6. Auflage, Köln u.a. 1998, Seite 103 – 111.

[347] Siehe im folgenden: Zimmermann, Horst, Kommunalfinanzen, a.a.O., Seite 216 – 221.

Leistungen zu investieren, sind insbesondere (räumlich) externe Effekte, die den Nutzerkreis einer gemeindlichen Leistung über die Gemeindegrenze hinaus umschließen. Diese externen Nutzer tragen jedoch nicht zur Finanzierung der Leistung bei.

3.2 Problemfelder aus ökonomischer Sicht

Die in Deutschland herrschende Mischfinanzierung öffentlicher Aufgaben[348] weist erhebliche Nachteile aus ökonomischer Sicht auf, die im folgenden zusammenfassend vorgestellt werden. Dabei gilt die Kritik nicht nur dem Zuweisungssystem, ebenso sind die Gemeinschaftsaufgaben gem. Art. 91 a GG und Art. 91 b GG[349] aufgrund ihres einhergehenden zuweisungsähnlichen Finanzierungscharakters in diese Betrachtung zu implementieren[350]:

* Die Abhängigkeit von den Gebern schwächt die Position der Gemeinden. Einflüsse auf die umzusetzenden Maßnahmen sowie Erfüllungsbedingungen, die bei den zweckgebundenen Zuweisungen ihre stärkste Ausprägung erfahren, führen zu einem indirekten Einfluss der Geber auf die kommunale Selbstverwaltung. Die hieraus resultierenden Zentralisierungstendenzen untergraben die Ziele des föderalen Systems.
* Durch die Bereitstellung der Gelder für bestimmte Maßnahmen werden Mitnahme-Effekte gefördert. Dabei wird nicht mehr die Vorteilhaftigkeit einer Investition untersucht – es findet eine ausschließliche Fokussierung auf die zu erhaltenen Mittel statt. Die sich aus diesen Projekten ergebenden direkten Folgekosten in späteren Jahren, die den Kommunalhaushalt belasten, aber auch die Konsequenzen hinsichtlich Siedlungsstruktur (Zu-/Abzug bestimmter Bevölkerungsgruppen und Unternehmen) oder aus dem geförderten Projekt notwendigen Investitionen in die Infrastruktur (Verkehrs-/Kommunikationswege) finden ungenügende Betrachtung. Hieraus folgt eine sich in zukünftigen Perioden exponentiell verstärkende substanzielle Inflexibilität des Budgets.

---

[348] Siehe ausführlich: Karl-Bräuer-Institut des Bundes der Steuerzahler (Hrsg.), Abbau von Mischfinanzierungen, Wiesbaden 2001.
Siehe auch: Henneke, Hans-Günter, Plädoyer für Rückführung von Mischfinanzierungen, in: dl 2003, Seite 149 – 152.

[349] Im Einzelnen sind dies der Aus- und Neubau von Hochschulen und Hochschulkliniken (Art. 91 a Abs. 1 Nr. 1 GG), die Verbesserung der regionalen Wirtschaftsförderung (Art. 91 a Abs. 1 Nr. 2 GG) und die Verbesserung der Agrarstruktur und des Küstenschutzes (Art. 91 a Abs. 1 Nr. 3 GG). Zudem können Bund und Länder auf Grund von Vereinbarungen bei der Bildungsplanung und bei der Förderung von Einrichtungen und Vorhaben der wissenschaftlichen Forschung von überregionaler Bedeutung zusammenwirken (Art. 91 b GG).

[350] Siehe hierzu auch: Böhr, Christoph, Mehr Wettbewerb wagen, in: FAZ vom 27. Januar 2001, Seite 8.

- Die Intransparenz der öffentlichen Haushalte steigt. Durch die zunehmenden Verflechtungen (nicht nur finanzieller Art) werden die Beziehungen zwischen den Gebietskörperschaften unterschiedlicher Ebenen komplexer und sind für den Bürger nicht nachvollziehbar. Der Koordinationsaufwand steigt. Zugleich sinken bedingt durch die steigende Komplexität Überschaubarkeit und Berechenbarkeit einzelner Entscheidungen. Die aus politischem Kalkül heraus resultierende Risikoaversion führt vielfach zu einer (statischen) Orientierung am Status-quo[351].

- Die Garantie auf einen Finanzkraftausgleich[352] für arme Gemeinden (Finanzbedarf größer Finanzkraft) führt vielfach zu einer fehlenden Kostenorientierung. Da eine finanzielle Sicherung gewährleistet wird, bestehen nur geringe Anreize kostenminimal und präferenzgerecht Leistungen anzubieten. Für reiche Gemeinden (Finanzbedarf kleiner Finanzkraft) sinkt dagegen der Anreiz, Steuerquellen zu erschließen bzw. zu pflegen, wenn sie im Verhältnis zu anderen armen Gemeinden nicht die Früchte ihrer Leistungen erhalten. Insbesondere aus finanzieller Sicht besitzen Kommunen daher kein Interesse mehr, Betriebe anzusiedeln bzw. Wohngebiete zu erschließen und präferenzgerecht auszugestalten. Alles was der einzelnen Kommune „an zusätzlicher Bemessungsgrundlage bei den Gemeindesteuern zufließt, verliert sie praktisch wieder über den kommunalen Finanzausgleich"[353].

- Die Mittelverwendung orientiert sich nicht an dem Mittelaufkommen bzw. der Mittelherkunft.

- Die Sicherung der finanziellen Ausstattung der Gemeinden führt zu einer einseitigen Orientierung am Ausgabenbedarf.

- Die Höhe der Zuweisungen für eine Kommune hängt vielfach nicht von dem Erfüllen der notwendigen Voraussetzungen ab, vielmehr entscheidet der Informationsstand der Verwaltung über die Möglichkeiten und Beantragung eines Mittelzuflusses. Dass Kommunen Stellen besetzen, die sich ausschließlich mit der Gewinnung von Zuweisungen befassen, führt zu ineffizienten Ergebnissen. Die (Personal-)Ressourcen könnten an anderer Stelle eingesetzt werden. Gleichzeitig bestimmt die höhere Ebene, welche Maßnahmen bzw. Projekte gefördert werden, ohne auf die situativen Anforderungen der einzelnen Gemeinde einzugehen. Daraus folgend wird auf kommunaler Ebene nicht bedarfsgerecht investiert (ineffiziente Ressourcenallokation).

- Es findet eine künstliche Verzögerung vieler Projekte und Investitionen statt, da aufgrund des Beantragungs- und Bewilligungsverfahrens keine zeitnahe

---

[351] Siehe: Renzsch, Wolfgang, Einheitlichkeit der Lebensverhältnisse oder Wettbewerb der Regionen?, in: StWStP 1997, Seite 87 – 108, hier: Seite 98.

[352] Zu Nachteilen des Länderfinanzausgleichs siehe: Döring, Thomas, Probleme des Länderfinanzausgleichs aus institutionenökonomischer Sicht, in: ZfW 1999, Seite 231 – 264 und Döring, Thomas/Stahl, Dieter, Institutionenökonomische Aspekte der Neuordnung des bundesstaatlichen Finanzausgleichs, Stuttgart 2000, Seite 29 – 36.

[353] Zimmermann, Horst, Stärkung der kommunalen Finanzautonomie, in: StWStP 1995, Seite 659 – 674, hier: Seite 666.

Entscheidung und Umsetzung erfolgen kann. Informationsvorsprünge gehen verloren.

- Gegen das Mischsystem spricht gleichfalls der geringe Anreiz der einzelnen Gebietskörperschaft, die (gemeinsamen) Steuerquellen zu pflegen, konsequent auszuschöpfen und Verantwortung für gescheiterte Maßnahmen zu übernehmen. Trittbrettfahrer-Verhalten wird somit gefördert und die Flucht aus der Verantwortung begünstigt. Gerade dieser Aspekt erscheint als ein wesentlicher Grund für die Bemühungen, das bestehende System beizubehalten. Solange die Konsequenzen aus (kommunalpolitischen) Maßnahmen den politisch Verantwortlichen nicht eindeutig zugeordnet werden können, bleiben ihre politischen Renten gesichert. Die politischen Vertreter „können sich auf die weitestgehend exogen gegebene Einnahmesituation berufen und brauchen sich somit gegenüber ihren Wählern kaum ... zu rechtfertigen"[354].

- Auch das Auseinanderfallen der Mittelbeschaffung (per Zuweisung) und der Mittelverwendung widerspricht dem Grundsatz der sparsamen Ressourcenverwaltung, da hierfür weder Anreize bestehen, noch Konsequenzen aus Missmanagement und Verantwortungslosigkeit resultieren.

Zusammenfassend ist daraus folgernd hervorzuheben, dass eine effiziente Allokation der Ressourcen behindert wird.

3.3   Intransparenz der Entscheidungsstrukturen

Die Probleme der fehlenden Steuergesetzgebungskompetenz der Länder und somit der Kommunen wird durch das intransparente Zuweisungssystem mit den aufgezeigten Konsequenzen und Problemen verstärkt. Die Zentralisierung der deutschen Finanzverfassung[355] bzw. -ströme findet im derzeitigen Zuweisungssystem den Höhepunkt. Die in der Verfassung begründeten Ziele der Stärkung der Demokratie von unten nach oben, der Eigenverantwortlichkeit, der Bürgerbeteiligung, der Mäßigung der öffentlichen Gewalt und der Herstellung einer Konsumentensouveränität werden auf diesem Weg untergraben. Anreize einer am Bürger orientierten (Kommunal-)Politik – insbesondere der Einnahme- und Ausgabepolitk – scheitern nicht zuletzt am Widerstand der politisch Betroffenen, da die Verantwortlichkeiten der einzelnen Politiker für jeden ein-

---

[354] Henke, Klaus-Dirk, Möglichkeiten zur Stärkung der Länderautonomie, in: StWStP 1995, Seite 643 – 658, hier: Seite 645.
Siehe auch: Renzsch, Wolfgang, „Finanzreform 2005" – Möglichkeiten und Grenzen, in: Wirtschaftsdienst 1999, Seite 156 – 163, hier: Seite 163 und Wendt, Rudolf, Finanzverfassung im Spannungsfeld zwischen Zentralstaat und Gliedstaaten, in: Pommerehne, Werner W./Ress, Georg (Hrsg.), Finanzverfassung im Spannungsfeld zwischen Zentralstaat und Gliedstaaten, Baden Baden 1996, Seite 17 – 33, hier: Seite 30.

[355] Siehe hierzu: Blankart, Charles B., Die schleichende Zentralisierung der Staatstätigkeit: Eine Fallstudie, a.a.O., Seite 331 – 350.

zelnen sichtbar und asymmetrische Informationsverhältnisse (Prinzipal-Agent-Beziehung) zu ungunsten der Politiker abgebaut würden[356]. Damit kristallisiert sich ein weiteres, bisher ungelöstes Problem heraus: Die individuelle Zielverfolgung der Politiker – bspw. Macht, Einfluss und Wiederwahl durch Begünstigung ihrer Wählerklientel – fließen in die Handlungen und Entscheidungen der von ihnen geführten Institutionen mit ein. Dies bedeutet, dass nicht nur eine einseitige Orientierung an der Ausgabenseite stattfindet. Es erfolgt gleichsam eine Orientierung an den Eigeninteressen der Verantwortlichen (Eigennutzaxiom) unter opportunistischen Verhaltensstrukturen, die vielfach in einem (aus politischer Sicht rationalen) „Wahljahrdenken" weniger Probleme langfristig minimieren, sondern die Reduktion aktueller Symptome vorantreiben, ohne auf Ursache-Wirkungs-Zusammenhänge abzustellen.

Mit Entscheidung vom 11. November 1999 hat das BVerfG[357] dem Gesetzgeber die Pflicht auferlegt, Mängel der Maßstabsbildung im Finanzausgleichsgesetz zu beheben. Dabei ist dem Gesetzgeber auferlegt, „die richtige Mitte zu finden zwischen der Selbständigkeit, Eigenverantwortlichkeit und Bewahrung der Individualität der Länder auf der einen und der solidargemeinschaftlichen Mitverantwortung für die Existenz und Eigenständigkeit der Bundesgenossen auf der anderen Seite"[358]. Am 09. September 2001 wurde vom Bundesgesetzgeber unter Zustimmung des Bundesrates ein Maßstäbegesetz[359] verabschiedet, welches neben der Umsatzsteuerverteilung den Finanzausgleich unter den Ländern sowie die Gewährung von Bundesergänzungszuweisungen regelt[360]. Die Auflage des BVerfG an den Gesetzgeber, bis zum 31. Dezember 2004 eine Neuregelung des Finanzausgleichsgesetzes vom 23. Juni 1993[361] vorzunehmen, wurde durch die

---

[356] Siehe auch: Brümmerhoff, Dieter, Föderalismus und Transaktionskosten, in: Henke, Klaus-Dirk (Hrsg.), Öffentliche Finanzen zwischen Wachstum und Verteilung, Baden Baden 1999, Seite 53 – 65, hier: Seite 61 f und Pitlik, Hans/Schmid Günther, Zur politischen Ökonomie der föderalen Finanzbeziehungen in Deutschland, in: ZfW 2000, Seite 100 – 124, hier: Seite 116 f.

[357] Siehe: BVerfG, Urteil vom 11. November 1999, - 2 BvF 2, 3/98, 1, 2/99 -, a.a.O.. Siehe auch: BMF (Hrsg.), Stellungnahme zum Finanzausgleichsurteil des Bundesverfassungsgerichts vom 11. November 1999, Berlin 2000.

[358] Ebenda, hier: Seite 222.

[359] Siehe: Gesetz über verfassungskonkretisierende allgemeine Maßstäbe für die Verteilung des Umsatzsteueraufkommens, für den Finanzausgleich unter den Ländern sowie für die Gewährung von Bundesergänzungszuweisungen (Maßstäbegesetz – MaßstG) vom 09. September 2001, veröffentlicht in: BGBl. I 2001, Seite 2302 – 2305, in: Verlag C.H. Beck oHG (Hrsg.), Steuergesetze, München 2002.

[360] Siehe: BMF (Hrsg.), Das Maßstäbegesetz – Neuregelung der Grundlagen des bundesstaatlichen Finanzausgleichs, in: Monatsbericht September 2001, Seite 67 – 69.

[361] Siehe: Gesetz über den Finanzausgleich zwischen Bund und Ländern (Finanzausgleichsgesetz – FAG) vom 23. Juni 1993, veröffentlicht in: BGBl. I 1993, Seite 976 – 982, in: Verlag C.H. Beck oHG (Hrsg.), Steuergesetze, München 2002.

Verabschiedung des Finanzausgleichsgesetzes vom 20. Dezember 2001[362] umgesetzt.

4. Die Fehlinterpretation des Postulats gleichwertiger Lebensverhältnisse

4.1 Die Forderung einer regionalen Differenzierung

Das dargestellte Zuweisungssystem und die bisher aufgezeigten Zentralisierungstendenzen werden von den Befürwortern insbesondere mit Verweis auf Art. 72 Abs. 2 GG[363] versucht zu rechtfertigen. Das Gesetzgebungsrecht des Bundes tritt demzufolge gegenüber dem Gesetzgebungsrecht der Länder in den Vordergrund, wenn und soweit die Herstellung der Einheitlichkeit der Lebensverhältnisse im Bundesgebiet eine bundesgesetzliche Regelung erforderlich macht. Dieses Leitbild rechtfertigt jedoch jeden rechtspolitischen Wunsch nach bundesgesetzlicher Regelung und wird im Konfliktfall zur Begründung bzw. Rechtfertigung einer Kompetenzbeschneidung der Länder (und Kommunen) herangezogen, obwohl diese Norm eine Befugnis und keine Rechtspflicht bzw. Gesetzgebungsauftrag darstellt[364] und diskretionäre Handlungsspielräume eröffnet. Als besonders fragwürdig ist hervorzuheben, dass mittels des Zuweisungs- bzw. Ausgleichssystems „strukturelle Defizite"[365] beseitigt werden sollen, da die spezifisch regionalen Situationen i.d.R. nicht berücksichtigt und somit gewachsene Entwicklungspotentiale zerstört werden. Zugleich kann eine Behinderung bei der Ausschöpfung zukünftiger Potentiale und damit von Anreizen, Innovations-Imitations-Prozesse einzuleiten, resultieren. Damit findet eine Vernichtung potentieller Wettbewerbs- bzw. Differenzierungsvorteile und daraus folgend von Aktionsparametern innerhalb eines interkommunalen (Steuer-) Wettbewerbs statt.

---

[362] Siehe: Gesetz über den Finanzausgleich zwischen Bund und Ländern (Finanzausgleichsgesetz – FAG) vom 20. Dezember 2001, veröffentlicht in: BGBl. I 2001, Seite 3955 – 3963, in: Verlag C.H. Beck oHG (Hrsg.), Steuergesetze, München 2002.

[363] Siehe zu den Voraussetzungen des Art. 72 Abs. 2 GG: Jarass, Hans D., Allgemeine Probleme der Gesetzgebungskompetenz des Bundes, in: NVwZ 2000, Seite 1089 – 1096, hier: Seite 1092 f.

[364] Siehe kritisch bereits: Lerche, Peter, Finanzausgleich und Einheitlichkeit der Lebensverhältnisse, in: Blumenwitz, Dieter/Randelzhofer, Albrecht (Hrsg.), Festschrift für Friedrich Berber zum 75. Geburtstag, München 1973, Seite 299 – 319.
Einführend siehe: Reissert, Bernd, Die finanzielle Beteiligung des Bundes an Aufgaben der Länder und das Postulat der „Einheitlichkeit der Lebensverhältnisse im Bundesgebiet", Bonn 1975 und Zimmermann, Horst, Föderalismus und „Einheitlichkeit der Lebensverhältnisse", in: Schmidt, Kurt (Hrsg.), Beiträge zu ökonomischen Problemen des Föderalismus, Berlin 1987, Seite 35 – 69.

[365] Blumenwitz, Dieter, Konsens und Konkurrenz beim Ausbau föderaler Strukturen – Anmerkungen zum Länderfinanzausgleich und zur Förderalisierung der Sozialversicherung, in: Männle, Ursula (Hrsg.), a.a.O., Seite 49 – 56, hier: Seite 53.

Der mittlerweile vollzogene Übergang vom Leitbild der Einheitlichkeit der Lebensverhältnisse zur Herstellung gleichwertiger Lebensverhältnisse in Art. 72 Abs. 2 GG[366] zeigt – wenn auch zunächst nur in der Wortwahl – eine Abkehr vom Bestreben einer Vereinheitlichung, d.h. Homogenisierung und formaler Gleichheit der Lebensverhältnisse. Dieses im Rahmen der Verfassungsreform von 1994 neuformulierte Ziel ist insbesondere unter dem Blickwinkel der Eigenständigkeit der Länder und Kommunen von besonderer Bedeutung, da nur die Erhaltung von Unterschiedlichkeiten das derzeitige föderale System rechtfertigen kann – also Vielfalt in der Einheit des Gesamtstaates. Diese Vielfalt in der Einheit zwingt jedoch auch zu regional unterschiedlichen Regelungen. „Allgemeiner formuliert: die im Sinne einer Herstellung `gleichwertiger´ Lebensverhältnisse erforderliche Regionalförderung verlangt vielfach genau das, was unter dem alten Leitbild der `Einheitlichkeit der Lebensverhältnisse´ verpönt war – regional differenzierende Regelungen, die bestehende Disparitäten nicht noch durch formale Gleichbehandlung verschärfen"[367]. Dies hat zur Konsequenz, dass ein Gebot zu regional unterschiedlichen Preisstrukturen entsteht. Dies betrifft die absolute Sicht, aber insbesondere die relative Bewertung einzelner Leistungen und Produkte. Da die Rahmenbedingungen bzw. die Lebenshaltungskosten regional differieren und materielle Gleichwertigkeit nur durch eine örtliche Bewertung erreicht werden kann, erfolgt eine Verlagerung von Uniformität hin zu einer örtlichen Bestimmung, somit zu mehr Leistungsgerechtigkeit und zugleich Vielfalt. Daraus folgend auch zu mehr Wettbewerb. Zudem erscheint die der Forderung nach Einheitlichkeit anhaftende statische Betrachtung bzw. der Versuch, einen gewählten Zielzustand zu erreichen, unter den Wandlungsprozessen innerhalb der Vielfalt in der Einheit ineffizient. Durch die dynamische Grundstruktur föderaler Systeme sind Anpassungsprozesse bei der Aufgabenwahrnehmung und der effizienten Verwendung knapper Ressourcen unumgänglich[368].

---

[366] Entgegen der Änderung des Art. 72 Abs. 2 GG wurde der Begriff der Einheitlichkeit der Lebensverhältnisse in Art. 106 Abs. 3 Satz 4 GG (Verteilung des Umsatzsteueraufkommens) beibehalten.

[367] Oeter, Stefan, Art. 72, in: Mangoldt, Hermann v./Klein, Friedrich/Stark, Christian (Hrsg.), Das Bonner Grundgesetz Kommentar Band 2: Artikel 20 bis 78, 4. Auflage, München 2000, Seite 2248 – 2334, hier: Seite 2313.
Siehe grundsätzlich auch: Arndt, Wolfgang, Erneuter Föderalismus – Thesen zu einer veränderten Balance zwischen Bund und Ländern, in: Männle, Ursula (Hrsg.), Föderalismus zwischen Konsens und Konkurrenz, Baden Baden 1998, Seite 31 – 36.

[368] Siehe: Renzsch, Wolfgang, Einheitlichkeit der Lebensverhältnisse oder Wettbewerb der Regionen?, a.a.O., hier: Seite 98.
Siehe auch: Kröger, Detlef/Moos, Flemming, Die Erforderlichkeitsklausel gemäß Art. 72 Abs. 2 GG n.F. im Spannungsfeld des Bundesstaates, in: BayVBl. 1997, Seite 705 – 713 und Schmehl, Arndt, Die erneuerte Erforderlichkeitsklausel in Art. 72 Abs. 2 GG, in: DÖV 1996, Seite 724 – 731.

Mit der Formel der Einheitlichkeit der Lebensverhältnisse wurde zugleich das Trittbrettfahrer-Verhalten von Kommunen und Ländern gefördert, da mittels dieses Postulats die Anreizwirkung für wirtschaftliches Agieren konterkariert wird: Im Rahmen des Finanzausgleichsystems werden Länder, deren Finanzbedarf höher als deren Finanzkraft ist, auf ein allgemeines Niveau angehoben[369]. Gerade hier zeigt sich, dass der Versuch einer Vereinheitlichung als zentrales Ziel des Finanzausgleichs, gegenläufige Effekte, Fehlallokationen und negative Anreizwirkungen hervorruft[370]. Letztlich erscheint auch ein grundsätzlicher Widerspruch zu dem Ziel einer Stärkung der Demokratie von unten nach oben vorzuliegen, da zum einen die Vielfalt regionaler Bestrebungen und Anforderungen den „Weg nach oben" nicht findet. Zum anderen geht der notwendige Dialog und anzustrebende Konsens zwischen Regierung und Bevölkerung verloren. Föderalismus bedeutet „Solidarität und Kooperation, er darf jedoch nicht auf ... Nivellierung hinauslaufen. Föderalismus lebt von der Konkurrenz, vom Wettbewerb der Länder bei der Bewältigung ihrer Aufgaben"[371].

4.2 Stärkung des Wettbewerbs unter Beachtung der Einheit

Deutschland befindet sich mit seinem föderalen System in einem Spannungsfeld zwischen dem Leitbild `Schaffung gleichwertiger Lebensverhältnisse´ und der Erhaltung regionaler Disparitäten. Der hieraus resultierende Konflikt zwischen anzustrebender sozialer Einheitlichkeit und distributionspolitischen Aufgaben des Staates einerseits und den dargelegten Zielen der Mäßigung der öffentlichen Gewalt, der Stärkung der Konsumentensouveränität sowie der Demokratie durch Eigenverantwortlichkeit und Selbstbestimmung andererseits, kann nicht zugunsten des einen oder des anderen Ziels gelöst werden. Statt dessen ist ein aufeinander abgestimmtes ganzheitliches Zusammenspiel beider Bereiche von Nöten. Dabei kann und muss bedingt durch die Dynamik, Diskontinuität und Komplexität unseres gesellschaftlichen Systems und Umsystems – der Gebietskörperschaften selbst, der Aufgabenumwelt und der globalen Umwelt – stets eine Überprüfung der Gewichtung beider Oberziele erfolgen, so dass eine einseitige und pauschale Bevorzugung abzulehnen ist. Insbesondere in der heutigen

---

[369] Die in diesem Zusammenhang vielfach diskutierte Frage einer Neugliederung der Bundesstaaten durch bspw. Integration der Stadtstaaten Berlin, Bremen, Hamburg, aber auch des Saarlandes in andere Bundesländer, um auf diesem Weg einen internen Finanzausgleich innerhalb eines neuen Bundeslandes zu erreichen, soll nicht weiter betrachtet werden. Siehe hierzu bspw.: Hesse, Joachim Jens/Renzsch, Wolfgang, Zehn Thesen zur Entwicklung und Lage des deutschen Föderalismus, in: StWStP 1990, Seite 562 – 578.

[370] Siehe hierzu bspw.: Neumark, Fritz, Bemerkungen zu einigen ökonomischen Aspekten der grundgesetzlichen Vorschriften über die Einheitlichkeit der Lebensverhältnisse in der Bundesrepublik Deutschland, in: Dreißig, Wilhelmine (Hrsg.), Probleme des Finanzausgleichs I, Berlin 1978, Seite 165 – 175.

[371] Stoiber, Edmund, Geleitwort, in: Meier-Walser, Reinhard C./Hirscher, Gerhard (Hrsg.), Krise und Reform des Föderalismus, München 1999, Seite 7 f, hier: Seite 7.

Situation erscheint eine stärkere Hervorhebung von Vielfalt, Individualität und Wettbewerb erforderlich. Dies bedeutet die Aufbrechung verkrusteter Strukturen im öffentlichen Bereich und die Erinnerung der Länder und Kommunen – aber auch der Individuen selbst – an ihre Eigenverantwortung. Der Informationsgehalt, der bei einheitlichen – zentralistischen bzw. hierarchischen – Strukturen durch fehlende Kommunikationskanäle, Vernetzungen und Rückkopplungssysteme sowie durch die beschränkte Informationsbasis, der selektiven Wahrnehmung und subjektiven Einschätzung bzw. Gewichtung verloren geht, führt zu unzureichenden Anpassungsreaktionen an die sich z.t. sprunghaft und unvorsehbar wandelnden Anforderungen und Aufgaben.

Daneben muss nach wie vor ein Existenzminimum zur Sicherung der Lebensfähigkeit, aber auch die politischen und wirtschaftlichen Rahmenbedingungen auf Basis einer Gesamtrechtsordnung durch den Bund vorgegeben und garantiert werden. Aufgezeigte Distributions-, Konjunktur- und Wachstumsziele, aber auch z.T. Allokationsziele begründen die – die Vielfalt umschließende – Einheit. Innerhalb dieses Rahmens kann dann – durch Wettbewerb ein gleichwertiger Lebensstandard als eine spontane Ordnung erreicht werden – gleichwertig im Sinne einer regional unterschiedlichen Bewertung, die die jeweiligen Bedingungen, Anforderungen und Ergebnisse durch das Preissystem transparent macht. Die Länder und Kommunen „als autonome staatliche Gebietskörperschaften sind ... prinzipiell mit Handlungsfreiheit ausgestattete, Funktionen eigenständig und eigenverantwortlich wahrnehmende kollektive Akteure. Das Verhältnis zwischen Gliedstaaten wie das Verhältnis der Staaten zum Bund läßt sich in den Bereichen eigener Kompetenzwahrnehmung durchaus analog zu Marktgefügen als ein Wettbewerbssystem begreifen, in dem die kollektiven Akteure prinzipiell Handlungsfreiheit genießen, also frei sind, ihre eigenen Pläne zu verfolgen, während sie zugleich über die spontane Selbstorganisation in ausgehandelten Formen der Koordination zur Bildung einer Gesamtordnung beitragen"[372].

4.3 Exkurs: Gleichwertige Lebensbedingungen in der Europäischen Union

Innerhalb der Europäischen Union besteht Freizügigkeit – zum Ausdruck gebracht durch die Waren-, Personen-, Dienstleistungs- sowie die Kapitalverkehrsfreiheit (Art. 3 Abs. 1 c EGV). Ziel ist die Schaffung des Binnenmarktes, also eines gemeinsamen Marktes[373]. Die hiermit verbundenen Konse-

---

[372] Oeter, Stefan, Integration und Subsidiarität im deutschen Bundesstaatsrecht: Untersuchungen zu Bundesstaatstheorie unter dem Grundgesetz, Habil.-Schr. Universität Heidelberg 1996, Tübingen 1998, Seite 558.

[373] Aufgaben und Ziele der Europäischen Union sind in Art. 2 EGV und Art. 3 EGV festgelegt.

quenzen sind aus ökonomischer Sicht positiv zu bewerten: Der Abbau von Handelshemmnissen und Transaktionskosten, die bessere räumliche Allokation der Ressourcen und die Stärkung des Preis- und Innovationswettbewerbs. Gleichzeitig führt dies zu einer Steigerung der interregionalen potentiellen Mobilität der Unternehmen, Bevölkerung und Produktionsfaktoren. Dies bedeutet zwangsläufig, dass aufgrund der unterschiedlichen Bedingungen der einzelnen Regionen diese in Wettbewerb treten und sich auch die Lebensbedingungen „automatisch" zwischen den Regionen angleichen können. In der EU besteht – ähnlich wie in Deutschland – das Ziel, gleiche Lebensbedingungen (Kohäsionsziel gem. Art. 2 EGV) zu schaffen. Auf subnationaler Ebene sind dieser Absichtserklärung allerdings die selben Argumente wie auf nationaler Ebene entgegenzuhalten. Zudem können die Unterschiede aufgrund naturräumlicher, klimatischer, historischer Bedingungen und Entwicklungen als wesentlich gravierender als in Deutschland eingestuft werden. Zur Erreichung dieses Unionsziels erfolgen zur Verringerung der Unterschiede im Entwicklungsstand der Regionen (Art. 158 EGV) und „strukturellen Anpassung der rückständigen Gebiete"[374] Fondsbeteiligungen durch die EG[375]. Damit werden jedoch – ebenso wie im nationalen Rahmen – Innovationsprozesse unterbunden. Das Ziel einer Vereinheitlichung der Lebensverhältnisse[376] kommt – im Analogiegedanken zu Unternehmen – einer (unrealistischen) Preiseinheitlichkeit auf europäischer Ebene nahe. Statt dessen sollte vielmehr die Unterschiedlichkeit der Gebietskörperschaften aller Ebenen gefördert werden. Differierende Leistungspakete führen zu unterschiedlichen Lebensverhältnissen – also zu einer Vielfalt der Lebensverhältnisse. Die entscheidende Frage ist jedoch, ob dies durch die Politik gewünscht ist, da nun deutlich werden kann, dass die wirtschaftspolitischen Eingriffe häufig Partikularinteressen dienen und insbesondere diese schützen sollen. Wie lassen sich beispielsweise die europäische Sektoral- und Strukturpolitik erklären? Die Finanztransfers verhindern den Wettbewerb zwischen den Regionen. „Man könnte auch nach dem Gewicht der Eigenverantwortung der Regionen fragen. Schließlich: Welche Teile der Strukturfonds sind nichts anderes als Gegenpositionen in politischen Tauschgeschäften?"[377].

---

[374] Art. 160 EGV.

[375] Im EGV wurden i.Z. mit dem wirtschaftlichen und sozialen Zusammenhalt der Gemeinschaft (Art. 158 EGV) folgende Regelungen kodifiziert: Art. 159 EGV bestimmt die Rolle der Strukturfonds sowie Aktionen außerhalb der Fonds, Art. 160 EGV beinhaltet die Aufgaben des Europäischen Regionalfonds, Art. 161 EGV legt Ziele und Organisation der Strukturfonds fest und regelt die Bestimmungen zum Kohäsionsfonds.

[376] Siehe: Straubhaar, Thomas, Aufstieg und Fall der europäischen Nationalstaaten, in: Handelsblatt vom 02. September 1999, Seite 47.

[377] Eeckhoff, Johann, Regionale Strukturpolitik in der Europäischen Union versus Wettbewerb der Regionen, in: Gerken, Lüder (Hrsg.), Europa zwischen Ordnungswettbewerb und Harmonisierung, Berlin u.a. 1995, Seite 315 – 328, hier: Seite 315.

Die Gefahr einer Verfolgung der dargestellten Beteiligungs- und damit Zuweisungspolitik ist eine weitere Zentralisierung und Verlagerung wirtschaftspolitischer Kompetenzen auf europäischer Ebene mit einer gleichzeitigen Harmonisierung staatlicher Aktivitäten der Gebietskörperschaften. Doch die der Besteuerung unterlegenen Unternehmen, Individuen und Produktionsfaktoren werden auch bei einer harmonisierten EU weiter vergleichen und den für sie optimalen Standort suchen: Die (harmonisierte) EU steht im Wettbewerb mit den Vereinigten Staaten, Australien und Osteuropa – also der gesamten Welt. Das Problem verlagert sich also lediglich auf eine übergeordnete Ebene. Aus einem Wettbewerb auf europäischer Ebene wird ein globaler Wettbewerb zwischen Regionen.

Zukünftig bleibt auch zu prüfen, inwieweit die europäischen Grundfreiheiten nicht vielmehr auch auf die Kommunen anzuwenden sind. Bisher werden sie vorrangig als Gebote für die Kommunen interpretiert. Jedoch sind die Kommunen ebenso wie Unternehmen als Anbieter von Dienstleistungen und Waren anzusehen und folglich müssen gem. Art. 3 Abs. 1 c EGV auch die Beseitigung der Hemmnisse, d.h. die Schaffung des Binnenmarktes für die Kommunen, für ihre Aktivitäten und die Bereitstellung öffentlicher Güter vollzogen werden. Als damit verknüpfter wichtigster Ansatzpunkt ist die Forderung nach einer vertikalen Gliederung des Steuersystems anzusehen, d.h. jede der Staatsebenen (die EU und in Deutschland Bund und Länder inkl. Kommunen) erhebt die zu ihrer Finanzierung notwendigen Steuern selbst[378].

Daher bleibt hinsichtlich des europäischen Zusammenwachsens abschließend folgender Grundsatz festzuhalten: „In a competitive system of jurisdictions, the economic policies of the jurisdictions are no longer the result of states that have access to nearly unlimited tax revenues because of their monopolistic state power, rather the jurisdictions and their policies including taxes, are controlled by competition"[379]. Folglich erscheint insbesondere eine erweiterte lokale Autonomie erforderlich. „Agglomerationen müssen das Recht erhalten, Steuersätze in eigener Verantwortung selbständig festzulegen, beispielsweise für die persönlichen Einkommen, und die Steuereinnahmen sollten ... für eigene Zwecke verwendet werden dürfen"[380].

---

[378] Siehe ausführlich: Blöchlinger, Hansjörg/Frey, Rene L., Der schweizerische Föderalismus: Ein Modell für den institutionellen Aufbau der Europäischen Union? in: Aussenwirtschaft 1992, Seite 515 – 548.

[379] Kerber, Wolfgang, Interjurisdictional Competition within the European Union, Volkswirtschaftliche Beiträge Nr. 11/1999, Marburg 1999, Seite 15.

[380] Straubhaar, Thomas, Aufstieg und Fall der europäischen Nationalstaaten, a.a.O., Seite 47. Siehe auch: Straubhaar, Thomas, Glokalisierung – Die Champions League der Agglomerationen, in: Wirtschaftsdienst 1999, Seite 574 f.

V. Relevante Determinanten des betrieblichen Standortentscheidungsprozesses

Die Mobilität von Unternehmen und Haushalten stellt – wie in Kapitel III. aus theoretischer Sicht begründet wurde – den Grundbaustein für die Funktionsfähigkeit eines evolutorischen Wettbewerbs zwischen Gebietskörperschaften dar. Daher wird die derzeit vorhandene sowie die potentielle Mobilität der Unternehmen und privaten Haushalte im folgenden geprüft. Standortrelevante Entscheidungsprozesse werden herausgearbeitet, Anforderungen an den betrieblichen Standort mit den tatsächlich vorzufindenden Standortbedingungen verglichen und der Standortfaktor kommunale Abgaben und Steuern im betrieblichen Standortentscheidungsprozeß analysiert. Die Feststellung der Relevanz einzelner Standortfaktoren findet aus Sicht der Unternehmen und privaten Haushalte statt. Der Faktor kommunale Steuern und Abgaben erfährt dabei eine intensive Betrachtung, da die an die Kommunen zu entrichtenden Abgaben als Preis der Nutzung des Standortes bzw. als Gegenleistung der Steuerpflichtigen für die Inanspruchnahme kommunaler Infrastruktur anzusehen ist. Die damit zugleich erfolgende Bewertung des Preis-Leistungs-Verhältnisses aus Sicht der Steuerpflichtigen kann Rückschlüsse auf die durch die politischen bzw. kommunalen Akteure vorgenommene oder fehlende Präferenzberücksichtigung zulassen.

1. Einführung in den betrieblichen Standortentscheidungsprozeß

Als betrieblicher Standort wird der geographische Ort definiert[381], an dem die Faktorkombination der Produktionsfaktoren erfolgt. Mit einer Entscheidung zugunsten eines Standorts wird der räumliche Bezugsrahmen für alle weiteren Entscheidungen determiniert (echte Führungsentscheidung)[382].

Als Basis der weiteren Betrachtung wird eine Grobuntergliederung eines Standortentscheidungsprozesses vorgestellt und die in Abbildung 12 dargestellte Unterteilung zu Grunde gelegt.

---

[381] Einen zusammenfassenden Überblick über klassische Standorttheorien gibt: Suntum, Ulrich van, Regionalökonomik und Standortwettbewerb, in: WiSt 1999, Seite 532 – 538, hier: Seite 534 f.
Siehe auch: Balderjahn, Ingo, Standortmarketing, Stuttgart 2000, Seite 28 – 54.
[382] Siehe: Gutenberg, Erich, Unternehmensführung, Wiesbaden 1962, Seite 59 – 75.

Abbildung 12: Ablaufschema eines Standortentscheidungsprozesses

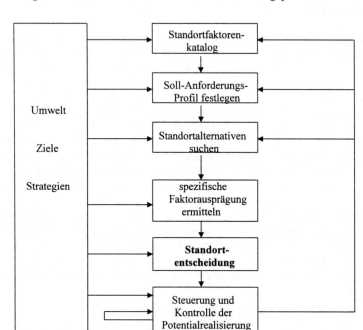

In Anlehnung an: Haug, Andreas/Wagenheim, Sascha von, Standortmanagement in der literarischen Übersicht, in: Gassert, Herbert/Horvàth, Peter (Hrsg.), Den Standort richtig wählen, Stuttgart 1995, Seite 70 – 83, hier: Seite 72.

Grundsätzlich lassen sich drei wesentliche Gründe, die zu einer strategischen In-
vestitionsentscheidung bestehender Unternehmen führen, identifizieren[383]:

1. Es erfolgt eine Neuausrichtung oder steigender Kapazitätsbedarf führt zur
   Suche nach einem neuen Standort.
2. Kapazitätsüberschüsse und die daraus resultierende Verminderung des
   Raumbedarfs können einen Suchprozess auslösen.
3. Unzulänglichkeiten des alten Standortes (Push-Faktoren) oder besondere
   Vorteile des potentiell neuen Standortes (Pull-Faktoren) leiten diesen Prozess
   ein.

---

[383] Daneben sind insbesondere die Neugründung eines Unternehmens sowie die Schließung
des gesamten Unternehmen oder von Teileinheiten anzuführen.

2. Teilaspekte betrieblicher Standortentscheidungen

Die angeführten Auslöser einer Entscheidung, die den Kapitalwert einer Investition bedingt durch die standortabhängigen Zahlungsströme begründet, determinieren unterschiedliche Konsequenzen hinsichtlich der Festlegung unternehmerischer Aktivitäten für bzw. gegen einen Standort (konstitutive Entscheidung). Dabei besitzt der Standort – unter einer ceteris paribus Betrachtung – den höchsten Kapitalwert, der die minimalsten abgezinsten Steuerzahlungen (Steuerbarwert) aufweist. Als Konsequenzen, die aus einem Standortentscheidungsprozeß resultieren können, sind nachfolgende Aspekte anzuführen[384]:

1. Veränderungen innerhalb des Unternehmens selbst. Dies umfasst sowohl Verlagerungsaktivitäten des gesamten Unternehmens, von Teilbetrieben, Ausbau oder die Schrumpfung eines Standortes zulasten bzw. zugunsten anderer Standorte.
2. Die Erweiterung des Unternehmens. Sowohl die Gründung, Neuerrichtung von Zweigstellen, Betriebsübernahmen und Erweiterungen, die nicht auf Kosten anderer Standorte geht, wird hierunter subsumiert.
3. Die Schrumpfung des Unternehmens. Die Aufgabe und Verkleinerung von Standorten führt zu standortrelevanten Entscheidungen.
4. Neugründungen: Diese beinhalten sowohl die Existenzgründungen[385] als auch sog. unechte Gründungen (z.B. Spin-offs von Unternehmensabteilungen, die in Abhängigkeit verbleiben).
5. Bleibeentscheidungen, d.h. nach einer Standortalternativensuche wird dem aktuellen Standort der Vorzug gegeben.

Eine vorzunehmende Wahl zwischen konkurrierenden Standortalternativen mit abweichenden Faktorausprägungen und Standortnutzungspreisen (Steuern) stellt sich bei den Punkten 1. – 4. hinsichtlich folgender Teilaspekte bzw. Schritte[386]:

---

[384] Siehe: Grabow, Busso/Henckel, Dietrich/Hollbach-Grömig, Beate, Weiche Standortfaktoren, Stuttgart/Berlin/Köln 1995, Seite 153 f.

[385] Gemäß einer Untersuchung in Baden-Württemberg erfolgen 70 % der Existenzgründungen in der Gemeinde, in der der eigene Wohnsitz liegt.
Siehe: Schmude, Jürgen, Geförderte Unternehmensgründungen in Baden-Württemberg, Habil.-Schr. Universität Heidelberg 1993, Stuttgart 1994, Seite 79; Schmude, Jürgen, Qualifikation und Unternehmensgründung, in: GZ 1994, Seite 166 – 179, hier: Seite 174 und Schmude, Jürgen, Zur Standortwahl von Unternehmensgründungen, in: Internationales Gewerbearchiv 1995, Seite 238 – 251 hier: Seite 244.
Bestätigt wird diese hohe Zahl durch eine Untersuchung in der deutsch-niederländischen Grenzregion. Hier geben mehr als 55 % an, eine Gründung am Wohnort vornehmen zu wollen.
Siehe: Janssen, Manfred, Mobilität und regionalökonomisches Entwicklungspotenzial, Diss. Universität Osnabrück o.J., Opladen 2000, Seite 308.

[386] Siehe: Brockfeld, Henning, Regionen im Wettbewerb unter dem Gesichtspunkt ihrer Standortqualität, Diss. Universität München 1997, o.O. 1998, Seite 47 – 53; Offerhaus, Peter, Einfluß der Steuern auf die Standortwahl, Diss. Universität München 1995,

1. Internationale Standortwahl: Die Entscheidung erfolgt bezogen auf eine Aktivität im Inland bzw. Ausland.
2. Interlokale Standortwahl: Dies umfasst die Entscheidung hinsichtlich der Lage des Unternehmens im nationalen Kontext – bspw. in welchem Bundesland oder in welcher Region.
3. Lokale Standortwahl: Es erfolgt die Auswahl nach dem günstigsten gemeindlichen Standort.
4. Innerbetriebliche Standortwahl: Dies betrifft die Anordnung der einzelnen Betriebsabteilungen am Standort.

Dabei ist festzustellen, dass Standortentscheidungen sich vorrangig innerhalb eines begrenzten Radius bewegen: Eine deutschlandweite Untersuchung belegt, dass lediglich 27 % der Unternehmen, die eine Verlagerung durchführten, diese über eine Distanz von mehr als 49 Kilometer hinaus vorgenommen haben. Dagegen bewegen sich 55 % in einem Radius von unter 20 Kilometer[387]. Bestätigt werden diese Daten durch eine 1999 durchgeführte Untersuchung bei Wirtschaftsförderern: Insgesamt stammten 65,2 % der von den befragten angesiedelten Unternehmen aus einem Umkreis von bis zu 50 Kilometern[388]. Eine Untersuchung in Sachsen ergab ein vergleichbares Bild: Von den Unternehmen, die eine Verlagerung planten (14 %), beabsichtigten 79 % sich in einem Umkreis von 30 Kilometern neu anzusiedeln[389].

Die herausragende Bedeutung der lokalen Standortwahl in diesem Zusammenhang wird deutlich. Gleichzeitig kann der Rückschluss getroffen werden, dass die Migrationskosten, d.h. die Suchkosten, Raumüberwindungskosten und die sozialen Kosten zum einen einen wesentlichen Einfluss auf die Auswahl des neuen Standortes besitzen[390]. Zum anderen wird durch die dezentrale

---

Heidelberg 1996, Seite 41 – 47 und Wöhe, Günter/Döring, Ulrich, Einführung in die Allgemeine Betriebswirtschaftslehre, 20. Auflage, München 2000, Seite 338 – 346.

[387] Siehe Grabow, Busso/Henckel, Dietrich/Hollbach-Grömig, Beate, a.a.O., Seite 165.
Diese Untersuchung umfasst 30 % aller Beschäftigten mit folgenden Beschäftigungsanteilen: Unternehmen mit 10 – 19 Beschäftigten 13,79 %, mit 20 – 99 Beschäftigten 29,84 %, mit 100 – 499 Beschäftigten 28,78 %, mit 500 – 999 Beschäftigten 10,08 % und mit über 1000 Beschäftigten 17,51 %.

[388] Siehe: ExperConsult (Hrsg.), Wo steht die Wirtschaftsförderung in Deutschland?, o.O. o.J., Seite 25 (unveröffentlicht).

[389] Siehe: Sächsisches Ministerium für Wirtschaft und Arbeit (Hrsg.), Unternehmensnahe Dienstleistungen im Freistaat Sachsen, Dresden 1999, Seite 275.
Die durchschnittliche Anzahl der Beschäftigten der einbezogenen Unternehmen betrug in der Industriebranche 43, der Baubranche 40 und der unternehmensnahen Dienstleister 38 Beschäftigte. 80 % der Unternehmen sind dem Dienstleistungssektor, 15 % dem verarbeitenden Gewerbe und 5 % dem Baugewerbe zuzuordnen. Insgesamt wurden die Daten von 1.400 Unternehmen ausgewertet.

[390] Ein Modell von hochmobilen „Briefkastenfirmen" und auf dem Einfluss der Gewerbesteuerhebesätze auf deren Standortentscheidungen zeigt: Lucke, Bernd, Zur Theorie der Nivellierungssteuerhebesätze, in: Finanzarchiv 1994, Seite 212 – 233.

Organisation der Aufgaben auf kleinster Stufe (Kommunen) den verlagerungswilligen Unternehmen eine breite Auswahl zwischen Steuer-Leistungs-Paketen ermöglicht, so dass die Anforderungen des Unternehmens bzw. die individuellen Präferenzen des Unternehmers besser erfüllt werden können. Dabei hängt die einer subjektiven Bewertung unterliegende Einschätzung der Standortfaktoren durch den unternehmerischen Entscheidungsträger von vier Gesichtspunkten ab[391]:

1. Information des Entscheidungsträgers über aktuelle Standortfaktoren des derzeitigen Standortes und deren zukünftige Entwicklung.
2. Informationen über Standortfaktoren alternativer Standorte.
3. Gewichtung der Standortfaktoren entsprechend der Wert- und Nutzenvorstellung des Entscheidungsträgers.
4. Der Existenz nichtrationaler Verhaltensmuster.

3. Relevante Standortfaktoren

3.1 Klassifikation von Standortfaktoren

Standortentscheidungen von Unternehmen werden durch eine Vielzahl von Faktoren in Abhängigkeit vom Unternehmenstyp beeinflusst. In Anlehnung an Domschke/Drexl[392] lässt sich folgende grundsätzliche Klassifikation von Standortfaktoren vornehmen[393]:

• Grund und Boden: Lage und Größe, Expansionsmöglichkeiten, Erschließung und Bebauungsvorschriften.

---

[391] Siehe teilweise auch: Bruder, Gabriele, Der Gewerbesteuersatz als Lokalisationsfaktor bei der Standortwahl chemischer Betriebe an ausgewählten Beispielen, Diss. Universität Frankfurt 1988, o.O. 1988, Seite 61.

[392] Siehe: Domschke, Wolfgang/Drexl, Andreas, Logistik: Standorte, 4. Auflage, München/Wien 1996, Seite 9.

[393] Die erste systematische Unterteilung und Zuordnung von Standortfaktoren wurde von Alfred Weber durchgeführt. Dabei sind unter einem Standortvorteil Kostenvorteile zu verstehen, die ein bestimmter Standort bietet. Weber unterteilte zwischen generellen Standortfaktoren (Transportkosten, Arbeitskosten und Grundrente) und speziellen Standortfaktoren (Verderblichkeit der Rohstoffe, Abhängigkeit von Wasser und Verfügbarkeit größerer Energiemengen).
Siehe: Weber, Alfred, Standort der Industrie, Tübingen 1909, Seite 18 f.
Seitdem sind eine Vielzahl von Standortfaktorkatalogen erstellt worden.
Siehe bspw.: Bloech, Jürgen, Industrieller Standort, in: Schweitzer, Marcell (Hrsg.), Industriebetriebslehre, 2. Auflage, München 1994, Seite 61 – 147, hier: Seite 65 f; Haupt, Reinhard, Industriebetriebslehre, Wiesbaden 2000, Seite 41; Lüder, Klaus, Standortwahl, in: Jacob, Herbert (Hrsg.), Industriebetriebslehre, 4. Auflage, Wiesbaden 1990, Seite 25 – 100, hier: Seite 35 f und Weber, Helmut Kurt, Industriebetriebslehre, 3. Auflage, Berlin/Heidelberg/New York 1999, Seite 66 – 68.

- Verkehr und Transport: Straßen- und Schienennetz, Binnenschifffahrt bzw. Seehafen, Flughafen und öffentliche Verkehrsmittel.
- Produktion: Klimatische Bedingungen, Ersatz für Maschinen, Arbeitszeitenregelungen, Streikhäufigkeit.
- Investition und Finanzierung: Bauunternehmen, Investitionsgüterhersteller, Kreditunternehmen, potentielle Aktionäre bzw. Gesellschafter, Fremdkapitalgeber.
- Allgemeine Infrastruktur: Wohnraum, Bildungseinrichtung, kulturelle Einrichtungen, medizinische Versorgung, Telekommunikationsverbindungen.
- Arbeitskräfte: Potential (Anzahl), Ausbildungsstand, Flexibilität, Belastbarkeit.
- Beschaffung und Entsorgung: Roh-, Hilfs- und Betriebsstoffe, Energie, Wasser, Abfallbeseitigung.
- Umweltschutz: Auflagen, allgemeiner Umweltstandard, Umweltverhalten der Konsumenten.
- Absatz: Bevölkerungspotential, Konsumgewohnheiten, Kaufkraft, absatzfördernde Einrichtungen, Konkurrenz.
- Öffentliche Hand: Bevölkerungspotential, Wirtschaftsförderungsmaßnahmen, Subventionen, Steuergesetzgebung, Steuervergünstigungen.
- Persönliche Präferenzen: Wohnlage, Erholungs- und Urlaubsmöglichkeiten, kulturelles Angebot, Einkaufsmöglichkeiten.

Grundsätzlich lassen sich einzelne Standortfaktoren eher als harte (d.h. in Kostenvor- bzw. -nachteilen messbare und i.d.R. objektive Faktoren), andere eher als weiche (d.h. nicht direkt messbare und i.d.R. subjektive Faktoren) einordnen (Abbildung 13). Als bedeutsamste harte Standortfaktoren werden branchenübergreifend neben Grund und Boden Verkehrsanbindung und Arbeitsmarkt eingestuft (Abbildung 14). Daneben wird bei den weichen Standortfaktoren differenziert zwischen weichen unternehmensbezogenen Faktoren, die eine unmittelbare Wirksamkeit für die Unternehmung aufweisen (z.B. Wirtschaftsklima und das Verhalten der öffentlichen Verwaltung), und weichen personenbezogenen Faktoren, die die Präferenzen der Individuen darstellen (z.B. Freizeit- und Wohnwert). Diese besitzen für die Unternehmen selbst nur geringe direkte Auswirkungen, allerdings können die indirekten Wirkungen z.B. auf die Arbeitsmotivation oder die Verfügbarkeit qualifizierter Kräfte erheblich sein. Die Bedeutung der weichen Standortfaktoren – insbesondere des Wohnwertes – im Rahmen von unternehmerischen Standortentscheidungsprozessen hat in den letzten Jahren erheblich zugenommen (Abbildung 14 und 15).

In der Bewertung der Standortfaktoren zeigt sich, dass insbesondere harte Standortfaktoren von den Unternehmen als sehr oder eher wichtig eingestuft werden (Abbildung 12).

Abbildung 13: Harte und weiche Standortfaktoren

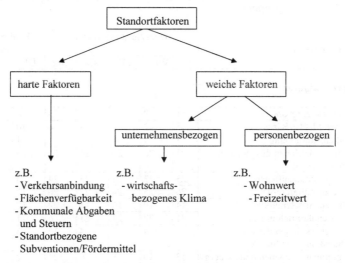

z.B.
- Verkehrsanbindung
- Flächenverfügbarkeit
- Kommunale Abgaben
  und Steuern
- Standortbezogene
  Subventionen/Fördermittel

z.B.
- wirtschafts-
  bezogenes Klima

z.B.
- Wohnwert
- Freizeitwert

In Anlehnung an: Bauer, Claus, Der Dienstleistungsstandort Rheinland-Pfalz, Diss. Universität Mainz 2000, Frankfurt 2001, Seite 52.

Abbildung 14: Wichtigkeit von Standortfaktoren

Standortfaktor	sehr wichtig	eher wichtig	sehr und eher wichtig
Verkehrsanbindung	65,1 %	28,4 %	93,5 %
Wohnen und Wohnumfeld	33,5 %	49,9 %	83,4 %
Verfügbarkeit qualifizierter Arbeitnehmer	47,9 %	35,1 %	83,0 %
Kommunale Gebühren, Abgaben und Steuern	45,0 %	33,8 %	78,8 %
Wirtschaftspolitisches Klima im Bundesland	38,3 %	38,7 %	77,0 %
Kosten Gebäude und Büros	41,7 %	34,9 %	76,6 %
Unternehmensfreundlichkeit der kommunalen Verwaltung	36,1 %	39,7 %	75,8 %
Flächenverfügbarkeit	33,8 %	39,9 %	73,7 %
Umweltschutzauflagen am Ort	34,0 %	35,5 %	69,5 %
Nähe zu Absatzmärkten	38,3 %	25,2 %	63,5 %
Subventionen und Fördermittel	33,8 %	28,2 %	62,0 %

In Anlehnung an: Grabow, Busso/Henckel, Dietrich/Hollbach-Grömig, Beate, a.a.O., Seite 224.

Werden die Ergebnisse nach einzelnen Wirtschaftszweigen aufgeschlüsselt, ergibt sich die in Abbildung 15 dargestellte Rangfolge der Bedeutung einzelner Faktoren.

Abbildung 15: Standortfaktorrangfolge nach Wichtigkeit und Wirtschafts-gruppen

Standortfaktor	Dienstleistungssektor					Produzierendes Gewerbe		
	KV	WKV	uD	sD	Org	GP	I	VG
Harte Faktoren								
Flächenverfügbarkeit	11	9	4	3	3	8	9	12
Kosten Fläche/Büros	5	2	2	5	4	10	6	9
Verkehrsanbindung	1	1	1	1	1	1	1	1
Nähe zu Betrieben des gleichen Unternehmens	23	26	26	26	20	26	25	22
Umweltschutzauflagen	25	23	23	25	24	3	8	2
Nähe zu Zulieferern	26	25	24	22	26	17	14	16
Nähe zu Absatzmärkten	14	19	16	11	22	12	11	7
Hochschuleinrichtungen	21	22	21	21	6	21	22	24
Verfügbarkeit qualifizierter Arbeitskräfte am Standort	3	4	3	4	10	5	2	5
Kommunale Abgaben und Steuern	13	10	8	6	21	2	3	2
Subventionen/Fördermittel	24	20	17	15	19	16	10	11
Weiche unternehmensbezogene Faktoren								
Unternehmensfreundlichkeit der Verwaltung	10	15	12	7	12	7	7	4
Wirtschaftsklima im Bundesland	4	5	7	2	7	9	4	8
Image Stadt/Region	6	11	10	12	11	18	19	20
Image des direkten Standortes	9	6	6	10	9	15	17	17
Weiche personenbezogene Faktoren								
Attraktivität der Stadt	15	13	19	14	4	23	21	21
Attraktivität der Region	18	12	15	20	13	20	18	18
Kulturangebot	20	16	20	17	17	22	23	25
Stadtteilkultur	22	18	25	23	23	24	26	26
Beschaulichkeit des städtischen Lebens	19	24	22	24	25	25	24	23
Umweltqualität	16	8	9	13	8	6	13	10
Wohnen/Wohnumfeld	2	3	5	9	5	4	5	6
Freizeitmöglichkeiten	17	7	13	19	15	14	6	15
Schulen/Ausbildungsstätten	8	14	11	18	16	13	12	14
Karrieremöglichkeiten	12	17	18	16	18	19	20	19

KV = Kreditinstitute und Versicherungsgewerbe [umfasst die Nummern der Systematik der Wirtschaftszweige des Statistischen Bundesamtes 60 (Kreditinstitute) und 61 (Versicherungsgewerbe)].

WKV = Wissenschaft, Kultur und Gewerbe [umfasst 751 (Wissenschaft, Forschung, Unterricht), 755 (Kultur, Kunst, Sport, Unterhaltung) und 76 (Verlagsgewerbe)].

uD = Unternehmensorientierte Dienstleistungen [umfasst 781 (Rechts-, Steuerberatung, Wirtschaftsprüfung und -beratung), 784 (Technische Beratung und Planung), 787 (Werbung) und 789 (andere Dienstleistungen für Unternehmen)].

sD = Sonstige unternehmensorientierte Dienstleistungen [umfasst Dienstleistungen, anderweitig nicht genannt (z.B. Makler)].

Org. = Organisationen ohne Erwerbszweck [umfasst 81 (Organisationen ohne Erwerbszweck, nicht für Unternehmen tätig) und 83 (Organisationen ohne Erwerbszweck, für Unternehmen tätig)].

GP = Grundstoff- und Produktionsgüterindustrie.

I = Investitionsgüterindustrie.

VG = Verbrauchsgüter-, Nahrungs- und Genussmittelindustrie.

Quelle: Bauer, Claus, a.a.O., Seite 60 f.
Basierend auf: Grabow, Busso/Henckel, Dietrich/Hollbach-Grömig, Beate, a.a.O., Seite 278 f.

3.2 Bewertung der Standortfaktorkombinationen

Die Anforderungen der Unternehmen an einen Standort unterscheiden sich grundlegend. Neben der Art des Unternehmens (z.B. Betrieb des produzierenden Gewerbes vs. Dienstleistungsunternehmen) determinieren die Ziele, die im Unternehmen verfolgt werden, die Kosten, die der Standort verursacht, die soziokulturellen Rahmenbedingungen und die subjektiven Einschätzungen des unternehmerischen Entscheidungsträgers die Standortanforderungen. „Außerdem sind die Anforderungen nicht statisch, sondern unterliegen Entwicklungen in Wirtschaft und Gesellschaft, so dass Standortfaktoren, die heute entscheidend sind, morgen schon keine Bedeutung mehr besitzen können"[394].

Obwohl die Anforderungen der Unternehmen grundsätzlich unterschiedliche Ausprägungen erfahren[395], heben sich einzelne Faktoren durch ihre Allgemeingültigkeit und als Grundvoraussetzung für eine Standortwahl hervor. Harte Standortfaktoren dominieren in diesem Zusammenhang – wie dargestellt – eindeutig. Neben den Faktorbedingungen sind für die Unternehmen und deren Standortwahl weitere – hier nur kurz skizzierte – Faktoren von wesentlicher Bedeutung. Insbesondere branchenspezifische spezielle Faktoren eines Standortes erfahren eine herausragende Bedeutung bei der Bewertung des Standortes und

---

[394] Götz, Christian, Kommunale Wirtschaftsförderung zwischen Wettbewerb und Kooperation, Diss. Universität Regensburg 1998, Hamburg 1999, Seite 40.

[395] Einen Überblick über verschiedene Verfahren zur Ermittlung des optimalen Standortes gibt bspw.: Lüder, Klaus, Verfahren zur Planung betrieblicher und innerbetrieblicher Standorte, a.a.O..
Siehe auch: BMWi (Hrsg.), GründerZeiten – Thema: „Standortwahl", Berlin 2001, Seite 1.

zeigen die wichtigste Bezugsebene zur Erklärung der Standortwettbewerbsfähig-keit auf[396]. Sowohl die Unternehmensstrategie, Struktur und Wettbewerb, die Nachfragebedingungen, die Existenz verwandter und unterstützender Branchen als auch der Staat und der Zufall begründen den Standort eines Unternehmens. Die Möglichkeiten einer Vernetzung bzw. Clusterbildung sind als (notwendige) Wettbewerbsvorteile hervorzuheben. Zudem spielt Druck eine herausragende Rolle: Druck der Konkurrenz, Druck anspruchsvoller Nachfrager, Druck aggressiver Zulieferer, Druck, Basisnachteile auszugleichen. Nur auf diesem Weg werden dynamische Innovationsprozesse gestartet und in Gang gehalten.

Unterstützt werden diese Aussagen unter anderem durch eine Studie über das Standortwahlverhalten in Thüringen: Demnach waren insbesondere die Nähe zu Zulieferern/Abnehmern oder Kooperationspartnern und die Konzentration auf besonders wichtige Standortanforderungen als Hauptkriterien und -vorgehens-weisen bei der Suche des zukünftigen Standorts auszumachen (Ab-bildung 16)[397]. Bestehende oder zukünftige Netzwerke und die Einbettung in Zulieferer-, Absatz- oder Kooperationsbeziehungen werden nicht gefährdet. Dies geht einher mit der Beobachtung, dass sich Standortverlagerungen i.d.R. im Radius von unter 30 Kilometer vollziehen und unterstützt diese Feststellung.

Kritisch bleibt anzumerken, dass eine Clusterbildung nicht a priori eine inno-vative Agglomeration darstellt. Branchenmäßige und räumliche Verdichtungen dürfen nicht nur positiv bewertet werden – so können ehemals erfolgreich im Wettbewerb positionierte Unternehmen durch eine Art „Inzucht" notwendige Strukturwandlungen behindern oder verschlafen[398].

---

[396] Siehe: Porter, Michael E., The Competitive Advantage of Nations, in: Harvard Business Review März/April 1990, Seite 73 – 93 und Porter, Michael E., The Competitive Advantage of Nations, London/Basingstoke 1990, Seite 163.
Dabei diskutiert Porter Wettbewerbsvorteile von Staaten und entwickelt einen „national diamond". Die Übertragung bzw. Ableitung dieses Staatenwettbewerbs auf die Unter-nehmensebene bzw. den Standortentscheidungsprozeß erfolgt zu einem Standort-Diaman-ten, der die Bausteine Porters in Analogie überträgt.
Siehe hierzu: Martin, Armin, Anwendungsorientierte Instrumentalisierung des Porterschen Diamantmodellansatzes zur Standortanalyse, Diss. Universität Rostock 1996, o.O. o.J..
[397] Siehe: Spieß, Steffen, Das Standortwahlverhalten von Investoren in Thüringen, Ilmenau 1999, Seite 18 f.
[398] Siehe hierzu: Thierstein, Alain, Auf der Suche nach der regionalen Wettbewerbsfähigkeit – Schlüsselfaktoren und Einflußmöglichkeiten, in: RuR 1996, Seite 193 – 202, hier: Seite 195 f.

Abbildung 16: Vorgehen bei der Standortsuche

Vorgehen bei der Standortwahl	
Konzentration auf besonders wichtige Standortanforderungen	28,5 %
Orientierung an der Nähe zu (potentiellen) Zulieferern/Abnehmern oder Kooperationspartnern	24,4 %
Vorgabe von Mindestanforderungen	15,4 %
Stufenweise Standortentscheidung	10,6 %
Beschränkung auf das Wohnumfeld des Inhabers	8,9 %
Orientierung an Standorten erfolgreicher Unternehmen	7,3 %
Intuitiv	4,9 %

Quelle: Spieß, Steffen, Das Standortwahlverhalten von Investoren in Thüringen, a.a.O., Seite 18 f.

4.   Standortdynamik

4.1   Unternehmerische Standortentscheidungsprozesse

Die Anzahl von Standortentscheidungsprozessen ist erheblich[399]. Eine deutschlandweite Untersuchung von Unternehmen der Industrie und des Dienstleistungssektors mit mehr als zehn Beschäftigten zeigt auf, dass in den letzten fünf Jahren 35 % der Betriebe standortrelevante Entscheidungen getroffen haben[400]. Im einzelnen ergibt sich gemäß der unter Kapitel IV.1. aufgezeigten Unterteilung die in Abbildung 17 dargestellte Differenzierung.

Legt man die Ergebnisse dieser Untersuchung für eine Hochrechnung mit nicht erfassten Betriebstypen und Branchen zugrunde, bedeutet dies, dass jährlich 64.000 Unternehmen mit 1,3 Mio. Beschäftigten standortrelevante Entscheidungen treffen[401].

Eine Untersuchung der IHK Ostwestfalen zu Bielefeld zeigt ein ähnliches Bild: Rund 18 % der Unternehmen des Kreises Herford mit 23 % der Beschäftigten planen, den bestehenden Unternehmensstandort auszubauen. Dagegen beabsichtigen 16 % der Unternehmen mit 33 % der Beschäftigten Investitionen an anderen Standorten als Herford zu tätigen. Zudem streben ca. 4,3 % der Unternehmen eine Verlagerung von ganzen Betriebsteilen in andere Gemeinden und ca. 2,6 % eine komplette Verlagerung des Unternehmens an[402]. Dies bedeutet,

---

[399] Siehe hierzu: Schnurrenberger, Bernd, Standortwahl und Standortmarketing, Diss. Universität Potsdam 2000, Berlin 2000.

[400] Siehe: Grabow, Busso/Henckel, Dietrich, Hollbach-Grömig, Beate, a.a.O., Seite 159 – 162.

[401] Siehe: Ebenda, Seite 161.

[402] Siehe: IHK Ostwestfalen zu Bielefeld (Hrsg.), Kreis Herford als Unternehmensstandort, o.O. 1997, Seite 19 – 26.

dass sich zum Zeitpunkt der Erhebung mehr als 40 % der Unternehmen in einem Standortentscheidungsprozeß befinden. Bestätigt wird die zunächst geringe Zahl von Unternehmen, die eine komplette Verlagerung in eine andere Kommune anstreben, von der IHK Stuttgart. Hier wurde in einer Studie der Jahre 1996 – 1999 festgestellt, dass jährlich bei ca. 2 % der ansässigen Firmen ein vollständiger Betriebswechsel über Gemeindegrenzen hinweg erfolgt[403]. Hervorzuheben bleibt auch, dass eine relativ große Zahl von Unternehmen, die einen Standortentscheidungsprozeß durchführen, am alten Standort verbleiben. So trafen beispielsweise in München 35 %[404], in Berlin 28 %[405] der sich in einem Standortentscheidungsprozeß befindenden Unternehmen eine Bleibeentscheidung.

Abbildung 17: Standortbewegungen deutscher Unternehmen

Art der Standortentscheidung	durchgeführt	geplant
Standortschließung	7 %	13 %
Betriebsverlagerung	8 %	14 %
Aus-/Verlagerung von Betriebsteilen	25 %	22 %
Ausbau auf Kosten anderer Standorte	12 %	9 %
Eröffnung von Zweigbetrieben	37 %	20 %
Neugründungen im Ausland	19 %	16 %
Neugründungen in Deutschland	40 %	22 %

Mehrfachnennungen waren möglich.

In Anlehnung an: Grabow, Busso/Henckel, Dietrich/Hollbach-Grömig, Beate, a.a.O., Seite 160.

Für die Zukunft ist mit einer erheblichen Steigerung der Standortdynamik zu rechnen. Als Ursachen können in diesem Zusammenhang sowohl fortschreitende unternehmensinterne Umstrukturierungsmaßnahmen mit Flächenanpassungen (z.B. Lean production), die Abnahme der Fertigungstiefe, die Verflechtung und Internationalisierung der Produktionsprozesse als auch die Verkürzung der Produktionszyklen und den daraus resultierenden Anforderungen an Produktion und Standortbedarf genannt werden (kritische Erfolgsfaktoren). Insbesondere durch die Verkürzung von Produktionszyklen entstehen erhebliche Einflüsse auf Standortentscheidungen und können letztlich zu einem vermehrten Standortwechselverhalten führen. Zudem sei nochmals auf die Veränderungen des Unternehmensumfeldes, welches Leistungen nachfragt und zugleich

---

[403] Siehe: IHK Stuttgart (Hrsg.), Region Stuttgart, Stuttgart 2000, Seite 1. Insgesamt wurden die Daten von ca. 36.000 Firmen des Bezirks der IHK Stuttgart in die Untersuchung einbezogen.

[404] Siehe: Grabow, Busso u.a., Bedeutung weicher Standortfaktoren in ausgewählten Städten, Berlin 1995, Seite 125.

[405] Siehe: Ebenda, Seite 64.

Rahmenbedingungen setzt, hingewiesen. Auch hier erfolgt eine stetige Weiterentwicklung – ebenso wie bei den Standort(-faktor)en selbst. Die Qualität einzelner Standorte hängt nicht zuletzt von der Weiterentwicklung der Alternativstandorte ab[406]. Daraus folgt zugleich, dass bei jeder Investition der Standort und somit der betriebswirtschaftliche Erfolg überprüft werden müssen.

Entscheidend für eine positive Entwicklung der Vermögens- und Ertragslage des Unternehmens ist die Übereinstimmung zwischen Standortbedingungen und Standortanforderungen[407]. Dabei sind die Standortbedingungen jedoch nicht fest vorgegeben. Sie werden in sozialen bzw. gesellschaftlichen Prozessen „produziert". Insbesondere folgende Abläufe sind hervorzuheben[408]:

- Strategien „großer" Unternehmen, die aufgrund ihrer Nachfrage nach Infrastruktur und Teilnehmern im wirtschaftlichen Leben die Entstehung dieser Strukturen erst bewirken.
- Konflikte zwischen Arbeit und Kapital, die bspw. die lokalen Arbeitsbedingungen und ggf. die Lohnkosten beeinflussen.
- Die Infrastrukturpolitik, die Ausrichtung der Wirtschaftspolitik und im speziellen der Steuerpolitik.

4.2 Mobilität privater Haushalte

Die Mobilität von privaten Haushalten kann zumindest auf regionaler Ebene bereits jetzt als relativ hoch angesehen werden und wird weiter zunehmen[409], obwohl mit einer Wanderungsentscheidung ein Tausch sicherer Fixkosten in der Gegenwart mit unsicheren Erträgen in der Zukunft einhergeht[410]. Im Vergleich

---

[406] Dabei sei darauf hingewiesen, dass sich Steuer-Leistungs-Pakete von benachbarten Gemeinden derzeit ähneln. Zugleich beeinflussen die Entscheidungen der Kommunalregierung hinsichtlich der Steuerlast (bspw. durch Festlegung des Hebesatzes) zugleich Entscheidungen der Nachbargemeinden, inwieweit Hebesatzspannwerte ausgeschöpft werden können.
Siehe: Büttner, Thiess, Nationaler und regionaler Steuerwettbewerb – Problematik und empirische Relevanz, in: Beihefte der Konjunkturpolitik 1999 – Fiskalischer Föderalismus in Europa, Seite 109 – 142, hier: Seite 137.

[407] Eine Systematisierung der Standortfaktoren am Rentabilitäts- und Wirtschaftlichkeitsprinzip wurde erstmalig von Behrens durchgeführt.
Siehe: Behrens, Karl Christian, Allgemeine Standortbestimmungslehre, Köln/Opladen 1961.

[408] Siehe: Schnurrenberger, Bernd, a.a.O., Seite 77.

[409] So auch: BMF (Hrsg.), Jahreswirtschaftsbericht 2001, Berlin 2001, Seite 22 und Straubhaar, Thomas, Brain Gain: Wohin gehen die Wissensträger in Zukunft?, in: ORDO 1999, Seite 233 – 257, hier: Seite 246 – 249.

[410] Siehe auch: Straubhaar, Thomas, Druck und/oder Sog: Migration aus ökonomischer Sicht, in: Knapp, Manfred (Hrsg.), Migration im neuen Europa, Stuttgart 1994, Seite 69 – 96, hier: Seite 74.

zu zwischenstaatlichen Wanderungsprozessen fallen auf regionaler Ebene wesentliche Mobilitätshemmnisse (z.B. Sprachbarrieren) weg. Hierbei kann auf Ergebnisse verwiesen werden, die aus zwischenstaatlichen Betrachtungen resultieren[411]. So geben 27,5 % der Deutschen der deutsch-niederländischen Grenzregion an, für einen attraktiven Arbeitsplatz voraussichtlich in das Nachbarland umziehen zu wollen[412]. Blendet man die Staatsebenen aus, existiert damit bereits heute eine relativ hohe interkommunale Wanderungsbereitschaft. Zudem würden etwa 14 % der Deutschen der deutsch-niederländischen Grenzregion nach eigener Einschätzung für einen attraktiven Arbeitsplatz vermutlich auch in andere EU-Staaten (als Deutschland oder Niederlande) ziehen, mehr als 5 % sogar ohne Zweifel[413].

Im Grenzgebiet des Saarlandes zu Lothringen findet sich ebenfalls eine erhebliche grenzüberschreitende Mobilität. Die hier festzustellende wachsende Wohnmobilität beruht auf dem Erwerb von Immobilien, die jenseits der Landesgrenze erworben und als Hauptwohnsitz genutzt werden. Die Immobilienpreise bewegen sich um 30 % – 50 % unter dem saarländischen Niveau. Zugleich wird eine Abwanderung durch eine grenzüberschreitende Straßeninfrastruktur und Kooperationen im ÖPNV begünstigt[414].

Eine hohe Mobilität findet sich auch bei Hochschulabsolventen[415]. So wurde bei einer Untersuchung der Absolventen der Universität Osnabrück nahezu eine 50 %ige Mobilitätsbereitschaft festgestellt (siehe Abbildung 18). Dabei ist die Mobilitätsbereitschaft von einer Vielzahl individueller Faktoren abhängig. So erfahren soziale bzw. familiäre Bindungen eine wesentliche Berücksichtigung,

---

[411] Vergleichend zwischen Europäischer Union und den USA siehe: Freisl, Josef, Die berufliche und räumliche Mobilität auf dem Arbeitsmarkt, Diss. Universität Augsburg 1994, München 1994.

[412] Siehe: Janssen, Manfred, a.a.O., Seite 249.
12,8 % geben an, den Umzug ohne Zweifel durchführen zu wollen.
Insgesamt wurden 2.203 Personen befragt.

[413] Siehe: Ebenda, Seite 249 f.
Eine Studie von PriceWaterhouseCoopers bestätigt, dass 14 % der Deutschen bereit sind, im Ausland zu leben und zu arbeiten. Die in der Studie vorgenommene Einschätzung, dass die Mobilität daher grundsätzlich gering sei, wird allerdings zurückgewiesen. Geht man davon aus, dass durch die genannten Mobilitätshemmnisse im internationalen Bereich die nationale bzw. regionale Mobilität wesentlich größer ist, wird diese Einschätzung aus nationaler Sicht relativiert.
Siehe: O.V., Mobilität von Mitarbeitern in Europa gering, in: FAZ vom 11. März 2002, Seite 26.

[414] Siehe: Ramm, Michael, Saarländer im grenznahen Lothringen, in: GR 1999, Seite 110 – 115, hier: Seite 110 f.

[415] Zur Mobilitätsbereitschaft von Studienanfängern siehe bspw.: Nutz, Manfred, Räumliche Mobilität der Studierenden und Struktur des Hochschulwesens in der Bundesrepublik Deutschland, Diss. Universität Köln 1990, Köln 1991.

aber auch das Geschlecht besitzt einen bedeutenden Einfluss[416]. Ein weiterer wesentlicher Gesichtspunkt ist, ob sich die Universitätsstadt in einem peripheren Gebiet oder einer bedeutenden Agglomeration befindet. Die Mobilitätsbereitschaft aus peripheren Gebieten dürfte in Abhängigkeit vom Arbeitsmarkt tendenziell höher sein. Auch der Studiengang beeinflusst die Mobilitätsbereitschaft erheblich. Zu den mobilsten Absolventen gehören vor allem Wirtschaftswissenschaftler[417].

Abbildung 18: Regionale Mobilitätsbereitschaft und tatsächliches Wanderungsverhalten

Tatsächliches Wanderungsverhalten Mobilitätsbereitschaft	Fern- wanderung	Regional- wanderung	Nah- wanderung	keine Wanderung	Insgesamt
Hohe Mobilitätsbereitschaft	12,7 %	14,0 %	5,7 %	16,6 %	49,0 %
Mittlere Mobilitätsbereitschaft	1,3 %	2,5 %	2,5 %	8,3 %	14,6 %
Geringe Mobilitätsbereitschaft	4,5 %	6,4 %	11,5 %	14,0 %	36,4 %
Insgesamt	18,5 %	22,9 %	19,7 %	38,9 %	100,0 %

Auswertung basierend auf: Rolfes, Manfred, Regionale Mobilität und akademischer Arbeitsmarkt, Diss. Universität Osnabrück 1995, Osnabrück 1996, Seite 159.

Fernwanderung	=	Wanderung über die Grenzen des Bundeslandes hinaus. Ausgenommen sind Nahwanderungen in einen unmittelbar benachbarten, aber einem anderen Bundesland angehörenden Landkreis. Sämtliche sozialen bzw. lokalen Netzwerke werden aufgegeben.
Regionalwanderung	=	Überwindung von mehr als einer Kreisgrenze innerhalb eines Bundeslandes. Langfristig werden die sozialen und lokalen Netzwerke aufgegeben.
Nahwanderung	=	Wanderung in einen unmittelbar benachbarten Kreis.
Keine Wanderung	=	Hierunter fallen auch interkommunale Wanderungen innerhalb eines gleichbleibenden Kreises.

---

[416] Siehe: Rolfes, Manfred, a.a.O., Seite 111.

[417] Siehe: Rolfes, Manfred, a.a.O., Seite 151; Schomburg, Harald, Zum Stellenwert der besuchten Hochschule für den Berufserfolg vier bis fünf Jahre nach Studienabschluß, in: Teichler, Ulrich/Buttgereit, Michael (Hrsg.), Hochschulabsolventen im Beruf, Bad Honnef 1992, Seite 23 – 65 und Winkler, Helmut, Beschäftigungssuche, in: Teichler, Ulrich/Winkler, Helmut (Hrsg.), Der Berufsstart von Hochschulabsolventen, Bad Honnef 1990, Seite 49 – 73, hier: Seite 58.

Hervorzuheben ist gleichfalls, dass selbst von den Absolventen mit einer geringen Mobilitätsbereitschaft (36,4 % gem. Abbildung 18) 30 % eine Regional- bzw. Fernwanderung durchführten (Abbildung 19) und damit ihre sozialen bzw. lokalen Netzwerke aufgaben[418].

Abbildung 19: Tatsächliches Wanderungsverhalten bei hoher bzw. geringer Mobilitätsbereitschaft

Tatsächliches Wanderungs- verhalten ⟍ Mobilitätsbereitschaft	Fern- wanderung	Regional- wanderung	Nah- wanderung	keine Wanderung	
Hohe Mobilitätsbereitschaft	25,9 %	28,6 %	11,6 %	33,9 %	100,0 %

Tatsächliches Wanderungs- verhalten ⟍ Mobilitätsbereitschaft	Fern- wanderung	Regional- wanderung	Nah- wanderung	keine Wanderung	
Geringe Mobilitätsbereitschaft	12,4 %	17,6 %	31,6 %	38,4 %	100,0 %

Auswertung basierend auf: Rolfes, Manfred, a.a.O., Seite 159.

Festzuhalten bleibt, dass die Ziele der Individuen vielfältig sind und sich erheblich unterscheiden; Mobilität dient dabei als Mittel zur individuellen Präferenzerfüllung[419]. Dies beinhaltet bspw. neben den angeführten nichtmessbaren Faktoren auch das Arbeitsplatzangebot sowie die Wohnqualität und daraus folgend die Steuer-Leistungs-Pakete der Kommunen.

---

[418] Eine Untersuchung an der Universität Regensburg der Jahre 1984 – 1996 ergab folgendes Bild: Der Ort beruflichen Tätigkeit der Absolventen direkt nach dem Studium lag bei 17,44 % in Regensburg, 3,36 % im Landkreis Regensburg, 22,8 % im Umkreis von 75 km, 41,6 % im übrigen Bayern und 14,8 % nicht in Bayern.
Siehe: Beißinger, Thomas/Büsse, Oliver/Möller, Joachim, Herkunft und Verbleib von Absolventen der Universität Regensburg, in: Möller, Joachim/Oberhofer, Walter (Hrsg.), Universität und Region, Regensburg 1997, Seite 55 – 94, hier: Seite 79.

[419] Siehe zur Mobilität im Ballungsraum München: Hensel, Anja, Mobilität privater Haushalte, Diss. Technische Universität München 2001, Frankfurt u.a. 2002.

5. Der Standortfaktor kommunale Abgaben und Steuern

5.1 Die Standortfaktorrelevanz: Die Sicht der Unternehmen

Der Standortfaktor kommunale Abgaben und Steuern wird – wie bereits dargestellt – von einer Vielzahl von Unternehmen als besonders wichtig eingestuft
(Abbildung 14 und 15). Weitere Untersuchungen stützen dieses Ergebnis. Im
Rahmen einer Erhebung im Kreise Herford wurde dieser Standortfaktor von
über 90 % der befragten Unternehmen als sehr wichtig bzw. wichtig eingestuft[420]. Die Standortbewertung bzw. Standortfaktorrelevanz für technologie-
orientierte Unternehmen zeigt ebenfalls ein vergleichbares Bild: Auch in dieser
speziellen Unternehmensbranche findet sich der Standortfaktor „kommunale
Abgaben und Steuern" ebenso wie in einer Untersuchung des Deutschen
Instituts für Urbanistik unter den wichtigsten relevanten Faktoren[421]. In Bremen
stufen 87 % diesen Faktor als sehr wichtig bzw. wichtig ein. Übereinstimmung
herrscht in der Bewertung dieses Standortfaktors: In Abhängigkeit des lokalen
Standortes, des Wirtschaftszweiges der betrachteten Unternehmen (Abbildung 20) und der Größe des Unternehmens gemessen an der Beschäftigtenzahl (Abbildung 21).

Abbildung 20: Die Bedeutung des Standortfaktors „Gewerbe- und Grundsteuer-
hebesatz" in Bremen differenziert nach Wirtschaftsbereichen

Wirtschaftsbereich	sehr wichtig/ wichtig	nicht wichtig	keine Angaben
Warenproduzierendes Gewerbe	84 %	4 %	12 %
Handels- und Verkehrsgewerbe	85 %	0 %	15 %
Dienstleistungsgewerbe	94 %	6 %	0 %

In Anlehnung an: Ermentraut, Petra, Standortmarketing als Element einer ganzheitlichen
Stadtmarketing-Konzeption, Bremen 1998, Seite 29.

---

[420] Siehe: IHK Ostwestfalen zu Bielefeld (Hrsg.), a.a.O., Seite 32 – 46.

[421] Zur Standortrelevanz technologieorientierter Unternehmen siehe: Spieß, Steffen, Multidimensionale Standortbewertung aus Sicht technologieorientierter Unternehmen, Ilmenau
1997, Seite 7.
Zur Untersuchung des Deutschen Instituts für Urbanistik siehe: Grabow, Busso/Henckel,
Dietrich/Hollbach-Grömig, Beate, a.a.O, Seite 229.
Eine Untersuchung bei mittelständischen Unternehmen bestätigt diese Ergebnisse. Als
wichtigste Standortfaktoren werden die Verkehrsanbindung, Engagement der Stadt für
mittelständische Betriebe und die Höhe der kommunalen Abgaben und Steuern genannt.
Siehe: Hoch, Stefan, Auf dem Prüfstand: Lokale Standortqualitäten im Urteil des Mittelstandes, o.O. o.J., Seite 3 (unveröffentlicht).

Abbildung 21: Die Bedeutung des Standortfaktors „Gewerbe- und Grundsteuer-hebesatz" in Bremen differenziert nach der Beschäftigtenzahl der Unternehmen

Beschäftigtenzahl	sehr wichtig/ wichtig	nicht wichtig	keine Angaben
unter 50	88 %	4 %	8 %
50 bis 500	91 %	0 %	9 %
ab 500	78 %	11 %	11 %

In Anlehnung an: Ermentraut, Petra, a.a.O., Seite 29.

Die in Abbildung 20 aufgezeigte hohe Bedeutung des Faktors „Kommunale Abgaben und Steuern" bei Dienstleistungsunternehmen muss in mehreren Punkten relativiert und kritisch betrachtet werden:

1. Im Vergleich zur Untersuchung des Deutschen Instituts für Urbanistik wurden lediglich Aussagen von 16 Unternehmen des Dienstleistungssektors und insgesamt nur 58 Unternehmen mit in die Untersuchung einbezogen[422].
2. Es findet keine Unterteilung nach der (Dienstleistungs-)Branche statt.
3. Es wird eine Einzelbefragung hinsichtlich der Wichtigkeit dieses Standort-faktors vorgenommen (absolute Bewertung), während bei der Untersuchung des Deutschen Instituts für Urbanistik eine Rangfolgenbetrachtung statt-findet, die die relative Bedeutung erfasst.
4. Es ist nicht ersichtlich, inwieweit die befragten Unternehmen des Dienst-leistungssektors gewerbesteuerpflichtig sind.

Die vorgenommene erste Unterteilung gem. Abbildung 15 in Unternehmen des produzierenden Gewerbes und Unternehmen des Dienstleistungsbereichs zeigt, dass die sehr hohe Bedeutung des Faktors kommunale Abgaben und Steuern vorrangig auf Einschätzungen des produzierenden Gewerbes basiert, welche diesen Faktor als sehr wichtig einstufen. Die Ursache der vorgenommenen Ein-stufung liegt unzweifelhaft in der Belastung des produzierenden Gewerbes mit Gewerbesteuer begründet. Bei den Dienstleistungsunternehmen muss gleichfalls eine Differenzierung vorgenommen werden: Zwischen nicht gewerbesteuer-pflichtigen, gewerbesteuerpflichtigen und gewerbesteuerbefreiten Unternehmen gem. § 3 GewStG. Die steuerpflichtigen Unternehmen sind nochmals zu unter-teilen in Unternehmen, die Kraft Rechtsform gewerbesteuerpflichtig sind und

---

[422] Insgesamt wurden 58 Unternehmen befragt. 54 Unternehmen beantworteten die Frage nach der Bedeutung kommunaler Abgaben. Davon gehörten 25 Unternehmen dem waren-produzierenden Gewerbe, 13 Unternehmen dem Handels- und Verkehrsgewerbe und 16 Unternehmen dem Dienstleistungsgewerbe inklusive Bau an. Siehe: Ermentraut, Petra, a.a.O., Seite 29.

natürlichen Personen mit zum einen Gewinnen höher zum anderen geringer als der Freibetrag gem. § 11 Abs. 1 GewStG. „In Stuttgart bezahlten im Jahr 1999 von 39.581 steuerpflichtigen Unternehmen nur 7.438 Gewerbesteuer. Für diese Unternehmen ... ist die Höhe des Gewerbesteuerhebesatzes durchaus ein entscheidungsrelevanter Standortfaktor"[423]. In Frankfurt leisteten 1998 von ca. 60.000 Gewerbebetrieben nur 16 % Gewerbesteuerzahlungen. Dabei werden zwei Drittel des Aufkommens von etwa 50 Unternehmen (0,08 %) geleistet[424].

Dass Organisationen ohne Erwerbszweck diesen Standortfaktor für relativ irrelevant halten (Abbildung 15), ist aufgrund der fehlenden Gewerbesteuerpflicht begründbar.

5.2 Standortbedingungen und Standortanforderungen

Neben der Wichtigkeit des Standortfaktors kommunale Abgaben und Steuern ist die Zufriedenheit der Unternehmen mit diesem Faktor bzw. der Ausgestaltung von Spielräumen und Möglichkeiten von wesentlicher Bedeutung, um ein Gesamtbild, eine Einschätzung und Beurteilung der Ist-Situation am Standort aus Sicht der betroffenen Unternehmen zu erhalten. Dabei präsentiert sich ein im Vergleich zur Wichtigkeit entgegengesetztes Bild. Sämtliche Untersuchungen zeigen eine negative Beurteilung der aktuellen kommunalen Steuer- und Abgabenpolitik. Im Kreis Herford liegt der Anteil der Unternehmen, die sehr oder eher zufrieden sind, bei einem Anteil um 25 %[425]; in Bremen liegt der Anteil der unzufriedenen Unternehmen bei vergleichbaren 71 %[426]; in Herne sehen sogar 93,8 % diesen Faktor nur als ausreichend oder mangelhaft erfüllt an[427]. Im Bezirk der IHK Siegen lag der Standortfaktor „Grund- und Gewerbesteuer" im Rahmen der Erstellung einer Rangskala der Bewertung der Standortfaktoren auf dem achtundzwanzigsten und damit letzten Platz[428]. Diese Einschätzung wurde sowohl als Gesamtergebnis als auch bei der Branchendifferenzierung nach verarbeitendem Gewerbe, Baugewerbe und Handel, Dienstleistungen übereinstimmend erzielt. Gleichfalls zeigt sich bei der Differenzierung nach Branchen (Abbildung 22) und Beschäftigten (Abbildung 23) in Bremen ein ähnliches Bild und führt bei der vorgenommen Rangskalenbewertung zur negativsten Be-

---

[423] Siehe: IHK Stuttgart (Hrsg.), Region Stuttgart, o.O. o.J., Seite 8.
[424] Siehe: O.V., Koenigs will „Aufbruchsignal", in: FAZ vom 21.10.1998, Seite 50.
[425] Siehe: IHK Ostwestfalen zu Bielefeld (Hrsg.), a.a.O., Seite 32 – 46.
[426] Siehe: Ermentraut, Petra, a.a.O., Seite 49.
[427] Siehe: Grabow, Busso u.a., Bedeutung weicher Standortfaktoren in ausgewählten Städten, a.a.O., Seite 79.
[428] Die Ordnung der Rangfolge wurde nach der Höhe der positiven Salden vorgenommen.
Siehe: IFO-Institut für Wirtschaftsforschung (Hrsg.), Standortanforderungen der Unternehmen im Bezirk der Industrie- und Handelskammer Siegen, München 1990, Seite 5 (unveröffentlicht).

wertung aller 42 Standortfaktoren[429]. Dabei gilt es jedoch auf die gleichen Kritikpunkte hinsichtlich der Auswertbarkeit der Ergebnisse wie bereits bei der Betrachtung der Wichtigkeit hinzuweisen.

Abbildung 22: Zufriedenheit mit dem Standortfaktor „Gewerbe- und Grundsteuerhebesatz" in Bremen differenziert nach Wirtschaftszweigen

Wirtschaftszweig	sehr zufrieden/ eher zufrieden	sehr unzufrieden/ eher unzufrieden	keine Angaben
Warenproduzierendes Gewerbe	16 %	60 %	24 %
Handels- und Verkehrsgewerbe	0 %	85 %	15 %
Dienstleistungsgewerbe	19 %	75 %	6 %

In Anlehnung an: Ermentraut, Petra, a.a.O., Seite 50.

Abbildung 23: Zufriedenheit mit dem Standortfaktor „Gewerbe- und Grundsteuerhebesatz" in Bremen differenziert nach der Beschäftigtenzahl der Unternehmen

Beschäftigtenzahl	sehr zufrieden/ eher zufrieden	sehr unzufrieden/ eher unzufrieden	keine Angaben
bis 50	13 %	71 %	16 %
50 bis 500	9 %	77 %	14 %
ab 500	22 %	56 %	22 %

In Anlehnung an: Ermentraut, Petra, a.a.O., Seite 50.

Die Untersuchung des Deutschen Instituts für Urbanistik bestätigt ebenfalls das negative Grundempfinden gegenüber diesem Faktor. Zwar gaben mehr als 40 % der Befragten an, sehr oder eher zufrieden zu sein, aber knapp 60 % waren sehr oder eher unzufrieden[430]. Wiederum spielen hier bei der Bewertung die Gewerbesteuerpflicht, die Rechtsformwahl und die Höhe der Gewinne eine wesentliche Rolle.

---

[429] Siehe: Ermentraut, Petra, a.a.O., Seite 54.
[430] Siehe: Grabow, Busso/Hollbach-Grömig, Beate, Zur Bedeutung des Standortfaktors „Kommunale Steuern und Abgaben", in: GemH 1994, Seite 145 – 149, hier: Seite 146.

5.3 Kommunale Abgaben und Steuern als Auslöser eines Standortentscheidungsprozesses

Der Standortfaktor kommunale Abgaben und Steuern wird – wie bereits dargelegt – grundsätzlich als besonders bedeutsam eingestuft. Da er bei den betrachteten Untersuchungen stets als einer der wichtigsten Standortfaktoren eingeschätzt wurde, wäre es folgerichtig, zunächst zu unterstellen, dass er gleichfalls einen wesentlichen Auslöser für einen Standortentscheidungsprozess darstellt. Diese Annahme ist jedoch in dieser Allgemeingültigkeit nicht zutreffend. Eine Entscheidung, einen Standortentscheidungsprozeß einzuleiten bzw. die Auswahl eines Standorts basierend auf ausschließlich diesem Faktor zu treffen, ist nur in geringem Maße festzustellen. Allerdings hat die lokale Hebesatzpolitik aus unternehmerischer Sicht erhebliche Signal- und Symbolwirkung hinsichtlich der Unternehmerfreundlichkeit der Kommunalverwaltung und des Wirtschaftsklimas am aversierten Standort[431]. In diesem Zusammenhang ist darauf hinzuweisen, dass eine Vielzahl von Unternehmen durchaus bereit ist, höhere Steuerzahlungen zu leisten, wenn im Gegenzug die Zusammenarbeit mit den öffentlichen Stellen (z.B. hinsichtlich Genehmigungsverfahren und Gewerbeaufsicht), die Infrastruktur und die Bereitstellung öffentlicher Güter eine adäquate Gegenleistung darstellen. Dies stützt zugleich die Aussage, dass bei differierenden Steuersätzen nicht mit einem race to the bottom zu rechnen ist[432]. Wenn die Kommune „ihre" Unternehmen als Nachfrager bestimmter Leistungen und nicht als Störenfriede und Bittsteller ansieht, sich selbst als Dienstleister und Geschäftspartner versteht und einen flexiblen Verwaltungsablauf im Rahmen ihrer Organisations- und Personalhoheit aufweisen kann, sind die Unternehmen auch bereit, einen ggf. höheren Preis als an anderen Standorten zu zahlen[433]. Besonders bedeutsam ist, dass das kommunale Wirtschaftsklima und das damit verknüpfte Image der Stadt als ein wesentlicher Standortfaktor in der Phase der interlokalen Standortwahl einzustufen ist, da in diesem Stadium des Entscheidungsprozesses vielfach (ausschließlich) die Außenwirkung der Kommunalpolitik an alternativen Standorten beurteilt wird.

In Einzelfällen kann eine veränderte Gewerbesteuerpolitik zu einer Verlagerung hinsichtlich der betroffenen Unternehmen führen. Dabei ist jedoch darauf hinzuweisen, dass nicht nur dieser eine Faktor die Entscheidung begründet und zur Umsetzung führt – vielmehr kann eine Änderung der Hebesätze zum letztlichen Auslöser der Abwanderung führen; i.d.R. liegen weitere Unzufriedenheiten mit dem alten Standort vor, die nun insgesamt gelöst werden sollen. Eine Untersuchung der IHK München beschäftigt sich unter anderem mit den Gründen für

---

[431] Siehe auch: CIMA (Hrsg.), City-Management, München 1994, Seite 21 f (unveröffentlicht).

[432] Siehe Kapitel III.4.1.2.

[433] Siehe: Grabow, Busso/Hollbach-Grömig, Beate, a.a.O., Seite 145 – 149.

eine Verlagerung aus München in die umliegende Region[434]. Dabei finden sich die auch in anderen Untersuchungen genannten besonders wichtigen Standortfaktoren an der Spitze: Bodenpreise/Gewerbemieten, Flächenverfügbarkeit und Verkehrsanbindung. Daraus folgt, wenn einer dieser Faktoren am Standort nicht zufriedenstellend erfüllt ist, stellt dieser gleichzeitig einen wesentlichen Auslöser für eine Alternativensuche und schließlich Abwanderung dar. Abweichend von den bisherigen Ausführungen wird die Gewerbesteuer als Vertreter der kommunalen Abgaben und Steuern als zweitwichtigster Verlagerungsgrund (mehr als 50 % bezeichneten ihn als sehr wichtig bzw. wichtig für die Entscheidung) angeführt (Abbildung 24).

Abbildung 24: Verlagerungsgründe aus der Stadt München in die Region

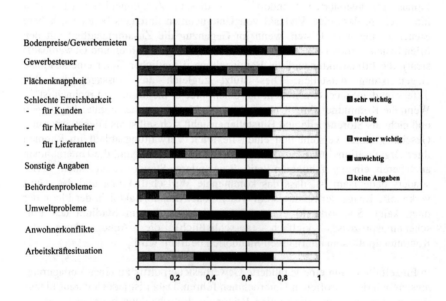

In Anlehnung an: IHK München (Hrsg.), a.a.O., Seite 12.

---

[434] Siehe: IHK München (Hrsg.), Unternehmensverlagerungen im Wirtschaftsraum München, München 1998 (unveröffentlicht).
Die Aufschlüsselung der Betriebe nach Mitarbeitern ergibt folgende Anteile: Keine Mitarbeiter 37,9 %, 1 – 3 Mitarbeiter 31,2 %, 4 – 9 Mitarbeiter 16,2 %, 10 – 49 Mitarbeiter 10,1 % und 50 und mehr Mitarbeiter 4,7 %.

„Dieser hohe Wert, der in vergleichbaren Untersuchungen bisher nicht so zu beobachten war, wurde sicherlich auch durch die Gewerbesteuererhöhung ... beeinflusst. Gerade die Verlagerung vieler kleiner Dienstleistungsunternehmen in den Münchner Süden dürfte zum Teil auch auf die Gewerbesteuerbelastung zurückgehen. Über 20 % der Unternehmen verlassen noch innerhalb des ersten und des darauffolgenden Jahres die Landeshauptstadt München. Die ... Ergebnisse, dass die Produktivität des Dienstleistungssektors im Umland stärker steigt als in der Stadt, legen den Schluss nahe, dass es sich hier um relativ steuerstarke Unternehmen handelt"[435].

6. Kritische Bewertung empirischer Untersuchungen

Die einbezogenen Untersuchungen verschiedener Institutionen sind nur begrenzt aussagefähig im Hinblick auf den Standortfaktor „Kommunale Abgaben und Steuern". Insbesondere die fehlende Einordnung der Betriebe in Bezug auf ihre Gewerbesteuerpflicht machen eine „Generalaussage" unmöglich: Ein eindeutiger Zusammenhang zwischen der Höhe der Gewerbesteuersätze und sämtlichen Standortverlagerungen konnte nicht ermittelt werden. Dies kann dadurch erklärt werden, dass nur ein Teil der Unternehmen überhaupt Gewerbesteuer zahlt.

Für eine abschließende Bewertung müssen folgende Punkte beachtet und offengelegt werden:

- Erzielen die in Untersuchungen einbezogenen Unternehmen gewerbesteuerpflichtige Einkünfte oder Einkünfte anderer einkommensteuerrechtlicher Vorschriften?
- Es ist zu prüfen, ob es sich bei den befragten Unternehmen um Einzelunternehmen handelt oder ob gleichfalls Unternehmen einbezogen worden sind, die zwar von ihrer Tätigkeit grundsätzlich keine Tätigkeit i.S. des § 15 EStG ausüben, jedoch kraft Rechtsform als Gewerbebetrieb klassifiziert werden (§ 1 KStG i.V.m. § 2 GewStG) und somit der Gewerbesteuer unterliegen.
- Es ist offenzulegen, ob Unternehmen einbezogen sind, die zwar gewerbesteuerpflichtig, jedoch gem. § 3 GewStG von der Gewerbesteuer befreit sind.
- Abzugrenzen sind Unternehmen, die gewerbesteuerpflichtig sind, jedoch unter dem Freibetrag gem. § 11 Abs. 1 GewStG liegen.

---

[435] Ebenda, Seite 11 f.
Die Umsiedlung der Techem AG von Frankfurt nach Eschborn wird neben den benötigten und dort verfügbaren Gewerbeflächen mit den um 200 Prozentpunkten niedriger liegenden Hebesätzen begründet, die einen jährlichen Kostenunterschied in Millionenhöhe bedeuten. Siehe hierzu und mit weiteren Beispielen: O.V., Steuern zu hoch: Techem verläßt Frankfurt, Frankfurter Neue Presse vom 09. Oktober 2000, Seite 7.

Nur mit Kenntnis dieser Faktoren ließe sich die Standortfaktorrangfolgenbildung abschließend und eindeutig beurteilen. Insbesondere im Dienstleistungssektor sind ohne die genaue Unterteilung und Klassifizierung der Unternehmen die erheblichen Abweichungen zwischen den einzelnen Branchen hinsichtlich der Bewertung dieses Faktors nicht möglich.

Als weiterer wesentlicher Schwachpunkt in der Auswertung der dargestellten Untersuchungen muss die in den Erhebungen nicht hergestellte Beziehung zwischen Steuerlast und in Anspruch genommenen Leistungen der Kommune (öffentliche Güter) – also einer Trennung wesentlicher Zusammenhänge – hervorgehoben werden. Die Leistungen der Kommune stellen das Äquivalent zur kommunalen Steuerbelastung dar und lösen zugleich Wanderungsprozesse aus; i.d.R. fehlen allerdings die grundsätzlichen Bedeutungszusammenhänge zwischen der kommunalen Steuererhebung und den durch die Kommune mittels dieser Gelder zu erbringenden Leistungen. Daher wäre eine aussagekräftige Bewertung nur im Vergleich der kommunalen Leistung zum dafür zu entrichteten Betrag durchzuführen. Somit ist eine Bewertung der „kommunalen Abgaben und Steuern" ohne gleichzeitige Analyse der bereitgestellten Leistungen (z.B. Infrastruktur) nur sehr begrenzt aussagefähig.

Trotz dieser erheblichen Mängel in der Betrachtung können folgende entscheidende Aussagen getroffen werden: Der Standortfaktor „Kommunale Abgaben und Steuern" (insbesondere die Gewerbesteuer) erfährt bei den Unternehmen hohe Beachtung. Aus der Sicht einer Vielzahl von Unternehmen handelt es sich bei der Höhe des Gewerbesteuerhebesatzes um einen der wichtigsten Standortfaktoren. Dies liegt nicht nur in der individuellen Steuerbelastung begründet, sondern mittels dieses Parameters werden auch Anschauungen hinsichtlich der Verwaltungstätigkeit und der Wirtschaftsfreundlichkeit der Kommunen induziert. Besonders bedeutend ist gleichfalls die hohe Unzufriedenheit mit diesem Faktor nicht nur aus steuerlicher Perspektive, sondern insbesondere hinsichtlich der Verwendung der eingenommenen Gelder und dem Geschäftsgebaren der Kommunalverwaltungen. Eine Steuererhöhung kann dagegen alleine gesehen nur selten als entscheidender Verlagerungsgrund angeführt werden, lediglich in Kombination mit anderen Unzulänglichkeiten des Standorts kann diese zum auslösenden Parameter werden. Dabei steht bei der Alternativstandortsuche der Unternehmen die lokale und interlokale Standortwahl im Mittelpunkt der Betrachtung durch die betroffenen Akteure, insbesondere um bestehende Netzwerkbindungen nicht aufgeben zu müssen.

In der internationalen Betrachtung erfährt die steuerliche Belastung bzw. der Belastungsunterschied erhebliche Beachtung[436]. Daher kann festgehalten werden,

---

[436] Siehe bspw.: Beck, Martin, u.a., a.a.O., Seite 111 – 141 und Esser, Klaus, Standortfaktor Unternehmensbesteuerung, in: zfbf 1990, Seite 157 – 192.

„wenn schon auf internationaler Ebene die Mobilität der Unternehmen stark durch steuerliche Gesichtspunkte beeinflusst wird, so steht zu erwarten, dass diese zwischen Gemeinden eher noch intensiver ausfallen wird"[437].

7. Betriebliche Anforderungen, kommunale Aufgaben-, Einnahmen- und Gesetzgebungskompetenz: Ein Zwischenfazit

Vielfalt, regionale Differenzierungen und Disparitäten zwischen Gebietskörperschaften auf horizontaler Ebene – hier Länder und Kommunen – sind Grundvoraussetzung zur Rechtfertigung eines föderal strukturierten Systems. Zugleich stellen diese Disparitäten das konstitutive Element des Wettbewerbs dar[438]. Die Voraussetzungen für eine Vielfalt der Länder (und Kommunen) in der Einheit des Bundes sind im Grundgesetz niedergelegt bzw. durch das Bundesverfassungsgericht aufgearbeitet:

- Art. 28 GG regelt die Bundesgarantie der Landesverfassungen und sichert die kommunale Selbstverwaltung, d.h. auch die finanzielle Autonomie.
- Art. 30 GG regelt die Ausübung der staatlichen Befugnisse und die Erfüllung staatlicher Aufgaben. Dies ist grundsätzlich Aufgabe der Länder.
- Art. 70 GG verleiht den Ländern das Recht der Gesetzgebung. Lediglich in grundgesetzlich definierten Bereichen besitzt der Bund davon abweichend dieses Recht. Im Falle der konkurrierenden Gesetzgebung (Art. 72 GG) haben ebenfalls die Länder Gesetzgebungsrecht, außer die Herstellung gleichwertiger Lebensverhältnisse erfordert eine bundesgesetzliche Regelung.
- Art. 79 Abs. 3 GG bestimmt, dass die Länder grundsätzlich bei der Gesetzgebung mitzuwirken haben.

Die Aufgaben- bzw. Kompetenzteilung zwischen den vertikalen Ebenen im Staatsaufbau determiniert eindeutig eine dezentrale Struktur, mit Ausnahme des Art. 72 Abs. 2 GG, nachdem der Bund – neben der Herstellung gleichwertiger Lebensverhältnisse – die Wahrung der Rechts- und Wirtschaftseinheit des Staatenverbundes zu garantieren hat. Dabei gilt es jedoch lediglich, einen Rahmen im Sinne einer konstitutionellen Ordnung zu stellen. Disparitäten im Arbeits- und Erwerbsleben oder Lebenshaltungskostenunterschiede stellen in diesem Verständnis keine Berechtigung und Gründe für eine bundeseinheitliche

---

[437] Janeba, Eckhard/Peters, Wolfgang, Implikationen des kommunalen Finanzausgleichs auf den Standort- und Steuerwettbewerb, in: Burda, Michael C./Seitz, Helmut/Wagner, Gert (Hrsg.), Europäischer und nationaler Fiskalföderalismus, Berlin 2000, Seite 35 – 53, hier: Seite 37.

[438] So auch: Sachverständigenrat zur Begutachtung der gesamtwirtschaftlichen Entwicklung (Hrsg.), Chancen auf einen höheren Wachstumspfad, Wiesbaden 2000, Seite 111. Siehe auch: Deutscher Bundestag (Hrsg.), BT-Drucks. 14/73, Seite 230.

Regelung dar. Innerhalb dieses übergeordneten Regelwerks muss es dann den untergeordneten Gebietskörperschaften obliegen, in eigener Verantwortung die hoheitlichen Aufgaben zu erfüllen. Derzeit können Länder und Gemeinden wegen der Sperrwirkung des Art. 72 Abs. 1 GG – mit Ausnahme der örtlichen Verbrauch- und Aufwandsteuern, sofern kein Widerspruch zu bundesgesetzlichen Bestimmungen vorliegt – keine Regelung der Steuerarten vornehmen, deren Ertrag ihnen zufließt.

Zwischen den grundgesetzlich kodifizierten Anforderungen an die kommunale Selbstverwaltung, d.h. an die Eigenverantwortung der Kommunen als Regel- und Ordnungssystem und den derzeit der untersten Ebene zugestandenen Gesetzgebungs- und Einnahmenkompetenzen insbesondere in Bezug auf die Finanzhoheit herrscht eine erhebliche Diskrepanz. Festzuhalten bleibt allerdings, dass neben der Forderung nach Differenzierung und Vielfalt, die Einheit – also Kooperation sowohl auf horizontaler als auch auf vertikaler Ebene – gleichwertiger Grundbestandteil des föderalen Systems ist. Einheitliche Regelungen sind insbesondere aus bundesstaatlicher Solidarität als unverzichtbarer Baustein des Staatenverbundes zu charakterisieren. Der hier im Hinblick auf die Eigenverantwortlichkeit der Kommunen zu suchende Kompromiss zwischen Einheit und Kooperation einerseits und Vielfalt, Konkurrenz und Wettbewerb andererseits stellt die treibende Kraft der Weiterentwicklung unseres föderalen Systems dar, da aufgrund der ständigen Veränderung der Voraussetzungen und Anforderungen keine (statische) Einheitslösung eine anzustrebende Staatsstruktur darstellen kann.

Als Konsequenz der bisherigen Betrachtungen sollte als Zielprojektion eine Kommunal- und Steuerpolitik angestrebt werden, die sich an den Präferenzen der Bürger orientiert, wobei die Autonomie der Gemeinden hinsichtlich der Finanzhoheit und insbesondere der Steuerfestsetzung garantiert werden sollte. Die hierdurch auftretenden interkommunalen Belastungsdifferenzen müssen fühlbar und transparent sein. Gleichzeitig sollten alle Wirtschaftssubjekte der kommunalen Besteuerung unterworfen werden. Das daraus resultierende Belastungsgefühl fördert zum einen das Verantwortungsgefühl der Wirtschaftssubjekte bei politischen Entscheidungsfindungen auf lokaler Ebene; zum anderen wird auf diesem Wege auch der einzelne Vorteil einer Belastung deutlich. Der Nutzen aus den finanzierten kommunalen Leistungen wird ersichtlich. Gleichzeitig ist der Anteil der Zuweisungen an den Gemeindeeinnahmen zugunsten eigener kommunaler Steuerarten zu reduzieren[439], um auf diesem Wege eine verbesserte Aufgabenerfüllung i.Z. mit Selbstverwaltungsaufgaben zu erreichen. Insbesondere Fehlanreize und Präferenzverzerrungen, die aus dem Zuweisungs- und Ausgleichssystem resultieren, sind mittels Transparenz und Nachvollzieh-

---

[439] Siehe auch: Sachverständigenrat zur Begutachtung der gesamtwirtschaftlichen Entwicklung (Hrsg.), Im Standortwettbewerb, Wiesbaden 1995, Seite 212.

barkeit zu unterbinden[440]. Die erhobene Forderung nach einer Verstetigung der Einnahmen muss als Verstetigung der Ausgaben interpretiert werden. Doch gerade unter dem Gesichtspunkt eines Wettbewerbsföderalismus ist diese Forderung zurückzuweisen, da Anstrengungen der Kommunalregierungen, eine präferenzgerechte Ausrichtung ihrer Aktivitäten vorzunehmen und die Bereitschaft, Innovationen zu forcieren, tendenziell abnimmt. Ohne die implizite Drohung, aufgrund von situativer Inflexibilität im Wettstreit um mobile Unternehmen und private Haushalte zurückzufallen, wird die Suche nach neuen Strategien zur Unternehmens- bzw. Bürger-, d.h. Kundenbindung und damit zur Einnahmensicherung untergraben. Aus Sicht der Unternehmen stellt die Beziehung zwischen den erhobenen Steuer-Preisen und den kommunalen Gegenleistungen einen bedeutenden Standortfaktor dar. Sofern eine interkommunale Differenzierung der Steuer-Leistungs-Pakete zu erwarten scheint, wird dieser Parameter im betrieblichen Standortentscheidungsprozeß weiter an Bedeutung gewinnen.

Daher gilt es im folgenden ein System der Steuerfinanzierung zu erarbeiten, welches die kommunale Selbstverwaltung gem. der grundgesetzlichen Kodifizierung sichert, den (Steuer-)Wettbewerb als Entdeckungs- und Innovationswettbewerb stärkt, abweichende Steuer-Leistungs-Pakete garantiert, eine Bewertung durch die Zielgruppen des Wettbewerbs ermöglicht und zugleich die Einheit trotz Vielfalt mit den übergeordneten Gesamtstaatszielen festigt.

Andernfalls verkümmert der Wettbewerb zu einer Zufallsentdeckungsstatik, da zugleich eine Umsetzung von neuen Problemlösungen aufgrund einer fehlenden Konkurrenz nicht erforderlich erscheint.

---

[440] Siehe: Ebenda, Seite 212.

VI. Neuordnung des kommunalen Finanzsystems: Bisherige Reformkonzeptionen

Im Rahmen der andauernden allgemeinen Diskussion hinsichtlich einer Reformierung der föderalen Einnahmen- und Gesetzgebungskompetenz wurde eine Vielzahl von Reformansätzen entwickelt. Nachfolgend findet eine Aufarbeitung einerseits bisheriger Modellvorschläge, die eine ausschließliche Betrachtung einer einzelnen Steuerart vornehmen (isolierte Reformkonzepte), andererseits der entwickelten Reformkonzepte, die teilweise zumindest die Aufgaben-, Ausgaben-, Gesetzgebungs- und Einnahmenkompetenz integrativ umfassen (integrative Reformkonzepte), statt. Zudem erfolgt eine ausführliche kritische Betrachtung. Ziel dieses Kapitels soll sein, eine Filterung der Modelle hinsichtlich der Kompatibilität mit der derzeitigen Gesetzeslage vorzunehmen und zugleich ihre grundsätzliche Eignung zur Stärkung der kommunalen Eigenverantwortung im Bereich der Einnahmen- und Gesetzgebungskompetenz – auch unter dem spezifischen Blickwinkel eines interkommunalen Steuerwettbewerbs – zu prüfen.

1. Isolierte Neuordnung kommunaler Finanzhoheit

1.1 Reformierung des deutschen Kommunalfinanzsystems: Die Gewerbesteuer

Einzelne Vorschläge, die eine Reform des deutschen kommunalen Finanzierungssystems – und insbesondere der Gewerbesteuer im Speziellen – beinhalten, sollen im folgenden betrachtet werden und eine kritische Würdigung erfahren. Dabei können die Modelle nach fünf Grundstrukturen unterteilt werden: Revitalisierungsmodelle[441], Substitutionsmodelle, Anrechnungsmodelle, Beteiligungsmodelle und Kombinationsmodelle[442]. Im folgenden erfahren insbesondere die in der öffentlichen Diskussion schwerpunktmäßig betrachteten Beteiligungs- und Substitutionsmodelle eine ausführlichere Betrachtung. Als Vertreter der Anrechnungsvorschläge ist das derzeitige System (i.S. der Anrechnung nach § 35 EStG) bereits diskutiert worden. Ein weiteres Modell im Rahmen der Anrechnungsvorschläge wird hier vorgestellt.

---

[441] Revitalisierungsmodelle sehen eine Beseitigung derzeit bestehender Mängel der Gewerbesteuer vor und knüpfen insbesondere am Kreis der Steuerpflichtigen und der wieder verstärkt zu erfolgenden Einbeziehung ertragsunabhängiger Komponenten an.
Siehe beispielhaft zu Revitalisierungsmodellen: Zitzelsberger, Heribert, Grundlagen der Gewerbesteuer, Habil.-Schr. Universität Regensburg 1989, Köln 1990, Seite 320 – 323.

[442] Siehe beispielhaft zu Kombinationsmodellen: Müller-Seils, Hans-Jürgen, Die Zukunft der Gewerbesteuer – Reformvorstellungen aus Sicht der Wirtschaft, in: Mellwig, Winfried/Moxter, Adolf/Ordelheide, Dieter (Hrsg.), Steuerreform und Steuerharmonisierung, Wiesbaden 1991, Seite 29 – 44, hier: Seite 40 – 44.

1.1.1 Beteiligungsmodelle

Beteiligungsmodelle sehen einen ersatzlosen Wegfall der Gewerbesteuer vor. Statt dessen ist bei den Modellen ohne Hebesatzrecht für die Gemeinden eine Aufstockung ihres Anteils an der Einkommen- bzw. Umsatzsteuer vorgesehen. Die zweite Gruppe der Beteiligungsmodelle sieht ein Hebesatzrecht auf den jeweiligen Anteil an der Einkommen- bzw. Umsatzsteuer vor.

1.1.1.1 Beteiligungsmodelle ohne Hebesatzrecht

Das Modell einer Ablösung der Gewerbesteuer durch eine Erhöhung des kommunalen Umsatzsteueranteils beinhaltet die völlige Abschaffung der Gewerbesteuer[443]. Die Umsatzsteuer sollte im Gegenzug soweit erhöht werden, dass das Mehraufkommen den Steuerausfall infolge der Aufhebung der Gewerbesteuer insgesamt kompensiert.

Als besondere Vorteile dieses Modells werden

- die Verstetigung der Einnahmen der Kommunen durch die Konjunkturunempfindlichkeit der Umsatzsteuer,
- die Vereinfachung und Stärkung der Transparenz des Steuersystems,
- die Beseitigung einer isolierten Sonderbelastung der gewerblichen Wirtschaft,
- die Erleichterung einer Harmonisierung der direkten Steuern in der EU[444],
- der Ausgleich von erheblichen Finanzkraftunterschieden zwischen Gemeinden

genannt.

Zudem verhindere die Steuerautonomie der Gemeinden die Aufhebung bzw. Senkung von Standortnachteilen in unterentwickelten Gebieten. Starke Finanzkraftunterschiede führen entweder zur Einschränkung des kommunalen

---

[443] Siehe: IFSt (Hrsg.), Modell für die Ablösung der Gewerbesteuer durch einen Gemeindeanteil an der Umsatzsteuer, Bonn 1982.
Siehe hierzu ebenfalls: Recker, Engelbert, Umsatzsteuerbeteiligung der Gemeinden aus Sicht der Raumordnung, in: Informationen zur Raumentwicklung 1979, Seite 689 – 705; Görgens, Hartmut, Gemeindeumsatzsteuer versus Gemeindeeinkommensteuer, Diss. Universität Köln 1968, Köln 1968 und Tetsch, Friedemann, Die Beteiligung der Gemeinden an der Umsatzsteuer, in: RuR 1979, Seite 82 – 89.

[444] Siehe: BMF (Hrsg.), Gutachten der Kommission zur Verbesserung der steuerlichen Bedingungen für Investitionen und Arbeitsplätze, a.a.O., Seite 127.
Zu den Harmonisierungsbemühungen der Umsatzsteuer innerhalb der EU siehe: Panning, Jörg, Gestaltungs- und Vereinfachungsstrategien einer europäisierten Umsatzsteuer, Diss. Universität Göttingen 1999, Bielefeld 2000.

Leistungsangebots oder zum Ansteigen der kommunalen Steuersätze trotz fehlender Entwicklungsmöglichkeiten. Damit würden die Aufgaben der regionalen Wirtschaftsförderung durch die zusätzliche Verschärfung bestehender Standortnachteile erschwert[445].

Der aus diesem Vorgehen resultierende Wegfall der bedeutensten originären kommunalen Steuerquelle mit Hebesatzrecht[446] und der Minderung des kommunalen Autonomiegrades wurde von den Befürwortern im Zeitpunkt der Entwicklung des Ansatzes als nicht in Widerspruch stehend mit Art. 28 GG eingestuft, da der Finanzbedarf der Kommunen nicht zu einem wesentlichen Teil durch eigene Steuereinnahmen gedeckt sein muss und das Hebesatzrecht auf den Gewerbesteuermessbetrag als nicht verfassungsrechtlich gesichert eingestuft wurde[447]. Die mittlerweile durch den Gesetzgeber vollzogene Ergänzung des Art. 28 Abs. 2 GG um Satz 3, der den Kommunen eine eigene mit Hebesatzrecht ausgestattete wirtschaftskraftbezogene Steuerquelle garantiert, verhindert eine vollständige Abschaffung des Hebesatzrechts der Kommunen. Allerdings erfolgt innerhalb des Art. 28 GG keine Regelung bzgl. der Höhe bzw. Bedeutung der Steuerquelle, sodass eine Streichung des Hebesatzrechts i.Z.m. der Gewerbesteuer und Übertragung auf eine vergleichsweise unbedeutende Steuerart als verfassungskonform einzustufen wäre. Die gesetzliche Kodifizierung umfasst lediglich eine Hebesatz- und Bestandsgarantie für eine wirtschaftsbezogene Steuerquelle; die inhaltliche Ausgestaltung dieser Regelung – insbesondere die Höhe – würde unter der Annahme eines derartigen Vorgehens des Gesetzgebers vermutlich durch das BVerfG vorgenommen werden (müssen).

Daneben existieren vergleichbare Vorschläge, die nach Abschaffung der Gewerbesteuer einen entsprechend erhöhten Anteil an der Einkommensteuer vorsehen. Da diese Vorschläge sich nicht wesentlich von dem Umsatzsteuermodell unterscheiden, wird an dieser Stelle auf weitere Ausführungen verzichtet.

Als Hauptkritikpunkt an den Modellen ohne Hebesatzrecht erscheint der fehlende Bezug zur örtlichen Gemeinschaft. Als Konsequenz der Modelle ohne Hebesatzrecht resultiert eine Abkehr der Eigenverantwortlichkeit der Kommunen, die – wie bereits erörtert wurde – durch die Finanzhoheit gekoppelt mit dem Hebesatzrecht wesentlich gezeichnet ist und welches nur mit einer Verfassungsänderung abgeschafft werden kann. Als Alternative bliebe die Übertragung des im Grundgesetz garantierten Hebesatzrechts auf eine andere ggf. unbedeutendere wirtschaftskraftbezogene Steuerquelle, um so eine Aussetzung

---

[445] Siehe: IFSt (Hrsg.), Modell für die Ablösung der Gewerbesteuer durch einen Gemeindeanteil an der Umsatzsteuer, a.a.O., Seite 15.

[446] Siehe hierzu ebenfalls: IFSt (Hrsg.), Zur Begrenzung des Realsteuer-Hebesatzrechts der Gemeinden, Bonn 1981.

[447] Siehe: Ebenda, Seite 13 f. Siehe ebenfalls: Karl-Bräuer-Institut des Bundes der Steuerzahler (Hrsg.), Abbau und Ersatz der Gewerbesteuer, Wiesbaden 1984, Seite 62 – 67.

bzw. Abschaffung der Gewerbesteuer zu erreichen. Aus Sicht der Gemeinden würde dies einen schwerwiegenden Eingriff bedeuten. Die Möglichkeit der Kommunen, eine unmittelbare und autonome Beeinflussung ihres Steueraufkommens vorzunehmen, würde ihnen genommen. Gleichzeitig verlieren die Kommunen ihr fiskalisches Interesse an Unternehmen, und eine Finanzierung unternehmerischer Wünsche nach besseren Leistungen ist nicht durch Steuersatzvariationen umsetzbar[448]. Im Umkehrschluss bedeutet dies für Unternehmen, dass bei einer Standortwahl das Kriterium der Steuerlast aus dem Katalog der zu prüfenden Merkmale herauszunehmen ist und im Rahmen des betrieblichen Entscheidungsprozeßes irrelevant wird.

Zwar stellt der Umsatz- bzw. Einkommensteueranteil eine vergleichsweise konjunkturresistente und stetige Steuerquelle dar, mündet jedoch in ein indirektes Zuweisungssystem, entspricht einer Ausweitung des Steuerverbundes und erfüllt in keinster Weise die Anforderungen an ein kommunales Finanzsystems.

1.1.1.2 Beteiligungsmodelle mit Hebesatzrecht

Zur Vermeidung der Mängel der Beteiligungsmodelle ohne Hebesatzrecht wird sowohl ein Zuschlag zur Umsatzsteuer als auch zur Einkommensteuer diskutiert, den die Kommunen durch ein Hebesatzrecht gestalten können.

Eine Beteiligung der Gemeinden an der Umsatzsteuer[449] erscheint aufgrund einer Vielzahl von Konfliktfällen unter Berücksichtigung eines Hebesatzrechts nicht realisierbar. Als besonders gravierend werden die Unterschiede im örtlichen Steueraufkommen eingestuft, die aus Steuerbefreiungen der Exporte i.V. mit dem Vorsteuerabzug entstehen. „In einzelnen Gemeinden könnte das Pro-Kopf-Aufkommen äußerst gering oder sogar negativ sein. Letzteres wäre dann der Fall, wenn die Exportquote am Bruttoproduktionswert der örtlichen Unternehmen im Durchschnitt höher ist als die Wertschöpfungsquote"[450]. Weiter bleibt gegen dieses Modell anzuführen:

- Es könnten sich Verzerrungen aus der Abzugsfähigkeit der Vorsteuern auf Investitionen ergeben[451].
- Das Umsatzsteueraufkommen wird erheblich durch die Differenzierung zwischen verschiedenen Steuersätzen beeinflusst[452].

---

[448] Siehe ebenfalls: Zimmermann, Horst, Kommunalfinanzen, a.a.O., Seite 190.

[449] Siehe bspw.: Krause-Junk, Gerold, Noch ein Vorschlag für eine Gemeindesteuerrefom, in: Wirtschaftsdienst 1989, Seite 380 – 382.

[450] BMF (Hrsg.), Gutachten zur Reform der Gemeindesteuern in der Bundesrepublik Deutschland, a.a.O., Seite 56.

[451] Siehe: Ebenda, Seite 56.

• Eine solche Regelung konfligiert aufgrund des nicht möglichen (exakten) Grenzausgleichs zwischen Importen und Exporten mit EU-Recht[453].

Daneben existieren Vorschläge, die eine kommunale Einkommensbesteuerung vorsehen. Dabei kann wiederum zwischen drei Gruppen von Vorschlägen differenziert werden:

1. Vorschläge, die eine gesonderte Konzeption einer neuen Einkommensteuer der Gemeinden vorsehen[454].
2. Vorschläge, die eine vereinfachte, auf den Bürger bezogene Steuer aufzeigen[455].
3. Vorschläge, die eine gemeindliche Einkommensteuer umfassen, die sich an die bestehende staatliche Einkommensteuer anlehnt und ein Hebesatzrecht besitzt[456].

Vorteil des ersten Verfahrens ist insbesondere die mögliche enge Verknüpfung aller Bürger durch finanzielle Inanspruchnahme mit der Gemeinde (z.B. Verzicht auf Freibeträge). Jedoch sprechen neben dem aufwendigen und kost-

---

[452] Derzeit beträgt der normale Steuersatz 16 %, der ermäßigte 7 % und der für land- und forstwirtschaftliche Lieferungen/Leistungen 9 %.

[453] Siehe hierzu bereits: Rau, Günter/Rieger, Georg, Möglichkeiten einer Gemeindebeteiligung an der Umsatzbesteuerung, Melle 1981, Seite 25 f.

[454] Für eine ausführliche Betrachtung sei auf die folgenden Quellen verwiesen: Beland, Ulrike, Eine eigene Einkommensteuer für die Gemeinden und das Problem des Wanderungswettbewerbs, in: AfK 1998, Seite 104 – 123 und BMF (Hrsg.), Gutachten zur Reform der Gemeindesteuern in der Bundesrepublik Deutschland, a.a.O., Seite 116 – 121.

[455] Bspw. sei in diesem Zusammenhang auf die Erhebung einer Kopfsteuer hingewiesen. Die Kopfsteuer knüpft allerdings in keinster Weise an den wirtschaftlichen Tatbeständen des Steuerpflichtigen (Einkommens- und Vermögensverhältnisse) an, da jedem Gemeindebürger die (absolut) gleiche Steuerlast auferlegt wird. Das Grundprinzip der Besteuerung nach der Leistungsfähigkeit wird bei einer solchen Steuer außer Kraft gesetzt, da die steuerbedingten Nutzeneinbußen absolut gesehen zwischen allen Steuerpflichtigen identisch sind. Die regressiv wirkende Steuerbelastung bevorteilt in erheblichem Maße wirtschaftlich besser gestellte Steuerpflichtige.
Siehe: Diekmann, Berend/Schütz, Dorothea, Die Kopfsteuer als Komponente eines Gemeindefinanzsystems?, in: AfK 1989, Seite 228 – 251 und Fischer, Helmut, Die Kopfsteuer, in: WiSt 1990, Seite 567 – 569.
Siehe ebenfalls: Weisflog, Walter, Kommunalbesteuerung in Großbritannien, in: StuW 1995, Seite 173 – 183.
Diese Möglichkeit einer kommunalen Einkommensbesteuerung wird daher im folgenden nicht weiter betrachtet.

[456] Siehe: Feld, Lars P./Knobelsdorff, Christoph von/Leder, Matthias, Mut zum Sprung in der Gemeindefinanzreform, in: Wirtschaft 5/2003, Seite 17 – 19; Hansmeyer, Karl-Heinrich/Zimmermann, Horst, Möglichkeiten der Einführung eines Hebesatzrechts beim gemeindlichen Einkommensteueranteil, in: AfK 1993, Seite 221 – 244, hier: Seite 228. – 243 und Sander, Matthias, Ersatz der Gewerbesteuer durch eine Gemeindeeinkommensteuer, in: Wirtschaftsdienst 2001, Seite 447 – 455.

spieligen Erhebungsverfahren insbesondere die nicht mehr abschätzbaren additiven Progressionswirkungen gegen diese Vorschläge: „Gerade weil die Einkommensteuer so zahlreiche Ziele der Wirtschafts- und Sozialpolitik berücksichtigt, eignet sie sich nicht für eine solche zusätzliche Erhebungsform"[457]. Dagegen sind diese Nachteile beim dritten Verfahren nicht zu erkennen. Das Hebesatzrecht der Gemeinden sollte demnach auf den derzeit vorhandenen 15 % Einkommensteueranteil der Gemeinden angewendet werden[458]. Dies würde zur folgenden Verteilung des Steueraufkommens führen:

$$ESt_{BL} = ESt_{HS} \times (1 - GA)/(1 - GA + GA \times HS/100)$$

$$ESt_G = ESt_{HS} \times (1 - [1 - GA]/[1 - GA + GA \times HS/100])$$

ESt_{BL} = Einkommensteueranteile Bund und Länder
ESt_G = Einkommensteueranteil Gemeinden
ESt_{HS} = Vereinnahmte Einkommensteuerbeträge aus einer Gemeinde
GA = Anteil der Gemeinden an der Einkommensteuer vor Ausübung des Hebesatzrechts
HS = Hebesatz

Quelle: Hansmeyer, Karl-Heinrich/Zimmermann, Horst, Möglichkeiten der Einführung eines Hebesatzrechts beim gemeindlichen Einkommensteueranteil, a.a.O., hier: Seite 233.

Da die Einkommensteuer als Gemeinschaftsteuer allen Gebietskörperschaften anteilig zusteht, darf das den Gemeinden gewährte Hebesatzrecht keine Beeinflussung der einzelnen Steueranteile bewirken, da eine Beachtung der grundge-

---

[457] Hansmeyer, Karl-Heinrich/Zimmermann, Horst, Möglichkeiten der Einführung eines Hebesatzrechts beim gemeindlichen Einkommensteueranteil, a.a.O., hier: Seite 229.

[458] Siehe: Hansmeyer, Karl-Heinrich/Zimmermann, Horst, Bewegliche Einkommensbesteuerung durch die Gemeinden, in: Wirtschaftsdienst 1991, Seite 639 – 644 und Zimmermann, Horst, Stärkung der kommunalen Finanzautonomie, a.a.O., hier: Seite 669 – 671.
Siehe auch: Feld, Lars P./Knobelsdorff, Christoph von/Leder, Matthias, Eine alte Steuer ist noch keine gute Steuer, in: FAZ vom 05. April 2003, Seite 15; Fuest, Clemens/Huber, Bernd, Neue Wege bei der Finanzierung der Kommunen: Zuschlagsrechte statt Gewerbesteuer, in: Wirtschaftsdienst 2002, Seite 260 – 265; Hey, Johanna, Kommunale Einkommen- und Körperschaftsteuer, in: StuW 2002, Seite 314 – 325; Homburg, Stefan, Kommunalzuschlag statt Gewerbesteuer, in: BB vom 13. Februar 2002, Seite I und Homburg, Stefan, Steuerpolitik nach der Wahl, in: Stbg 2002, Seite 564 – 570 und Seite 575 f, hier: Seite 566 f.
Daneben existieren auch Vorschläge, die ausschließlich einen Länderzuschlag mit Hebesatzrecht bei der Einkommensteuer vorsehen.
Siehe bspw.: Baretti, Christian u.a., Der deutsche Föderalismus auf dem Prüfstand: Vorschläge zu einer effizienteren Gestaltung, in: ifo-Schnelldienst 28-29/2000, Seite 26 – 38, hier: Seite 36 und Büttner, Thiess/Schwager, Robert, Länderautonomie in der Einkommensteuer: Konsequenzen eines Zuschlagsmodells, Mannheim 2000.

setzlichen Bestimmungen des Art. 106 Abs. 3 GG garantiert sein muss. Daher dürfen sich die Mehr- oder Mindereinnahmen durch das Hebesatzrecht ausschließlich auf die Gemeinde selbst auswirken. Die Gefahr eines Trittbrettfahrerverhaltens einzelner Gemeinden kann somit unterbunden werden. Zusätzlich ist eine Aufzehrung der erzielten Mehreinnahmen der Gemeinden durch kompensierende Einnahmekürzungen der Länder zu verhindern.

Somit kann eine wesentlich bessere Fühlbarkeit bzw. Transparenz erreicht werden, insbesondere dann, wenn die Anteile, die einzelnen Gebietskörperschaften zufließen, auf dem Einkommensteuerbescheid offen ausgewiesen sind. Gleichzeitig erfährt das Prinzip der fiskalischen Äquivalenz eine Stärkung, da ein Zusammenhang zwischen Steuerlast und kommunaler Leistung ersichtlich und insbesondere im interkommunalen Vergleich eine individuelle Beurteilung vornehmbar ist. Es kann eine wesentlich bessere Orientierung an den Präferenzen der Bürger vorgenommen werden, da kurzfristige Reaktionen bzgl. der Aufgaben und somit der Ausgaben mit den dafür notwendigen Einnahmen möglich sind, die Allokation knapper Ressourcen optimiert und gleichzeitig Konsumentensouveränität verbessert wird. Folglich findet eine Stärkung der Demokratie und gleichfalls der Eigenverantwortlichkeit der Bürger statt. Zudem untergräbt dieser Vorschlag nicht Ziele der (bundesstaatlichen) Distributions-, Konjunktur- und Wachstumspolitik und das Grundgesetz bedürfte keiner Änderung.

Ein Vorschlag des Karl-Bräuer-Instituts sieht ein modifiziertes Vorgehen vor. So soll der Gemeindeanteil an der Umsatzsteuer auf 12,2 % erhöht, die Gewerbesteuer abgeschafft und ein Hebesatzrecht auf die Einkommens- und Körperschaftsteuer eingeführt werden[459]. Kritisch sind die hervorgestellten Vorteile des Konzeptes durch das Institut selbst zu beurteilen: Die Verstetigung der Einnahmen (d.h. auch der Ausgaben), der Abbau von Steuerkraftunterschieden zwischen Gemeinden (d.h. Anreizsysteme werden behindert), die geplante Gestaltung von Verteilungsschlüsseln zur Senkung der Streuung von kommunalen Einnahmen (d.h. Leistung und Gegenleistung fallen auseinander) und der Abbau steuerpolitischer Verzerrungen[460].

Der BDI stellte ebenfalls ein Modell zur Einführung einer kommunalen Einkommen- und Gewinnsteuer vor, welches mit der Abschaffung der Gewerbesteuer und des 15 %igen Anteils der Gemeinden an der Einkommensteuer einhergeht[461]. Demzufolge soll ein proportionaler Zuschlag auf die festzusetzende Einkommen- und Körperschaftsteuer durch die Gemeinden erhoben werden. Die

---

[459] Siehe: Karl-Bräuer-Institut des Bundes der Steuerzahler (Hrsg.), Kommunale Steuerautonomie und Gewerbesteuerabbau, Wiesbaden 2002, Seite 166 – 229 und o.V., Steuerzahlerbund fordert Abschaffung der Gewerbesteuer, in: FAZ vom 08. März 2002, Seite 15.

[460] Siehe: Däke, Karl Heinz, Kommunale Steuerautonomie und Gewerbesteuerabbau, Pressekonferenz am 07. März 2002 in Berlin, Seite 6 f (Manuskript).

[461] Siehe: BDI/VCI (Hrsg.), Verfassungskonforme Reform der Gewerbesteuer, Köln 2001.

Höhe des Zuschlags bestimmt jede Gemeinde im Rahmen des Hebesatzrechts autonom[462].

Ein aktuell vorgestelltes Modell sieht neben der Abschaffung der Gewerbesteuer und der Einführung eines kommunalen Hebesatzrechts auf die Einkommensteuer sowie eines Zuschlags zur Körperschaftsteuer die Berücksichtigung des Betriebsstättenprinzips bei der Einkommensteuerzerlegung vor[463]. Die Verteilung der Einnahmen soll demnach hälftig nach dem Wohnsitz- und dem Betriebsstättenprinzip erfolgen. Gegen dieses Modell ist nicht nur die Verlagerung und damit Abhängigkeit der kommunalen Einnahmen von der Besteuerung des Einkommens anzuführen. Der Zuschlag zur Körperschaftsteuer entpuppt sich als Zuweisungsfaktor, der zwar von dem örtlichen Aufkommen abhängig, jedoch unbeeinflussbar durch die Kommunen selbst ist, da weder ein Hebesatzrecht noch ein Gesetzgebungsspielraum der Kommunen besteht. Es ist davon auszugehen, dass sich erhebliche Anreize entwickeln, vorrangig juristische Personen zu attrahieren, da hier ein 1,5facher Zufluss von Steuereinnahmen erfolgen kann: Neben dem Zuschlag an der Körperschaftsteuer, der den Betriebsgemeinden zu 100 % zusteht, erfolgt zusätzlich eine Berücksichtigung von 50 % aller Einkommen der im Betrieb arbeitenden Personen. Darüber hinaus ergeben sich hinsichtlich der Verwaltungsvereinfachung und der grundsätzlichen Zuordnung von Einkommen erhebliche Probleme. So wären ausschließlich die Einkommen aufteilungsfähig, die in der jeweiligen (Betriebs-)Gemeinde erzielt wurden. D.h. sofern weitere Einkünfte z.b. aus Vermietung und Verpachtung in einer anderen Gemeinde erzielt wurden, muss eine Verhältnisrechnung durchgeführt werden. Wie werden Steuerpflichtige behandelt, die zwei oder mehrere Arbeitgeber besitzen? Ein möglicher Ausweg wäre lediglich ein Rückschritt zur Lohnsummensteuer, die insbesondere aufgrund ihrer Substanzbesteuerungspotentiale abgeschafft wurde. Zudem ist eine unmittelbare Äquivalenzbeziehung zwischen der Arbeitsbevölkerung und der kommunalen Infrastruktur nur begrenzt vorhanden. Wie können die elementaren Besteuerungsprinzipien berücksichtigt werden? Ein Zusammenhalt zwischen der Arbeitsbevölkerung und der Kommunalregierung ist ausschließlich begrenzt herstellbar. Somit unterliegt gleichfalls die Ausrichtung auf die Stärkung der Eigenverantwortung und die Orientierung an den Präferenzen der Bürger wesentlichen Einschränkungen.

---

[462] Siehe auch: Wohltmann, Matthias, Kommission zur Reform der Gemeindefinanzen – Zwischenbilanz und Erwartungen, in: dl 2003, Seite 153 – 162, hier: Seite154 f.
Siehe in diesem Zusammenhang auch das Modell einer Gemeindewirtschaftsteuer: Fromme, Jochen-Konrad, Von der Gewerbesteuer zur „Gemeindewirtschaftsteuer", in: GemH 2002, Seite 178 – 184.

[463] Siehe: Broer, Michael, Ersatz der Gewerbesteuer durch ein kommunales Zuschlagsrecht zur Einkommen- und Körperschaftsteuer, in: DStZ 2001, Seite 622 – 627.
Siehe auch: Georgi, Hanspeter, Die Gewerbesteuer verlangt nach Ersatz, in: FAZ vom 22. Mai 2002, Seite 17.

Vielmehr findet hier ein Teilrückschritt zur Trennung zwischen Zahlern und Entscheidern statt.

Insgesamt gesehen stellen diese Modelle einen Kompromiss dar. Die Kommunen besitzen nach wie vor keinen Einfluss auf die Gesetzgebung und können Veränderungen der Bemessungsgrundlage durch den Bund ausschließlich durch Hebesatzvariationen begegnen[464]. Aufgrund dieser Schwäche und der ausschließlichen Orientierung und damit Abhängigkeit von einer einzelnen Steuerart kann das Hebesatzrecht auf die Einkommensteuer (und das Hebesatz- bzw. Zuschlagsrecht auf die Körperschaftsteuer) ausschließlich als wichtiger Baustein einer umfassenden Reform sämtlicher kommunaler Steuerarten angesehen werden. Ein Ersatz der Gewerbesteuer durch einen alleinigen hebesatzberechtigten Einkommensteueranteil ist abzulehnen[465].

1.1.2 Anrechnungsmodelle

Anrechnungsmodelle beinhalten die Beibehaltung der Gewerbesteuer in voller Höhe, ermöglichen aber – wie bereits dargestellt[466] – eine vollständige bzw. teilweise Anrechnung auf eine andere Steuer. Dies hat zur Konsequenz, dass die Gewerbesteuer für die Kommunen erhalten bleibt und für die Betriebe eine Neutralisation ermöglicht wird. Neben der seit dem Veranlagungszeitraum 2001 durchgeführten Anrechnung der Gewerbesteuer auf die Einkommensteuer – und somit der Realisation eines Anrechnungsmodells – wurden weitere Modelle entwickelt, von denen das meist diskutierte vorgestellt wird.

Das Modell des DIHT[467] sieht die Verrechnung der Gewerbesteuer mit der zu zahlenden Umsatzsteuer vor, überschießende Beträge sind zu erstatten. Gleichzeitig würde die Möglichkeit, die Gewerbesteuer als Betriebsausgabe abzuziehen, aufgehoben. Um auftretende Steuerausfälle der Kommunen zu kompensieren, wird eine ausgleichende Anhebung der Umsatzsteuer empfohlen. Als

---

[464] Einen Hinweis auf das Kernstadtproblem gibt: Feld, Lars P., Die Reform der Gemeindefinanzen, in: WiSt 2003, Seite 317.

[465] So auch: Schneider, Bernd Jürgen, Gewerbesteuer – quo vadis?, in: GemH 1996, Seite 35 – 44, hier: Seite 38.
Entgegengesetzter Auffassung: Schneider, Dieter, Ist die Einkommensteuer überholt? Kritik und Reformvorschläge, in: Smekal, Christian/Sendlhofer, Rupert/Winner, Hannes (Hrsg.), Einkommen versus Konsum, Heidelberg 1999, Seite 1 – 14, hier: Seite 10 f.

[466] Siehe Kapitel III.3.1.3.

[467] Siehe: DIHT (Hrsg.), Gewerbesteuer auf neuem Kurs, Bonn 1982.
Siehe ebenfalls: Rieger, Georg, Gewerbesteuer auf neuem Kurs – Entlastung der Wirtschaft durch Anrechnung der Gewerbesteuer auf die Umsatzsteuerlast, in: GemH 1983, Seite 187 – 188.
Auf weitere Anrechnungsmodelle soll im folgenden aufgrund der grundsätzlichen Vergleichbarkeit der Modelle nicht eingegangen werden.

vorteilhaft werden von den Befürwortern des Modells insbesondere die Wahrung des Hebesatzrechts, die Verstetigung der Einnahmen, die Einfachheit der Handhabbarkeit, der Bezug zur örtlichen Wirtschaft und die Wettbewerbsneutralität auch unter internationalen Gesichtspunkten eingestuft.

Konsequenz dieses Modells wäre jedoch zum einen ein Auseinanderfallen von Steuerschuldner und (Gewerbe-)Steuerlast. Die gewerbesteuerlichen Unternehmen blieben weiterhin Steuerschuldner – jedoch würde sich die Steuerlast auf die Empfänger der Umsatzsteuer verlagern. Dies sind hauptsächlich Bund und Länder[468]. Eine solche Anrechnung verlagert das Steueraufkommen jedoch entgegen den Vorgaben des Art. 106 GG zwischen den Gebietskörperschaften. Mit Auseinanderfallen der Steuerlast und der Steuerleistung wird keine endgültige Belastung des Steuerschuldners herbeigeführt. Damit wären jedoch die Voraussetzungen einer Steuer i.S. von § 3 Abs. 1 AO nicht erfüllt, da der Begriff Geldleistung die mit einer Belastung verbundene Leistungspflicht des Steuerschuldners hervorhebt und sie damit von der Gegenleistungspflicht des Gebührenschuldners abgrenzt[469].

Zum anderen verliert die Gewerbesteuer nahezu vollständig ihre Relevanz im betrieblichen Standortentscheidungsprozeß, da sie zu einem durchlaufenden Posten würde. Die Kommunen hätten dagegen Anreize, durch entsprechende Hebesatzerhöhungen ihr Aufkommen gegenüber Bund und Ländern zu steigern und ein einsetzender Wettlauf i.S. eines Überbietungswettbewerbs wäre die Folge. Einzige Lösung dieses Problems wäre eine Hebesatzbegrenzung nach oben, die allerdings letztlich nur zu einer Vereinheitlichung der Hebesätze auf höchst möglichem Niveau führen würde. Damit wird auch deutlich, dass dieses Modell gegen die Eigenverantwortlichkeit der Kommunen gem. Art. 28 Abs. 2 GG verstößt. Gleichzeitig liegt ein Verstoß gegen Art. 33 der 6. EG-Richtlinie[470] vor, da dieses Modell einer kommunalen Beteiligung an der Umsatzsteuer gleich kommt und letztlich in einem Zuweisungssystem endet. Abschließend sei gegen dieses Modelle angeführt, dass die Fühlbarkeit der Steuerbelastung gegen Null tendiert und weder dem Äquivalenzprinzip noch daraus folgend dem Prinzip der fiskalischen Äquivalenz entsprochen wird.

---

[468] Der geringe Anteil der Kommunen von 2,07614 % fällt bei dieser Gesamtbetrachtung nicht ins Gewicht.

[469] Siehe: Courage, Christoph, Die Gewerbesteuer und ihre möglichen Kompensationen – die Vorgaben der deutschen Finanzverfassung für eine Reform, Diss. Universität Bonn 1991, o.O. o.J., Seite 159 f.

[470] Siehe: Sechste Richtlinie (EWG) 77/388 zur Harmonisierung der Rechtsvorschriften der Mitgliedstaaten über die Umsatzsteuern – Gemeinsames Mehrwertsteuersystem: einheitliche steuerliche Bemessungsgrundlage vom 17. Mai 1977, in: Amtsblatt der Europäischen Gemeinschaften 1977, Nr. L 145/1 – L 145/40, zuletzt geändert durch Richtlinie 2001/115/EG, in: Amtsblatt der Europäischen Gemeinschaften 2002, Nr. L 15/24 – L 15/28.

1.1.3 Substitutionsmodelle

Substitutionsmodelle sehen eine Abschaffung der Gewerbesteuer in der derzeitigen Form vor. Statt dessen soll an deren Stelle eine neue, die Interessen der Kommunen besser berücksichtigende und dem kommunalen Finanzsystems gerecht werdende Steuer treten[471].

1.1.3.1 Kommunale Cash-Flow Steuer

Bei der Cash-Flow Steuer handelt es sich um eine reine Unternehmenssteuer[472], die auf dem Cash-Flow, dem Reingewinn eines Unternehmens, als Bemessungsgrundlage basiert[473]. In diesem Zusammenhang beinhaltet der Reingewinn die über die Normalverzinsung hinausgehenden Gewinne und umfasst demnach nicht die Verzinsung des Eigenkapitals. Aus Sicht ihrer Verfechter ist diese Form der Besteuerung vorzuziehen, da sie

- keine intertemporalen Verzerrungen hervorruft, weil die Verzinsung des Kapitals nicht verhindert wird, d.h. Brutto- und Nettozins stimmen aus Sicht des Steuerpflichtigen überein;
- die derzeitige Bevorzugung der Fremd- gegenüber der Eigenfinanzierung beseitigt[474];
- dem (relativen) Äquivalenzprinzip bei konstanten Skalenerträgen entspricht[475];
- ein Hebesatzrecht zur Wahrung der kommunalen Finanzautonomie ermöglicht wird[476];
- wesentlich konjunkturunempfindlicher sei als die Gewerbesteuer[477] und

---

[471] Siehe als Überblick: Linscheidt, Bodo/Truger, Achim, Reform des Kommunalsteuersystems, in: Vierteljahreshefte zur Wirtschaftsforschung 1997, Seite 382 – 394.

[472] Siehe einführend: Feldhoff, Michael, Die Cash-flow-Besteuerung und ihre Problematik, in: StuW 1989, Seite 53 – 63.

[473] Zum Cash-Flow siehe bspw.: Bieg, Hartmut/Hossfeld, Christopher, Der Cash-flow nach DVFA/SG, in: Der Betrieb 1996, Seite 1429 – 1434; Kommission für Methodik der Finanzanalyse der Deutschen Vereinigung für Finanzanalyse und Anlageberatung (DVFA)/Arbeitskreis „Externe Unternehmensrechnung" der Schmalenbach-Gesellschaft – Deutsche Gesellschaft für Betriebswirte (SG), Cash Flow nach DVFA/SG, in: WPg 1993, Seite 599 – 602; Wehrheim, Michael/Schmitz, Thorsten, Jahresabschlußanalyse, Stuttgart/Berlin/Köln 2001, Seite 82 – 86.

[474] Siehe: Rose, Manfred, Cash-flow-Gewerbesteuer versus zinsbereinigte Gewerbeertragsteuer, in: Rose, Manfred (Hrsg.), Konsumorientierte Neuordnung des Steuersystems, Berlin u.a. 1991, Seite 205 – 216, hier: Seite 207.

[475] Siehe: Richter, Wolfram, Kommunale Unternehmensbesteuerung, in: ZWS 1992, Seite 567 – 586, hier: Seite 577.

[476] Siehe: Richter, Wolfram F./Wiegard, Wolfgang, Cash-flow-Steuern: Ersatz für die Gewerbesteuer? in: Rose, Manfred (Hrsg.), Konsumorientierte Neuordnung des Steuersystems, Berlin u.a. 1991, Seite 193 – 204, hier: Seite 201.

• allokations- und wachstumsneutral sei, mithin die (marginalen) Investitions-
entscheidungen nicht beeinflusst.

Kritisch bleibt festzuhalten, dass die Schwankungen der Bemessungsgrundlage
des ökonomischen Reingewinn im Konjunkturverlauf erheblich sind. Auch
werden durch die Restriktion der notwendigen Reingewinnerwirtschaftung bestimmte Industrie- und Dienstleistungsunternehmen bzw. Branchen – vorrangig
besonders innovative Unternehmen – besteuert, während andere trotz Gewinnen
aufgrund einer Rendite unterhalb der Normalverzinsung nicht besteuert
würden[478]. Bedingt durch die Sofortabsetzbarkeit von Investitionsausgaben gibt
es außerdem – entgegen der Aussage der Befürworter – wesentliche konjunkturelle Schwankungen im gemeindlichen Steueraufkommen, so dass festzuhalten
bleibt, dass eine kommunale Cash-Flow Steuer den Anforderungen an eine
kommunale Steuer nicht gerecht werden kann, da die Finanzierungsunter-
stützung für die Erfüllung der kommunalen Aufgaben als unzureichend einzustufen ist. In diesem Zusammenhang ist ebenfalls darauf hinzuweisen, dass neu-
gebildetes Kapital im Grenzfall unbelastet bleibt, da der Gegenwartswert der
korrespondierenden Zahlungsüberschüsse Null ist. Dies führt vorrangig in
Unternehmensgründungsphasen zu unbeeinflussbaren Kapitalsubventionen
durch die Gemeinden, da zugehörige Erträge erst in Folgeperioden entstehen.
Durch die fehlenden Steuereinnahmen führen Unternehmensakquisationen entgegen dem eigentlichen Ziel zu nicht kompensierbaren Belastungen des
Kommunalhaushalts.

Letztlich müsste die Cash-Flow Steuer, da sie als reine Unternehmenssteuer
konzipiert ist und zu einer Besteuerung der Konsummöglichkeiten führt, von
einer allgemeinen Konsumausgabensteuer begleitet werden, um auf diesem Weg
eine umfassende Besteuerung der Bemessungsgrundlage Konsum zu erreichen[479].

1.1.3.2 Kommunale Wertschöpfungsteuer

Der Vorschlag zur Einführung einer kommunalen Wertschöpfungsteuer stammt
vom Wissenschaftlichen Beirat beim BMF aus dem Jahre 1982[480]. Bemessungsgrundlage dieser neuen kommunalen Steuer wäre die Nettowertschöpfung aller
örtlichen Unternehmen, d.h. neben den gewerblichen Unternehmen auch Unter-

---

[477] Siehe: Richter, Wolfram F./Wiegard, Wolfgang, Cash-Flow Steuern: Ersatz für die Gewerbesteuer?, in: StuW 1990, Seite 40 – 45, hier: Seite 44.

[478] Siehe: Homburg, Stefan, Reform der Gewerbesteuer, in: AfK 2000, Seite 42 – 55, hier:
Seite 49 f.

[479] Siehe: Wellisch, Dietmar, Finanzwissenschaft II, München 2000, Seite 144.

[480] Siehe: BMF (Hrsg.), Gutachten zur Reform der Gemeindesteuern in der Bundesrepublik
Deutschland, a.a.O..

nehmen mit Einkünften aus selbständiger Arbeit, Unternehmen ohne Gewinner-zielungsabsicht (z.B. karitative Organisationen), Einkünfte aus Land- und Forst-wirtschaft, der Wohnungswirtschaft, staatliche Verwaltungen, Eigen- und Regie-betriebe. Folglich würden sämtliche marktmäßig angebotenen Leistungen erfasst. Die Ermittlung der Bemessungsgrundlage kann sowohl subtraktiv als auch additiv erfolgen. Bei ersterem Vorgehen erfolgt eine Subtraktion der Vor-leistungen vom Umsatz. Zusätzlich werden die Lagerbestandsveränderungen, der Kapitalverschleiß und die selbsterstellten Anlagen berücksichtigt[481]. Bei der additiven Methode wird der Unternehmensgewinn um gezahlte Mieten, Pachten, Schuldzinsen und Arbeitslöhne erhöht[482]. Der proportionale Steuersatz muß die aufzuhebende Gewerbesteuer und Grundsteuer kompensieren, um einen erfolgs-neutralen Übergang zu garantieren. Aufgrund des wesentlich größeren Kreis Steuerpflichtiger ist allerdings mit einer niedrigeren Besteuerung zu rechnen, die sich im Bereich von zwei Prozent der örtlichen Wertschöpfung bewegen würde[483]. Gleichzeitig ist es möglich, ein kommunales Hebesatzrecht zu ge-währen. Somit würde die Wertschöpfungsteuer der gestellten Anforderung be-züglich der Finanzautonomie der Gemeinden gerecht und wird z.T. als First-Best-Lösung eingestuft[484].

Dem gegenüber ist die Wertschöpfungsteuer gleichzeitig erheblicher Kritik aus-gesetzt und wird als betriebswirtschaftlich völlig verfehltes Konzept einge-stuft[485]. Die Konjunkturempfindlichkeit ist sehr gering, so dass es sich um eine relativ stetige kommunale Einnahmequelle handelt. Dieser grundsätzliche Vor-teil für die Gemeinden basiert jedoch auf der Konstruktion der Bemessungs-grundlage, die in erheblichem Umfang ertragsunabhängige Komponenten auf-weist[486]. Gerade in ertragsschwachen Zeiten führt dies für Unternehmen zu zu-

---

[481] Siehe: Ebenda, Seite 58.

[482] Die Ermittlung sollte durch das additive Verfahren erfolgen, da auf diese Weise die relativen Faktorpreise nicht verzerrt würden.
Zu den Komponenten im einzelnen siehe: Alter, Rolf/Stegmann, Helmut, Die Praktikabi-lität einer kommunalen Wertschöpfungsteuer, in: Wirtschaftsdienst 1984, Seite 90 – 94.

[483] Der wissenschaftliche Beirat ging 1982 von einem Steuersatz von 2,5 % bis 3 % aus.
Siehe: Ebenda, Seite 63.
Eine Berechnung auf Basis der Werte von 1997 geht von einem Steuersatz von 1,76 % aus.
Siehe: Homburg, Stefan, Reform der Gewerbesteuer, in: AfK 2000, Seite 42 – 55, hier: Seite 51.

[484] Siehe: Scherf, Wolfgang, Perspektiven der kommunalen Besteuerung, in: Andel, Norbert (Hrsg.), Probleme der Kommunalfinanzen, Berlin 2001, Seite 9 – 55, hier: Seite 10.

[485] Siehe: Dziadkowski, Dieter, Zur Umgestaltung der Gewerbesteuer, in: BB 1987, Seite 342 – 346, hier: Seite 345 f und Ritter, Wolfgang, Abbau der Gewerbesteuer – Konzept eines Brückenschlags zwischen Wirtschaft und Gemeinden, in: GemH 1983, Seite 188 – 191, hier: Seite 189.

[486] Nach Berechnungen des DIHT und anderer Verbände setzen sich 84 % der Bemessungs-grundlage aus ertragsunabhängigen Komponenten zusammen.
Siehe: DIHT u.a. (Hrsg.), Kommunale Wertschöpfungsteuer – Der falsche Weg, Bonn/Köln 1984, Seite 16.

sätzlichen Belastungen, die nicht aus erwirtschafteten Gewinnen, sondern aus der Unternehmenssubstanz bezahlt werden müssen. „Die Wettbewerbswirkung einer Steuer mit einer solchen Kostendominanz wäre ... vernichtend"[487]. Nicht zuletzt aus diesem Grund wurde die Gewerbekapitalsteuer abgeschafft. Darüber hinaus würden durch die Hinzurechnung der Arbeitslöhne arbeitsintensive Betriebe erheblich benachteiligt, Rationalisierungmaßnahmen vorangetrieben und folglich eine Entwicklung zu einer Arbeitsplatzvernichtungsteuer eingeleitet. Hieraus resultiert eine erhebliche einseitige Beeinflussung der Investitionstätigkeit. Aus diesem Grund wurde die Lohnsummensteuer[488] abgeschafft.

Von den Befürwortern werden die Gegenargumente unter dem Hinweis, dass es sich bei der Wertschöpfungsteuer um eine Umsatzsteuer handelt, zurückgewiesen[489]. Dies würde jedoch einen Verstoß der Wertschöpfungsteuer gegen Art. 33 der 6. EG-Richtlinie zur Umsatzsteuerharmonisierung bedeuten, da es allen Mitgliedstaaten untersagt ist, Steuern einzuführen, die den Charakter einer Umsatzsteuer besitzen.

Nachteilig wirkt sich zudem aus, dass es sich um eine völlig neue Steuer handelt, die zu erheblichem Mehraufwand bei der Erhebung führen und somit dem Ziel einer Steuervereinfachung zuwiderlaufen würde. Wesentliche Erhebungs- bzw. Erfassungsprobleme im Zusammenhang mit der Einbeziehung der Wohnungswirtschaft und der Land- und Forstwirtschaft werden bereits durch den Wissenschaftlichen Beirat geäußert[490]. Die Überlegung einer Ausklammerung dieser beiden Gruppen aus dem Kreis der Steuerpflichtigen und Beibehaltung der Grundsteuer erscheint als Notlösung und unbefriedigend, da folglich eine Gesamtkonzeption nicht erreicht wird. Der Wissenschaftliche Beirat weist darauf hin, dass wettbewerbs- und sozialpolitisch begründete Steuerermäßigungen einer kommunalen Objektsteuer zuwiderlaufen würden. Statt dessen sind diese Ziele im Rahmen der staatlichen Steuern zu verfolgen[491]. Ob sich der Gesetzgeber an diese Empfehlungen halten würde, mag nicht zuletzt aus den Erfahrungen mit der Gewerbesteuer und den politisch bzw. lobbyistisch verursachten Eingriffen bezweifelt werden.

---

[487] Ritter, Wolfgang, a.a.O., hier: Seite 189.

[488] Siehe hierzu beispielsweise: Schwarting, Gunnar, Die Abschaffung der Lohnsummensteuer vor 20 Jahren, in: GemH 1998, Seite 145 – 149.

[489] Siehe hierzu auch: Keß, Thomas, Unternehmenssteuerreform: Ohne Reform der Gewerbesteuer?, in: FR 2000, Seite 695 – 704, hier: Seite 703.
In diesem Zusammenhang: Junkernheinrich, Martin, Reform des Gemeindefinanzsystems, in: AfK 1992, Seite 220 – 237.

[490] Siehe: BMF (Hrsg.), Gutachten zur Reform der Gemeindesteuern in der Bundesrepublik Deutschland, a.a.O., Seite 96 – 112.

[491] Siehe: BMF (Hrsg.), Gutachten zur Reform der Gemeindesteuern in der Bundesrepublik Deutschland, a.a.O., Seite 64.

1.1.3.3 Kommunale Unternehmensteuer

Die kommunale Unternehmensteuer greift die Überlegungen der Wertschöpfungsteuer auf und entwickelt diese weiter. Als entscheidender Unterschied erfolgt eine Besteuerung des örtlich entstandenen Einkommens ohne Einbeziehung des Kapitaleinkommens (Fremdkapitalzinsen und kalkulatorische Eigenkapitalzinsen), um auf diesem Weg der hohen internationalen Mobilität des Faktors Kapital Rechnung zu tragen und eine Abwanderung zu vermeiden[492]. Dabei soll die kommunale Unternehmensteuer als proportionale Steuer, d.h. ohne Freibeträge erhoben werden, die jede Wertschöpfung belastet. Der bei der (derzeitigen) Gewerbesteuer kritisierte enge Adressatenkreis wird durch eine Aufbrechung des gewerblichen Unternehmers mit Gewinn hin zu einem Unternehmer mit Einnahmeerzielungsabsicht gem. § 2 UStG[493] vollzogen[494]. Dies hat zur Konsequenz, dass neben Gewerbetreibenden, Freiberuflern bzw. Selbständigen auch die Wohnungswirtschaft und staatliche Institutionen der Besteuerung unterworfen werden. Als besondere Merkmale dieses Besteuerungsmodells sind folgende Argumente hervorzuheben[495]:

- Sowohl die Finanzierungs- als auch die Rechtsformneutralität der Besteuerung wird erreicht.
- Ein großer Adressatenkreis wird zur Besteuerung herangezogen. Dieser ist zwar enger als der der Wertschöpfungssteuer, jedoch bleibt der hoch mobile Faktor Kapital unbesteuert.
- Zur Ermittlung der Bemessungsgrundlage ist ein wesentlich geringerer Aufwand erforderlich als bei der Wertschöpfungsteuer.
- Den Kommunen wird auf den Nettoumsatz ein Hebesatzrecht gewährt. Die Begründung erfolgt durch die unterschiedlichen Grenzkosten der Ansiedlung

---

[492] Siehe: Homburg, Stefan, Reform der Gewerbesteuer, a.a.O., hier: Seite 53.

[493] Siehe: Umsatzsteuergesetz 1999 (UStG 1999), in der Fassung der Bekanntmachung vom 09. Juni 1999, veröffentlicht in: BGBl. I 1999, Seite 1270 – 1307, in: Verlag C.H. Beck oHG (Hrsg.), Steuergesetze, München 2002.

[494] Siehe: Homburg, Stefan, Eine kommunale Unternehmensteuer für Deutschland, in: Wirtschaftsdienst 1996, Seite 491 – 496, hier: Seite 494.
Siehe auch: Karrenberg, Hanns, Der Vorschlag des Deutschen Städtetages zur Umgestaltung der Gewerbesteuer, in: GemH 1987, Seite 1 – 9.
Siehe ebenfalls: Dziadkowski, Dieter, Reformüberlegungen zur Gewerbesteuer, in: FR 1995, Seite 425 – 432, hier: Seite 426 – 430.
Auch der Wissenschaftliche Beirat des BMF verwies auf eine mögliche Begriffsbestimmung des Unternehmers anhand § 2 UStG.
Siehe: BMF (Hrsg.), Gutachten zur Reform der Gemeindesteuern in der Bundesrepublik Deutschland, a.a.O., Seite 59.
Die Cash-Flow Steuer orientiert sich ebenfalls am § 2 UStG.
Siehe: Richter, Wolfram F./Wiegard, Wolfgang, Cash-Flow-Steuern: Ersatz für die Gewerbesteuer?, a.a.O., hier: Seite 199.

[495] Siehe hierzu: Homburg, Stefan, Eine kommunale Unternehmensteuer für Deutschland, a.a.O..

neuer Unternehmen und der Bestandssicherung bereits angesiedelter Unternehmen. Folglich wird einerseits für die Kommunen ein Anreiz geschaffen, neue Unternehmen zu attrahieren. Andererseits werden gleichzeitig den Unternehmen die Grenzkosten der Ansiedlung und für die Nutzung der Leistungen auferlegt.

- Staatliche Unternehmen bzw. Institutionen werden ebenso der Besteuerung unterworfen, da sie kommunale Leistungen ähnlich den privaten Unternehmen in Anspruch nehmen.
- Diese Steuer konfligiert nicht mit EU-Recht.
- Es wird eine enge Verknüpfung zwischen der örtlichen Wirtschaft und dem örtlichen Steueraufkommen hergestellt.

1.1.3.4 Fazit

Abbildung 25 gibt einen vergleichenden Überblick der unterschiedlichen Bemessungsgrundlagen der vorgestellten Substitutionsmodelle.

Die Cash-Flow Besteuerung kann aufgrund ihrer schmalen Bemessungsgrundlage i.V. mit der Freistellung eines der Normalverzinsung entsprechenden Gewinns als nicht geeignet zum Ersatz der Gewerbesteuer angesehen werden. Zudem entspricht diese Form der Steuererhebung nicht dem Äquivalenzprinzip, da vielfach keine Verbindung zwischen Leistung und Gegenleistung existiert, somit kein Marktbezug hergestellt und folglich auch nicht dem Prinzip der fiskalischen Äquivalenz genüge getan werden kann[496].

Auch erscheinen die Anreizwirkungen für Unternehmensattrahierungen als unzureichend. Gleichzeitig erfolgt eine Behinderung unternehmerischer Innovationsprozesse durch die Besteuerung der Gewinne oberhalb einer als Normalrendite definierten Verzinsung. Innovationen und der daraus resultierende Gewinnanreiz stellen für den Unternehmer die Triebkraft in der wirtschaftlichen Weiterentwicklung dar. Insbesondere in Experimentier- und Expansionsphasen der Produktvermarktung herrscht hohes Risiko bzgl. der Nachfrageentwicklung und der mangelnden Ausgereiftheit des Produktes. Sofern die Durchsetzung am

---

[496] Die Cash-Flow Besteuerung wird derzeit als (gesamt-)staatliches Besteuerungsmodell diskutiert. Erste Erfahrungen mit einer Cash-Flow Besteuerung wurden in Kroatien gesammelt. Zu diesem Themenkomplex siehe beispielhaft die folgende Literatur: Rose, Manfred (Hrsg.), Konsumorientierte Neuordnung des Steuersystems, Berlin u.a. 1991; Schwinger, Reiner, Einkommens- und konsumorientierte Steuersysteme, Heidelberg 1992; Smekal, Christian/Sendlhofer, Rupert/Winner, Herbert (Hrsg.), Einkommen versus Konsum, Heidelberg 1999.
Zur Gewinnbesteuerung i.S. einer konsumorientierten Besteuerung siehe: Rose, Manfred, Systematisierung der Gewinnbesteuerung, in: Zur Zukunft der Staatsfinanzierung, Henke, Klaus-Dieter (Hrsg.), Baden Baden 1999, Seite 103 – 113.

Markt erfolgt, ist diese Phase teilweise von einer temporären Monopolstellung mit hohen Gewinnen gekennzeichnet. Gewinne oberhalb der durchschnittlichen Marktrendite stellen die Gegenleistung für das Innovationsrisiko dar. Sofern vorrangig innovative Unternehmer besteuert würden, läge eine bewusste Hemmung der unternehmerischen Risikoübernahme vor und damit eine Behinderung von unternehmerischen Innovations-Imitations-Prozessen.

Abbildung 25: Bemessungsgrundlagen einzelner Substitutionsmodelle

Ökonomische Größe		Bemessungsgrundlage für
	Umsatz	Brutto-Allphasen-Umsatzsteuer
./.	Vorleistungen	
=	Bruttowertschöpfung	Wertschöpfungsteuer
-/+	Kapitalgüterkäufe/-verkäufe	
=	Nicht-Kapitaleinkommen	Kommunale Unternehmensteuer
	(Nettoumsatz)	
./.	Übrige Faktoreinkommen	
=	Reingewinn	Cash-Flow Steuer

Quelle: Homburg, Stefan, Eine kommunale Unternehmensteuer für Deutschland, a.a.O., hier: Seite 494.

Gleichfalls abzulehnen ist die Wertschöpfungsteuer aufgrund der aufgezeigten Nachteile, insbesondere der Reaktivierung der Gewerbekapitalsteuer und der Lohnsummensteuer unter neuem Namen, jedoch auch aufgrund möglicher Konflikte mit dem EU-Recht.

Von den Substitutionsmodellen[497] erscheint zunächst die grundsätzliche Idee einer kommunalen Unternehmensteuer am praktikabelsten. Jedoch können ihr die wesentlichen Argumente der Wertschöpfungsteuer entgegengehalten werden. Auch hier findet in einem erheblichen Umfang eine Einbeziehung ertragsunabhängiger Komponenten statt, die in ertragsschwachen Zeiten zu einer Substanzbesteuerung führt und die Investitionstätigkeit behindert. Daher sind sämtliche an dieser Stelle vorgestellte Substitutionsmodelle abzulehnen. Eine Stärkung der kommunalen Selbstverwaltung können alle drei Modelle nicht aufweisen.

---

[497] Ein weiteres aufgrund der Nichtvereinbarkeit mit Europäischem Recht hier nicht betrachtetes Modell beinhaltet die kommunale Verbrauchsbesteuerung.
Siehe hierzu: BMF (Hrsg.), Gutachten zur Reform der Gemeindesteuern in der Bundesrepublik Deutschland, a.a.O., Seite 82 – 95 und Courage, Christoph, a.a.O., Seite 152 – 154.

1.2   Reformierung des deutschen Kommunalfinanzsystems: Die Grundsteuer

Die Vorschläge zur Neuausrichtung der Grundsteuer werden ebenso wie die Gewerbesteuerrefommodelle zunächst ausschließlich einer isolierten Betrachtung unterzogen. Diese Präsentation und Analyse ist als wesentlicher Baustein zur (späteren) Gesamtbetrachtung eines kommunalen Zielfinanzsystems erforderlich.

1.2.1   Reformkriterien

Folgende Punkte gilt es bei der Neuausrichtung der Grundsteuer sowohl in fiskalischer als auch in steuertechnischer Hinsicht zu beachten[498]:

1. Die Bemessungsgrundlage zur Steuerermittlung bedarf einer Reformierung.
2. Der Aufwand der Bewertung ist zu minimieren.
3. Im Rahmen einer möglichen Reform der Grundsteuer ist das Steueraufkommen und die Möglichkeit der Gemeinden, das Aufkommen z.Zt. mit einem Hebesatzrecht zu beeinflussen, zu sichern.
4. Der originäre Produktionsfaktor Boden sollte eine bestmögliche Nutzung erfahren. Die Rahmenbedingungen für eine optimale Bodenallokation sind zu schaffen.
5. Jegliche staatliche Eingriffe, die eine Beeinflussung der Bodenpreise beinhalten, sind zu unterbinden, da ansonsten Verzerrungen die Transportfunktion der Preise (Informationsfunktion bzgl. Knappheiten und Marktveränderungen) beeinträchtigen oder gar zerstören.

1.2.2   Bisherige Reformmodelle

1.2.2.1 Der Vorschlag des Bayerischen Staatsministeriums der Finanzen

Gem. einem Vorschlag des Bayerischen Staatsministeriums der Finanzen zur Neuregelung der Grundsteuer[499] sollte die Ermittlung der Bemessungsgrundlage zur Besteuerung anhand der Quadratmeterzahl der Wohn- und Nutzfläche sowie der Bodenfläche erfolgen, auf die pauschal ein einheitlicher Multiplikator (0,1 €

---

[498] Siehe: Josten, Rudolf, a.a.O., Seite 67.

[499] Siehe hierzu den Gesetzesentwurf: Bayerisches Staatsministerium der Finanzen (Hrsg.), Entwurf eines Gesetzes zur Neuregelung der Grundsteuer (Stand: 08. Mai 2000) (Gesetzentwurf), München 2000 (unveröffentlicht), zitiert nach: Lehmbrock, Michael/Coulmas, Diana, Grundsteuerreform im Praxistest, Berlin 2001, Seite 186 – 196.

bzw. 0,5 €) anzuwenden ist. Auf diesen mit der Steuermesszahl multiplizierten Wert ist anschließend ein Hundertsatz anzuwenden[500].

Als Hauptkritikpunkt ist gegen dieses Modell anzuführen, dass eine wertfreie Besteuerung erfolgt. Bei gleichen Hebesätzen erfolgt sowohl in ländlichen Gebieten als auch in Agglomerationen eine identische Besteuerung. Die kommunale Bewertung und Berücksichtigung des lokalen Preissystems würde unbeachtet bleiben und damit ein Rückschritt zur Zwangsvereinheitlichung der Lebens- bzw. Preisverhältnisse vollzogen. Des weiteren konnte in einem Modellprojekt nachgewiesen werden, dass sich eine von den Befürwortern stets als besonderer Vorteil angeführte Verwaltungsvereinfachung nicht bestätigt. Statt dessen sind erhebliche Ermittlungsprobleme i.z. mit der Wohn- und Nutzfläche aufgetreten[501]. Zudem sind Lenkungseffekte mit diesem Reformvorschlag nicht erzielbar.

Abbildung 26: Grundsteuer-Berechnungsmodell des Bayerischen Staatsministeriums der Finanzen

[Steuermesszahl für Grundstücke (0,1 €/qm) x Grundstücksfläche (qm)

+

Steuermesszahl für Gebäude (0,5 €/qm) x Gebäudefläche (qm)]

x

Hebesatz (%)

In Anlehnung an: Bayerisches Staatsministerium der Finanzen (Hrsg.), a.a.O., hier: Seite 30.

1.2.2.2 Die Bodenwertsteuer: Marktwertnahe Besteuerung und Stärkung der Informationsfunktion des Preises

Ziel der Bodenwertsteuer als Objektsteuer ist eine marktwertnahe Besteuerung des baureifen und bebauten Bodens. Dagegen unterbleibt eine (direkte) Besteuerung der Gebäude, so dass die Art der Nutzung des Bodens, ob unbebaut oder bebaut, irrelevant wird. Bewertungsgrundlage wären die Bodenrichtwerte,

---

[500] Ein von der Struktur her gleiches Modell, bei dem sich lediglich Unterschiede in der Höhe der Beträge je Quadratmeter Grundstücks- bzw. Wohn-/Nutzfläche ergeben, vertritt Zeitler.
Siehe: Zeitler, Franz-Christoph, Eine einfache Grundsteuer – die vergessene Reform, in: DStZ 2002, Seite 131 – 135, hier: Seite 134 f.

[501] Siehe: Lehmbrock, Michael/Coulmas, Diana, a.a.O., Seite 12.

die den Bodenwert entsprechend der zulässigen Nutzung gem. § 196 BauGB[502] festlegen. Dabei sind diese Richtwerte jedoch nicht mit den Verkehrswerten identisch – es handelt sich vielmehr um durchschnittliche Lagewerte, die für jede Gemeinde in Richtwertzonen zusammengefasst werden[503]. Die Bodenrichtwerte stellen eine anerkannte Grundlage der Verkehrswertermittlung bei Grundstücken dar und werden im Rahmen der Bewertung von Grundbesitz für die Erbschaftsteuer (seit 01. Januar 1996) und für die Grunderwerbsteuer (seit 01. Januar 1997) angewendet. Gem. § 145 Abs. 3 BewG bestimmt sich der Wert unbebauter Grundstücke nach ihrer Fläche und dem um 20 % ermäßigten Bodenrichtwert. Um den Anforderungen an die Genauigkeit der steuerlichen Bewertung Rechnung zu tragen, sollten im Rahmen einer Bodenwertsteuer Toleranzgrenzen eingeführt werden, um auf diesem Wege einen Richtwertzonenübergang gleitend und nicht abrupt zu vollziehen. Auf diesem Wege würde zum einen der Forderung nach Reformierung der Bemessungsgrundlage zum anderen der Aufwand für eine Bewertung minimiert. Somit kann die Einheitsbewertung, die ausschließlicher Bestandteil der Grundsteuer ist, entfallen[504].

Zudem werden – wie bereits gefordert – erhebliche Informationswerte durch das sich bildende Preissystem transparent. Eine Trennung in Wohngrundstücke und gewerbliche Grundstücke unterstützt unter anderem folgende wesentlichen Informationsdaten: Hohe Bodenwerte für Wohngrundstücke können stellvertretend für eine hohe Wohnqualität stehen. Bildung, Umwelt, ein hoher Freizeitwert, Kultur aber auch eine günstige Verkehrsanbindung stehen stellvertretend für eine Vielzahl von Standortfaktoren. Hohe Bodenrichtwerte bei Gewerbegrundstücken induzieren bspw. eine optimale Verkehrsinfrastruktur, günstige Absatzmärkte, ein akzeptables Lohnkostenniveau, die hohe Qualität und Ver-

---

[502] Siehe: Baugesetzbuch (BauGB), in der Fassung der Bekanntmachung vom 27. August 1997, in: BGBl. I 1997, Seite 2141 – 2212, ber. BGBl. I 1998, Seite 137, in: dtv (Hrsg.), Baugesetzbuch, 33. Auflage, München 2002.

[503] Die Nutzungsart des Bodens kann indirekt Einfluss auf die Wertigkeit des Bodens besitzen, sofern innerhalb einer Richtwertzone eine vergleichbare Nutzung stattfindet. Hierbei ist allerdings wiederum davon auszugehen, dass eine ähnliche Nutzung insbesondere auf anforderungsgerechte Standortfaktoren zurückzuführen ist.
Siehe beispielsweise: Drosdzol, Wolf-Dietrich, Baulandsteuer und Bodenwertsteuer – Neue Perspektiven für die Grundsteuer?, in: DStZ 1994, Seite 205 – 207, hier: Seite 207.

[504] Siehe ausführlich: Josten, Rudolf, a.a.O., Seite 198 –204.
Kritisch hierzu: Wolf, Michael, Der Weg zu neuen Einheitswerten oder ihre Alternativen, in: DStR 1993, Seite 541 – 550, hier: Seite 545.
Zu der Forderung, die Einheitswerte abzuschaffen, siehe bspw. auch: Der Wissenschaftliche Beirat beim Bundesministerium der Finanzen, Gutachten „Die Einheitsbewertung in der Bundesrepublik Deutschland – Mängel und Alternativen" vom 10. Februar 1989, in: BMF (Hrsg.), Gutachten und Stellungnahmen 1988 – 1998, Bonn/Berlin 1999, Seite 1 – 45.

fügbarkeit von Arbeitskräften[505]. Daraus folgernd sind Ausgleichsmaßnahmen, die regional bedingte unterschiedliche Bewertungen der Grundstücke durch die wertermittelnden Gutachterausschüsse, die vorrangig bei kreisfreien Städten und Landkreisen eingerichtet und regional zuständig sind, abmildern sollen, vollständig abzulehnen. Es ist leicht nachvollziehbar, dass ein Grundstück in einer unattraktiven Gegend einen wesentlich geringeren Wert aufweist, als ein Grundstück in einer bedeutenden Agglomeration in besonders günstiger Lage. Daher sollten diese Wertunterschiede auch vollständig durch das Preissystem transparent gemacht werden. Anpassungsverfahren oder gesetzlich vorgegebene (Maximal-)Spannwerte sind zurückzuweisen, da sie einen Eingriff in das Preissystem bedeuten, Informationen verzerren und letztlich die optimale Allokation, die mittels einer Bodenwertsteuer gefördert werden soll, behindert wird. So kann erreicht werden, dass Bauland bedarfsgerecht ausgewiesen und erschlossen, dass es mobilisiert und langfristig, auch im Bestand, optimal genutzt wird[506]. Zur Zeit entstehen dem Besitzer eines Grundstücks aufgrund des Einnahmeverzichts ausschließlich Opportunitätskosten bei einer suboptimalen Nutzung, bei Einführung einer Bodenwertsteuer würden sich diese Kosten in tatsächlichen Geldabfluss umwandeln. Zudem entstehen Bodenwertsteigerungen vorrangig nicht allein durch Handlungen des Eigentümers, vielmehr wird der „Zustand" des Standortes (und seines Umsystems) bewertet, d.h. Infrastruktur, kommunale Leistungen oder sonstige Vor- bzw. Nachteile[507].

Die vorliegende sich am fundierten Einkommen orientierende Leistungskraft ist dabei als Besteuerung nach der Leistungsfähigkeit anzusehen[508], da die besondere Leistungsfähigkeit aufgrund des fundierten Einkommens neben die persönliche Leistungsfähigkeit des Steuerpflichtigen auf Basis von Arbeitseinkommen, die grundsätzlich außer Acht bleibt, tritt. Bemessungsgrundlage der Bodenwertsteuer ist der Objektwert des Grundstücks. Folglich findet eine Be-

---

[505] Siehe ansatzweise: Rössler, Rudolf, Gedanken zu einer Neubewertung des Grundbesitzes, in: DStR 1963, Seite 333 – 337, hier: Seite 337.
Siehe ebenfalls: Deutscher Verband für Wohnungswesen Städtebau und Raumordnung e.V. (Hrsg.), Instrumente zur Verbesserung des Baulandangebots und zur Finanzierung der Folgeinvestitionen, Bonn 1999, Seite 91.

[506] Siehe: Josten, Rudolf, a.a.O., Seite 225.
Siehe ebenfalls: Klimmt, Reinhard, Die Städtebaupolitik an der Schwelle zum nächsten Jahrtausend, Rede des Bundesministers für Verkehr, Bau- und Wohnungswesen anlässlich des Nationalen Städtebaukongresses, http://www.bmvbw.de/cms/sevices/, abgerufen am 27. Oktober 2001.

[507] Siehe ebenfalls: Dietrich, Hartmut/Dietrich-Buchwald, Beate, Lösung der Bodenprobleme durch eine Bodenwertsteuer? Teil 1, in: ZfBR 1983, Seite 113 – 119, hier: Seite 118.

[508] Das BVerfG führte bereits i.Z. mit der Grundsteuer aus, dass die Ertragsfähigkeit des Grundbesitzes als mögliche Einnahmequelle besteuert werden sollte. Die Grundsteuer zielt als Objektsteuer wirtschaftlich auf die durch den Besitz fundierten Einkommen vermittelte Leistungskraft.
Siehe: BVerfG, Beschluß vom 06. Dezember 1983, - 2 BvR 1275/79 -, a.a.O., hier: Seite 353.

steuerung auf Basis von Kapitalwerten und damit von fundierten Einkommens-
werten statt. Ein Grundstück mit hohen Bodenrichtwerten entspricht einer hohen
Wertigkeit, d.h. Substanz. Die Option hoher Einkommen fördert den Anreiz
einer optimalen Grundstücknutzung. Somit erfolgt eine Besteuerung der Wertigkeit des Grundstücks aufbauend auf fundierten Einkommen und zwingt jeden zu
einem Opportunitätskostenkalkül. Hervorzuheben ist nochmals, dass als Bemessungsgrundlage einer bodenwertorientierten Grundsteuer der Objektwert des
Grundbesitz selbst fungiert, ebenso wie bisher bei der Grundsteuer.

Nach wie vor wesentlicher Bestandteil einer kommunalen Besteuerung ist das
Hebesatzrecht der Kommunen. Bei der Ermittlung der Steuerlast kann zum
einen eine Ermittlung einer Steuermesszahl, die mit dem kommunalspezifischen
Hebesatz zu multiplizieren ist, erfolgen. Zum anderen besteht die Möglichkeit,
direkt einen kommunalen Steuersatz auf die Bemessungsgrundlage anzuwenden.
Dies würde eine weitere Verfahrenserleichterung beinhalten, da ein Zwischen-
schritt – der Erlass eines Bodenrichtwert-Messbescheides – entfallen könnte.

Abbildung 27: Wirkungen der Bodenwertsteuer

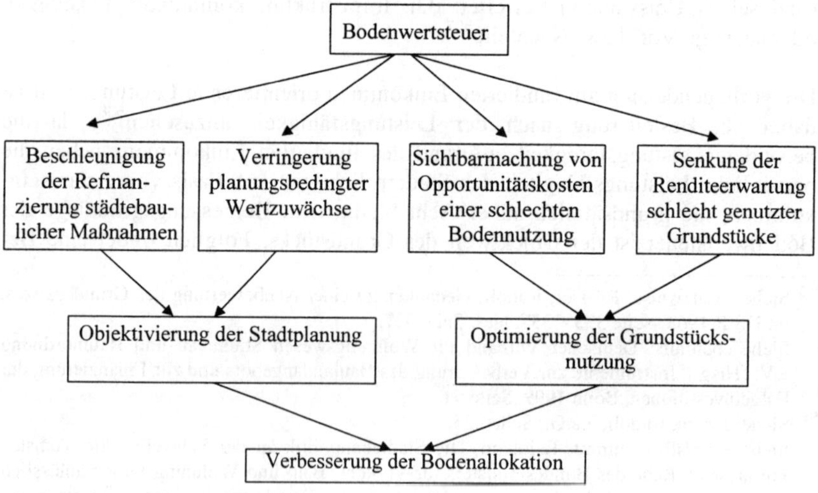

Quelle: Josten, Rudolf, a.a.O., Seite 52.

Der „Zwang", die Bodenreserven ihrer optimalen Nutzung zuzuführen, basiert
auf der durch die Gutachterausschüsse vorgenommenen Einstufung in bestimmte Richtwertzonen, die eine bestimmte steuerliche Belastung zur Konsequenz haben. Die Intensivierung der Nutzung und der Erhalt vorhandener Bau-

substanz würden erheblich an Bedeutung gewinnen. Gleichzeitig wird Grundbesitz als (reine) Kapitalanlage uninteressanter, da die Nachfrage nach Boden nachlassen wird. Hieraus folgend orientieren sich die Bodenpreise verstärkt an den erzielbaren Erträgen, d.h. an den Kapitalwerten. Notwendiger Strukturwandel würde unterstützt[509]: „In Ländern mit Bodenwertsteuer sind Baulücken und Sanierungsgebiete unbekannt. ... Beispielsweise wurden die ganzen hafennahen Gewerbeflächen in den beiden Hafenstädten, die durch den Bau der großen dänischen Beltbrücke nicht mehr gebraucht wurden, schon umgenutzt, bevor die Brücke fertig war"[510]. Mit steigendem Wert des Grundstücks steigt der Preis der Nutzung. Leerstände werden vermieden, so dass eine intensive Nutzung der Grundstücke induziert wird. Dies ist Voraussetzung, um den Flächenverbrauch zu minimieren[511]. Investitionen gleich welcher Art werden – anders als bei der Grundsteuer – nicht mehr besteuert, so dass ein Anreiz für Investitionen entstehen kann. Dieser Anreiz wird durch den „Zwang" einer optimalen Nutzung vorangetrieben. Andernfalls wäre das Grundstück unter Kostengesichtspunkten dem Bodenmarkt wieder zurückzuführen und somit für seine optimalen Verwendung bereitzustellen.

1.2.2.3 Der Vorschlag der AG Grundsteuer der Finanzministerkonferenz

Weiterhin ist auf einen Entwurf der AG Grundsteuer der Finanzministerkonferenz hinzuweisen[512]. Dieser sieht eine Kombination aus Gebäude- und Bodenwerten vor (Abbildung 28).

Anreize, eine Baulandmobilisierung zu erreichen, werden in diesem Modell insbesondere durch die unterschiedlichen Steuermesszahlen der Grundstücksarten geschaffen. Zugleich werden jedoch die Vorteile der Bodenwertsteuer durch die Einführung einer Gebäudewertpauschale (1.000 €/qm) unterlaufen, die sich ausschließlich an der Nutz- bzw. Wohnfläche orientiert. Wie die bisherigen Ausführungen bereits deutlich machten, sollte die Besteuerung Investitionen nicht behindern, sondern die intensive Nutzung der Flächen bestärken. Eine Besteuerung der Nutz-/Wohnflächen neben einer Bodenwertsteuer könnte jedoch eine (Boden-)Flächennutzung im Einzelfall behindern. Zudem sind neben

---

[509] Siehe auch: Miehler, Kurt/Kronthaler, Ludwig, Einheitsbewertung und kein Ende?, in: DStR 1992, Seite 741 – 749, hier: Seite 746.
Siehe zur Umnutzung von Hafengebieten: Priebs, Axel, Hafen und Stadt - Nutzungswandel und Revitalisierung alter Häfen als Herausforderung für Stadtentwicklung und Stadtgeographie, in: GZ 1998, Seite 16 – 30.

[510] Dietrich, Hartmut, Bodenwertsteuer, in: Reidenbach, Michael (Hrsg.), Bodenpolitik und Grundsteuer, Berlin 1999, Seite 35 – 39, hier: Seite 36 f.

[511] Siehe: Ebenda, Seite 37.

[512] Siehe hierzu den Gesetzesentwurf: BMF (Hrsg.), Entwurf eines Gesetzes zur Reform der Grundsteuer, (Stand 15. Mai 2000) (Gesetzesentwurf), Berlin 2000 (unveröffentlicht), zitiert nach: Lehmbrock, Michael/Coulmas, Diana, a.a.O., Seite 198 – 217.

Kritikpunkten, die ersterem Reformvorschlag entgegen gehalten werden können, auch die fehlenden Daten zur Baualterbestimmung sowie fehlerhafte Ermittlungen des Gebäudewertes infolge nicht berücksichtigter werterhaltender bzw. -steigender Maßnahmen vorgeworfen werden[513]. Kritisch ist gleichfalls die generelle Einstufung bestimmter Gebäudearten in eine abgeschlossene Liste zu sehen, die einer niedrigeren Gebäudepauschale unterworfen werden sollen. Bspw. erfolgt die Besteuerung von Wohnungen in Gebäuden mit mehr als zwei Wohnungen nur mit 750 €/qm. Der sozialpolitische Hintergrund, Mietwohnungsgrundstücke geringer zu besteuern, wird jedoch dadurch erschwert, dass diese Grundstücke „nach den Bemessungsgrundlagen des Modells ... faktisch nicht von anderen Wohngrundstücken unterschieden werden"[514] können. Die Einordnung von bspw. Tennishallen mit einer Pauschale von 250 €/qm erscheint dagegen willkürlich.

Abbildung 28: Grundsteuer-Berechnungsmodell der AG Grundsteuer der Finanzministerkonferenz

[Bodenrichtwert (€/qm x Grundstücksfläche (qm) x Bodenprozentsatz)

+

Gebäudewertpauschale (€/qm Nutzfläche) x Wohn-/Nutzfläche (qm) x

Alterswertminderung]

x

Steuermesszahl

x

Hebesatz (%)

Bodenprozentsatz	=	Bei bebauten Grundstücken 70 %.
		Bei unbebauten Grundstücken 100 %.
Alterswertminderung	=	Ab Bezugsfertigkeit 1 %/Jahr (max. 50 Jahre).
Steuermesszahl	=	Bei bebauten Grundstücken 0,0005.
		Bei unbebauten Grundstücken 0,001.

In Anlehnung an: BMF (Hrsg.), Entwurf eines Gesetzes zur Reform der Grundsteuer, (Stand 15. Mai 2000) (Gesetzesentwurf), a.a.O., hier: Seite 31.

---

[513] Siehe: Lehmbrock, Michael/Coulmas, Diana, Grundsteuer im Praxistest, Berlin 2001, Seite 31 – 33 und Stöckel, Reinhard, Vorschlag zur Neuregelung der Grundsteuer, in: NWB 2001, Seite 3053 – 3058.
[514] Lehmbrock, Michael/Coulmas, Diana, a.a.O., Seite 12.

1.2.3 Verfassungsrechtliche Aspekte

Ein Haupteinwand gegen die Einführung eines der vorgestellten Modelle sind Bedenken hinsichtlich der Verfassungsmäßigkeit. Daher wird eine Prüfung auf folgende Grundsätze vorgenommen: Den Grundsatz der Rechtsstaatlichkeit, den Grundsatz der Eigentumsgarantie, den Gleichheitsgrundsatz, den Grundsatz des allgemeinen Persönlichkeitsrechts sowie den Grundsatz der Sozialpflichtigkeit.

1.2.3.1 Der Grundsatz der Rechtsstaatlichkeit

Eine Bodenwertsteuer würde nicht gegen die rechtsstaatliche Ordnung verstoßen, da sie einerseits bodenpolitische Zwecke verfolgt, andererseits gleichfalls die Erzielung von Einnahmen als Ziel beinhalten würde. Sie widerspricht folglich nicht dem in § 3 AO definierten Steuerbegriff, da es hierbei nicht erforderlich ist, „dass eine Abgabe überwiegend oder in erster Linie zur Erzielung von Einkünften dient. Es genügt, dass die Erzielung von Einkünften einer von mehreren Zwecken ist"[515]. Das Ziel einer solchen Steuer, dem Steuerpflichtigen ein bestimmtes wirtschaftliches Verhalten nahezulegen, „ohne ihn rechtlich dazu zu zwingen, hat es seit je gegeben. Dass ein steuerrechtlicher Eingriff vorwiegend einen wirtschaftspolitischen Zweck verfolgt, führt also nicht ... zu der Folgerung, es liege ein verfassungswidriger Formmissbrauch vor"[516].

Sowohl der Vorschlag des Bayerischen Staatsministeriums der Finanzen als auch der Vorschlag der AG Grundsteuer der Finanzministerkonferenz verfolgen gleichfalls die Erzielung von Einnahmen. Daraus folgend ist der Grundsatz der Rechtsstaatlichkeit bei allen Reformoptionen gewahrt.

1.2.3.2 Der Grundsatz der Eigentumsgarantie

Da eine Bodenwertsteuer – wie bereits dargelegt – unter anderem das Ziel einer optimalen Bodenallokation verfolgt, mit der eventuellen Konsequenz für den Einzelnen, das Grundstück aufgrund der Steuerbelastung dem Bodenmarkt zurückzuführen, da die Steuer nicht mit erwirtschafteten Erträgen gezahlt werden könnte, gilt es, sowohl die unmittelbaren als auch die mittelbaren Auswirkungen auf das Eigentumsrecht des Einzelnen zu analysieren. Geldleistungspflichten, wie bspw. höhere Steuerbelastungen, berühren jedoch grundsätzlich nicht die

---

[515] BVerfG, Rechtsgutachten des Bundesverfassungsgerichts vom 16. Juni 1954, - 1 PBvV 2/52 -, in: BVerfGE 1954, Band 3, Seite 407 – 439, hier: Seite 436.
[516] BVerfG, Urteil vom 22. Mai 1963, - 1 BvR 78/56 -, in: BVerfGE 1964, Band 16, Seite 147 – 188, hier: Seite 161.

Eigentumsgarantie des Art. 14 GG[517]. Da die Eigentümer nicht rechtlich gezwungen werden, ihre Grundstücke zu veräußern bzw. keine Enteignung erfolgt, greift eine Bodenwertsteuer nicht unmittelbar in die Eigentumsrechte ein. Auch eine mittelbare Einflussnahme muss abgelehnt werden, da sie weder konfiskatorisch, d.h. dass sie das Eigentum völlig wegbesteuern würde, noch erdrosselnd, d.h. die Bodenwertsteuer zur („zwangsweisen") Aufgabe des Grundbesitzes führen könnte, wirkt[518]. „Kann eine solche Steuer ... aus dem Vermögensertrag aufgebracht werden und darf der Gesetzgeber allgemein einen solchen Vermögensertrag voraussetzen, dann wird die enteignungsrechtlich stets relevante ... Grenze des Art. 14 GG nicht überschritten"[519]. Nur wenn die Höhe der Steuer eine wirtschaftliche Nutzung unmöglich macht, ist die Norm mit dem Grundgesetz unvereinbar[520]. Der vom BVerfG vorgegebene und umstrittene Halbteilungsgrundsatz[521] ist an dieser Stelle nicht zu berücksichtigen, da Streitgegenstand des Beschlusses die Verfassungsmäßigkeit der Vermögensteuer war. Art. 14 Abs. 2 Satz 2 GG lässt dagegen „kein Gebot der annähernd hälftigen Teilung eines verfügbaren Betrages erkennen"[522].

Auch i.Z. mit den Modellen des Bayerischen Staatsministeriums der Finanzen und der AG Grundsteuer der Finanzministerkonferenz gelten die gleichen Ausführungen wie im Zusammenhang mit der Bodenwertsteuer. Solange die Besteuerung die wirtschaftliche Nutzung nicht unmöglich macht, ist die Grenze des Art. 14 GG nicht überschritten.

Damit ist der Grundsatz der Eigentumsgarantie bei den vorgestellten Reformmodellen gewahrt.

1.2.3.3 Der Gleichheitsgrundsatz

„Soweit Art. 3 Abs. 1 GG zu berücksichtigen wäre, ist zu beachten, dass seine Anwendung immer auf dem Vergleich von Lebensverhältnissen beruht, die nie

---

[517] Siehe: BVerfG, Urteil vom 20. Juli 1954, - 1 BvR 459, 484, 548, 555, 623, 651, 748, 783, 801/52, 5, 9/53, 96, 114/54 -, in: BVerfGE 1956, Band 4, Seite 7 – 27, hier: Seite 17.

[518] Siehe hierzu ausführlich: Schmidt-Bleibtreu, Bruno/Schäfer, Hans-Jürgen, Besteuerung und Eigentum, in: DÖV 1980, Seite 489 – 496.

[519] Papier, Hans-Jürgen, Besteuerung und Eigentum, in: DVBl. 1980, Seite 787 – 797, hier: Seite 791.

[520] Siehe im Zusammenhang mit der Aufstellung von Gewinnautomaten: BVerfG, Urteil vom 15. Oktober 1963, - 1 BvL 29/56 -, in: BVerfGE 1965, Band 17, Seite 135 – 145, hier: Seite 137.

[521] Siehe: BVerfG, Beschluß vom 22. Juni 1995, - 2 BvL 37/91 -, a.a.O..

[522] BFH, Urteil vom 11. August 1999, - XI R 77/97 -, in: BStBl. II 1999, Seite 771 – 774, hier: Seite 774.
Siehe auch: O.V., Abweichende Meinung zum Beschluß des Zweiten Senats vom 22. Juni 1995, - 2 BvL 37/91 -, in: BStBl. II 1995, Seite 665 – 671.

in allen, sondern stets nur in einzelnen Elementen gleich sind. Welche Elemente der zu ordnenden Lebensverhältnisse maßgebend sind, entscheidet grundsätzlich der Gesetzgeber"[523]. Entscheidend für eine unterschiedliche Besteuerung u.U. gleicher (Einzelelemente der) Lebensverhältnisse ist die Zielsetzung, die der Gesetzgeber mit der steuerpolitischen Maßgabe verfolgt. Sofern die gewählte Differenzierung nicht willkürlich, sondern aufgrund sachlich anzuerkennender Überlegungen basiert, kann diese nicht eine Einstufung als verfassungswidrig erfahren – selbst wenn sich im Nachhinein eine objektive Untauglichkeit des Vorgehens herausstellt[524]. „Im Rahmen seiner weitgehenden Gestaltungsfreiheit im Bereich des Steuerrechts kann sich der Gesetzgeber auch von finanzpolitischen, volkswirtschaftlichen oder steuertechnischen Erwägungen leiten lassen"[525]. Nur dort, wo ein sachlicher Grund für die Gleichbehandlung oder Ungleichbehandlung fehlt, ist eine Überschreitung der in Art. 3 Abs. 1 GG festgelegten Grenzen festzustellen[526]. Da die dargestellten, sachlich anzuerkennenden Überlegungen als Basis einer Bodenwertsteuer angeführt werden können, kann eine Verfassungswidrigkeit aufgrund von Willkür nicht festgestellt werden. Gerade an diesem Punkt scheitert die derzeitige Grundsteuer.

Der Vorschlag des Bayerischen Staatsministeriums der Finanzen führt eine Vereinheitlichung der Besitzwerte je Quadratmeter durch. Damit wird eine Steueridentität aller Grundstücke in Deutschland hergestellt. Diese „Einheitlichkeit der Grundbesitzwerte" ist nicht mit dem Gleichheitssatz des Art. 3 Abs. 1 GG zu rechtfertigen, auch wenn es zu einer Verwaltungsvereinfachung führt. Ein sachlicher Grund, der sich mit einer am Gerechtigkeitsgedanken orientierten Betrachtungsweise vereinbaren lässt, ist nicht festzustellen. Gleiches gilt für den Teil des Vorschlags der AG Grundsteuer der Finanzministerkonferenz, der die Besteuerung der Gebäude regelt. Damit sind beide Modelle aus verfassungsrechtlicher Sicht als angreifbar einzustufen.

---

[523] BVerfG, Urteil vom 21. Februar 1957, - 1 BvR 241/56 -, in: BVerfGE 1957, Band 6, Seite 273 – 282, hier: Seite 280.

[524] Siehe: BFH, Urteil vom 19. April 1968, - R 78/67 -, in: BStBl. II 1968, Seite 620 – 628, hier: Seite 626.

[525] BVerfG, Urteil vom 10. Februar 1987, - 1 BvL 18/81 und 20/82 -, in: BVerfGE 1987, Band 74, Seite 182 – 202, hier: Seite 200.
Siehe zuletzt i.Z. mit „Gewaltspielautomaten": BVerfG, Beschluß vom 03. Mai 2001, - 1 BvR 624/00 -, in: BFH/NV 2001, Seite 159 – 161, hier: Seite 160.

[526] Siehe: BVerfG, Urteil vom 10. Februar 1987, - 1 BvL 18/81 und 20/82 -, a.a.O., hier: Seite 200 und BVerfG, Urteil vom 06. März 2002, - 2 BvL 17/99 -, http://www.bundesverfassungsgericht.de/entscheidungen/frames/2002/3/6, abgerufen am 24. März 2002, Abs. 215.

1.2.3.4 Der Grundsatz des allgemeinen Persönlichkeitsrechts

Eine Beeinträchtigung der individuellen Handlungsfreiheit sowie eine Beschneidung des grundrechtlichen Anspruchs, nicht durch staatlichen Zwang mit Nachteilen belastet zu werden, der nicht durch die verfassungsgemäße Ordnung begründet ist[527], kann bei keinem Reformmodell festgestellt werden, da die Steuerpflichtigen nicht zur Veräußerung oder zur Bebauung der Grundstücke gezwungen würden. Wäre dies der Fall, würde diese Steuer den Steuerpflichtigen in seinem „angemessenen Spielraum für eine freie wirtschaftliche Entfaltung"[528] beschneiden und gegen Art. 2 Abs. 1 GG verstoßen.

1.2.3.5 Der Grundsatz der Sozialpflichtigkeit

Ein Verstoß gegen das Sozialstaatprinzip (Art. 20 Abs. 1 GG) und damit ein Verfassungsverstoß kann nur festgestellt werden, wenn der Gesetzgeber seiner Pflicht, die soziale rechtsstaatliche Ordnung zu sichern, willkürlich und somit ohne rechtlichen Grund, nicht nachkommt[529]. Dies kann sowohl bei dem Modell des Bayerischen Staatsministeriums der Finanzen, der Reformoption der AG Grundsteuer der Finanzministerkonferenz als auch bei einer bodenwertorientierten Grundsteuer – wie bereits ausgeführt – nicht festgestellt werden. Grundsätzlich belastet eine Bodenwertsteuer wirtschaftlich schwache Bevölkerungsschichten in höherem Maße als stärkere. Begründet liegt dies im Charakter einer solchen Steuer. Bei Objektsteuern – und als solche ist die Bodenwertsteuer anzusehen – bleibt die persönliche Leistungsfähigkeit des Steuerpflichtigen (im Besteuerungszeitpunkt) grundsätzlich unberücksichtigt. Dies gilt bereits heute für die Grundsteuer. Steuern auf bzw. vom Grundbesitz sind ebenso wie bspw. alle indirekten Steuern und die Gewerbesteuer, die ebenfalls das Leistungsfähigkeitsprinzip nicht berücksichtigen, verfassungsgemäß, da eine verfassungsrechtliche Bestandsicherung durch die Kodifizierung in Art. 106 GG erfolgt ist. Die Feststellung des BFH hat zur Konsequenz, dass der durch das BVerfG festgestellte Grundsatz, dass der wirtschaftlich schwächere einen geringeren Prozentsatz seines Einkommens bzw. Gewinn zu zahlen hat, als der Leistungsfähigere, nicht zum tragen kommt[530]. Zudem sei darauf hingewiesen, dass Steuergesetze Sachverhalte erfassen, die vorrangig Massenvor-

---

[527] Siehe: BVerfG, Urteil vom 14. Dezember 1965, - 1 BvR 413, 416/60 -, in: BVerfGE 1965, Band 19, Seite 206 – 226, hier: Seite 215.

[528] BVerfG, Urteil vom 16. Mai 1961, - 2 BvF 1/60 -, in: BVerfGE 1962, Band 12, Seite 341 – 354, hier: Seite 348.

[529] Siehe: BVerfG, Urteil vom 19. Dezember 1951, - 1 BvR 220/51 -, in: BVerfGE 1952, Band 1, Seite 97 – 108, hier: Seite 105.

[530] Zum Grundsatz des BVerfG siehe: BVerfG, Urteil vom 24. Juni 1958, - 2 BvF 1/57 -, in: BVerfGE 1959, Band 8, Seite 51 – 71, hier: Seite 68 f.
Siehe zusätzlich auch: BFH, Urteil vom 19. April 1968, - III R 78/67 -, a.a.O., hier: Seite 627.

gänge des Wirtschaftslebens darstellen. Die hier aus Praktikabilitätsgründen notwendigerweise zu vollziehende Typisierung hat zur Konsequenz, dass Interessen einzelner Personen oder sogar Personengruppen außer Acht gelassen werden (müssen). Daher sind in einem abgesteckten Rahmen steuerliche Billigkeitsmaßnahmen[531], d.h. Sonderregelungen nötig, zumal für bestimmte (sozial schwache) Bevölkerungsschichten eine Bodenwertsteuer ansonsten erdrosselnd bzw. konfiskatorisch wirken könnte. Hieraus resultierend bestünde dann die Gefahr einer verfassungswidrigen Einstufung. Bspw. bietet sich – wie in Dänemark, wo die Bodenwertbesteuerung bereits seit vielen Jahren existiert[532] – ein Aufschub der Steuer auf Lebenszeit[533] bzw. bis zum Eigentümerwechsel an. Ähnlich erfolgt die Handhabung in Australien[534]: Es erfolgt ein Aufschub bis zum Verkaufs- bzw. Erbschaftsfall. Die Steuernachzahlung umfasst dann den Zeitraum der letzten fünf Jahre.

Damit kann abschließend festgestellt werden, dass lediglich die Bodenwertsteuer die verfassungsrechtlichen Vorgaben unzweifelhaft erfüllt. Daneben ist bei den beiden Alternativmodellen kritisch auf die Vereinheitlichung aller Grundbesitzwerte, die als Besteuerungsgrundlage fungieren, zu verweisen, die regionalen Preisdifferenzen nicht widerspiegeln können, d.h. eine relative Bewertung unterbinden und damit Wettbewerb verhindern.

1.2.4 Steuerbelastungsverschiebungen bei Einführung einer Bodenwertsteuer

Eine Umstellung der Grundsteuer auf die Bodenwertsteuer würde erhebliche Verschiebungen in der Steuerbelastung bewirken. Ursache hierfür sind die veralteten Einheitswerte auf Basis der Jahre 1964 bzw. 1935. Für die Städte Karlsruhe und Bocholt wurden Untersuchungen durchgeführt, welche Veränderungen in Form von Mehr- bzw. Minderbelastungen sich bei einer Um-

---

[531] Siehe: BFH, Urteil vom 21. April 1977, - IV R 161-162/75 -, in: BStBl. II 1977, Seite 512 – 515.
Siehe auch: Bopp, Gerhard, Steuerliche Billigkeitsmaßnahmen aus Verfassungsgründen, in: DStR 1979, Seite 215 – 220.
Diese steuerlichen Billigkeitsmaßnahmen sind allerdings restriktiv zu handhaben, da sich mit der Einräumung gruppenspezifischer Vorteile erneut lobbyistische und/oder wahlkampfstrategische Verhaltensweisen bilden und festigen, die zu einer Behinderung der Ressourcenallokation führen können.

[532] Siehe ausführlich: Dietrich, Hartmut/Dietrich-Buchwald, Beate, Lösung der Bodenprobleme durch eine Bodenwertsteuer? Teil 2, in: ZfBR 1983, Seite 180 – 185, Dietrich, Hartmut/Dietrich-Buchwald, Beate, Lösung der Bodenprobleme durch eine Bodenwertsteuer? Teil 3, in: ZfBR 1983, Seite 213 – 220 und Josten, Rudolf, a.a.O., Seite 106 – 121.

[533] Siehe: Dietrich, Hartmut, Bodenwertsteuer, a.a.O., Seite 38.

[534] Zur Bodenwertsteuer in Australien siehe ausführlich: Josten, Rudolf, a.a.O., Seite 71 – 105.

stellung der Grundsteuer B für die Grundstückseigentümer ergeben würde. Ziel dieser Modellrechnung war eine aufkommensneutrale Umstellung, so dass sich für die Kommunen hinsichtlich ihrer Steuereinnahmen keinerlei Einbußen ergeben würden. Unter dieser Prämisse ergaben sich die in Abbildung 29 aufgeführten Steuersätze.

Abbildung 29: Steuersätze bei einer aufkommensneutralen Umstellung der bisherigen Grundsteuer auf eine Bodenwertsteuer

	Karlsruhe	Bocholt
I. Einheitlicher Bodenwertsteuersatz	0,36 %	0,39 %
II. Differenzierter Bodenwertsteuersatz		
Gewerbefläche	0,58 %	0,84 %
Wohnflächen	0,29 %	0,31 %

Quelle: Josten, Rudolf, a.a.O., Seite 145 und Seite 147.

Abbildung 30: Mehr-/Minderbelastung durch eine Bodenwertsteuer gegenüber der heutigen Grundsteuerbelastung (Gewerbeflächen)

Nutzungskategorie	Abweichungen einer Bodenwertsteuer gegenüber heutiger Grundsteuer – differenziert mit unterschiedlichem Steuersatz; hier: Gewerbeflächen	
	Karlsruhe	Bocholt
Raffinerien	170,9 %	-
Hafen	89,8 %	-
Einzelhandel, Fachmärkte	67,4 %	10,9 %
Gewerbe, Industrie niedriges Preisniveau	-8,3 %	-26,0 %
Gewerbe, Industrie mittleres Preisniveau	-24,4 %	-32,6 %
Gewerbe, Industrie hohes Preisniveau	-48,1 %	6,6 %
Büro- und Verwaltung, Technologie	-53,5 %	-
Freiflächen	543,2 %	367,8 %

In Anlehnung an: Dietrich, Hartmut, Bodenwertsteuer, a.a.O., hier: Seite 39.

Darauf aufbauend werden in den Abbildungen 30 und 31 die Auswirkungen einer solchen Umstellung entsprechend den Bodenrichtwertzonen in prozentualer Form der Mehr- bzw. Minderbelastung im Vergleich zur heutigen Situation dargestellt. Zum einen werden extreme Abweichungen zur heutigen Situation deutlich – beispielsweise bei Freiflächen mit den bereits dargelegten Ursachen – zum anderen die regional erheblich abweichende Bewertung einzelner Nutzungskategorien – beispielsweise bei Ein- und Zweifamilienhäusern mit mittlerem Preisniveau –, was notwendige Rückschlüsse auf Siedlungs- und Nutzungsstrukturen zulässt.

Als Konsequenz dieser teilweise erheblichen Verschiebung der Steuerbelastung und den daraus resultierenden eventuell auftretenden sozialen Härten, scheint die Implementierung von Übergangsregelungen empfehlenswert.

Abbildung 31: Mehr-/Minderbelastung einer Bodenwertsteuer gegenüber der heutigen Grundsteuerbelastung (Wohnflächen)

Nutzungskategorie	Abweichungen einer Bodenwertsteuer gegenüber heutiger Grundsteuer – differenziert mit unterschiedlichem Steuersatz; hier: Wohnflächen	
	Karlsruhe	Bocholt
Mehrfamilienhäuser, Wohnen in mittlerer Dichte	-43,0 %	-21,2 %
Geschosswohnungsbau, Wohnen in großer Dichte	-45,7 %	-
Ein- und Zweifamilienhäuser niedriges Preisniveau	12,8 %	0,1 %
Ein- und Zweifamilienhäuser mittleres Preisniveau	103,4 %	4,4 %
Ein- und Zweifamilienhäuser hohes Preisniveau	-0,4 %	22,7 %
Stadtvillen mit Garten, z.T. Mehrfamilienhäuser	88,7 %	65,4 %
Ehemalige Dorfgebiete	119,1 %	1,6 %
Sonstiges	-	-26,8 %

In Anlehnung an:Dietrich, Hartmut, Bodenwertsteuer, a.a.O., hier: Seite 39.

1.2.5   Simulation einer Modellrealisierung mittels eines Planspiels

Die Auswirkungen der unterschiedlichen Besteuerungsmodelle wurde – unabhängig von einer verfassungsrechtlichen Einstufung – in einem Planspiel untersucht[535]. Festzustellen war insbesondere eine Veränderung der Steuermessbe-

---

[535] Siehe: Lehmbrock, Michael/Coulmas, Diana, a.a.O..

träge zur Vergleichssituation der Grundsteuer 1999 im Bereich der unbebauten Grundstücke. Das Modell des Bayerischen Staatsministeriums der Finanzen weist zudem deutlich steigende Steuermessbeträge bei gewerblichen Grundstücken auf. Dagegen ist beim Vorschlag der AG Grundsteuer der Finanzministerkonferenz eine erhebliche Senkung im Bereich der gewerblichen Grundstücke festzustellen, ebenso wie bei der Bodenwertsteuer. Hinsichtlich der Steuermehr-/-mindereinnahmen bleibt folgendes hervorzuheben: Bei unbebauten Grundstücken ist eine Zunahme beim Modell des Bayerischen Staatsministeriums der Finanzen von 10,23 %, bei der AG Grundsteuer von 125,57 % und bei der Bodenwertsteuer von 123,86 % zu verzeichnen. Die erhebliche Steigerung bei beiden letzten Modellen erklärt sich aus der bisher nicht am Marktwert orientierten Besteuerung auf Basis der Bebauung. Da beim Modell des Bayerischen Staatsministeriums der Finanzen nach wie vor eine vorrangig pauschale Besteuerung der Gebäude(-fläche) erfolgt, ist hier die geringste Änderung zu verzeichnen, die allerdings sich nicht an den Verkehrswerten orientiert, sondern an Flächenmaßen.

Die in der Studie festgestellten Veränderungen im Bereich der Ein- und Zweifamilienhäuser sind hingegen gering; bei der Bodenwertsteuer bewegen sie sich im Bereich von ca. 5 %. Miethausgrundstücke werden außer im Modell des Bayerischen Staatsministeriums der Finanzen entlastet, dies ist im Modell der AG Grundsteuer der Finanzministerkonferenz insbesondere auf die gesenkte Gebäudepauschale zurückzuführen. Die Reduktion der Steuerbelastung bei gewerblichen Grundstücken insbesondere bei der Bodenwertsteuer liegt vermutlich in der kumulierten Boden(wert)unattraktivität von vorrangig Gewerbegebieten begründet. Dagegen ist die Zunahme beim Modell des Bayerischen Staatsministeriums der Finanzen auf die hohen Flächenbedarfe von Gewerbebetrieben zurückzuführen. Im Innenstadtbereich entstehen außer bei der Bodenwertsteuer Entlastungen. Allerdings ist eine differenzierte Sicht erforderlich, da bei zwei Dritteln der Grundstücke eine Entlastung durch eine stärkere Belastung bei einem Drittel der Grundstücke überkompensiert wurde[536].

Die Untersuchung wurde im Auftrage des Bundesministeriums für Verkehr, Bau- und Wohnungswesen durch das Deutsche Institut für Urbanistik auf Basis verfügbarer Werte für 1999 durchgeführt. Teilnehmende Städte und Gemeinden waren Bocholt, Cottbus, Erfurt, Münster, Offenburg, Schopfheim, LEG Nassauische Heimstätte und LEG Thüringen.
Siehe zusammenfassend auch: Lehmbrock, Michael, Kommunale Grundsteuer-Modelle auf dem Prüfstand, in: FAZ vom 08. Februar 2002, Seite 61.
[536] Siehe: Lehmbrock, Michael/Coulmas, Diana, a.a.O., Seite 160 – 162.

Hinsichtlich der Verwaltungsanforderungen, der Praktikabilität und der Mobilisierung von Bau- bzw. Siedlungsflächen ist insbesondere das Modell der Bodenwertsteuer als hervorzuhebende Reformoption gegenüber allen anderen Modellen bzw. der derzeitigen Grundsteuer einzustufen[537].

1.2.6 Fehlendes Gesetzesgebungsverfahren

Das Modell der AG Grundsteuer der Finanzministerkonferenz wurde der Finanzministerkonferenz zum Beschluss vorgelegt und von dieser dem Bundesfinanzminister zur Änderung des Grundsteuergesetzes empfohlen. Ein Gesetzgebungsverfahren ist allerdings von Seiten des Bundes bisher nicht eingeleitet worden. Auch von Seiten der Länder wurde bisher keine Initiative im Bundesrat zur Umsetzung dieses Vorschlags gestartet. Aufgrund der aufgezeigten verfassungsrechtlichen Schwäche des Modells ist dies zu begrüßen, obwohl zu vermuten steht, dass diese Einstufung nicht als Ursache der derzeitigen Unwilligkeit anzusehen ist, Reformschritte einzuleiten. Nicht zuletzt aufgrund der investitionshemmenden Ausrichtung durch die Besteuerung der Gebäude und geringe Besteuerung des Bodens sowie fragwürdiger Steuererleichterungen ist eine Umsetzung dieses Modells durch den Bundesgesetzgeber abzulehnen. Ebenso ist das Modell des Bayerischen Staatsministeriums der Finanzen aufgrund fehlender Marktbewertung und eines inakzeptablen Pauschalierungsverfahrens als Option zur Grundsteuer auszuschließen.

2. Integrative Neuordnung kommunaler Finanzhoheit

Neben den bereits dargestellten Reformvorschlägen, die ausschließlich an der Finanzausstattung der Kommunen ansetzen und eine Ablösung der Gewerbe- bzw. Grundsteuer durch eine neue bzw. veränderte kommunale Steuerart diskutieren, wurden einzelne, auch die Aufgaben- und Ausgabenkompetenz berücksichtigende, teilweise jedoch einseitig an der Stellung der Länder orientierte Reformansätze entwickelt[538]. Im folgenden werden zunächst drei Modelle vorge-

---

[537] Siehe: Lehmbrock, Michael/Coulmas, Diana, a.a.O., Seite 159 – 167.

[538] Einen Überblick über Reformansätze zur Stärkung der Länder gibt: Münch, Ursula/Zinterer, Tanja, Reform der Aufgabenverteilung zwischen Bund und Ländern: Eine Synopse verschiedener Reformansätze zur Stärkung der Länder 1985 – 2000, in: ZParl 2000, Seite 657 – 680.
Siehe weitere ausgewählte Vorschläge zur Reform des Föderalismus: Döring, Thomas/Stahl, Dieter, Räumliche Aspekte der föderalen Aufgabenverteilung der Finanzverfassung und der Subventionspolitik in der Bundesrepublik Deutschland, Hannover 1999, Seite 57 – 59.
Zu kritischen Aspekten einer verstärkten Einnahmeautonomie der Länder siehe: Ebert, Werner/Meyer, Steffen, Reform der föderalen Finanzbeziehungen, in: WSI-Mitteilungen 2000, Seite 134 – 145, hier: Seite 135 f.

stellt. Daran anschließend erfolgt eine alle integrativen Konzepte umfassende kritische Auseinandersetzung, die insbesondere eine vergleichende Betrachtung einzelner Teilaspekte vornimmt.

2.1 Weiterentwicklung und Stärkung des Föderalismus

Die Ziele der Entschließung und des Beschlusses der Konferenz der Präsidentinnen und Präsidenten der deutschen Landesparlamente orientieren sich an der Stärkung der Selbständigkeit und Eigenverantwortlichkeit der Länder, der Schaffung von Transparenz durch Entflechtung politischer Entscheidungen und der Reformierung des bundesstaatlichen Finanzgefüges[539].

Hervorzuheben ist der Ansatz einer Überarbeitung der Gesetzgebungskompetenzen und Aufgabenzuordnung der Art. 73 – 75 GG, um damit eine Stärkung der Landesparlamente zu erreichen, da diese sonst „Provinzen eines Einheitsstaates, keine Länder mit eigener Staatsqualität"[540] wären. Stattdessen wird zusätzlich mit Art. 70 Abs. 3 ein Kompetenzkatalog der Länder mit ausschließlicher Zuständigkeit eingefügt[541]. Die vorgeschlagene Streichung der Art. 91 a und 91 b GG erfolgte unter dem Hinweis, dass sich diese Aufgabenteilung nicht bewährt habe. Beide Artikel regeln die Mitwirkung des Bundes bei der Erfüllung von Aufgaben der Länder, sofern diese Aufgaben für die Gesamtheit bedeutsam sind und die Mitwirkung des Bundes zur Verbesserung der Lebensverhältnisse erforderlich ist (Art. 91 a Abs. 1 GG). Neben der unwirtschaftlichen Doppelarbeit auf Bundes- und Länderebene und der damit einhergehenden Kostenexplosion, werden die Länder aufgrund der zufließenden Bundesanteile zu Ausgaben veranlasst, die sie ansonsten nicht oder zu einem anderen Zeitpunkt getätigt hätten[542].

---

[539] Siehe: Entschließung der Konferenz der Präsidentinnen und Präsidenten der deutschen Landesparlamente am 23. Mai 2000 in Heringsdorf, Weiterentwicklung und Stärkung des Föderalismus, in: ZG Sonderheft 2000, Seite 4.

[540] Beschluss der Konferenz der Präsidentinnen und Präsidenten der deutschen Landesparlamente, Weiterentwicklung und Stärkung des Föderalismus, in: ZG Sonderheft, Seite 5 – 7, hier: Seite 5.

[541] Siehe: Beschluss der Konferenz der Präsidentinnen und Präsidenten der deutschen Landesparlamente, Kompetenzkatalog der Länder, in: ZG-Sonderheft 2000, Seite 35 – 39.

[542] Siehe: Beschluss der Konferenz der Präsidentinnen und Präsidenten der deutschen Landesparlamente, Reform der Finanzverfassung, in: ZG Sonderheft 2000, Seite 21 – 34, hier: Seite 25.

Im Vergleich zur derzeitigen Situation gilt es in Zukunft, insbesondere die Umgehungspraktiken des Bundes i.Z. mit Art. 104 a GG[543], der neben den beiden vorgenannten Artikeln die Lastenverteilung zwischen Bund und Ländern regelt, zu unterbinden. Art. 104 a GG soll insofern geändert werden, dass der Bund die Ausgaben für Leistungen trägt, welche die Länder aufgrund von Bundesgesetzen ausführen. Damit werden Ausgaben von der jeweils entscheidenden Ebene selbst zu tragen sein. Auf eine ausdrückliche Nennung der Kommunen wurde hier allerdings – aufgrund des zweistufigen Staatsaufbaus – verzichtet.

Die Gesetzgebungskompetenzen würden mit Ausnahme der Zölle (Art. 105 GG), die dem Bund zustehen, der Besteuerung des Einkommens, auf welches ein Hebesatzrecht eingeführt wird (Art. 106 GG), und der Umsatzsteuer, die ebenso wie die Steuereinnahmen der Besteuerung des Einkommens, anteilig Bund, Ländern und Gemeinden zusteht (Art. 106 a GG), auf die Länder übergehen (Art. 106 b bis Art. 106 e GG). Bei den sog. kleinen Steuern würde durch die Neugestaltung der Art. 106 – 106 e GG den Ländern eine verstärkte Steuerautonomie zukommen, da

1. die landesgesetzlichen Steuern nicht mehr an die örtlichen Gegebenheiten anknüpfen müssen und
2. auch mit bundesgesetzlichen Steuern gleichartig sein dürften (außer den in Art. 106 und 106 a GG geregelten Steuern)[544].

2.2 Verfassungspolitik und Regierungsfähigkeit

Die von der Bertelsmann-Stiftung eingesetzte Kommission „Verfassungspolitik & Regierungsfähigkeit" verfolgte das Ziel, einen Beitrag zur Verbesserung der Entscheidungsfähigkeit im politischen System Deutschlands zu leisten und eine Optimierung der Entscheidungsstrukturen im Föderalismus anzuregen. Insgesamt wurden zehn Vorschläge erarbeitet, die eine Optimierung der Regierungsfähigkeit unter Berücksichtigung einer Reform der Finanzverfassung beinhaltet[545]. Als Maßstäbe zur Erarbeitung der einzelnen Vorschläge dienten folgende Grundsatzziele[546]:

---

[543] Zum Art. 104 a GG siehe Kapitel IV.1.2 und insbesondere: Schoch, Friedrich/Wieland, Joachim, Finanzierungsverantwortung für gesetzgeberisch veranlaßte kommunale Aufgaben, Baden Baden 1995.

[544] Siehe: Beschluss der Konferenz der Präsidentinnen und Präsidenten der deutschen Landesparlamente, Reform der Finanzverfassung, a.a.O., hier: Seite 32.

[545] Siehe: Bertelsmann-Kommission „Verfassungspolitik & Regierungsfähigkeit" (Hrsg.), Entflechtung 2005, 2. Auflage, Gütersloh 2000 und Arndt, Hans-Wolfgang u.a., Zehn Vorschläge zur Reform des deutschen Föderalismus, in: ZRP 2000, Seite 201 – 206.

[546] Siehe: Ebenda, Seite 15 – 18 und Sievert, Holger/Vollert, Matthias, Nationale und internationale Perspektiven einer Föderalismusreform in Deutschland, in: Bertelsmann-

1. Eine eindeutige Zuordnung von Verantwortung muss garantiert werden, um Bewertungen von politischen Entscheidungen durch den Wähler vornehmen zu können.
2. Die Transparenz politischer Strukturen sollte zur Stärkung des politischen Entscheidungsprozesses gesteigert werden. Dies beinhaltet den Abbau der Mehrebenenverflechtung.
3. Die Beteiligungsmöglichkeiten der Bürger sind durch Stärkung der Stimmengewichtung bei Wahlen zu verbessern. Daraus folgend sollte die Ansiedlung politischer Kompetenzen stets auf der niedrigsten Entscheidungsebene vorgenommen werden.
4. Sowohl die Entscheidungsfähigkeit der Parlamente als auch die Effizienz der Aufgabenerfüllung sind herzustellen.
5. Die Gemeinschaftlichkeit zur Förderung der Solidarität im Gemeinschaftssinn muss gewahrt werden. Unterschiede und differierende politische Steuerungsansätze sind zugleich Grundbestandteil einer föderalen Verfassung.

Auf diesen grundsätzlichen Bestrebungen sind folgende Reformansätze entwickelt und begründet worden[547]:

1. Schaffung eines offenen Rahmens durch den Bund und Einführung einer Grundsatzgesetzgebung: Der Bund wäre nur befugt, allgemeine bzw. leitende Rechtssätze aufzustellen, d.h. die konkrete Ausgestaltung einzelner Gesetze obliegt den Ländern. Der Bund sollte als vorrangige Aufgabe die Zielsetzung der Gleichwertigkeit der Lebensverhältnisse verfolgen.
2. Konkurrierende Gesetze mit Widerspruchsrecht des Bundes: Demzufolge dürfen die Länder eigenständig Gesetze erlassen; dies gilt auch für Bereiche, die bundesgesetzlich bereits geregelt wurden. Dem Bundestag und Bundesrat bleibt die Möglichkeit, innerhalb von drei Monaten Einspruch gegen diese Regelung einzulegen, allerdings nur, wenn ein Verstoß gegen die Wahrung der Rechts- und Wirtschaftseinheit vorliegen würde[548].
3. Möglichkeit real konkurrierender Gesetzgebung: Ziel ist die Gleichstellung von Bund und Ländern hinsichtlich der Gesetzgebung. Die bisherige Praxis, dass Bundesrecht Landesrecht bricht, wird rückgängig gemacht, um Kompetenzzuwachs auf Seiten des Bundes zu unterbinden. Konfliktfälle sind im Einzelfall zu prüfen und unterschiedliche Positionen gegeneinander abzuwägen.

Kommission Verfassungspolitik & Regierungsfähigkeit (Hrsg.), Neuordnung der Kompetenzen zwischen Bund und Gliedstaaten, Gütersloh 2001, Seite 9 – 16, hier: Seite 11 f.

[547] Siehe: Bertelsmann-Kommission „Verfassungspolitik & Regierungsfähigkeit" (Hrsg.), a.a.O., Seite 20 – 36.

[548] Siehe ebenfalls: Scharpf, Fritz, Mehr Freiheit für die Bundesländer, in: FAZ vom 07. April 2001, Seite 15.

4. Die Rückverlagerung von Kompetenzen in den Zuständigkeitsbereich der Länder zur Rückgängigmachung von Politikverflechtungen und Stärkung der Bürgernähe.

5. Die Ausweitung funktionaler interregionaler Zusammenarbeit.

6. Veränderung der Zustimmungspflicht des Bundesrates durch Rückübertragung der Aufgaben auf die Länder: Dadurch sinken zum einen die zustimmungspflichtigen Regelungen auf Bundesebene. Zum anderen sollte der Bundesrat nur dort Zustimmungsbefugnisse zugesprochen bekommen, wo dies tatsächlich der Wahrung von Länderinteressen dient.

7. Reform des Abstimmungsverfahrens im Bundesrat hin zur relativen Mehrheit: Auf diesem Weg soll die Handlungsfähigkeit des Bundesrates gestärkt werden. So würden Enthaltungen nicht zu faktischen Nein-Stimmen und parteipolitische Zwänge aufgebrochen[549].

8. Der Abbau von Mischfinanzierungen ist zu forcieren, um die Einflussnahme des Bundes auf Landesaufgaben zu verhindern.

9. Verbesserung steuerpolitischer Gestaltungsmöglichkeiten: Die Rückkehr zum Trennsystem wird von der Kommission abgelehnt, da diese sowohl von den Politikern zurückgewiesen wird, aber auch eine Einigung über die Zuordnung der Steuerarten auf die jeweilige föderale Ebene als nicht realisierbar eingeschätzt wird. Stattdessen wird vorgeschlagen, ein Tarifgestaltungsrecht bei der Einkommen- und Körperschaftsteuer einzuführen, bei dem auf eine einheitliche Bemessungsgrundlage sowohl Bundes- als auch Landessteuertarife anzuwenden sind. Die Ausgestaltung der Tarife würde der jeweiligen Gebietskörperschaft obliegen. Zudem werden Obergrenzen bezüglich des Zugriffs des Bundes als sinnvoll eingestuft. Zusätzlich sollte den Ländern die Gesetzgebungskompetenz für die Steuern übertragen werden, die derzeit vollständig den Ländern zufließen (Kraftfahrzeugsteuer, Grunderwerbsteuer, Erbschaft- und Schenkungsteuer, Feuerschutzsteuer, Spielbankabgabe, Rennwett- und Biersteuer).

10. Reform des Länderfinanzausgleichs. Als entscheidende Maxime wird an dieser Stelle von der Kommission hervorgehoben, dass der Zusammenhang mit der Entflechtung der Steuergesetzgebungs- und Ertragskompetenz hergestellt sein muss. Nur wenn die Länder die Erträge aus den ihnen übertragenen Kompetenzen ausschöpfen dürfen und Steuermehreinnahmen ihnen zufließen bzw. Steuermindereinnahmen sie beschränken, kann verhindert werden, dass durch Ausgleichsmechanismen Anreize eines race to the bottem gesetzt werden. Dann wären die vorher genannten Argumente i.Z. mit einem ruinösen Steuersenkungswettlauf in der Tat zutreffend, da jedes Land in einer Trittbrettfahrerposition von den Einnahmen der anderen Länder zu antizi-

---

[549] Für eine weitergehende Reformierung des Bundesrates insbesondere hinsichtlich der Zusammensetzung tritt die Friedrich-Naumann-Stiftung ein. Siehe: Friedrich-Naumann-Stiftung, Für einen reformfähigen Bundesstaat: Die Landtage stärken, den Bundesrat erneuern, in: FAZ vom 16. Januar 2002, Seite 16.

pieren versucht. Daher schlägt die Kommission vor, zur Ermittlung der Finanzkraft der Länder identische Steuersätze fiktiv anzunehmen.

Die durch die Kommission erarbeiteten Grundsatzziele entsprechen in wesentlichen Punkten den beiden vorgenannten, wobei hier die Betonung der Zuordnung politischer Entscheidungen hinsichtlich eines möglichen Widerspruchs durch Wahlen durch den Bürger verstärkt Berücksichtigung findet. Damit wird bei diesem Ansatz deutlich, dass nicht nur die Struktur an sich, sondern vielmehr auch die politisch Verantwortlichen reformierungsbedürftig sind und einer stärkeren Kontrolle durch den Bürger bedürfen.

2.3 Der Diskussionsvorschlag des Deutschen Landkreistages

Das Präsidium des DLT hat im Jahr 2001 Bundestag und Bundesrat aufgefordert, eine autonomiestärkende Modernisierung der bundesstaatlichen Ordnung vorzunehmen. Die angemahnten Hauptreformschritte des Diskussionspapiers setzen an folgenden Punkten an[550]:

1. Entflechtung sich überlagernder Gesetzgebungszuständigkeiten.
2. Verankerung des Konnexitätsprinzips im Grundgesetz.
3. Stärkung der Steuergestaltungskompetenzen aller Gebietskörperschaften.

Im Einzelnen werden insbesondere folgende konkrete Änderungen im Grundgesetz befürwortet[551]:

Art. 28 Abs. 2 Satz 3 GG soll insofern geändert werden, dass die Gewährleistung der Selbstverwaltung neben der finanziellen Eigenverantwortung auch eine den Aufgaben angemessene Finanzausstattung umfasst. Zudem wird die Verpflichtung des Bundes, den Kommunen einen finanziellen Ausgleich für Mehrbelastungen der Gemeinden aufgrund von Aufgabenübertragungen durch den Bund zu gewähren, verankert. Gleichzeitig wird eine Anhörungsverpflichtung der Gemeinden kodifiziert, die bei Gesetzen und Verordnungen anzuwenden ist, die die Gemeinden unmittelbar berühren[552].

---

[550] Siehe: O.V., Vorschlag des DLT zur Modernisierung der bundesstaatlichen Ordnung, in: Henneke, Hans-Günter, Verantwortungsteilung zwischen Kommunen, Ländern, Bund und Europäischer Union, Stuttgart u.a. 2001, Seite 303 – 315.
Siehe auch: Henneke, Hans-Günter, Modernisierung der bundesstaatlichen Ordnung – wann, wenn nicht jetzt?, in: dl 2001, Seite 167 – 184, hier: Seite 179 – 184.
[551] Siehe im folgenden: Ebenda, Seite 303 – 307.
[552] Der Vorschlag des DLT beinhaltet eine verstärkte Berücksichtigung der Kreise im Grundgesetz. Die Kreisebene wird im folgenden allerdings ausgeblendet.

Art. 73, 74 und 75 GG erfahren nach diesem Vorschlag eine Überarbeitung und Neuzuweisung einzelner Aufgaben. Als Ziel dieser einzelnen Änderungsvorschläge ist insbesondere die Schaffung eindeutiger Kompetenz- und Verantwortungsstrukturen zu sehen.

Der Vorschlag sieht des weiteren vor, Art. 84 Abs. 1 GG um Satz 2 zu erweitern. Zu Regelungen, die die Einbeziehung der Gemeinden in den Vollzug der Bundesgesetze betreffen, wäre der Bund nur befugt, soweit diese für den wirksamen Vollzug der materiellen Bestimmung des Gesetzes notwendig sind. Dieser Ergänzung wird zentrale Bedeutung beigemessen, da sie zum einen die Änderungen der Art. 28 und 104a GG flankiert und ihr zum anderen eine wichtige Warnfunktion für den Bundesgesetzgeber zukommt[553].

Art. 91 a und 91 b GG, d.h. die Gemeinschaftsaufgaben, werden aufgehoben. „Nach nahezu einhelliger Auffassung hat sich die Begründung von Mischkompetenzen von Bund und Ländern mit den Gemeinschaftsaufgaben und gemeinschaftlich wahrgenommenen Aufgaben letztlich nicht bewährt"[554].

Der die Ausgabenverteilung regelnde Art. 104 a GG wird im Absatz 3 neu gefasst, ohne die Zweistufigkeit des Staatsaufbaus in Frage zu stellen. Demnach trägt der Bund die Ausgaben für Leistungen, die die Länder oder gem. Art. 84 Abs. 1 Satz 2 GG ausnahmsweise unmittelbar bestimmte Gemeinden für den Bund ausführen. Absatz 4 begrenzt Finanzhilfen des Bundes auf besonders bedeutsame Investitionen der Länder, Gemeinden und Kreise, die zum Ausgleich unterschiedlicher Wirtschaftskraft im Bundesgebiet erforderlich sind.

Die Gesetzgebungskompetenzen des Art. 105 GG werden insofern geändert, dass zum einen die Länder die ausschließliche Gesetzgebung über die örtlichen Verbrauch- und Aufwandsteuern besitzen, zum anderen Bund, Länder und Gemeinden eine gemeinsame Steuer auf das Einkommen erheben, die auf Basis von Messbeträgen entsprechend der Leistungsfähigkeit der Steuerpflichtigen durch die Gebietskörperschaften mittels Hebesatzrecht bestimmt werden können. Der Bund hat das Recht, diese Hundertsätze durch Gesetz und Zustimmung des Bundesrates zu begrenzen. Darüber hinaus wird dem Bund das Recht der konkurrierenden Gesetzgebung der übrigen Steuern zugesprochen, sofern ihm das Aufkommen dieser Steuern zusteht bzw. Art. 72 Abs. 2 GG greift. Bundesgesetze, die Steuerarten betreffen, deren Aufkommen den Ländern oder Gemeinden zufließt, benötigen hingegen die Zustimmung des Bundesrates.

Art. 106 GG wird zunächst um die Regelungen bezüglich der Einkommensteuer gekürzt; diese wären in Art. 105 GG geregelt. Hinsichtlich der Umsatzsteuer sollte nach den Ausführungen des DLT keine Änderung erfolgen, mit Ausnahme

---

[553] Siehe: Ebenda, Seite 311.
[554] Ebenda, Seite 311.

der Beteiligung der Kreise. Bei der Festsetzung der Anteile an der Umsatzsteuer ist zu berücksichtigen, dass im Rahmen der laufenden Einnahmen der Bund und die Länder gleichmäßig Anspruch auf Deckung ihrer notwendigen Ausgaben haben. Wesentlicher Bestandteil der Änderungen in Bezug auf die Gemeinden wäre die Abschaffung der Gewerbesteuerumlage, die Zuordnung der Erträge der Grund- und Gewerbesteuer zu den Gemeinden unter Einbeziehung eines Hebesatzrechts und die Übertragung der Ertragshoheit der Grunderwerbsteuer zu den Kreisen und kreisfreien Städten. Das Aufkommen der örtlichen Verbrauch- und Aufwandsteuern wird den Gemeinden zuwiesen.

Die horizontale Verteilung des Gemeinde- und Kreisanteils an der Umsatzsteuer durch die Länder wird nunmehr in Art. 107 GG geregelt.

2.4 Beurteilung

Die Vorschläge zur Überarbeitung der Kompetenzen der ausschließlichen bzw. konkurrierenden Gesetzgebung des Bundes sowie der Rahmenvorschriften bei allen Reformkonzeptionen ist zu begrüßen. Die Überführung gesetzgeberischer Kompetenzen in die ausschließliche Gesetzgebung des Bundes bzw. der Länder aus der konkurrierenden Gesetzgebung und der Rahmenvorschriften heraus, stärkt die Position des Bürgers. Aufgabenverflechtungen werden rückgängig gemacht und damit die Voraussetzungen für eine Stärkung der einzelnen föderalen Ebenen geschaffen. Insbesondere die Kompetenzen des Bundes werden beschnitten, da dieser grundsätzlich nur dann zur Gesetzgebung befugt sein sollte, wenn es sich um ausschließlich gesamtstaatliche Aufgaben handelt oder durch unterschiedliche Landesgesetzgebung der Handel, die Freizügigkeit, die Rechtsstaatlichkeit oder der Wettbewerb behindert wird[555]. Die Schaffung eines eigenen Kompetenzkatalogs für die Länder gem. dem Vorschlag der Präsidentinnen und Präsidenten der deutschen Landesparlamente, in dem ausschließliche Zuständigkeiten in der Gesetzgebung explizit genannt werden (Art. 70 GG), ist dagegen abzulehnen. Auch wenn diese Konkretisierung bei Vorliegen eines Kompetenzstreits durch ausdrückliche Nennung gelöst werden könnte, scheint es keine Lösung zu sein, jede einzelne Aufgabe gesetzlich zu kodifizieren[556]. Stattdessen ist die Sicherung der grundsätzlichen und allgemeinen Gesetzgebungskompetenz der Länder zu stärken und die Aneignungsmöglichkeiten des Bundes i.S. Art. 72 Abs. 2 und Art. 75 GG zu begrenzen. Eine explizite Auf

---

[555] Siehe hierzu gleichfalls: Janssen, Albert, Wege aus der Krise des deutschen Bundesstaates – Anmerkungen zu einem notwendigen Vorschlag zur Reform des Grundgesetzes, in: ZG-Sonderheft 2000, Seite 41 – 63, hier: Seite 48.
[556] Anderer Auffassung: Ebenda, Seite 47 – 49.

zählung engt dagegen in Zeiten sich ändernder Anforderungen den Handlungs-
rahmen der Länder ein und läuft der grundsätzlichen Offenheit ökonomischer
Vertragsgestaltungen entgegen[557].

Die Ausführungen der Bertelsmann-Kommission bzgl. einer konkurrierenden
Gesetzgebung mit Widerspruchsrecht des Bundes sind ebenfalls äußerst kritisch
zu beurteilen. Als Ziel einer Aufgaben- und Kompetenzzuordnung sollte nicht
die Begründung eines Kompetenzstreits staatlicher Ebenen (auch unter wettbewerblichem Blickwinkel) fungieren, insbesondere dann nicht, wenn parteipolitische und wahlstrategische Überlegungen zu Widersprüchen und Blockade-
haltungen führen (können). Auch sollte es nicht im Sinne einer langfristig ange-
legten Verfassung sein, dezidiert jede einzelne Aufgabe zu regeln. Statt dessen
sind eindeutige Grundsatzvorgaben und ggf. Aufgabengruppenzuordnungen –
die einer laufenden Überprüfung bedürfen – vorzunehmen, die die Kompetenzen
unmissverständlich regeln. In diesem Bereich ist eine konsequente Realisierung
des Trennprinzips erforderlich. Ein dynamisches System verlangt eine flexible
Steuerung einzelner Aufgaben, ohne eine erst erforderliche Verfassungsänderung.

Besonders hervorzuheben und zu begrüßen ist der Vorschlag, das Abstimmungsverhalten im Bundesrat hin zur relativen Mehrheit zu reformieren[558]. Insbesondere unter parteipolitischen Verhaltenszwängen ist eine Reform zu befürworten, so dass zum einen die Beschlussfähigkeit der Länderkammer steigt, zum
anderem dem Wähler die Konsequenzen eines bestimmten Abstimmungsverhalten deutlich werden. Im derzeitigen System bedeuten Enthaltungen – die
gegenüber dem Bürger als politische Neutralität dargestellt werden – faktisch
Nein-Stimmen und verhindern damit notwendige Reformschritte.

Die kommunale Ebene des föderalen Systems erfährt durch das BVerfG eine
ausdrückliche Stärkung, da die finanzwirtschaftliche Unabhängigkeit und Ver-
selbständigung der Kommunen durch die Anerkennung der finanziellen Eigenverantwortung (Art. 28 Abs. 3 GG) und den Anteilen an der Einkommens- und
Umsatzsteuer (Art. 106 Abs. 5 und Abs. 5 a GG) die bisherige Zweistufigkeit
der Finanzverfassung „modifiziert"[559]. Die dadurch erfolgte Anerkennung des
Bedeutungs- und zugleich Kompetenzgewinns muss auch bei einer Überarbeitung der Finanzbeziehungen implementiert werden. Zudem erscheint bisher
die Chance ungenutzt, die kommunale Selbstverwaltung und deren Einbindung
in die Aufgaben-, Ausgaben-, Gesetzgebungs- und Einnahmenkompetenz des
föderalen Systems Deutschlands unter europarechtlichem Aspekt zu sichern.
Der Staatsaufbau garantiert derzeit – wie bereits ausgeführt wurde – nicht die

---

[557] Siehe Kapitel II.1.2.

[558] Siehe ansatzweise auch: Adolf, Jörg, Reform des deutschen Föderalismus: Reorganisation
der Entscheidungsverfahren, in: Wirtschaftsdienst 2000, Seite 230 – 235.

[559] BVerfG, Urteil vom 11. November 1999, - 2 BvF 2, 3/98, 1, 2/99 -, a.a.O., hier: Seite 230.

grundgesetzlich kodifizierten Rechte der Gemeinden i.S. des Art. 28 Abs. 2 GG, da die Selbstverwaltung der Gemeinden ausschließlich als Organisationsprinzip – nicht als Strukturprinzip – eingestuft wird.

Eine direkte Konkretisierung einer neuformulierten Ausgabenverantwortung findet sich in den Reformkonzeptionen der Präsidentinnen und Präsidenten der deutschen Landesparlamente sowie des DLT. Insbesondere der Vorschlag des DLT, der sich durch die Verankerung des Konnexitätsprinzips durch die Neuformulierung des Art. 104 a GG i.V. mit Art. 84 und 28 GG auszeichnet, stärkt die Interessen der Kommunen. Durch diese Änderungen wird die Mehrbelastungsausgleichspflicht durch den Bund (Art. 28 GG) kodifiziert, die Notwendigkeit einer Rechtfertigung des Übertragens von Aufgaben vom Bund auf Gemeinden (Art. 84 GG) bestimmt und die Implementierung der Gemeinden in Art. 104 a GG als ausführendes Organ des Bundes unter Rückgriff auf Art. 84 GG mit Anrecht auf Deckung der Ausgaben durch den Bund gesetzlich geregelt. Der Versuch, das Leistungsfähigkeitsprinzip im neuen Art. 105 Abs. 3 GG[560] grundgesetzlich zu verankern, ist dagegen zurückzuweisen, da – wie bereits ausgeführt[561] – hier eine Reduzierung der Betrachtung auf einen Teilaspekt vorgenommen wird. Zunächst ist die Finanzierung und damit einhergehend die zusammenhängende Abstimmung von Einnahmen und Ausgaben durch das Äquivalenzprinzip zu garantieren.

Die Vorschläge hinsichtlich einer Reformierung der Gesetzgebungskompetenzen des Finanzwesens und der Steuerverteilung orientieren sich insgesamt betrachtet am Status-quo. Zu begrüßen sind die Vorschläge, die eine Stärkung der Kompetenzen von Ländern und Gemeinden vorsehen, indem auf den den Ländern und Gemeinden zukommenden Anteil an der Einkommensteuer Hebesätze angewendet werden können. Die Defizite der Grundsteuer erfahren allerdings in keinem Reformkonzept eine Betrachtung. Hinsichtlich der Gewerbesteuer wird im Konzept der Präsidentinnen und Präsidenten der deutschen Landesparlamente zumindest die Möglichkeit einer der Verfassungsänderung nachgelagerten Überarbeitung diskutiert. Dies zeigt allerdings die erneute Loslösung der Finanzierung von der Aufgabenzuordnung. Zudem mag bezweifelt werden, dass – sofern man sich auf einen Änderungsvorschlag zum Grundgesetz einigen kann – eine erneute zwingend erforderliche Gesamtbetrachtung zur Sicherung der kommunalen Aufgabenerfüllung durchgeführt würde. Konsequenz wäre die Beibehaltung der am meisten kritisierten Steuerarten, die zu-

---

[560] Abs. 3: *„Der Bund, die Länder und die Gemeinden erheben eine Steuer auf das Einkommen. Durch Bundesgesetz, das der Zustimmung des Bundesrates bedarf, werden Meßbeträge entsprechend der Leistungsfähigkeit der Steuerpflichtigen bestimmt und die Steuererhebung geregelt. ..."*
O.V., Vorschlag des DLT zur Modernisierung der bundesstaatlichen Ordnung, a.a.O., Seite 305.
[561] Siehe Kapitel III.2.

gleich die derzeitig einnahmestärksten originären kommunalen Steuerarten sind. Damit würde jedoch das ursprüngliche Ziel einer Stärkung des föderalen Systems unter Berücksichtigung aller Ebenen verfehlt.

Im Zusammenhang mit einer Einführung eines Hebesatzes auf einen einheitlichen Messbetrag auf die Besteuerung des Einkommens für alle föderalen Ebenen im Rahmen des Modells „Weiterentwicklung und Stärkung des Föderalismus" ist festzuhalten, dass der verwendete Begriff die Lohnsteuer, die veranlagte Einkommensteuer, nicht veranlagte Steuern vom Ertrag sowie die Körperschaftsteuer beinhaltet. Das Trennprinzip würde auch bei der Besteuerung des Einkommens bei einheitlicher Bundesgesetzgebung erreicht. Durch die Festlegung von Messbeträgen, „in die bei der Einkommensteuer der natürlichen Personen die Steuerprogression einzuarbeiten wäre"[562], würde die Steuererhebung von Einwohnern mit steigendem Einkommen progressiv ansteigen. Dies ist insbesondere vor dem Hintergrund der Ausführungen i.Z. mit öffentlichen Gütern zu begrüßen, da somit Umverteilungen i.S. des Interessenausgleichsprinzips garantiert würden[563]. Gleichfalls hervorzuheben ist die Herausnahme von Steuervergünstigungen mit Subventionscharakter aus den Messbeträgen. Da sich diese auf die Steuereinnahmen aller Gebietskörperschaften ausdehnen, den Grundsatz der Konnexität untergraben und einem Steuerverzicht gleichkommen würden, sind diese Vergünstigungen ausschließlich i.S. eines (direkten) Steuerabzuges auf der jeweiligen Ebene durchzuführen, damit sich die Reduzierung des Steueranteils nur auf die gewährende Gebietskörperschaft auswirkt. Die Ausgestaltung bzw. Auswirkungen möglicher Fördermaßnahmen werden an anderer Stelle ausführlich betrachtet[564]. Die Bertelsmann-Kommission sieht eine zunächst vergleichbare Regelung vor, indem für die Einkommen- und Körperschaftsteuer eine einheitliche bundesgesetzlich geregelte Bemessungsgrundlage geschaffen wird, auf die dann Bund und Länder einen individuellen Tarif anzuwenden hätten. Damit wird jedoch zugleich deutlich, daß dieses Konzept die dritte Ebene bei der Frage der Gesetzgebungskompetenzen[565] vollständig übergeht bzw. dieser keine Kompetenz zuspricht. Zudem wird die Konfliktsituation i.Z. mit dem Konnexitätsprinzips aufgrund der Steuermindereinnahmen durch Steuervergünstigungen nicht erörtert.

Hinsichtlich der Ausführungen zum Steuererfindungsrecht der Kommunen und Länder kann konstatiert werden, dass die vorgeschlagenen Maßnahmen bezogen auf eine Streichung des Gleichartigkeitsvorbehaltes zwar die Länder und

---

[562] Beschluss der Konferenz der Präsidentinnen und Präsidenten der deutschen Landesparlamente, Reform der Finanzverfassung, a.a.O., hier: Seite 29.
[563] Siehe Kapitel III.2.
[564] Siehe Kapitel VII.1.2.3.
[565] Die Kommunen erfahren insgesamt nur marginale Berücksichtigung. Eine Reform ohne ausdrückliche Einbeziehung der dritten Ebene erscheint aber schon von der Ausgangsbetrachtung als verfehlt.

Kommunen in ihrer Autonomie stärken. Jedoch werden zum einen – wie i.Z. mit der Verpackungsteuer bereits ausgeführt – bundesstaatlich übergeordnete Ziele behindert[566], zum anderen sind europarechtliche Vorgaben – beispielsweise das Verbot, keine Verbrauchsbesteuerungen, die der Umsatzsteuer ähneln, durchzuführen – zu beachten und im Grundgesetz zu verankern. Daher sollten die Vorgaben, die durch das BVerfG erarbeitet wurden und sich am Wortlaut des Art. 105 Abs. 2 a GG orientieren, erhalten bleiben.

Für die weitere Betrachtung ist vor allem entscheidend, dass sämtliche Reformmodelle eine eindeutige Aussage zugunsten der regionalen Vielfalt treffen: Das Reformziel aller Modelle beinhaltet die Aussage, dass „die Gesetze den regional unterschiedlichen Bedürfnissen und Wünschen der Bevölkerung optimal angepasst sind und sich ein Wettbewerb ... im Bemühen um bessere gesetzgeberische Problemlösungen entwickelt"[567]. Damit wird ein Wettbewerb um Regeln eingefordert und folglich das Recht bzw. die Institutionen Objekt von Wahlhandlungen der Konsumenten i.S. eines evolutorischen Wettbewerbs[568].

3. Gesamtanalyse und Bedingungen zukünftiger Reformen

Über die Notwendigkeit einer Neuordnung des Kommunalfinanzsystems herrscht sowohl aus ökonomischer Sicht als auch aus der Betrachtung der Kommunen, politischen Akteure, Unternehmen und Bürger weitgehend Einigkeit. Hinsichtlich der durchzuführenden Maßnahmen besteht allerdings ein erheblicher Dissens, der sich nicht zuletzt in der nunmehr seit mehreren Jahrzehnten andauernden Föderalismusdebatte niederschlägt – ohne Ergebnis. Trotz eines Wissens um die Notwendigkeit von Reformmaßnahmen herrscht Stillstand in der Politik. Hypothesen werden nicht getestet, es findet eine Verwaltung des Ist-Zustands statt. Der derzeit einzig gegangene Weg führt über Entscheidungen der Gerichte, mittels derer den politischen Akteuren Auflagen für zukünftige Handlungen vorgegeben werden. Die Betrachtung des Status-quo durch alle Akteure führt – wie dargestellt – zu einer laufenden Abwägung zwischen Gewinnen und Verlusten in Bezug auf den Referenzpunkt durch eine mögliche Reform. Sofern jedoch z.B. durch Gerichtsentscheidungen der Status-quo als Handlungsalternative ausgeschlossen wird und damit zugleich der Referenzpunkt entfällt, wird ein Prozess der Alternativensuche in Gang gesetzt, der nur begrenzt Vergleiche zum Ursprungszustand zulässt. Dies schließt eine Überprüfung der Abweichungen vom bisherigen Zustand nicht aus. Die Prüfung von Alternativen erfolgt jedoch unter einem Reformzwang, so dass zum einen Alternativen wesentlich intensiver einer (öffentlichen) Diskussion zugeführt werden

---

[566] Siehe Kapitel IV.2.3.3.
[567] Beschluß der Konferenz der Präsidentinnen und Präsidenten der deutschen Landesparlamente, Weiterentwicklung und Stärkung des Föderalismus, a.a.O., hier: Seite 6.
[568] Siehe Kapitel III.3.2.

und zum anderen eine wesentlich vorurteilsfreiere Bewertung von Optionen durchgeführt werden kann. Entscheidungen der Gerichte lösen den Reformstau nicht. Urteile und Auflagen können allerdings durch verfassungsrechtliche Vorgaben Reformprozesse anstoßen.

Die mangelnde Auseinandersetzung politischer Akteure bzw. Mitglieder der Parlamente aller Ebenen mit den dargestellten Reformvorschlägen erscheint zunächst als Hauptproblem und Ursache des Verharrens im Ist-Zustand. So wurde bspw. der Entwurf der Präsidentinnen und Präsidenten der deutschen Landesparlamente, der „bedenkenswerte Anregungen für weiterführende Diskussionen in den Parlamenten"[569] erarbeitet hat, ausschließlich im Landesparlament von Schleswig-Holstein diskutiert[570]. Auch die vom Bundesfinanzministerium eingesetzte Kommission zur Reform der Gemeindefinanzen konnte sich auf ihrer abschließenden Sitzung am 03. Juli 2003 nicht auf einen Vorschlag einigen. Einerseits wurde das sog. „Kommunal-Modell" von den kommunalen Spitzenverbänden präferiert, bei dem die Gewerbesteuer erhalten bliebe und eine Ausweitung der Bemessungsgrundlage sowohl vom Kreis der Steuerpflichtigen als auch von der Einbeziehung ertragsunabhängiger Komponenten erfahren würde. Andererseits wurde das „Industrie-Modell" durch den BDI favorisiert. Diesem Vorschlag folgend würde eine Abschaffung der Gewerbesteuer einher gehen mit der Einführung einer kommunalen Einkommen- und Gewinnsteuer.

Ursache der fehlenden Einigungsbereitschaft sind nicht nur die dargestellten Ängste der politischen und lobbyistischen Akteure hinsichtlich einer direkten Zurechenbarkeit von Fehlentscheidungen und damit der Auflösung bzw. Abschwächung der Prinzipal-Agent-Beziehung zum Wähler, verbunden ggf. mit einem Status- und Machtverlust bedingt durch Stimmenverluste bei Wahlen sowie der Rechtfertigungszwang politischer Entscheidungen[571]. Auch die Erkenntnis, eines nicht vollständigen Wissens und damit einer individuellen Unsicherheit zukünftiger Entwicklungen, schrecken vor Veränderungen ab[572] und lassen die Beharrung auf dem Status-quo als beste Lösung erscheinen. Die „Angst der Bürgermeister vor ihren Bürgern"[573] verhindert letztlich einen an den Notwendigkeiten orientierten Entscheidungsprozess.

---

[569] Beschluß der Konferenz der Präsidentinnen und Präsidenten der deutschen Landesparlamente am 23. Mai 2000 in Heringsdorf, a.a.O., hier: Seite 4.

[570] Siehe: Janssen, Albert, Die Reformbedürftigkeit des deutschen Bundesstaates aus verfassungsrechtlicher Sicht, a.a.O., Seite 87.

[571] Siehe auch: Zimmermann, Horst, Wo bleibt die nationale Ebene?, in: Beiheft der Konjunkturpolitik 1999 – Fiskalischer Föderalismus in Europa, Seite 45 – 53, hier: Seite 51.

[572] Siehe bspw.: Rodrik, Dani, Understanding Economic Policy Reform, in: Journal of Economic Literature 1996, Seite 9 – 41.

[573] Hank, Rainer, Die Angst der Bürgermeister vor ihren Bürgern, in: FAZ vom 15. Juni 2003, Seite 33.

Daher sind bei zukünftig zu entwickelnden Reformkonzepten die politische(n) Sichtweise(n) zu implementieren, Handlungsrestriktionen und die Anreiz- struktur der politischen Akteure zu berücksichtigen (nachfrageorientierte Vari- ante der Politikberatung)[574]. Ohne die Berücksichtigung des Ablaufes des Meinungsbildungs- und Gesetzgebungsverfahrens bleiben die ökonomischen Modelle realitätsferne Mahnungen, die politisch verhallen und nur in Frag- menten Berücksichtigung finden. Die Verantwortung dieser Misere ausschließ- lich der politischen Ebene zuzuordnen ist nicht zutreffend und überdies ohne Grundlage. Politische Beratung durch Ökonomen, die implizit davon ausgeht, dass ihre Modelle nicht umgesetzt werden (können) und sich auf modelltheo- retische Abstraktionen und Restriktionen zurückziehen, kann zwar bedeutende Problemfelder und (theoretische) Entwicklungen aufzeigen. Dies ist auch zwingend erforderlich. Jedoch schafft sich diese Form der Beratung durch die Ignoranz politischer Strukturen und Prozesse ihre eigene Legitimation und Rechtfertigung, ohne Veränderungen befürchten zu müssen. Die Ausblendung des Implementationsproblems[575], d.h. die fehlende Berücksichtigung von Ver- haltensanreizen der Politiker selbst und den Möglichkeiten einer derzeitigen Umsetzbarkeit auf politischer Ebene insbesondere unter dem Blickwinkel des „Parteien-/Fraktionszwangs" sowie des Kompromisszwangs zur Erreichung einer politischen Mehrheit, verkürzt die Sicht der aufgestellten Thesen und Forderungen hin zu theoretisch wünschenswerten, aber nicht realisierbaren An- sätzen (angebotsorientierte Variante der Politikberatung[576]). Dabei sei nochmals ausdrücklich betont, dass die „abstrakte (Politik-)Ökonomie" notwendig und wünschenswert ist. Ohne den Schritt, die Ergebnisse dieser Modelle und Überle- gungen in durch die politischen Akteure umsetzbare Reformoptionen umzu- wandeln, wird jedoch die ökonomische Politikberatung wie bisher ausschließ- lich auf einem politischen Nebenschauplatz in einem sich selbst übergestülpten elitären Rahmen agieren und von den Betroffenen, d.h. den Politikern und Wählern, i.d.R. unbeachtet bleiben.

Dabei verkennen die ökonomischen Berater was sie selbst propagieren. Die Ökonomie steht im Wettbewerb mit anderen Meinungen aus anderen Fach- richtungen. In diesem Wettbewerb der Politikberatung gilt es, die notwendigen

---

[574] Siehe: Döring, Thomas, Optionen für eine politisch umsetzbare Reform des Länderfinanz- ausgleichs – Konzeptionelle Überlegungen und deren Illustration anhand einer Simula- tionsrechnung, in: Döhler, Elmar/Esser, Clemens (Hrsg.), Die Reform des Finanzaus- gleichs – neue Maßstäbe im deutschen Föderalismus?, Berlin 2001, Seite 35 – 59, hier: Seite 38 f.

[575] Siehe: Döring, Thomas, Institutionenökonomische Fundierung finanzwissenschaftlicher Politikberatung, a.a.O., Seite 108 – 115 (Manuskript).

[576] Siehe: Ebenda, Seite 113 – 115 und Döring, Thomas, Optionen für eine politisch umsetz- bare Reform des Länderfinanzausgleichs – Konzeptionelle Überlegungen und deren Illustration anhand einer Simulationsrechnung, a.a.O., hier: Seite 38.
Siehe auch: Priddat, Birger P., Ökonomie, Politik, Beratung – Einige Fragen, in: Wirt- schaftsdienst 1999, Seite 151 – 154, hier: Seite 154.

Argumente so darzustellen, dass die Meinungskonkurrenten überzeugt werden können, zugleich die Empfehlungen von Nicht-Ökonomen in die Betrachtung integriert werden und verfestigte mentale Wahrnehmungs- und Interpretationskategorien durchbrochen werden. Wahrnehmungsunterschiede sowohl bezogen auf den Ist-Zustand, aber auch auf die anzustrebenden Entwicklungen, kennzeichnen die Auseinandersetzungen zwischen Politikern, deren Beratern und den Wählern[577]. Der Alleinberatungs- und Alleinwissensanspruch der ökonomischen Akteure mündet daher vielfach in der Vernachlässigung wesentlicher nicht-ökonomischer Aktions- und Entscheidungsparameter. Erst wenn die Ökonomie ihren Alleingültigkeitsanspruch aufgibt, sich als Wissenspool und daraus resultierend als Koordinator differenzierter Argumente versteht, diese in umsetzbare Reformoptionen kanalisiert, dann werden auch politische Prozesse „ökonomischer" werden. Bedingung bleibt, dass zeitnah Rückkopplungsinformationen durch die politischen Akteure geliefert und von den ökonomischen Beratern verarbeitet werden.

Damit sind zugleich erhebliche Einschränkungen für die Politikberatung definiert: Die Vorschläge müssen innerhalb kürzester Zeit (vier bzw. fünf Jahre) umsetzbar sein und zugleich die positiven Wirkungen durch die Reformen für die Wählerklientel sichtbar werden. Langfristige Reformoptionen, deren Wirkungen sich erst in späteren Perioden zeigen, werden nicht zuletzt aus parteipolitischen Überlegungen häufig unterlassen. Hier tritt insbesondere die Angst in den Mittelpunkt, langfristige Reformerfolge nicht selbst zugerechnet zu bekommen. Angestoßene Reformen, die in späteren Amtszeiten dem dann eventuell verantwortlichen politischen Gegner zugerechnet werden, stellen aus Sicht der politischen Akteure unter dem Blickwinkel einer Stimmenmaximierung eine zu verhindernde Entwicklung dar.

Der Bedeutungs- und Kompetenzverlust der Länder und damit auch der Kommunen ist insbesondere auf einen extensiven Gebrauch der Art. 72 – 75 GG, Art. 84 Abs. 1 und 2 GG und Art. 104 a GG durch den Bund zurückzuführen. Dennoch bleibt festzuhalten, dass zu einer Vielzahl der Änderungen bzw. Ergänzungen von Bundesgesetzen und des Grundgesetzes die Zustimmung des Bundesrats und somit der Länder notwendig war. Demzufolge hat nicht nur das Verhalten des Bundes die aktuellen Entwicklungen forciert, vielmehr trifft die Länder(-parlamente) eine entscheidende Mitverantwortung, da das ursprünglich verfassungsrechtlich angestrebte Korrektiv zur Bundesregierung – der Bundesrat – im Gesetzgebungsverfahren insbesondere aus parteipolitischer Unterwürfigkeit seine Rolle nicht wahrnehmen konnte (und wollte). „Man kann es auch die parteipolitische Gleichschaltung zwischen Regierung und Parlament nennen und muss dann der Vollständigkeit halber nur noch hinzufügen, dass

---

[577] Zu Kommunikationsproblemen zwischen Politikern und Ökonomen siehe auch: Ebert, Werner, Wirtschaftspolitik aus evolutorischer Perspektive, Diss. Universität Würzburg 1998, Hamburg 1998, Seite 319 – 322.

ebenfalls die Bundesparteien das Abstimmungsverhalten der Landesregierungen im Bundesrat nach wie vor entscheidend (mit-)bestimmen"[578].

Eine Reform der (Finanz-)Struktur des Bundesstaates kann nicht nur auf der Seite der Einnahmen ansetzen. Ebenso wird eine isolierte Reformierung des Länderfinanzausgleichs nur zu einer kurzfristigen „Schönwettersituation" führen. Daher gilt es an dieser Stelle die Ziele, die mit einer Reformierung der Finanzverfassung der Kommunen durchgesetzt werden sollen, schlagwortartig zusammenzufassen:

- Stärkung der kommunalen Autonomie;
- Erreichung einer effizienten Aufgabenerfüllung;
- Entflechtung der Aufgaben- und Finanzbeziehungen zwischen Bund, Ländern und Kommunen;
- Mäßigung der öffentlichen Gewalt;
- Anreize zur Ausschöpfung vorhandener Steuerquellen;
- Stärkung der Konsumentensouveränität;
- Rückführung der Staatsquote;
- Sicherung der Einheit bei regionaler Vielfalt;
- Sicherung der kommunalen Selbstverwaltung innerhalb der EU.

Die bisher betrachteten Vorschläge einer Reformierung der kommunalen Finanzautonomie setzen ausschließlich an der Einnahmenseite an. Dieses Vorgehen ist jedoch fragwürdig, da erneut eine Trennung von Aufgabenverantwortung, den daraus resultierenden Ausgaben und den notwendigen Einnahmen erfolgt. Die Notwendigkeit einer umfassenden Betrachtung wurde bereits im Zusammenhang mit dem Prinzip der fiskalischen Äquivalenz verdeutlicht. Daher sind die bisher vorgenommenen Betrachtungen in ein Gesamtkonzept zu integrieren. Die vorzunehmende Neuordnung der föderalen Aufgaben- und Finanzbeziehungen sollte in drei gemeinsamen integrativen Schritten zu erfolgen:

1. Die Durchführung einer Neuordnung hinsichtlich der Aufgaben- und Ausgabenkompetenz ist erforderlich. Empfehlungen werden im Rahmen des Kapitels VII abgegeben.
2. Darauf aufbauend gilt es, die Einnahmen – hier die Steuereinnahmen – und die damit verbundenen gesetzgeberischen Kompetenzen zu gestalten. Dies wird Gegenstand des Kapitels VIII sein.
3. Der Länderfinanzausgleich bedarf im Anschluss an die Neuordnung der Steuereinnahme- und Gesetzgebungskompetenz einer grundlegenden Reformierung und sollte folglich erst in einem nachgelagerten Schritt unter Berücksichtigung des im folgenden zu entwickelnden Gesamtkonzepts erfolgen.

---

[578] Janssen, Albert, Die Reformbedürftigkeit des deutschen Bundesstaates aus verfassungsrechtlicher Sicht, a.a.O., hier: Seite 61.

Aufbauend auf den drei fundamentalen Grundschritten gilt es anschließend sicherzustellen, dass den Kommunen als Anbieter von autonomen Steuer-Leistungs-Paketen ein institutioneller Rahmen gesetzt wird, in dem diese ihre wettbewerblichen Aktivitäten zur Attrahierung von Unternehmen, Haushalten und weiteren Standortfaktoren[579] ausüben (können). Zudem muss genügend Raum existieren, damit sich spontane Ordnungen bilden können. Nur so kann sich auf Dauer ein System entwickeln, in dem die Akteure innovative Wege suchen, andere Modelle imitieren und sich ein selbst regulierendes, weiterentwickelndes und damit evolutorisches System entstehen lassen. Die Verbindung der Demokratie (von unten nach oben) und zugleich der individuellen Freiheit und Entwicklungsfähigkeit im System ist ausschließlich unter der Maßgabe der Selbst- bzw. Eigenverantwortung – also durch Autonomie – innerhalb eines ordnungspolitischen Rahmens umsetzbar bzw. erreichbar. Dies gilt in gleichem Maße für Individuen wie für Kommunen stellvertretend für alle Gebietskörperschaften. Die Stärkung der Eigenverantwortung ist deswegen nicht ein „neoliberales Klischee"[580], sondern notwendige Grundbedingung, Anpassungen an dynamische Außenbedingungen vornehmen zu können. Dabei ist sicherzustellen, dass die Instrumente, die innerhalb dieser Konkurrenz angewandt werden, ausschließlich dem Leistungswettbewerb zuzuordnen sind. Ziel muss es sein, dass die politisch Verantwortlichen gezwungen werden, stets neue Problemlösungen zu entwickeln, zu testen und die Rahmenbedingungen an dynamische Umwelt- bzw. Systemveränderungen – an die sich ändernden Präferenzen der Konsumenten – anzupassen und folglich eine laufende Reorganisation bisheriger Entscheidungsstrukturen vorzunehmen. Einschränkungen des Standort- und Steuerwettbewerbs i.S. eines Behinderungswettbewerbs gilt es insbesondere unter dem Gesichtspunkt der politischen Ebene zu verhindern. Die Auswirkungen der so umgestalteten Gesamtordnung unter Einbezug der Spielregeln für einen interkommunalen Wettbewerb sind einer darauf aufbauenden Betrachtung bzgl. der Gebietskörperschaften selbst, der Unternehmen und Haushalte zu unterziehen.

Neben der ökonomischen und rechtspolitischen Sicht und zugleich Soll-Vorstellung, muss die Berücksichtigung der Handlungsrestriktionen der politischen Akteure implementiert werden, da „Verbesserungsvorschläge nur dann ... zu einer Verbesserung führen, wenn sie ... auch umgesetzt werden"[581] (können). Ansonsten werden Ökonomen als realitätsferne Idealisten und deren politische

---

[579] Beispielsweise sei hier auf die Standortwahl einer Bundesbehörde hingewiesen.

[580] Dohnanyi, Klaus von, Reformnotwendigkeiten und -möglichkeiten im deutschen Föderalismus, in: Bertelsmann-Kommission „Verfassungspolitik & Regierungsfähigkeit" (Hrsg.), Neuordnung der Kompetenzen zwischen Bund und Gliedstaaten, Gütersloh 2001, Seite 17 – 22, hier: Seite 20.

[581] Daumann, Frank, Interessenverbände im politischen Prozess, Tübingen 1999, Seite 353.

Beratungstätigkeit ausschließlich als mahnendes Theoriekorrektiv eingestuft. „Anstatt Nicht-Ökonomen zu überzeugen, versuchen sie, Nichtökonomen in ein Sprachlernprogramm `Ökonomie´ hineinzunehmen. Das überzeugt selten, insbesondere keine waschechten Politiker. Und es überzeugt Wähler auch selten"[582].

---

[582] Priddat, Birger P., a.a.O., hier: Seite 154.

VII. Neuordnung der Aufgaben- und Ausgabenkompetenz von Bund, Ländern und Kommunen

Zur Bestimmung der Einnahmenkompetenz in Bezug auf die Steuerarten erfolgt notwendigerweise in einem vorgelagerten Schritt die Neuordnung der Aufgaben- und darauf aufbauend der Ausgabenkompetenz. Ohne vorherige Bestimmung der Aufgabenverteilung, d.h. der Zuordnung der Leistungsverantwortung insbesondere i.Z. mit kommunal bereitzustellenden öffentlichen Gütern, aber auch den derzeitigen Gemeinschaftsaufgaben, die durch fehlende Kompetenzverantwortung gekennzeichnet sind, ist der zur Aufgabenerfüllung erforderliche Finanzbedarf nicht bestimmbar. An die Aufgabenkompetenz ist zugleich die Ausgabenkompetenz geknüpft, um Fehlallokationen wie bspw. im derzeitigen Zuweisungssystem zu verhindern[583].

1. Aufgabenkompetenz

Eine eindeutige Aufgabenkompetenz ist Voraussetzung, um eine zielgenaue Sanktionierung politischer Entscheidungen vornehmen zu können. Die Verknüpfung von Leistung und Gegenleistung innerhalb der Steuer-Leistungs-Pakete ermöglicht zum einen die Bewertung durch exit und voice; zum anderen werden hierauf aufbauend Rückkopplungsinformationen geliefert, die erneut Innovations-Imitations-Prozesse anstoßen können. Im folgenden gilt es zu untersuchen, ob einzelne Aufgaben im Sinne der Art. 73, 74, 74 a, 75, 91 a und 91 b GG, bei denen zum einen ausschließliche bzw. konkurrierende Gesetzgebung vorliegt und zum anderen Gemeinschaftsaufgaben geregelt werden, grundsätzlich in den ausschließlichen Bereich der Kommunen (bzw. Länder) übergehen sollten.

1.1 Beurteilungsmaßstäbe

Zur Vornahme einer Beurteilung werden die einzelnen Aufgaben – die zugleich entscheidende Standortfaktoren im betrieblichen Standortentscheidungsprozess darstellen – hinsichtlich ihrer Aufgabenzugehörigkeit zu Bund, Ländern und Kommunen überprüft. Orientierungskriterien einer Beurteilung sind:

1. Ausschließbarkeit: Besteht die Möglichkeit, potentielle Nutzer von der Inanspruchnahme der Leistung auszuschließen, um so Trittbrettfahrer-Verhalten zu verhindern?
2. Rivalität: Treten Nutzeneinbußen bzw. Überfüllungskosten ab einer bestimmten Anzahl von Nutzern auf?

---

[583] Siehe Kapitel IV.3.

3. Es erfolgt eine Ermittlung der Bereitstellungskosten für die Gebietskörperschaft. Hierbei ist sowohl auf die Administrations- als auch auf Koordinationskosten abzustellen.

4. Kann grundsätzlich dem Prinzip der fiskalischen Äquivalenz Gültigkeit verschafft werden?

5. Das mögliche Auftreten von externen Effekten ist festzustellen.

6. Neben der intrakommunalen wird auch die interkommunale Homogenität der Präferenzen der Konsumenten betrachtet. Sofern die interregionalen Unterschiede sehr gering sind, kann geprüft werden, ob die jeweilige Aufgabe der nächsthöheren Ebene übertragen werden sollte. Eine ggf. festzustellende Homogenität kann sich im Zeitablauf jedoch verändern. Daher ist auch die Möglichkeit einer dann zu erfolgenden Rückverlagerung von Bedeutung.

7. Die Betrachtung sollte auch die Möglichkeiten einer politischen Kontrolle beinhalten, um Aussagen bzgl. rent-seeking-Aktivitäten vornehmen zu können.

Mit der vorgenommenen Definition anzulegender Kriterien für die (vertikale) Verteilung staatlicher Kompetenzen wird zugleich deutlich, dass die ökonomische Theorie des Föderalismus hier als Grundlage eines evolutorisch verstandenen wettbewerblichen Mehr-Ebenen-Systems anzusehen ist. Ausgangspunkt muss eine verlässliche Rechtsordnung mit verbindlichen formellen und informellen Regeln sein. Damit ist zugleich der entscheidende Parameter für die Funktionsfähigkeit festgelegt. Eine eindeutige Kompetenzverteilung, die folglich die erlaubten Aktionsparameter aller Wettbewerber bestimmt, d.h. eine Ausgangssituation, mit den durch die jeweilige Jurisdiktionsebene zu erfüllenden Aufgaben. Zugleich werden den Gebietskörperschaften durch die Möglichkeit einer Übernahme zusätzlicher bzw. Ablegung bisheriger Aufgaben weitere Interaktionsräume erschlossen und mit der einhergehenden Ausgabenkompetenz die Voraussetzung geschaffen, Hypothesen zu testen. Daher kann und muss ein evolutorisches Konzept des interkommunalen Wettbewerbs keine „neuen" Kriterien für eine vertikale Kompetenzzuordnung benennen, da es erst an einer so definierten Ordnung ansetzt, diese weiterentwickelt und an Rahmenbedingungen dynamisch anpasst. Die Regeln eines übergeordneten institutionellen Rahmens im Sinne einer Wettbewerbsordnung können darauf aufbauend konstituiert werden, als Verhaltensmaßstäbe innerhalb eines vorgegebenen, aber zugleich weiterzuentwickelnden Ordnungsrahmens. Sämtliche Restriktionen, die mittels einer solchen Rechtsordnung gesetzt werden, müssen partiell wandel- und ergänzbar sein. Damit wird nochmals deutlich, dass einer Forderung zur Verankerung abgeschlossener Kompetenzkataloge im Grundgesetz unter keinen Umständen zu folgen ist, da eine fixierte Rechtsordnung die notwendige Voraussetzung eines evolutorischen Wettbewerbs – die Offenheit des (Regel-)Systems – per Definition ausschließt.

1.2 Fokussierung auf unternehmerische Zentralfaktoren

Im folgenden wird die relative Bewertung der Vorteilhaftigkeit einer Zuordnung bestimmter Leistungsangebote der Gebietskörperschaften auf die Aufgaben beschränkt, die zugleich aus Sicht der Unternehmen bedeutende Standortfaktoren darstellen: Die Verfügbarkeit qualifizierter Arbeitskräfte (Ausbildung), die Verkehrsinfrastruktur und die regionale Wirtschaftsförderung.

1.2.1 Verfügbarkeit qualifizierter Arbeitskräfte (Ausbildung)

Schulen werden i.A. nur von der örtlichen Bevölkerung in Anspruch genommen. Hinsichtlich des ersten Kriteriums – der Ausschließbarkeit – bleibt festzuhalten, dass eine Inanspruchnahme der Leistung von „Nichtberechtigten" durch direkten Ausschluss unterbunden werden kann. Die Grenzkosten der Nutzung (Rivalität) betragen zunächst null. Überschreitet die Nutzerzahl eine bestimmte Grenze (Schüler/Klasse), treten Nutzeneinbußen in Form einer verschlechterten Ausbildung auf[584]. Sofern die Qualität der Bildung konstant gehalten werden soll, ist eine Kapazitätsausdehnung i.V.m. sprungfixen Kosten und somit steigenden Bereitstellungskosten vorzunehmen. Rivalität in der Nutzung ist demzufolge festzustellen. Damit kann Ausbildung grundsätzlich als Privatgut eingestuft werden. Aufgrund der Schulpflicht in Deutschland liegt in diesem Bereich aus (gesellschafts-)politischen Gründen jedoch Nicht-Ausschließbarkeit vor, so dass die schulische Ausbildung abweichend von der grundsätzlichen Einstufung als Allmendegut zu charakterisieren ist, da gleichzeitig die Rivalität bestehen bleibt.

Die Kosten der Bereitstellung von Ausbildung für die Gebietskörperschaften – hier Kommunen – gilt es zu differenzieren: Bei den Administrationskosten ist davon auszugehen, dass die Verwaltungskosten (Sach- und Personalkosten) im Vergleich zu einer zentralen Bereitstellung nicht steigen. Obwohl zunächst der Verlust von Größenvorteilen i.Z. mit der Bereitstellung von Sachmitteln[585] erwogen werden könnte, bleibt im Gegenzug darauf hinzuweisen, dass ohne diese Ausschließlichkeitsbindungen die örtlichen Gegebenheiten besser Berücksichtigung finden können[586]. Auch im Bereich der Durchführungskosten ist mit einem Anstieg der Kosten zu rechnen. Hinsichtlich der Präferenzerhebungskosten wird grundsätzlich davon ausgegangen, daß diese bei untergeordneten Gebietskörperschaften geringer sind als bei großen[587]. Bei der Präferenzer-

---

[584] Siehe hierzu bspw.: LT-Rheinland-Pfalz (Hrsg.), LT-Drucks. 11/446.

[585] Hiermit sind insbesondere (Preis-)Vorteile bei der Beschaffung aufgrund ausschließlicher Vertragsbindungen von Bundesländern mit einzelnen Händlern gemeint.

[586] Hierbei sei auf die direkte Verhandlung mit örtlichen Unternehmen hinzuweisen: Die Inanspruchnahme von Rabatten, Sonderkonditionen und -angeboten können die Sachmittelkosten erheblich senken.

[587] Siehe: Sauerland, Dirk, Föderalismus zwischen Freiheit und Effizienz, a.a.O., Seite 168.

hebung und der Offenbarung individueller Präferenzen kann auf bereits existierende Mechanismen zurückgegriffen werden. So findet vielfach eine Spezialisierung der Schulen ab einer bestimmten Jahrgangsstufe[588] statt – beispielsweise informationstechnisch, naturwissenschaftlich oder sprachlich. Neben einer umfassend zu garantierenden Grundausbildung ist in Zukunft diese Schwerpunktsetzung gezielt auszubauen. Durch Annahme bzw. Ablehnung bestimmter Konstellationen wird ein Offenbarungsmechanismus und zugleich ein Innovations- und Suchprozess in Gang gesetzt, der sich an den vom Arbeitsmarkt geforderten Qualifikationen orientiert. Die verstärkte Spezialisierung der weiterführenden Schulen bedeutet für das Angebot an qualifizierten Arbeitskräften einen Wandel. Einerseits kann auf eventuell auftretende Anforderungen von Seiten der Unternehmen kurzfristig mit zusätzlichen Angeboten reagiert werden. Andererseits kann eine hoch spezialisierte Ausbildungsstätte zu einem relevanten Faktor im Standortentscheidungsprozeß der Unternehmen werden[589]. Dies kann bedeuten, dass sich im Umkreis dieser Institution Betriebe einer bestimmten Branche ansiedeln, sich hieraus wiederum Arbeitsplatzeffekte für die Kommune ergeben und sich der Standort zu einem Wissenspool bestimmter Fachrichtungen entwickelt[590]. Folglich können auch in diesem Bereich Innovations-Imitations-Prozesse in Gang gesetzt werden und zu einer Vielfalt des Wissens innerhalb eines notwendigen einheitlichen Rahmens im Bildungssektor, der die breite Ausbildung garantiert, führen.

Im Vergleich zur derzeitigen Situation ist gleichfalls nicht mit einem Anstieg der Koordinierungskosten zu rechnen. Die Kultusministerkonferenz sollte nach wie vor die allgemeinen Standards für das gesamte Schulwesen festlegen. Hierunter ist insbesondere der Bereich der „Allgemeinbildung" zu verstehen, aber ebenso die Vermittlung der Fähigkeit, in abstrakten Zusammenhängen zu denken. Eine darüber hinaus gehende Koordinierung ist nicht erforderlich. Da eine direkte Äquivalenzfinanzierung der Schulnutzung nicht zur Disposition steht, ist eine Finanzierung auf Basis des Interessenausgleichprinzips durch die Einwohner der jeweiligen Kommune zu befürworten. In diesem Zusammenhang ist hinsichtlich der Betrachtung externer Effekte zwischen Grundschulen und weiterführenden Schulen zu differenzieren. Das Auftreten von spill-overs i.Z. mit Grundschulen kann i.d.R verneint werden. Bei weiterführenden Schulen muss in die Betrachtung einbezogen werden, dass eine ausschließliche Nutzung durch nur eine Kommune eine kostendeckende Bereitstellung vielfach nicht garantieren kann. Statt dessen ist eine Zusammenarbeit zwischen Kommunen (Kooperationshoheit) mit einer gemeinsamen Finanzierung auf Basis des Interessenausgleichprinzips vorstellbar.

---

[588] Zum Teil bereits ab der 5. Klasse – spätestens jedoch mit Eintritt in die Oberstufe.

[589] Die ebenfalls wählbare Alternative zur Spezialisierung bleibt der verstärkte Ausbau der Allgemeinbildung bzw. Generalisierung.

[590] Dies gilt – wie noch zu zeigen sein wird – wesentlich stärker für Hochschuleinrichtungen.

Eine Äquivalenzfinanzierung im Bereich des Hochschulwesens mittels Studiengebühren wird derzeit diskutiert[591]. Zur Zeit werden allerdings die laufenden Kosten von den Ländern getragen (allgemeine Steuerfinanzierung), die die Verwaltungskompetenz besitzen. Damit liegt auch in diesem Bereich derzeit Rivalität (aufgrund kapazitätsbedingter Nutzungseinbußen) und politisch bestimmte Nicht-Ausschließbarkeit[592] vor.

Die Verflechtungen der Gebietskörperschaften im Bereich der Hochschulen sind vielfältig. Das Hochschulrahmengesetz und die speziellen Hochschulgesetze werden als Rahmenvorschriften durch den Bund (Art. 75 Abs. 1 Nr. 1 a GG) erlassen. Die Personalkosten werden wiederum von den Ländern finanziert. Der Bau von Hochschulen dagegen fällt unter die Gemeinschaftsaufgaben gem. Art. 91 a Abs. 1 Nr. 1 GG. Die Trennung dieser Aufgaben führt nicht zu einer Kostensenkung, stattdessen ist von einer eher leicht steigenden Kostenentwicklung aufgrund höherer Koordinationskosten auszugehen.

Derzeit wird die Beteiligung des Bundes an den Aufgaben des Hochschulwesens und die Subventionierung der Ausbildung durch vollständige Steuerfinanzierung noch mit der Existenz externer Effekte begründet. Nutzen-Spillover treten durch die hohe Mobilität der Studenten auf, die nach erfolgreicher Ausbildung in andere Bundesländer abwandern. Sofern eine Übertragung der Bundesaufgaben auf die Länder diskutiert wird, werden andere Ausgleichsmaßnahmen – „spezifische Zahlungen in der Höhe der durch einen zusätzlichen Studenten ausgelösten zusätzlichen Kosten an die Länder der Hochschulstandorte"[593] – gefordert. Allerdings stellt sich wiederum das Bestimmungsproblem, die „zusätzlichen Kosten" eines Studenten festzustellen. Hier zeigt sich ebenso wie i.Z. mit externen Effekten schulischer Ausbildungsstätten die ausschließlich auf die finanziellen Ausgleichsmechanismen orientierte Sichtweise. Es kann nicht nur darum gehen, die direkten Wirkungen – d.h. Kosten – zu betrachten. Wesentlich sind die begleitenden Effekte. Qualifizierte Arbeitskräfte (Qualifikationsfunktion der Hochschulen) stellen wie bereits angeführt für viele Unter-

---

[591] Zur Prüfung einer Gebührenfinanzierung der Hochschulausbildung aus ökonomischer Sicht unter Prüfung allokativer, distributiver und meritorischer Argumente siehe: Hansjürgens, Bernd, Studiengebühren: Zwischen Effizienz und Verteilungsgerechtigkeit, a.a.O..
Dass eine Äquivalenzfinanzierung praktikabel ist, zeigt sich an der Vielzahl von privat finanzierten Hochschulen. Durch die Einführung von Studiengebühren wird das Kriterium der Ausschließbarkeit erfüllt, so dass gleichzeitig free-rider-Verhalten unterbunden wird. Derzeit gibt es Pläne – zunächst in einem Modellprojekt –, auch an staatlichen Hochschulen Studiengebühren vom ersten Semester an zu erheben. Siehe: O.V. Studiengebühren an der TU München?, in: FAZ vom 21. Mai 2002, Seite 4.

[592] In einzelnen Bereichen wird allerdings Ausschließbarkeit durch die Einführung eines Numerus clausus, d.h. einer Mengenrationierung, praktiziert.

[593] Ebenda, Seite 146.

nehmen einen bedeutenden Standortfaktor dar[594] (Abbildung 13) und können zur Ansiedlung entsprechender Betriebe mit direkten[595] und indirekten[596] Beschäftigungseffekten führen[597] und so Kaufkraft in der Kommune bzw. Region binden. Zugleich erfolgen (branchenabhängig) Unternehmensgründungen, die Forschungsergebnisse aus Hochschultätigkeiten umsetzen, häufig in der unmittelbaren Nähe der entsprechenden Hochschule. Die räumliche Nähe zu Hochschulen zeigt „einen positiven Einfluss auf die regionalen Innovationsaktivitäten von Unternehmen"[598], bspw. durch die vielfach auschließlich mögliche face-to-face Diffusion von spezifischem (Fach-)Wissen.

---

[594] 55,2 % der befragten Unternehmen einer Erhebung im IHK Bezirk Oberpfalz stuften die Universität Regensburg als wichtig oder sehr wichtig zur Gewinnung qualifizierter Arbeitskräfte ein. Im Raum Regensburg betrug die Anzahl sogar 80,6 %.
Siehe: Beißinger, Thomas/Büsse, Oliver/Möller, Joachim, Die Wechselbeziehung von Universität und Wirtschaft in einer dynamischen Region – eine Untersuchung am Beispiel der Universität Regensburg, in: Braun, Gerald/Voigt, Eva (Hrsg.), Regionale Innovationspotentiale von Universitäten, Rostock 2000, Seite 41 – 65, hier: Seite 50 und Beißinger, Thomas/Büsse, Oliver, Qualifikation, Innovation und Kooperation, in: Möller, Joachim/Oberhofer, Walter (Hrsg.), a.a.O., Seite 180 – 223, hier: Seite 207.
Siehe für Call-Center: Bauer, Claus, a.a.O., Seite 103.

[595] Direkte (Beschäftigungs-)Effekte ergeben sich ausschließlich in dem Sektor, dem die Universität zuzuordnen ist. In Regensburg konnten 1998 3.740 zusätzliche Arbeitsplätze (direkte Effekte) nachgewiesen werden.
Siehe: Haupt, Harry/Oberhofer, Walter, Regionaler Wirtschaftsfaktor Universität – Die andere Seite der Ausbildungs- und Forschungseinrichtung am Beispiel der Universität Regensburg 1995 bis 1998, in: Braun, Gerald/Voigt, Eva (Hrsg.), a.a.O., Seite 67 – 83, hier: Seite 77.
In Greifswald sind alleine 1.833 Arbeitsplätze direkt auf die Universität zurückzuführen.
Siehe: Hecht, Martin, Innovationspotentiale der Region – Die regionalwirtschaftliche Bedeutung der Universität Greifswald, in: Braun, Gerald/Voigt, Eva (Hrsg.), a.a.O., Seite 135 – 150, hier: Seite 138.

[596] Zusätzlich neben den direkten Beschäftigungseffekten werden weitere durch ausgabeninduzierte Produktions- bzw. Umsatzsteigerungen hervorgerufene Arbeitsplätze geschaffen. In Regensburg konnten 1998 insgesamt 1.684 Arbeitsplätze nachgewiesen werden.
Siehe: Haupt, Harry/Oberhofer, Walter, a.a.O., hier: Seite 77 f und Oberhofer, Walter, Die Universität als Wirtschaftsfaktor, in: Möller, Joachim/Oberhofer, Walter (Hrsg.), Universität und Region, Regensburg 1997, Seite 95 –132, hier: Seite 125.
In Bielefeld sind schätzungsweise 6.000 Arbeitsplätze (d.h. 4 % aller Arbeitsplätze) auf die Existenz der Universität zurückzuführen.
Siehe: Niermann, Ute/Niermann, Stefan, Die Universität als Wirtschaftsfaktor, in: Braun, Gerald/Voigt, Eva (Hrsg.), a.a.O., Seite 85 – 104, hier: Seite102.
In der Region Ilmenau sind alleine im Jahre 1993 über 500 Folgearbeitsplätze durch die Universität entstanden.
Siehe: Voigt, Eva, Zum endogenen Potential regionaler Wirtschaftsentwicklung anhand der Entwicklung der Technischen Universität Ilmenau, in: Braun, Gerald/Voigt, Eva (Hrsg.), a.a.O., Seite 105 – 134, hier: Seite 113.

[597] Siehe: Bauer, Elisabeth-Maria, Die Hochschule als Wirtschaftsfaktor, Diss. Universität München 1997, Regensburg 1997, Seite 140 f.

[598] Pfähler, Wilhelm u.a., Wirtschaftsfaktor Bildung und Wissenschaft, Frankfurt 1999, Seite 115.

Die Wettbewerbsvorteile von Unternehmen liegen zunehmend im regionalen Bereich, „in Kenntnissen, Fähigkeiten, in Beziehungen und Motivationen, die räumlich entfernte Konkurrenten nicht aufbringen können"[599]. Die daraus resultierende Anreizstruktur, die sich an vermuteten zukünftigen privaten externen Effekten orientiert, kann „die Universität zu einer Quelle regionaler Innovationsaktivitäten und innovationsorientierter Unternehmensgründungen im besonderen werden"[600] lassen. Daraus folgend kann eine Hochschule auch wesentlicher Bestandteil des Image einer Stadt bzw. Region sein und damit eine bedeutende Außenwirkung produzieren, die potentielle Investoren wahrnehmen und folglich diesen Standort im Rahmen des Standortentscheidungsprozesses überhaupt erst als Standortalternative erkennen und miteinbeziehen. Die Hochschule wird selbst zu einem Standortfaktor.

In der Status-quo orientierten Diskussion um Ausgleichszahlung für mobile Studenten wird folglich ein falscher Referenzpunkt gewählt. Die Nutzenfunktionen der Gebietskörperschaften beschränken sich auf in Geldbeträgen quantifizierbare Gewinne und Verluste zur Ist-Situation. Die ausschließliche Betrachtung von (finanziellen) Belastungsänderungen einzelner isolierter Bereiche führt zur Verdrängung der eigentlich entscheidenden Diskussion um das anzustrebende Belastungsniveau, sowohl aufgabenbezogen als auch insbesondere aus einer Gesamtperspektive. Gleichzeitig wird eine Verlust-Aversion deutlich. Eventuell auftretende finanzielle Mehrbelastungen werden wesentlich höher bewertet als die Gewinnung potentieller Gestaltungsspielräume und v.a. positiver finanzieller Effekte in anderen Bereichen.

Die Trennung einzelner Aufgaben im Hochschulbereich ist rückgängig zu machen und ausschließlich einer föderalen Ebene – den Ländern – zu übertragen[601]. Das Hauptargument der Existenz externer Effekte ist isoliert gesehen und aus subjektiver Sicht teilweise zutreffend, benötigt in seiner Konsequenz aber keinen „Oberkoordinator" – weder im Hochschulbau noch in anderen Bereichen – und schon gar nicht finanzielle Ausgleichsmechanismen.

Als Grundvoraussetzung für eine Funktionsfähigkeit eines auf diesem Weg induzierten Bildungswettbewerbs muss die gegenseitige Anerkennung der jeweiligen Bildungsinhalte bzw. Abschlüsse sein, d.h. dem Ursprungslandprinzip[602] muss nicht nur auf europäischer Ebene zur Herstellung der Grundfrei-

---

[599] Porter, Michael E., Unternehmen können von regionaler Vernetzung profitieren, in: Harvard Business Manager 1999, Seite 51.

[600] Voigt, Eva, Regionale Wissen-Spillovers Technischer Hochschulen, in: RuR 1998, Seite 27 – 35, hier: Seite 34.

[601] Siehe auch: Bertelsmann-Kommission „Verfassungspolitik & Regierungsfähigkeit" (Hrsg.), a.a.O., Seite 31 f.

[602] Siehe: Gerken, Lüder, Ursprungslandprinzip, Wettbewerb der Staaten und Freiheit, in: ORDO 1999, Seite 405 – 430; Siebert, Horst, Ein Regelwerk für eine zusammen-

222

heiten, sondern auch im interkommunalen Wettbewerb umfassende Gültigkeit verschafft werden. Nur auf diesem Wege kann eine Behinderung bzw. Unterbindung grenzüberschreitender (Faktor-)Wanderungen durch die individuelle Interessenverfolgung von politischen Akteuren unterbunden werden, die insbesondere ihre kommunale (Wähler-)Klientel bevorteilen versuchen.

1.2.2 Verkehrsinfrastruktur

Die günstige Verkehrsinfrastruktur – vorrangig die Straßenanbindung – ist eine entscheidende Grundvoraussetzung für Kommunen, Unternehmen zu attrahieren. Wie gezeigt werden konnte, gilt dieser Standortfaktor als wichtigster Standortfaktor sämtlicher Branchen (siehe Abbildung 15) und zugleich entscheidender Pull-Faktor. Eine optimale vertikale Aufteilung der Verantwortung für die Infrastruktur ist entscheidend. Die Bundesautobahnen sollten grundsätzlich dem Bund zugeordnet werden, zur Koordinierung und Sicherung einer nationalen (Netz-werk-)Grundversorgung, obwohl davon auszugehen ist, dass sich auch auf Bundesautobahnen vorrangig regionale Nutzer bewegen[603]. Die Einstufung der Verkehrsinfrastruktur kann grundsätzlich aufgrund einer möglichen Ausschließbarkeit durch Nutzungsgebühren sowie bestehender Rivalität in der Nutzung als privates Gut erfolgen. Derzeit ist in Deutschland jedoch eine Einstufung als Allmendegut vorzunehmen, da Ausschließbarkeit i.d.R. nicht vorliegt[604]. Eine Äquivalenzfinanzierung mittels Gebühren wird seit

---

wachsende Welt, in: Bertelsmann Stiftung/Heinz Nixdorf Stiftung/Ludwig-Erhard-Stiftung (Hrsg.), Fairneß im Standortwettbewerb, Gütersloh 1996, Seite 121 – 148, hier: Seite 123 und Steindorff, Ernst, Gemeinsamer Markt als Binnenmarkt, in: ZHR 1986, Seite 687 – 704, hier: Seite 689.

[603] Siehe: Beck, Martin u.a., a.a.O., Seite 147 (unveröffentlicht).

[604] Bestimmte Straßenabschnitte, Brücken und Straßentunnels werden bereits heute privatwirtschaftlich betrieben. Zu beachten sind allerdings europarechtliche Vorgaben, die eine Privatfinanzierung nur im Zuge eines Neubaus von Bundesautobahnen und Bundesstraßen, sowie mehrstreifiger Bundesstraßen mit getrennten Fahrbahnen für den Richtungsverkehr, erlauben.
Siehe: O.V., Auch deutsche Autobahnen könnten privat betrieben werden, in: FAZ vom 03. Januar 2002, Seite 4.

einiger Zeit diskutiert und findet auch bei mehr als der Hälfte der Autofahrer Zustimmung[605]. Dabei muss gewährleistet sein, dass die Einnahmen zweckgebunden eingesetzt werden[606].

Unzweifelhaft sind Kommunen, die unmittelbar an einer Autobahnabfahrt liegen aufgrund der guten Erreichbarkeit für Unternehmen zunächst als Standort attraktiver. Hieraus allerdings die Forderung nach Ausgleichszahlungen für weniger günstig gelegene Kommunen abzuleiten, erscheint fragwürdig. Wiederum wird sich ausschließlich auf einen Gesichtspunkt – Erreichbarkeit – konzentriert, nachteilige Effekte – z.B. Lärm, Umweltverschmutzung – finden keine Berücksichtigung, sicherlich nicht zuletzt aufgrund einer wesentlich schlechteren Quantifizierungsfähigkeit dieser Faktoren. Im Kalkül der Unternehmen stellt jedoch der Faktor Wohnen und Wohnumfeld den nach der Verkehrsanbindung zweitwichtigsten Standortfaktor dar (Abbildung 14). In einigen Branchen (Dienstleistungsbereich) wird der Standortfaktor Verkehrsanbindung zukünftig hinter andere Faktoren zurücktreten – bedingt durch die verstärkte Technologisierung der Medien[607]. Hier drängt insbesondere die Bedeutung qualifizierter Arbeitskräfte in den Vordergrund und das Bemühen, das Humankapital an das Unternehmen langfristig zu binden. Dabei spielen weiche personenbezogene Faktoren eine zunehmende Bedeutung. Finanzielle Zwangs-Ausgleichsmaßnahmen für ungünstig gelegene Kommunen können nicht begründet werden. Die Bewertung alternativer (Standort-)Faktoren kann ebenso wie die Einordnung externer Effekte ausschließlich anhand der subjektiven Nutzenfunktion der Individuen selbst erfolgen. Auch hier kann nichtrationales Verhalten Ursache für die Abweichung vom ökonomisch als rational eingestuften Zielzustand sein. Den Kommunen – als Vertreter der ansässigen Unternehmen und Individuen – ist daher das Recht einzuräumen, Verhandlungen mit anderen Gebietskörperschaften hinsichtlich auftretenden räumlichen und fiskalischen Externalitäten im Einzelfall zu führen (Sicherung und Stärkung der Kooperationshoheit). Sofern eine für alle Seiten subjektiv zufriedenstellende Kompensation von spill-over-

---

[605] 59 % der deutschen Autofahrer einer Umfrage der Dekra können sich eine Autobahnmaut vorstellen. Siehe: DEKRA (Hrsg.), Presseinformation vom 19. November 2001 – Autobahn-Maut auch für PKW, Stuttgart 2001 und o.V., Straßengebühren, in: FAZ vom 24. November 2001, Seite 59.
Dieser Wert wird durch eine Umfrage des Deutschen Verkehrsforums bestätigt. Demnach würden 60 % der Autofahrer eine Autobahnmaut akzeptieren.
Siehe: O.V., Private sollen mehr Fernstraßen bauen, in: FAZ vom 20. Dezember 2001, Seite 14.

[606] Die diskutierten Vorschläge reichen von Autobahnvignetten bis zu elektronischer Kilometerabrechnung. Autobahnvignetten bieten jedoch keine Orientierungsmöglichkeit an der Nutzungsintensität. Stattdessen wäre eine elektronische Abrechnung mit gestaffelten Gebührensätzen auf Basis von Ballungskosten vorzuziehen. Die (kilometergenaue) Abrechnung kann dann mittels eines im Auto angebrachten Chips erfolgen, der an Autobahnauf- und -abfahrten entsprechende Signale erhält.

[607] Siehe beispielhaft für Call-Center: Bauer, Claus, a.a.O., Seite 103 – 109.

Effekte durch Verhandlungen erreicht werden kann, sind (ggf. finanzielle) Ausgleichsleistungen i.S. eines privaten Vertrags transaktionskostensparende und anreizkompatible Lösung[608].

Land- und Kreisstraßen sind dem Land zuzuordnen. Sie stellen das Netzwerk auf Landesebene dar, welches durch einen Koordinator zu entwickeln, abzustimmen und zu pflegen ist[609]. Eine Finanzierung mittels direkter Abrechnungsverfahren wie bei Bundesautobahnen erscheint jedoch nicht zuletzt aus Kostengründen nur in Einzelfällen umsetzbar[610]. Grundsätzlich kann allerdings stärker noch als auf Ebene der Autobahnen davon ausgegangen werden, dass der Nutzerkreis regional beschränkt bleibt. Somit besteht die Möglichkeit einer Äquivalenzfinanzierung i.S. eines Interessenausgleichsprinzips.

Die (Wohn-)Straßen der Kommunen liegen im ausschließlichen Verantwortungsbereich derselben. Hier gilt es, auf die individuellen (Wohnraum-) Präferenzen der Bevölkerung Rücksicht zu nehmen. Gestaltung, Umfang des Ausbaus und Erhalt der Straßen stellen originäre Aufgaben der untersten Ebene des föderalen Systems dar. Eine übergeordnete Koordination ist nicht erforderlich. Ausschließbarkeit von der Nutzung ist gegeben, da die Möglichkeit der Schaffung von Anliegerstraßen besteht. Rivalität kann daher nur in begrenztem Maße auftreten. Daher ist eine Einordnung als Klubgut vorzunehmen, die allerdings in der Nutzung nicht prinzipiell geschlossen ist. Die Ausgestaltung einer (direkt) kostenpflichtigen bzw. kostenfreien Bereitstellung (i.S. des Interessenausgleichsprinzips) bleibt im Einzelfall zu prüfen.

Der ÖPNV ist aufgrund der Ausschließbarkeit und Rivalität in der Nutzung als Privatgut zu charakterisieren. Ein Angebot durch die Gebietskörperschaften und die derzeit stattfindende Mischfinanzierung (Art. 106 a GG) sind demzufolge grundsätzlich nicht erforderlich. Daher kann die Leistung i.S. einer markt-

---

[608] Siehe hierzu das Beispiel der Stadt Zürich: Pommerehne, Werner W./Krebs, Susanne, Fiscal Interaction of Central Cities and Suburbs: The Case of Zurich, in: Urban Studies 1991, Seite 783 – 801.

[609] Zur Sicherstellung eines Gesamtnetzwerkes aus Bundesautobahnen und Bundesstraßen ist eine Unterteilung der Bundesstraßen vorstellbar. Zum einen solche, die eine Koordination mit den Bundesautobahnen aus gesamtstaatlicher Perspektive ergänzen, zum anderen landesspezifische Bundesstraßen, die das Landesnetzwerk im engeren Sinne darstellen.

[610] Diese Einschätzung kann in einigen Jahren nicht mehr zutreffen: Sofern die Technologisierung bspw. eine direkte Abrechnung gefahrener Kilometer via Satellit mit Zurechnung der abzubuchenden Geldeinheit zur entsprechenden Gebietskörperschaft ermöglicht, ist auch in diesem Bereich eine direkte Abrechnung i.S. eines kostenpflichtig bereitzustellenden Kollektivgutes vornehmbar.

mäßigen Äquivalenz entsprechend dem Preismechanismus auf privaten Märkten abgerechnet werden. Daraus resultiert gleichzeitig die Forderung der Realisierung einer Marktlösung, d.h. einer Privatisierung[611].

1.2.3 Wirtschaftsförderung

1.2.3.1 Regionale Wirtschaftsförderung als Gemeinschaftsaufgabe

Gemäß Art. 91 a GG handelt es sich bei der Aufgabe einer Verbesserung der regionalen Wirtschaftsstruktur um eine Gemeinschaftsaufgabe. Hintergrund ist das Bestreben des Bundes, gleichwertige Lebensverhältnisse in allen Regionen zu schaffen. Durch die Anpassung von (potentiellen) Entwicklungsbedingungen sollen insbesondere Abwanderungen von Haushalten und Unternehmen aus „strukturschwachen" Gebieten unterbunden werden. Damit stehen die von der Bundesebene verfolgten Ziele im Widerspruch zum Wettbewerb zwischen Gebietskörperschaften, der insbesondere die Mobilität aller Faktoren hervorhebt und deren Position zu stärken beabsichtigt. Das Preissystem erfährt eine staatlich gesteuerte Beeinträchtigung.

Neben der Möglichkeit, dass Anliegen von Kommunen im Rahmen der Gemeinschaftsaufgaben erfüllt werden oder die Gemeinden selbst Empfänger von Fördermitteln werden, können Maßnahmen der Kommunen, die sie aus eigenen Mitteln finanzieren, gemeinschaftlichen, d.h. übergeordneten Zielen entgegenlaufen. Grundsätzlich gilt, dass die Kommunen im Rahmen ihrer Selbstverwaltung Aufgaben, die sie selbst finanzieren, auch eigenverantwortlich und unabhängig von den übergeordneten Ebenen durchführen können[612]. Sofern jedoch kommunale Aktivitäten bundesstaatliche Ziele konterkarieren, sind die Kommunen als Bestandteil der Länder verpflichtet, den Grundsatz der Bundestreue zu berücksichtigen. Dies bedeutet, dass eigene Maßnahmen sich stets an den Zielen des Bundes messen lassen und gleichzeitig dagegen bestehen müssen. Daraus folgend ist von den Kommunen beispielsweise zu gewährleisten, dass durch eigene Fördermaßnahmen (im Rahmen der kommunalen Selbstverwaltung) keine Unternehmen, Haushalte bzw. Produktionsfaktoren aus Regionen „abgeworben" werden, die eine Förderung im Rahmen der Gemeinschaftsaufgabe des Art. 91 a GG erfahren. Die Beachtung dieser Norm ist jedoch zu bezweifeln.

---

[611] Siehe hierzu auch Kapitel VII.1.2.3.3, in dem Gründe für zumindest einen teilweisen Verbleib des ÖPNV im kommunalen Leistungsangebot unter privatwirtschaftlicher Konkurrenz dargelegt werden.

[612] Siehe hierzu: Schmidt-Jortzig, Edzard, Rechtsfragen der interkommunalen Konkurrenz. Rücksichtnahme und Kooperation auf dem Gebiet der Wirtschaftsförderung, in: Ehlers, Dirk (Hrsg.), Kommunale Wirtschaftsförderung, Köln u.a. 1990, Seite 193 – 203, hier: Seite 194.

1.2.3.2 Wirtschaftsförderung durch die Kommunen

Im Zusammenhang mit Anreizen für Unternehmen, eine Ansiedlung bzw. den Verbleib in einer Kommune durchzuführen, kann zwischen der sogenannten indirekten und der direkten Wirtschaftsförderung differenziert werden. Während die indirekte Wirtschaftsförderung dem unternehmerischen Standortentscheidungsprozeß vorgelagert ist und versucht, durch allgemein wirksame Maßnahmen (z.B. Ausbau der Infrastruktur) die Standortbedingungen zu verbessern[613], richtet sich die direkte Wirtschaftsförderung unmittelbar an ein bestimmtes Wirtschaftssubjekt und umfasst bspw. neben der Gewährung verbilligter Darlehen, die Übernahme von Bürgschaften und bestimmter Kosten, den Erlass und die Stundung von Abgaben, Gebühren und Steuern und die verbilligte Veräußerung von Grundstücken[614].

Die Maßnahmen der direkten Wirtschaftsförderung werden sowohl unter kommunal- als auch unter wirtschaftspolitischen Gesichtspunkten als unzulässig bzw. rechtlich bedenklich eingestuft[615]. Bei direkten Fördermaßnahmen besteht die Gefahr, dass ein Subventionswettlauf einsetzt. Immer mehr Gemeinden konkurrieren um ein Unternehmen, welches seinen Standort wechseln will. Daher wächst auch die Bereitschaft, höhere Fördermittel zu gewähren, um durch eine bestimmte Anzahl von Ansiedlungen einen Erfolg der Kommunalpolitik vorweisen zu können. Vielfach wird die Gewährung von Subventionen – auch an Unternehmen mit Liquiditätsproblemen – damit begründet, dass Arbeitsplätze geschaffen bzw. gesichert werden. Dabei hemmt jedoch die Wirtschaftsförderung, die versucht, ineffiziente oder instabile Produktionsstrukturen - z.B. aus arbeitspolitischen Gründen - am Leben zu erhalten, ohne die Schaffung neuer Produkte und Produktionsstrukturen zu unterstützen, zum einen die Wirtschaftskraft der Kommune, die langfristig von zukunfträchtigen Entwicklungen abhängt. Zum anderen werden Mittel gebunden, die für neue Strukturen, innovative Unternehmen oder allgemein für die Entwicklung der Kommune dringend benötigt werden. „Die Konservierung veralteter Strukturen verschiebt

---

[613] Maßnahmen der indirekten Wirtschaftsförderung sind beispielsweise die Bodenbevorratungs- und die Infrastrukturpolitik.

[614] Siehe bspw.: Grosse Siemer, Stephan, Die kommunale Wirtschaftsförderung und die Regionalpolitik der Europäischen Gemeinschaften, Diss. Universität Osnabrück 1992, Köln u.a. 1993, Seite 16 - 20.
Innerhalb einer 1993 durchgeführten Untersuchung in Ostdeutschland gaben von 162 befragten Städten 38,6 % an, kommunale Bürgschaften zu geben, 37,3 % gewähren die Stundung öffentlicher Abgaben und 8,1 % vergeben öffentliche Darlehen.
Siehe: Kühn, Gerd/Floeting, Holger, Kommunale Wirtschaftsförderung in Ostdeutschland, Berlin 1995, Seite 117.
Besonders kritisch ist an dieser Stelle nochmals hervorzuheben, dass die Maßnahmen der direkten Wirtschaftsförderung i.d.R. intransparent für alle anderen Unternehmen sind.

[615] Siehe: Stauder, Jochen, Möglichkeiten und Grenzen kommunaler Wirtschaftsförderung, Sankt Augustin 1994, Seite 4 (unveröffentlicht).

lediglich die unausweichlichen Anpassungsprozesse und macht diese dann schmerzlich und teuer"[616]. Subventionswettläufe werden allerdings von einer Vielzahl von Kommunen praktiziert. Daher werden die Wirkungen der Subventionen neutralisiert[617]. Zudem existiert die Gefahr, dass immer mehr Unternehmen die Kommunen gegenseitig ausspielen und Fördermaßnahmen angenommen werden, obwohl diese bei der Entscheidung für oder gegen einen Standort nur marginale Bedeutung besitzen (Mitnahmeeffekte)[618]. Gleichzeitig wird durch die Übernahme von Darlehen und Bürgschaften das Risiko der Kommune und insbesondere das unternehmerische Risiko auf die Allgemeinheit übertragen[619]. Ebenso ist gegen die direkte Förderung anzuführen, dass die von den Kommunen eingesetzten finanziellen Ressourcen von der Allgemeinheit erhoben werden und an anderer Stelle im Haushalt fehlen. Daher sind die Opportunitätskosten mit in die Berechnung des Nutzens einer gezahlten Subvention einzubeziehen.

Kurzfristige Erfolge in der Arbeitsmarktpolitik lassen sich besser den verantwortlichen Politikern zurechnen als langfristige und werden auch von der Bevölkerung durch ihren oft spektakulären Charakter wahrgenommen; ob dies mittel- bis langfristig zu einer Entspannung auf dem Arbeitsmarkt führt, zeigt sich aber erst, wenn die Subventionszahlungen eingestellt werden. Dann müssen die Unternehmen ihre vorherige Entscheidung - diesen Standort als optimalen Standort anzusehen - erneut überdenken[620].

1.2.3.3 Wirtschaftsförderung als kommunales Marketing

Sowohl Ausschließbarkeit als auch Rivalität zwischen den Begünstigten der Förderung ist ohne Zweifel beim Standortfaktor Wirtschaftsförderung vorzufinden. Hinsichtlich der Kosten für die Gewährung von Wirtschaftsfördermaßnahmen kann grundsätzlich sowohl im Hinblick auf die Administrations- als auch auf die Koordinationskosten bei ausschließlich bundesstaatlicher Förderung mit einem Absinken der Kosten gerechnet werden. Einschränkend ist anzuführen, dass „regionalspezifische Besonderheiten" tendenziell keine Berücksichtigung finden, da eine so gestaltete Wirtschaftsförderung vielmehr gesamt-

---

[616] Ebenda, a.a.O., Seite 19.

[617] Siehe: Ebenda, Seite 4.

[618] Siehe bspw.: Dietrich, Vera u.a., Ansiedlungsförderung als Strategie der Regionalpolitik, Baden Baden 1998, Seite 100 f.
Siehe auch: Sauerland, Dirk, Föderalismus zwischen Freiheit und Effizienz, a.a.O., Seite 128 – 130.

[619] Siehe: Orlitsch, Georg/Pfeifer, Manfred, Wirtschaftsförderung durch die Kommunen, in: Iglhaut, Josef (Hrsg.), Wirtschaftsstandort Deutschland, Wiesbaden 1994, Seite 112 – 121, hier: Seite 118 f.

[620] Siehe ebenfalls: Pieper, Markus, Das interregionale Standortwahlverhalten der Industrie in Deutschland, Diss. Universität Hannover 1994, Göttingen 1994, Seite 229.

staatliche Ziele – insbesondere Konjunktur und Wachstumsziele und die Herstellung der Gleichwertigkeit der Lebensverhältnisse – in den Mittelpunkt rückt.
„Regionale Wissensvorsprünge" finden keine Beachtung. Während die Durchführungskosten sowohl auf bundesstaatlicher als auch auf kommunaler Ebene
tendenziell gleich bleiben, kann aufgrund einer möglichen Standardisierung
durch die Orientierung an den genannten bundesstaatlichen Zielen mit einer
Senkung der Verwaltungskosten bei einem zentralen Angebot gerechnet werden.
Dennoch bleibt die Frage ungeklärt, welche positiven Effekte einer punktuellen
kommunalen Wirtschaftsförderung bei einem zentralen Angebot verloren gehen.
Daher sollte eine Beurteilung, ob die Kosten der Administration und Koordination sinken oder steigen, ausschließlich unter relativem Blickwinkel erfolgen,
um hier die Effizienz einzelner wesentlich zielgerichteter Maßnahmen besser
beurteilen zu können.

Doch wie lassen sich die Effekte bspw. einer Betriebsansiedlung im Zusammen-
hang mit Wirtschaftsfördermaßnahmen isolieren und unter ökonomischen Maßstäben bewerten? Sollte nicht vielmehr die Wirtschaftsförderung auch als
Marketing-Maßnahme verstanden werden[621] ähnlich wie auf Gütermärkten?
Dort sind Maßnahmen zur Positionierung des Produktes selbstverständlich.
Werbemaßnahmen, Preisnachlässe und Sonderkonditionen sind hier allgegen-
wärtig. Wird die Wirtschaftsförderung als ganzheitliches Verkaufskonzept des
Standortes i.S. des Stadtmarketing-Gedankens interpretiert, tritt die Kommune
verstärkt in eine Moderatoren- und Koordinatorenfunktion sowohl für Unter-
nehmen als auch für Interessenverbände, Institutionen und Organisationen[622].
Damit übernimmt sie zugleich verstärkt die Rolle eines Konflikt- und Problem-
lösers.

Die Bedingungen für eine solche kommunale Verkaufsförderung sind genauer
zu spezifizieren. Insbesondere Maßnahmen, die direkt gegen andere Gebiets-

---

[621] Die umfassende Integration der kommunalen Wirtschaftsförderung in das Stadtmarketing
soll an dieser Stelle hervorgehoben werden. Unter Stadtmarketing wird ein langfristig ausgerichteter Prozess verstanden, der sowohl räumlich als auch inhaltlich eine umfassende
Marketingstrategie für eine Stadt darstellt. Um eine Kommune für Zielgruppen attraktiver
zu gestalten und bestimmte Austauschverhältnisse zu bewirken, beinhaltet Stadtmarketing
die Aktivierung und Koordination des endogenen Entwicklungspotentials. Damit dieses
umfassende Marketing-Konzept eine strategische und taktische Hilfe für die Stadt-
entwicklungspolitik darstellt, ist ein ganzheitlicher Denkansatz erforderlich, wobei
sämtliche heterogenen Interessengruppen einer Stadt unter Beachtung der stadtindivi-
duellen Situation in einem institutionalisierten und integrativen Verfahren zu kooperativem
Handeln veranlasst werden müssen. Somit stellt Stadtmarketing ein Instrument zur
Kommunikation, Kooperation und Koordination der Stadt dar.
Grundlegend zum Begriff des Stadtmarketings: Meffert, Heribert, Städtemarketing –
Pflicht öder Kür?, in: planung und analyse 1989, Seite 273 – 280.
[622] Siehe auch: O.V., Leipziger Resolution für die Stadt der Zukunft, o.O. 2001, Seite 7 (un-
veröffentlicht).

körperschaften gerichtet sind (Behinderungsstrategien), sollten unterbunden werden. Gleichzeitig sind Maßnahmen zur politischen Kontrolle zu implementieren. Dabei ist zu prüfen, ob Begrenzungen hinsichtlich der Maßnahmen der direkten Wirtschaftsförderung vorzunehmen sind. Zwar stellen auch Maßnahmen der indirekten Wirtschaftsförderung eine Bevorzugung bestimmter Regionen, Betriebe bzw. Betriebsformen oder Branchen dar. Entgegen der direkten Wirtschaftsförderung werden allerdings geleistete Aufwendungen finanzieller Art sichtbar, bspw. durch die Verbesserung der Infrastruktur ausschließlich eines Gebietes oder durch die spezielle Ausrichtung kommunaler Leistungen an bestimmten Branchen. So kann z.B. die Bereitstellung des ÖPNV durchaus als indirekte Wirtschaftsförderungsmaßnahme eingestuft werden, da eine Verbesserung der Infrastruktur stattfindet, ohne dass eine isolierte, d.h. direkte Förderung einzelner Betriebe vorgenommen wird.

Die durch die indirekte Wirtschaftsförderung erheblich verbesserte Transparenz erlaubt eine wesentlich zielgenauere Beurteilung und Sanktionierung gegenüber den Maßnahmen der direkten Wirtschaftsförderung, die i.d.R. öffentlich nicht bekannt und daher nicht sanktionierbar sind. Folglich besteht bei letzteren eine erhöhte Gefahr, dass eine am Eigennutzaxiom des politischen Akteurs orientierte Bevorzugung von Wählerklientel die politischen Prozesse und Entscheidungen bestimmt.

Die Rückführung der Gemeinschaftsaufgabe „Verbesserung der regionalen Wirtschaftsstruktur" zur ausschließlich kommunalen Aufgabe würde nicht dem Ziel der Gleichwertigkeit der Lebensverhältnisse widersprechen. Dennoch erscheint ein völliges Abschaffen der Wirkungsmöglichkeiten des Bundes aufgrund seiner weitergehenden Aufgaben bzw. Ziele als nicht empfehlenswert. Die Ausgestaltung eventuell vom Bund vorzunehmender Fördermaßnahmen, der Wirkungskreis, Umfang und die Abgrenzung zur kommunalen Wirtschaftsförderung muss dann jedoch trennscharf erfolgen, transparent sein und sich auf allgemeine Maßnahmen zur Verbesserung von Konjunktur und Wachstum beschränken. Punktuelle Beeinträchtigungen des kommunalen Preissystems aufgrund von bundesstaatlichen Projekten sind zu minimieren. Sofern übergeordnete bundesstaatliche (einheitsbegründende) Ziele jedoch eine Förderung rechtfertigen, können diese Ziele vorrangige Berücksichtigung in der Beurteilung der Maßnahme finden.

Daher bleibt an dieser Stelle festzuhalten, dass eine vollständige Trennung der Aufgaben im Bereich der Wirtschaftsförderung anzustreben ist, jedoch nicht trennscharf praktiziert werden kann. Grundsätzlich sollten die Maßnahmen der Gemeinschaftsaufgabe „Verbesserung der regionalen Wirtschaftsstruktur" in den Kompetenzbereich der Kommunen überführt werden. Die Kommunen sind durch entsprechende Finanzmittel in die Lage zu versetzen, die Maßnahmen der bisherigen Gemeinschaftsaufgabe in eigener Verantwortung aus eigenen Mitteln durchzuführen – nicht zuletzt, weil die geförderten Maßnahmen vorrangig kommunale Einrichtungen, Infrastruktur oder Beschäftigungsinitiativen betreffen. Die durch Einschränkung bzw. Abschaffung der Mischfinanzierung frei werdenden Gelder, sind durch Verschiebungen in der Steuerverteilung zugunsten der Kommunen umzuleiten. Dagegen muss der Bund das im Fall der in Anspruchnahme begründungspflichtige Ausnahmerecht behalten, zur Erreichung einheitsbegründender Ziele Fördermaßnahmen zu gewähren.

1.3 Eindeutige Aufgabenkompetenz

Die betrachteten Aufgaben wurden stellvertretend für alle Aufgaben von Bund, Ländern und Kommunen hervorgehoben. Sie stellen für Unternehmen bedeutende Standortfaktoren dar. Für eine effiziente Aufgabenerfüllung gilt es, eine den Anforderungen aller Aktionspartner – d.h. Gebietskörperschaften, Unternehmen und Haushalte – gerecht werdende Kompetenzzuordnung hoheitlicher Aufgaben zu finden, die zugleich die Ziele des föderalen Systems berücksichtigt und stärkt. Alle Aufgaben von Bund, Ländern und Kommunen sollten hinsichtlich ihrer Zuordnung geprüft und der jeweiligen Ebene ausschließlich übertragen werden. Ohne regionale Differenzierung unter Anerkennung des Ursprungslandprinzips ist die Vielfalt in der Einheit nicht erhaltbar. Zugleich ist sicherzustellen, dass eine laufende Prüfung der Aufgabenzuordnung erfolgt. Sollte aufgrund der sich ändernden Umweltbedingungen eine Kompetenzveränderung notwendig sein, hat nach einer erneuten Prüfung die Verantwortung einer über- oder untergeordneten Ebene übertragen zu werden. Dies bedeutet gleichzeitig, dass länderspezifisch eine abweichende Aufgabenverteilung – und Einnahmenkompetenz – aus unterschiedlichen Anforderungen hinsichtlich der Bereitstellung öffentlicher Leistungen resultieren kann. Landesaufgaben, die in einem Bundesland durch die Bundesländer bereitgestellt werden, können in einem anderen Land durch die Kommunen angeboten werden. Damit sind nicht nur – wie eingangs festgestellt wurde – Veränderungen in der Zuteilung der hoheitlichen Aufgaben auf die jeweilige Staatsebene in zeitlicher Sicht relevant, räumliche Aspekte sind für ein dynamisches Regelwerk ebenfalls als Grundbaustein anzuführen. Damit führt die Neuverteilung der Aufgaben und einhergehend die Neuordnung der Einnahmen – hier: Steuerkompetenzen – zu einer Stärkung des Äquivalenzprinzips, da Steuern insbesondere von denjenigen zu zahlen wären, die eine (spezielle) Leistung in Anspruch nehmen bzw. die Möglichkeit einer Nutzung besitzen.

Festgehalten werden kann auch, dass insbesondere die im Zusammenhang mit der Förderung der regionalen Wirtschaftsstruktur sowie die bereits in Kapitel VII.2 angesprochenen Gemeinschaftsaufgaben einer umfassenden Prüfung bedürfen bzw. eine Abschaffung zugunsten einer eindeutigen Zuordnung der Kompetenzen zu einer föderalen Ebene erfolgen sollte[623]. Die wechselseitigen Kompetenzverflechtungen zwischen den Gebietskörperschaften sind zur Transparenzsteigerung rückgängig zu machen. Eindeutige Aufgabenkompetenzen sind für eine Beurteilung politischer Erfolge und Misserfolge unverzichtbar, müssen einhergehen mit Entscheidungsfähigkeiten jeder Ebene im föderalen System und stärken somit die Position des Wählers. Die derzeitige Politik- und Aufgabenverflechtung fördert dagegen die kollektive Verantwortungslosigkeit der politischen Führung jeder Ebene[624]. Mitnahmeeffekte, Ressourcenverschwendung und Bürokratisierung gehen einher mit einem Verlust kommunaler Identität.

Eine Reform der Aufgabenzuordnung zwischen Bund, Ländern und Kommunen wird jedoch nur umsetzbar sein, wenn die Vorteile einer solchen Reform für jede politische Ebene, d.h. für die politischen Akteure, aber auch für die Staatsbürger ersichtlich sind und Nachteile, die sie erfahren, subjektiv aufwiegen bzw. zumindest als gerecht eingeordnet werden. Insbesondere die sich aus Reformen ergebenden positiven Effekte sind hervorzuheben. Dabei erschweren Verhaltens- und Erwartungsanomalien die Diskussion um und Einleitung von Reformmaßnahmen. Die vielfach ausschließlich (normativ-)ökonomische Perspektive gilt es, um Verhaltensmuster und politische Entscheidungsverfahren zu erweitern.

Neben den zu erwartenden Kosteneinsparungen und der möglichen verstärkten Orientierung an den Präferenzen der Bürger, ist die Entflechtung vielfältiger Politikstrukturen als besonderer Vorteil zumindest aus Sicht der Wähler anzuführen. Eindeutige Zuordnungsmöglichkeit der Verantwortlichkeit stärkt die Demokratie. Fehlverhalten, unzureichende Aufgabenerfüllung oder mangelnde Kompetenz sind bei einer eindeutigen Zurechenbarkeit zielgenauer bei Wahlen sanktionierbar, da ausschließlich die entsprechende Politik der jeweiligen Ebene zur Disposition stünde. Eine Kommunalwahl würde wieder zur Abstimmung kommunaler Angelegenheiten. Zugleich entstünde auch in der politischen Arbeit der Parteien eine Konfrontation und Konflikte zwischen den vertikalen Parteiebenen. Bundespolitische Ziele sind nicht automatisch identisch mit kommunalpolitischen Zielen. Die Abgrenzung der Kompetenzen zwischen den Ebenen hat allerdings durch die fehlende Differenzierungsfähigkeit zwischen Bundes-, Länder- und Kommunalinteressen nicht nur an Bedeutung verloren. Vielmehr stehen (bundes-)parteipolitische Ziele und Interessen im Mittelpunkt der Handlungen. Damit wandelte sich der deutsche Mehrebenen-Verhandlungsföderalis-

---

[623] Siehe auch: Gaddum, Johann Wilhelm, Gemeinschaftsaufgaben und Mischfinanzierungen – Eine Bilanz, in: Henneke, Hans-Günter (Hrsg.), Verantwortungsteilung zwischen Kommunen, Ländern, Bund und Europäischer Union, Stuttgart u.a. 2001, Seite 147 – 150.

[624] Siehe hierzu auch: Schmidt-Jortzig, Edzard, Herausforderungen für den Föderalismus in Deutschland, in: DÖV 1998, Seite 746 – 751, hier: Seite 748 und Volkmann, Uwe, Bundesstaat in der Krise?, in: DÖV 1998, Seite 613 – 623, hier: Seite 618 f.

mus zu einem Behinderungsföderalismus und widerspricht dem Ursprungsgedanken eines föderativ strukturierten System.

2. Ausgabenkompetenz

Die Ausgabenkompetenz ist – gemäß dem Prinzip der fiskalischen Äquivalenz – ausschließlich der Gebietskörperschaft zu übertragen, die zugleich die Aufgabenkompetenz besitzt. Wie bereits ausgeführt wurde, bestehen in Deutschland zwei Finanzierungsmodelle. Das Monistische, welches aufgrund eines fehlenden direkten Aufgabenbezugs an dieser Stelle abgelehnt wird, und das dualistische Modell, welches sich im Konnexitätsprinzip offenbart. Mittels des strikten Konnexitätsprinzips ist sicherzustellen, dass den Gemeinden die finanziellen Mehrbelastungen per Gesetz übertragener Aufgaben, die in den Kompetenzbereich einer übergeordneten Gebietskörperschaft fallen, vollständig erstattet werden. Ein diesen Vorgaben gerecht werdender Gesetzesentwurf besteht in den Ausführungen des DLT und den korrespondierenden Änderungen der Art. 28, Art. 84 und Art. 104a GG[625]. Der DLT fasst die Änderungen wie folgt dargestellt zusammen:

Gesetzes-grundlage	Alte Gesetzeslage	Neue Gesetzeslage
GG		
Art. 28 Abs. 2 Satz 3	Die Gewährleistung der kommunalen Selbstverwaltung umfaßt auch die Grundlagen der finanziellen Eigenverantwortung; zu diesen Grundlagen gehört eine den Gemeinden mit Hebesatz-recht zustehende wirtschaftskraftbezogene Steuerquelle.	*Die Gewährleistung der Selbstverwaltung umfasst auch eine aufgabenangemessene Finanzausstattung sowie die Grundlagen der finanziellen Eigenverantwortung. Soweit der Bund nach dem Gesetz die Gemeinden und Kreise zu Aufgabenträgern bestimmen darf und die Übertragung bestimmter öffentlicher Aufgaben zu einer Mehrbelastung der Gemeinden und Kreise führt, ist vom Bund gegenüber den Kommunen ein entsprechender finanzieller Ausgleich zu schaffen. Bevor durch Gesetz oder Verordnung allge-*

---

[625] Siehe: O.V., Vorschlag des DLT zur Modernisierung der bundesstaatlichen Ordnung, a.a.O..

		meine Fragen geregelt werden, welche die Gemeinden oder Kreise unmittelbar berühren, sind die kommunalen Spitzenverbände rechtzeitig zu hören.
Art. 84 Abs. 1 Satz 2		*Zu Regelungen, die die Einbeziehung der Gemeinden und Kreise in den Vollzug der Bundesgesetze betreffen, ist der Bund nur befugt, soweit diese für den wirksamen Vollzug der materiellen Bestimmungen des Gesetzes notwendig sind.*
Art. 104 a Abs. 3	Bundesgesetze, die Geldleistungen gewähren und von den Ländern ausgeführt werden, können bestimmen, daß die Geldleistungen ganz oder zum Teil vom Bund getragen werden. Bestimmt das Gesetz, daß der Bund die Hälfte der Ausgaben oder mehr trägt, wird es im Auftrage des Bundes durchgeführt. Bestimmt das Gesetz, daß die Länder ein Viertel der Ausgaben oder mehr tragen, so bedarf es der Zustimmung des Bundesrates.	*Führen die Länder oder die vom Bund nach Art. 84 Abs. 1 Satz 2 ausnahmsweise unmittelbar bestimmten Gemeinden und Kreise Maßnahmen des Bundes aus, die Zahlungen, Sachleistungen oder die Herstellung und Unterhaltung öffentlicher Einrichtungen vorsehen, so trägt der Bund die Ausgaben für diese Leistungen. Soweit die Leistungen im Ermessen der Länder, Gemeinden oder Kreise stehen, können die Gesetze Abweichendes bestimmen.*
Art. 104 a Abs. 4	Der Bund kann den Ländern Finanzhilfen für besonders bedeutsame Investitionen der Länder und Gemeinden (Gemeindeverbände) gewähren, die zur Abwehr einer Störung des gesamtwirtschaftlichen Gleichgewichts oder zum Ausgleich unterschiedlicher Wirtschaftskraft im Bundesgebiet oder zur Förderung des wirtschaftlichen Wachstums	*Der Bund kann den Ländern Finanzhilfen für besonders bedeutsame Investitionen der Länder, Gemeinden und Kreise gewähren, die zum Ausgleich unterschiedlicher Wirtschaftskraft im Bundesgebiet erforderlich sind.*

	erforderlich sind. Das Nähere, insbesondere die Arten der zu fördernden Investitionen, wird durch Bundesgesetz, das der Zustimmung des Bundesrates bedarf, oder auf Grund des Bundeshaushaltsgesetzes durch Verwaltungsvereinbarung geregelt.	

Die Herstellung der Aufgabentrennung und Ausgabenbindung an die Aufgabenkompetenz stellt die Grundvoraussetzung dar, um die Einnahme- und Gesetzgebungskompetenz aller Ebenen neu auszutarieren. Nur dann werden Ursache-Wirkungs-Zusammenhänge erkennbar, bewertbar bzw. sanktionierbar und Anreize für Innovationsprozesse geschaffen. Daher stellt der Vorschlag des DLT einen notwendigerweise zu integrierenden Baustein einer Gemeindefinanzreform dar.

VIII. Neuordnung der Gesetzgebungs- und Einnahmenkompetenz

Aufbauend auf die Neuausrichtung der Aufgaben- und Ausgabenkompetenz wird innerhalb dieses Kapitels unter dem spezifischen Blickwinkel eines Steuerwettbewerbs der Versuch unternommen, ein den aufgezeigten Anforderungen an ein kommunales Steuersystem gerecht werdendes System kommunaler Steuerarten zu entwickeln. Berücksichtigung erfährt dabei insbesondere die Möglichkeit einer interjurisdiktionellen Abgrenzung aufgrund unterschiedlicher Steuer-Leistungs-Pakete. Auf diesem Wege wird der Anreiz-Sanktions-Mechanismus und der Innovations-Imitations-Mechanismus in Kraft gesetzt, damit zugleich der Wettbewerb als Entdeckungsverfahren auch im öffentlichen Bereich in den Mittelpunkt gerückt und letztlich Wissen über neue Problemlösungen sowie die Präferenzen der Nachfrager durch Rückkopplungsinformationen verbreitet. Die Eigenverantwortung der Kommunen findet eine Stärkung entsprechend der ursprünglichen Bedeutung: Der Demokratie von unten nach oben.

1. Beurteilung der individuellen Steuerbelastung

Aus ökonomisch rationaler Sicht müsste grundsätzlich ein Bestreben der Individuen vorherrschen, die absolute Steuerbelastung zu minimieren[626]. Auch wenn in einer individuell durchzuführenden Bewertung der (Steuer-)Leistungen an das System und den im Gegenzug erhaltenen Leistungen ein positives Gesamtergebnis zu verzeichnen wäre, müsste nach dem Ziel einer Nutzenwertmaximierung stets das Streben nach einer Null-Besteuerung (ohne Einkommenseinbußen) folgen, da die Nutzung öffentlicher Güter bzw. Leistungen dann als Trittbrettfahrer genutzt werden kann. Dies ist jedoch, wie im Zusammenhang mit der Rationalitätsprämisse[627] sowie dem Mobilitätsverhalten sowohl aus theoretischer[628] als auch empirischer Sicht[629] gezeigt werden konnte, nicht festzustellen. Statt dessen sind die Steuerpflichtigen durchaus bereit, für die empfangene Gegenleistung einen Preis zu entrichten. Dabei beeinflussen aus Sicht des Steuerpflichtigen folgende Faktoren sein subjektives Steuerbelastungsgefühl:

- Die absolute und relative Besteuerungshöhe sowohl personenbezogen als auch jurisdiktionsbezogen: Je höher der Grenzsteuersatz, desto höher sind die Abschöpfungen durch die Jurisdiktion, d.h. desto weniger erhält man von jeder zusätzlichen Geldeinheit. Das Gerechtigkeitsempfinden wird maßgeblich durch die subjektiv wahrgenommene Belastung anderer Steuerpflichtiger in Relation zur eigenen Steuerlast determiniert. Eine Diskrepanz im Bereich der

---

[626] Siehe auch: Tipke, Klaus, Besteuerungsmoral und Steuermoral, Wiesbaden 2000, Seite 83.
[627] Siehe Kapitel III.5.
[628] Siehe Kapitel III.4.
[629] Siehe Kapitel V.

Bewertung der relativen Belastungshöhe führt ebenso zur Senkung des Steuergerechtigkeitsempfindens wie eine subjektive Einschätzung bzgl. des Übersteigens der Steuerbelastung für die Inanspruchnahme von (öffentlichen) Leistungen. Dabei unterliegen Individuen Wahrnehmungsverzerrungen, die insbesondere durch die Intransparenz des Steuersystems und den bereits dargestellten Informationsanomalien (anchoring, availbility bias, base rate facility)[630] begründet sind. Tendenziell verstärken Wahrnehmungsverzerrungen die subjektive Überschätzung der eigenen Steuerlast im Vergleich zu anderen Individuen.

- Die Fühlbarkeit, Transparenz und Zuordnung der Steuerarten zu bestimmten Leistungen bzw. der Steuerbelastung insgesamt und die individuelle Einschätzung über einen effizienten Mitteleinsatz[631]: Eine Beurteilung, ob die Belastungshöhe gerechtfertigt ist, muss eine Transparenz der Mittelverwendung für den Steuerpflichtigen ersichtlich machen und nachvollziehbar sein. Nur dann besteht die Möglichkeit einer subjektiven Bewertung, die zu einer Identifikation mit den Leistungen und mit der Gebietskörperschaft führen kann. Solange hohe Steuersätze durch entsprechende Gegenleistungen gerechtfertigt sind und eine subjektive Zustimmung zu den finanzierten Leistungen erfolgt, werden diese nicht mehr als Strafe, sondern als individueller Beitrag zur Gemeinschaft interpretiert werden können.

- Alternativen, einer bestimmten Form der Besteuerung zu widersprechen: Entscheidend für die Zustimmung zu einem bestimmten Steuersystem bzw. zu einer individuellen Steuerbelastung ist die Möglichkeit, sich zu widersetzen. Dies beinhaltet neben der Option der Abwanderung sowohl die Möglichkeit einer sanktionierenden Stimmabgabe bei Wahlen als auch eigene aktive (politische) Mitwirkung auf der Jurisdiktionsebene. Sofern Transparenz über eingesetzte Mittel besteht, kann eine verbesserte Abwägung Leistung-Gegenleistung erfolgen, die durch einen erweiterten Personenkreis geführt werden kann. Hierdurch werden zum einen bedeutende Rückkopplungsinformationen geliefert, zum anderen findet verstärkt ein Präferenzoffenbarungsmechanismus statt.

- Die Begründung der Erhebung befristeter Besteuerungsverfahren bzw. Zuschläge (z.B. SolZ): Steuererhöhungen aufgrund außergewöhnlicher Ereignisse und den daraus resultierenden Belastungen werden von der Bevölkerung grundsätzlich akzeptiert. Diese Akzeptanz darf aber nicht derart ausgenutzt werden, dass nach Wegfall des Einführungsgrundes die Zusatzabgabe aufgrund eines Gewöhnungseffektes aufrecht erhalten bleibt. Nur wenn

---

[630] Siehe Kapitel III.5.2.

[631] Bspw. wird als besonderer Vorteil Estlands im internationalen Steuerwettbewerb ausdrücklich die Einfachheit und Transparenz des Systems hervorgehoben. Siehe: Sepp, Jüri/Wrobel, Ralph, Das Steuersystem in Estland im Spannungsfeld zwischen Transformationserfordernissen und EU-Harmonisierung, in: Hasse, Rolf/Schenk, Karl-Ernst/Graf Wass von Czege (Hrsg.), a.a.O., Seite 69 – 75, hier: Seite 75.

das Besteuerungsniveau rückgeführt wird, kann das Vertrauen in die politischen Akteure stellvertretend für das Steuersystem auch zukünftig bestehen.
• Vorhersehbarkeit der Steuerpolitik.

Damit wird deutlich, dass auch der Bereich der Steuererhebung des Leistungsanbieters „Gebietskörperschaft" einer öffentlichen Darstellung und Rechtfertigung bedarf. Zusätzlich ist erkennbar, dass ein Wandel im Funktionsverständnis vom reinen Anbieter distributiver Leistungen hin zu einem Koordinator der gesellschaftlichen Ansprüche innerhalb gegebener und neu zu gestaltender rechtlicher Rahmenbedingungen zu erfolgen hat.

2. Anforderungen an ein kommunales Steuersystem: Zielprojektion

Im folgenden soll versucht werden, sowohl die Gesetzgebungskompetenz bzgl. der einzelnen Steuerarten als auch die Verteilung der eingenommenen Steuergelder auf die föderalen Ebenen – hier insbesondere in Bezug auf die Kommunen – neu zu bestimmen. Dabei wird das Ziel verfolgt, tiefgreifende Einschnitte zu vermeiden, d.h. bestehende gesetzliche Grundlagen zu nutzen und in ein neues System zu implementieren, da Weiterentwicklung und Veränderung nicht mit einem Bruch des bisherigen Entwicklungspfades einhergehen sollen. Betrachtet werden die Besteuerung des Einkommens, die Besteuerung des Umsatzes, die kommunale Besteuerung der Betriebe, die Besteuerung des Grund und Bodens sowie die örtlichen Verbrauch- und Aufwandsteuern.

Folgende Kriterien sind an ein kommunales Steuersystem zu stellen[632]:

• Transparenz: Zur Nachvollziehbarkeit für den Steuerpflichtigen ist die Herstellung von Transparenz zwingend erforderlich. Sie ist Grundvoraussetzung, um das Gerechtigkeitsempfinden und damit die Steuermoral zu stärken. „De facto steht Unmerklichkeit der Besteuerung in schroffem Widerspruch zu den Grundsätzen realer Demokratie, vor allem denen des Öffentlichkeits- wie des Transparenzpotentials der Besteuerung"[633];
• Fühlbarkeit: Die Steuerbelastung muss individuell fühlbar sein, d.h. der Anteil der jeweiligen Gebietskörperschaft an den Steuereinnahmen muss ersichtlich sein. So kann ein Abwägungsprozess mit Gegenleistungen stattfinden;

---

[632] Siehe hierzu: Barth, Alfons, Reform der Gewerbesteuer – Kriterien aus regionalökonomischer Sicht, in: GemH 1993, Seite 58 – 61, hier: Seite 59 f, Reding; Kurt/Müller, Walter, Einführung in die Allgemeine Steuerlehre, München 1999, Seite 414 – 418 und Zimmermann, Horst/Postlep, Rolf-Dieter, Beurteilungsmaßstäbe für Gemeindesteuern, in: Wirtschaftsdienst 1980, Seite 248 – 253.

[633] Neumark, Fritz, Steuerpolitische Ideale der Gegenwart, in: Zimmermann, Horst (Hrsg.), Die Zukunft der Staatsfinanzen, Stuttgart 1988, Seite 45 – 60, hier: Seite 52.

- Herstellung des Äquivalenzprinzips i.S. eines Interessenausgleichsprinzips;
- Berücksichtigung des Leistungsfähigkeitsprinzips;
- Örtliche Radizierbarkeit;
- Abbau bestehender Informationsasymmetrien;
- Konjunkturelle Abhängigkeit: Eine absolute Konjunkturneutralität ist nicht erforderlich. Diese Forderung erfolgt ausschließlich aus Sicht einer Verstetigung der Ausgaben. Statt dessen ist eine Grundfinanzausstattung der Gemeinden zu sichern. Darüber hinausgehende Einnahmen sind durch Pflege der Steuerquellen durch die Gemeinden selbst zu erschließen. Dies bedeutet die Schaffung eines Anreizes, Unternehmen oder Wohnbevölkerung zu attrahieren bzw. bestimmte Standortfaktoren auszubauen und zu pflegen. Daher ist den Kommunen ein erweiterter Anteil bspw. der Umsatzsteuer zu gewähren, um so eine Grundversorgung öffentlicher Aufgaben im engsten Sinne zu garantieren. Im Gegenzug sollten Zuweisungen aufgrund der dargelegten Defizite und Fehlanreize abgebaut[634] und Anteile des Bundes und der Länder an der Umsatzsteuer gekürzt werden. In diesem Zusammenhang gilt es erneut auf die Forderung einer Überprüfung der Aufgabenverteilung zwischen Bund, Ländern und Kommunen hinzuweisen;
- Die Berücksichtigung übergeordneter gesamtstaatlicher Distributions-, Konjunktur- und Wachstumsziele ist zu sichern;
- Herstellung einer verstärkten kommunalen Einnahmen- und Gesetzgebungskompetenz der Gemeinden: Dies beinhaltet sowohl die Garantie des Hebesatzrechts als auch Möglichkeiten, eigenes Recht zu setzen, deren Konsequenzen sich nicht auf Einnahmen anderer Gebietskörperschaften auswirken dürfen. Ziel sollte sein, eine Beziehung für den Steuerpflichtigen hinsichtlich der Leistung der Kommune (Infrastruktur) und der Gegenleistung (Steuern) ersichtlich zu machen. Der Einsatz gesetzgeberischer Spielräume (bzw. des Hebesatzrechts) als Wettbewerbsparameter ist in diesem Zusammenhang hervorzuheben. Unter der Bedingung, dass eine Beziehung zwischen Leistung und Gegenleistung hergestellt wird, ist dem Neutralitätsgrundsatz genüge getan, da dann keine Preisverzerrungen durch die Besteuerung ausgelöst werden. Differenzen in der kommunalen Steuerbelastung wären dann Ausdruck unterschiedlicher Leistungs-Pakete. Sollten die Steuer-Preise nicht der Gegenleistung entsprechen, wird zunehmend eine Sanktionierung erfolgen. Dies wird durch die Herstellung von Transparenz und Nachvollziehbarkeit wesentlich unterstützt;
- Berücksichtigung der Einfachheit der Verwaltung und Kostenminimierung;
- Die Herstellung einer breiten Bemessungsgrundlage zur Verhinderung von einer verstärkten Besteuerung einzelner Gruppen;
- Schaffung und Sicherung der Vielfalt innerhalb der Einheit auch im Steuerrecht.

---

[634] Siehe hierzu insbesondere Kapitel IV.3.

3. Vorschlag zur Reformierung der Einkommensbesteuerung

Im folgenden wird ein Modell zur Besteuerung des Einkommens entwickelt, welches die entwickelten Grundsätze und Anforderungen an ein Steuersystem versucht zu implementieren. Dabei wird von der (potentiellen) Mobilität der Steuersubjekte, die sowohl aus theoretischer als auch empirischer Sicht belegt werden konnte, im Bereich der Besteuerung des Einkommens ausgegangen.

3.1 Bemessungsgrundlage 1. und 2. Stufe

Zur Besteuerung des Einkommens wird ein sich am derzeitigen System orientierendes Modell vorgeschlagen. Dabei erfolgt – abweichend zum derzeit gültigen Recht – eine Zweiteilung im Einkommensteuergesetz. Der erste Teil beinhaltet bundesgesetzliche, allgemein gültige Regelungen; der nachgelagerte Teilbereich jurisdiktionsbezogene Vorschriften.

Der bundesgesetzlich geregelte Bereich würde als Einkommensteuer-Messbetrag[635] sämtliche Regelungen vereinen, die die Einheit der Vielfalt begründen, d.h. Distributions-, Konjunktur- und Wachstumsziele.

Abbildung 32: Vorschlag zur Ermittlung des Einkommensteuer-Messbetrags

Ermittlung des Einkommensteuer-Messbetrags:

1. Ermittlung der Summe der Einkünfte gem. § 2 Abs. 1 EStG
2. Ermittlung des Gesamtbetrags der Einkünfte gem. § 2 Abs. 3 EStG
3. Ermittlung des Einkommens gem. § 2 Abs. 4 EStG
4. Abzug der Freibeträge nach § 32 Abs. 6 EStG, des Haushaltsfreibetrags gem. 32 Abs. 7 EStG und des Härteausgleichs i.S. § 46 Abs. 3 EStG, § 70 EStDV

= **Einkommensteuer-Messbetrag**

Ergänzende jurisdiktionsbezogene Besteuerungsvorschriften sollen in diesem Modell auf der nachgelagerten Ebene im Rahmen der Ermittlung der Bemessungsgrundlage 1. Stufe berücksichtigt werden (Abbildung 33). Auf die Bemessungsgrundlage 2. Stufe wenden anschließend alle Gebietskörperschaften, d.h. Bund, Land und Kommunen jeweils einen Hebesatz an. Der Bundeshebe-

---

[635] Siehe i.Z. mit der Ermittlung die gesetzliche Grundlage der EStDV: Einkommensteuer-Durchführungsverordnung 2000 (EStDV 2000), in der Fassung der Bekanntmachung vom 10. Mai 2000, in: BGBl. I 2000, Seite 717 – 733, in: Verlag C.H. Beck oHG (Hrsg.), Steuergesetze, München 2002.

satz ist einheitlich festzusetzen, Länder und Kommunen können individuelle und voneinander abweichende Hebesätze festlegen. Somit wird die Vielfalt in der Einheit gefördert.

Die Trennung der einzelnen Ebenen erscheint unvermeidlich, da ein Hebesatzrecht auf den kommunalen und Landesanteil an der Einkommensteuer zwar zusätzliche Autonomie verschafft, die Gesetzgebungskompetenz jedoch wie bisher beim Bund verbleiben würde[636]. Um eine interkommunale Differenzierung zu erreichen, ist die Möglichkeit zu schaffen, ergänzende Vorschriften – die nicht im Widerspruch zu Regelungen bei der Ermittlung des Einkommensteuer-Messbetrags stehen und somit Distributions-, Konjunktur- und Wachstumszielen entgegenlaufen – durch die untergeordneten Gebietskörperschaften zu erlassen. Die zusätzlichen landes- bzw. gemeindespezifischen Regelungen sollten durch die jeweilige Gebietskörperschaft erlassen werden können. Somit ist den untergeordneten föderalen Ebenen Gesetzgebungs- und Satzungskompetenz im Bereich des Steuerrechts in ihrem jeweiligen Hoheitsgebiet zuzusprechen und zu garantieren. Gleichzeitig soll durch einen Existenzfreibetrag das steuerfreie Existenzminimum gem. den Vorgaben des BVerfG gesichert werden.

---

[636] Siehe hierzu die geäußerte Kritik an den Beteiligungsmodellen mit Hebesatzrecht (Kapitel VI.1.1.1.2).

Abbildung 33: Ermittlung der Bemessungsgrundlage 1. und 2. Stufe

Einkommensteuer-Meßbetrag		
Bundesanteil	Landesanteil	Gemeindeanteil
Anteiliger Existenzminimumfreibetrag	Anteiliger Existenzminimumfreibetrag	Anteiliger Existenzminimumfreibetrag
Bundesspezifische Fördermaßnahmen; Steuerermäßigungen, die auf bundesrechtlichen Vorschriften beruhen	Länderspezifische Fördermaßnahmen; Steuerermäßigungen, die auf landesrechtlichen Vorschriften beruhen	Kommunalspezifische Fördermaßnahmen; Steuerermäßigungen, die auf kommunalrechtlichen Vorschriften beruhen
= Bemessungsgrundlage 1. Stufe des Bundes	= Bemessungsgrundlage 1. Stufe der Länder	= Bemessungsgrundlage 1. Stufe der Gemeinden
Anwendung einer einheitlichen Grund- und Splittingtabelle		
= Bemessungsgrundlage 2. Stufe des Bundes	= Bemessungsgrundlage 2. Stufe der Länder	= Bemessungsgrundlage 2. Stufe der Gemeinden
x Bundeshebesatz	x landesspezifischer Hebesatz	x gemeindespezifischer Hebesatz
= festzusetzende Bundes(einkommen)steuer	= festzusetzende Landes(einkommen)steuer	= festzusetzende Gemeinde(einkommen)steuer

3.2 Notwendige Veränderungen im Einkommensteuergesetz

Im Einkommensteuergesetz sind zur Realisierung dieses Vorschlags folgende Änderungen zu verankern[637]. Die bestehenden Gesetzesvorschriften, die die Funktionsfähigkeit dieses Modells nicht direkt beeinträchtigen, werden grundsätzlich übernommen[638].

Gesetzes-grundlage EStG	Alte Gesetzeslage	Neue Gesetzeslage
§ 2 Abs. 5 Satz 1	Das Einkommen, vermindert um die Freibeträge nach § 32 Abs. 6, den Haushaltsfreibetrag nach § 32 Abs. 7 und um die sonstigen vom Einkommen abzuziehenden Be-träge, ist das zu versteuernde Einkommen; dieses bildet die Bemessungsgrundlage für die tarifliche Einkommensteuer.	*Das Einkommen, vermindert um die Freibeträge nach § 32 Abs. 6, den Haushaltsfreibetrag nach § 32 Abs. 7 und um die sonstigen vom Einkommen abzuziehenden Beträge, ist das zu versteuernde Einkommen; dieses bildet den Einkommensteuer-Messbetrag.*
§ 2 Abs. 6	Die tarifliche Einkommensteuer, vermindert um die anzurechnenden ausländischen Steuern und die Steuerermäßigungen, vermehrt um die Steuer nach § 34 c Abs. 5, die Nachsteuer nach § 10 Abs. 5	*Der Einkommensteuer-Messbetrag dient der getrennten Steuerermittlung auf Ebene des Bundes, der Länder und der Gemeinden. Der Anteil von Bund, Ländern und Gemeinden an dem Einkommensteuer-Messbetrags richtet*

---

[637] Nicht mit in die Betrachtung integriert sind die Steuerermäßigungen gem. § 7 a FördergebietsG und § 3 Abs. 4 Satz 2 Frostschäden-Ausgleichsgesetz, sowie die Regelungen nachfolgend den § 37 EStG.
Siehe zum FördergebietsG: Gesetz über Sonderabschreibungen und Abzugsbeträge im Fördergebiet (Fördergebietsgesetz), in der Fassung der Bekanntmachung vom 23. September 1993, in: BGBl. I 1993, Seite 1654 – 1656, in: Verlag C.H. Beck oHG (Hrsg.), Steuergesetze, München 2002.
Zum Frostschäden-Ausgleichsgesetz siehe: Gesetz zum Ausgleich von Wirkungen besonderer Schadensereignisse in der Forstwirtschaft (Forstschäden-Ausgleichsgesetz), in der Fassung der Bekanntmachung vom 26. August 1985, in: BGBl. I 1985, Seite 1756 – 1759, in: Verlag C.H. Beck oHG (Hrsg.), Steuergesetze, München 2002.
Zum Steuerabzug vom Arbeitslohn (Lohnsteuer) siehe die Empfehlungen des Kapitels X.3.4.
[638] Jedoch sind Änderungen bspw. des § 34 EStG vom Gesetzgeber zur Transparenzsteigerung zu fordern, allerdings nicht Gegenstand der hier vollzogenen Ausführungen.

	und den Zuschlag nach § 3 Abs. 4 Satz 2 des Frostschäden-Ausgleichsgesetzes, ist die festzusetzende Einkommensteuer. Wurde der Gesamtbetrag der Einkünfte in den Fällen des § 10 a Abs. 2 um Sonderausgaben nach § 10 a Abs. 1 gemindert, ist für die Ermittlung der festzusetzenden Einkommensteuer Anspruch auf Zulage nach Abschnitt XI der tariflichen Einkommensteuer hinzuzurechnen. Gleiches gilt für das Kindergeld, wenn das Einkommen in den Fällen des § 31 um die Freibeträge nach § 32 Abs. 6 gemindert wurde.	*sich nach Art. 106 GG. Bundes-, landes- oder kommunalspezifische Fördermaßnahmen und Steuervergünstigungen, die nicht im Widerspruch zu diesem Gesetz stehen, vermindern nach Abzug des Existenzminimumfreibetrags den Einkommensteuer-Messbetrag der jeweiligen Ebene. Dies ergibt die Bemessungsgrundlage 1. Stufe der jeweiligen Ebene. Bemessungsgrundlage für die Bemessungsgrundlage 2. Stufe ist die jeweilige Bemessungsgrundlage 1. Stufe.*
§ 2 Abs. 7	Die Einkommensteuer ist eine Jahressteuer. Die Grundlagen für ihre Festsetzung sind jeweils für ein Kalenderjahr zu ermitteln. Besteht während eines Kalenderjahres sowohl unbeschränkte als auch beschränkte Einkommensteuerpflicht, so sind die während der beschränkten Einkommensteuerpflicht erzielten inländischen Einkünfte in eine Veranlagung zur unbeschränkten Einkommensteuerpflicht einzubeziehen.	*Die Bemessungsgrundlage 2. Stufe wird nach Berücksichtigung anzurechnender ausländischer Steuern gem. § 34 c und der Steuerermäßigung gem. § 34 g mit einem Hundertsatz, der durch Bund, Länder und Gemeinden festzusetzen ist, multipliziert und ergibt unter Berücksichtigung der Nachsteuer i.S. des § 35 a die festzusetzende Steuerlast der jeweiligen Gebietskörperschaft.*
§ 2 Abs. 8		*Die Besteuerung unbeschränkt Einkommensteuerpflichtiger i.S. des § 1 Abs. 2 und Abs. 3 sowie beschränkt Einkommensteuerpflichtiger i.S. des § 1 Abs. 4 erfolgt ausschließlich durch die Gemeinden.*

§ 2 Abs. 9		*Die Einkommensteuer ist eine Jahressteuer. Die Grundlagen für ihre Festsetzung sind jeweils für ein Kalenderjahr zu ermitteln. Besteht während eines Kalenderjahres sowohl unbeschränkte als auch beschränkte Einkommensteuerpflicht, so sind die während der beschränkten Einkommensteuerpflicht erzielten inländischen Einkünfte in eine Veranlagung zur unbeschränkten Einkommensteuerpflicht einzubeziehen.*
§ 7 h	**Erhöhte Absetzungen bei Gebäuden in Sarnierungsgebieten und städtebaulichen Entwicklungsbereichen.**	*(Entfällt)*
§ 7 i	**Erhöhte Absetzungen bei Baudenkmälern.**	*(Entfällt)*
§ 10 Abs. 5	Nach Maßgabe einer Rechtsverordnung ist eine Nachversteuerung durchzuführen 1. bei Versicherungen im Sinne des Absatzes 1 Nr. 2 Buchstabe b Doppelbuchstaben bb, cc und dd, wenn die Voraussetzungen für den Sonderausgabenabzug nach Absatz 2 Satz 2 nicht erfüllt sind; 2. bei Rentenversicherung gegen Einmalbeitrag (Absatz 1 Nr. 2 Buchstabe b Doppelbuchstabe bb), wenn vor Ablauf der Vertragsdauer, außer im Schadensfall oder bei Erbringung der vertragsmä-	*(Entfällt)*

	ßigen Rentenleistung, Einmalbeiträge ganz oder zum Teil zurückgezahlt werden; 3. (hier nicht abgedruckt, da nur bis VZ 2005 anzuwenden)	
§ 10 b Abs. 2	Zuwendungen an politische Parteien im Sinne des § 2 des Parteiengesetzes sind bis zur Höhe von insgesamt 1.650 Euro und im Falle der Zusammenveranlagung von Ehegatten bis zur Höhe von insgesamt 3.300 Euro im Kalenderjahr abzugsfähig. Sie können nur insoweit als Son-derausgaben abgezogen wer-den, als für sie nicht eine Steuerermäßigung nach § 34 g gewährt worden ist.	*Zuwendungen an politische Parteien im Sinne des § 2 des Parteiengesetzes sind bis zur Höhe von insgesamt 1.650 Euro und im Fall der Zusammenveranlagung von Ehegatten bis zur Höhe von insgesamt 3.300 Euro im Kalenderjahr abzugsfähig. Sie können nur insoweit als Sonderausgaben abgezogen werden, als für sie nicht eine Steuerermäßigung nach § 34 g gewährt worden ist.*
§ 10 f	**Steuerbegünstigung für zu eigenen Wohnzwecken genutzte Baudenkmale und Gebäude in Sarnierungsgebieten und städtebaulichen Entwicklungsbereichen.**	*(Entfällt)*
§ 10 h	**Steuerbegünstigung der unentgeltlich zu Wohnzwecken überlassenen Wohnung im eigenen Haus.**	[läuft gem. § 52 Abs. 28 EStG aus]
§ 10 i	**Vorkostenabzug bei einer nach dem Eigenheimzulagengesetz begünstigten Wohnung.**	[läuft auf Basis des § 52 Abs. 29 EStG aus]
§ 11 a	**Sonderbehandlung von Erhaltungsaufwand bei Gebäuden in Sarnierungsgebieten und städtebaulichen**	*(Entfällt)*

	Entwicklungsbereichen.	
§ 11 b	**Sonderbehandlung von Er-haltungsaufwand bei Bau-denkmalen.**	*(Entfällt)*
§ 32 a Abs. 1	Die tarifliche Einkommensteuer bemisst sich nach dem zu versteuernden Einkommen. Sie beträgt vorbehaltlich der §§ 32 b, 34, 34 b und 34 c jeweils in Euro für das zu versteuernde Einkommen	*Zur steuerlichen Freistellung eines Einkommensbetrages in Höhe des Existenzminimums wird ein Freibetrag i.H.v. 7.426 € (Grundfreibetrag) gewährt. Der Freibetrag wird bei Steuerpflichtigen i.S. § 1 Abs. 1 anteilig entsprechend der Aufteilung des Einkommensteuer-Messbetrags gem. Art. 106 GG auf die Gebietskörperschaften Bund, Land, und Gemeinde zugeordnet.*
§ 32 a Abs. 2	Das zu versteuernde Einkommen ist auf den nächsten durch 36 ohne Rest teilbaren vollen Euro-Betrag abzurunden, wenn es nicht bereits durch 36 ohne Rest teilbar ist, und um 18 Euro zu erhöhen.	*Die Bemessungsgrundlage 2. Stufe der jeweiligen Ebene bemisst sich nach der korrespondierenden Bemessungsgrundlage 1. Stufe. Sie beträgt vorbehaltlich der § 32 b, 34, 34 b und 34 c jeweils in Euro für die korrespondierenden Bemessungsgrundlage 1. Stufe:* [Siehe spätere Ausführungen]
§ 32 a Abs. 5	Bei Ehegatten, die nach den §§ 26, 26 b zusammen zur Einkommensteuer veranlagt werden, beträgt die tarifliche Einkommensteuer vorbehaltlich der §§ 32 b, 34, 34 b und 34 c das Zweifache des Steuerbetrages, der sich für die Hälfte ihres gemeinsam zu versteuernden Einkommens nach den Absätzen 1 bis 3 ergibt (Splitting-Verfahren).	*Bei Ehegatten, die nach den §§ 26, 26 b zusammen zur Einkommensteuer veranlagt werden, beträgt die Bemessungsgrundlage 2. Stufe der jeweiligen Gebietskörperschaft vorbehaltlich der §§ 32 b, 34, 34 b und 34 c das Zweifache des Steuerbetrages, der sich für die Hälfte ihrer gemeinsamen Bemessungsgrundlage 1. Stufe nach den Absätzen 1 bis 3 ergibt (Splitting-Verfahren).*

§ 32 Abs. 6	Das Verfahren nach Absatz 5 ist auch anzuwenden zur Berechnung der tariflichen Einkommensteuer für das zu versteuernde Einkommen ...	*Das Verfahren nach Absatz 5 ist auch anzuwenden zur Berechnung der Bemessungsgrundlage 2. Stufe für die Bemessungsgrundlage 1. Stufe ...*
§ 32 b Abs. 1 letzter Teilsatz	..., so ist auf das nach § 32 a Abs. 1 zu versteuernde Einkommen ein besonderer Steuersatz anzuwenden.	*..., so ist auf die Bemessungsgrundlage 1. Stufe nach § 32 a Abs. 2 ein besonderer Steuersatz anzuwenden.*
§ 32 b Abs. 2	Der besondere Steuersatz nach Absatz 1 ist der Steuersatz, der sich ergibt, wenn bei der Berechnung der Einkommensteuer das nach § 32 a Abs. 1 zu versteuernde Einkommen vermehrt oder vermindert wird um ...	*Der besondere Steuersatz nach Absatz 1 ist der Steuersatz, der sich ergibt, wenn bei der Berechnung der Einkommensteuer der jeweiligen Ebene die nach § 32 a Abs. 1 Bemessungsgrundlage 1. Stufe vermehrt oder vermindert wird um ...*
§ 32 d § 32 d Abs. 1		***Hebesatzrecht*** *Die festzusetzende Bundes-, Landes- und Gemeinde-einkommensteuer wird aufgrund eines Hundertsatzes (Hebesatz) festgesetzt und erhoben, der von der hebesatzberechtigten Gebietskörperschaft zu bestimmen ist.*
§ 32 d Abs. 2		*Hebesatzberechtigt ist der Bund sowie das Land und die Gemeinde, in denen der Steuerpflichtige seinen Wohnsitz oder gewöhnlichen Aufenthalt i.S. § 1 Abs. 1 dieses Gesetzes hat. Für Steuerpflichtige i.S. der § 1 Abs. 2 bis 4 und § 1 a ist ausschließlich der Bund hebesatzberechtigt.*
§ 32 d Abs. 3		*Der Beschluss über die Festsetzung oder Änderung des Hebesatzes ist bis zum 30. Juni eines*

		Kalenderjahres mit Wirkung vom Beginn des Folgejahres zu fassen. Nach diesem Zeitpunkt kann der Beschluss über die Festsetzung des Hebesatzes gefasst werden, wenn der Hebesatz die Höhe der letzten Festsetzung nicht überschreitet.
§ 32 d Abs. 4		*Der Hebesatz muss für alle Steuerpflichtigen in der Gebietskörperschaft der gleiche sein. Wird das Gebiet einer Gebietskörperschaft geändert, so kann die nächst höhere Gebietskörperschaft oder die von ihr bestimmte Stelle für die von der Änderung betroffenen Gebietskörperschaften auf eine bestimmte Zeit verschiedene Hebesätze zulassen. Der Hebesatz kann durch Bundesgesetz, welches der Zustimmung des Bundesrates bedarf, nach oben begrenzt werden, wobei diese Begrenzung einheitlich für alle Ebenen vorzunehmen ist.*
§ 32 d Abs. 5		*Als Gebietskörperschaften i.S. dieses Gesetzes gelten Bund, Länder und Gemeinden.*
§ 34 Abs. 1 Satz 2 und 3	Die für die außerordentlichen Einkünfte anzusetzende Einkommensteuer beträgt das Fünffache des Unterschiedsbetrags zwischen der Einkommensteuer für das um diese Einkünfte verminderte zu versteuernde Einkommen (verbleibendes zu versteuerndes Einkommen) und der Einkommensteuer für das verbleibende zu versteuernde Einkommen zuzüglich eines	*Die für die außerordentlichen Einkünfte anzusetzende Einkommensteuer beträgt das Fünffache des Unterschiedsbetrags zwischen der Einkommensteuer für die um diese Einkünfte verminderte Bemessungsgrundlage 1. Stufe (verbleibende Bemessungsgrundlage 1. Stufe) und der Einkommensteuer für die verbleibende Bemessungsgrundlage 1. Stufe zuzüglich eines Fünftels dieser Einkünfte. Ist die verbleibende*

249

	Fünftels dieser Einkünfte. Ist das verbleibende zu versteuernde Einkommen negativ und das zu versteuernde Einkommen positiv, so beträgt die Einkommensteuer das Fünffache der auf ein Fünftel des zu versteuernden Einkommens entfallenden Einkommensteuer.	*Bemessungsgrundlage 1. Stufe negativ und die Bemessungsgrundlage 1. Stufe positiv, so beträgt die Bemessungsgrundlage 2. Stufe das Fünffache der auf ein Fünftel der Bemessungsgrundlage 1. Stufe entfallenden Einkommensteuer.*
§ 34 Abs. 3 Satz 1 bis 3	Sind in dem zu versteuernden Einkommen außerordentliche Einkünfte im Sinne des Absatzes 2 Nr. 1 enthalten, so kann auf Antrag abweichend von Absatz 1 die auf den Teil dieser außerordentlichen Einkünfte, der den Betrag von insgesamt 5 Millionen Euro nicht übersteigt, entfallende Einkommensteuer nach einem ermäßigten Steuersatz bemessen werden, wenn der Steuerpflichtige das 55. Lebensjahr vollendet hat oder wenn er im sozialversicherungsrechtlichen Sinne dauernd berufsunfähig ist. Der ermäßigte Steuersatz beträgt die Hälfte des durchschnittlichen Steuersatzes, der sich ergäbe, wenn die tarifliche Einkommensteuer nach dem gesamten zu versteuernden Einkommen zuzüglich der dem Progressionsvorbehalt unterliegenden Einkünfte zu bemessen wäre, mindestens jedoch 19,9 vom Hundert. Auf das um die in Satz 1 genannten Einkünfte vermindert zu versteuernde Einkommen (verbleibendes zu versteuern-	*Sind in der Bemessungsgrundlage 1. Stufe außerordentliche Einkünfte im Sinne des Absatzes 2 Nr. 1 enthalten, so kann auf Antrag abweichend von Absatz 1 die auf den Teil dieser außerordentlichen Einkünfte, der den Betrag von insgesamt 5 Millionen Euro nicht übersteigt, entfallende Einkommensteuer nach einem ermäßigten Steuersatz bemessen werden, wenn der Steuerpflichtige das 55. Lebensjahr vollendet hat oder wenn er im sozialversicherungsrechtlichen Sinne dauernd berufsunfähig ist. Der ermäßigte Steuersatz beträgt die Hälfte des durchschnittlichen Steuersatzes, der sich ergäbe, wenn die Bemessungsgrundlage 2. Stufe nach der gesamten Bemessungsgrundlage 1. Stufe zuzüglich der dem Progressionsvorbehalt unterliegenden Einkünfte zu bemessen wäre, mindestens jedoch ... [siehe spätere Ausführungen] vom Hundert. Auf die um die in Satz 1 genannten Einkünfte verminderte Bemessungsgrundlage 1. Stufe (verbleibende Bemessungsgrundlage 1. Stufe) sind vorbehaltlich Absatzes 1 die allgemeinen Tarifvorschriften an-*

	des Einkommen) sind vorbehaltlich des Absatzes 1 die allgemeinen Tarifvorschriften anzuwenden.	*zuwenden.*
§ 34 b Abs. 3	Die Einkommensteuer bemisst sich bei Einkünften aus Kalamitätsnutzungen 1. soweit sie den Nutzungssatz (Absatz 4 Nr. 1) übersteigen, nach der Hälfte des durchschnittlichen Steuersatzes, der sich ergäbe, wenn die tarifliche Einkommensteuer nach dem gesamten zu versteuernden Einkommen zuzüglich der dem Progressionsvorbehalt unterliegenden Einkünfte zu bemessen wäre; 2. ...	*Die Bemessungsgrundlage 2. Stufe bemisst sich bei Einkünften aus Kalamitätsnutzungen* *1. soweit sie den Nutzungssatz (Absatz 4 Nr. 1) übersteigen, nach der Hälfte des durchschnittlichen Steuersatzes, der sich ergäbe, wenn die Bemessungsgrundlage 2. Stufe nach der gesamten Bemessungsgrundlage 1. Stufe zuzüglich der dem Progressionsvorbehalt unterliegenden Einkünfte zu bemessen wäre;* *2. ...*
§ 34 c Abs. 1 Satz 1	Bei unbeschränkt Steuerpflichtigen, die mit ausländischen Einkünften in dem Staat, aus dem die Einkünfte stammen, zu einer der deutschen Einkommensteuer entsprechenden Steuer herangezogen werden, ist die festgesetzte und gezahlte und keinem Ermäßigungsanspruch mehr unterliegende ausländische Steuer auf die deutsche Einkommensteuer anzurechnen, die auf die Einkünfte aus diesem Staat entfällt.	*Bei unbeschränkt Steuerpflichtigen, die mit ausländischen Einkünften in dem Staat, aus dem die Einkünfte stammen, zu einer der deutschen Einkommensteuer entsprechenden Steuer herangezogen werden, ist die festgesetzte und gezahlte und keinem Ermäßigungsanspruch mehr unterliegende ausländische Steuer auf die deutsche Bundeseinkommensteuer anzurechnen, die auf die Einkünfte aus diesem Staat entfällt.*
§ 34 c Abs. 1 Satz 2		*Ausgleichsleistungen der Länder und Gemeinden können durch ein Ergänzungsgesetz bestimmt werden.*

§ 34 c Abs. 1 Satz 3 und 4		*(Der bisherige Satz 2 wird zu Satz 3, Satz 3 zu Satz 4)*
§ 34 Abs. 5 Satz 2		*Die Regelungen des Absatz 1 Satz 1 und Satz 2 gelten entsprechend.*
§ 34 e	**[Steuerermäßigung bei Einkünften aus Land- und Forstwirtschaft]**	*(Entfällt)* [Nur für die VZ 1999 und 2000 anzuwenden]
§ 34 f	**[Steuerermäßigung für Steuerpflichtige mit Kindern bei Inanspruchnahme erhöhter Absetzungen für Wohngebäude oder der Steuerbegünstigungen für eigengenutztes Wohneigentum]**	*(Entfällt)*
§ 34 g Bisherige Regelungen gehen in Abs. 1 über.	Die tarifliche Einkommensteuer, vermindert um die sonstigen Steuerermäßigungen mit Ausnahme des § 34 f Abs. 3, ermäßigt sich bei Zuwendungen an ...	*Die Bemessungsgrundlage 2. Stufe des Bundes, vermindert um die Steuerermäßigung i.S. § 34 c, der Länder und der Gemeinden, ermäßigt sich bei Zuwendungen an....*
Abs. 2 wird neu eingefügt.		*Die Regelungen des Abs. 1 sind nur anzuwenden, wenn die Mitgliedsbeiträge und Spenden gem. Abs. 1 Nr. 1 und 2 eine Zuordnung des Verwendungszwecks bezogen auf die Verbandsebene erfahren. Dementsprechend ist ein Abzug i.S. des Abs. 1 auf Bundes-, Landes- oder Gemeindeebene vorzunehmen. Andernfalls ist § 10 b Abs. 2 anzuwenden.*
§ 35	**[Steuerermäßigung bei Einkünften aus Gewerbebetrieb]**	*(Entfällt)*

§ 35 a § 35 a Abs. 1		*Nachversteuerung* *Nach Maßgabe einer Rechtsver-* *ordnung ist eine Nachversteu-* *erung durchzuführen* *1. bei Versicherungen im Sinne* *des § 10 Absatz 1 Nr. 2 Buch-* *stabe b Doppelbuchstaben bb,* *cc und dd, wenn die Voraus-* *setzungen für den Sonderaus-* *gabenabzug nach § 10 Ab-* *satz 2 Satz 2 nicht erfüllt sind;* *2. bei der Rentenversicherung* *gegen Einmalbeitrag (§ 10* *Absatz 1 Nr. 2 Buchstabe b* *Doppelbuchstabe bb), wenn* *vor Ablauf der Vertragsdauer,* *außer im Schadensfall oder* *bei Einbringung der vertrags-* *mäßigen Rentenleistung, Ein-* *malbeiträge ganz oder zum* *Teil zurückbezahlt werden;* *3. [hier nicht abgedruckt, da nur* *bis VZ 2005 anzuwenden]*
§ 35 a Abs. 2		*Die Nachsteuer ist der festzu-* *setzenden Bundeseinkommensteu-* *er hinzuzurechnen. Sofern der* *Veranlagungszeitraum, in dem* *ein nachzuversteuernder Tatbe-* *stand als verwirklicht gilt, nach* *Einführung dieses Gesetzes liegt,* *ist die Nachsteuer entsprechend* *dem Anteil von Bund, Ländern* *und Gemeinden an der Bemes-* *sungsgrundlage 1. Stufe der je-* *weilig festzusetzenden Einkom-* *mensteuer hinzuzurechnen.*
§ 37 Abs. 3 Satz 1 und 2	Das Finanzamt setzt die Vo- rauszahlungen durch Voraus- zahlungsbescheid fest. Die Vorauszahlungen bemessen sich grundsätzlich nach der Einkommensteuer, die sich	*Die Vorauszahlungen werden* *durch den Bund, die Länder und* *Gemeinden auf Basis des jeweils* *letzten ergangenen Steuerbe-* *scheides des letzten Veranla-* *gungszeitraumes der entsprech-*

	nach Anrechnung der Steuerabzugsbeträge und der Körperschaftsteuer (§ 36 Abs. 2 Nr. 2 und 3) bei der letzten Veranlagung ergeben hat.	*enden Ebene durch Vorauszahlungsbescheid festgesetzt.*
§ 37 Abs. 3 Satz 3	Das Finanzamt kann bis zum Ablauf	*Die zuständige Behörde kann bis zum Ablauf ...*
§ 37 Abs. 3 Satz 7	Außer Ansatz bleiben bis zur Anschaffung oder Fertigstellung der Objekte im Sinne des § 10 e Abs. 1 und 2 und § 10 h auch die Aufwendungen, die nach § 10 e Abs. 6 und § 10 h Satz 3 wie Sonderausgaben abgezogen wer-den; Entsprechendes gilt auch für Aufwendungen, die nach § 10 i für nach dem Eigenheimzulagengesetz begünstigte Objekte wie Sonderausgaben abgezogen werden.	*(Entfällt)*

3.3 Verwirklichte Zielsetzungen

Mittels einer auf diesem Weg zu ermittelnden Einkommensteuer lassen sich folgende Ziele verwirklichen:

1. Bund, Länder und Kommunen erhalten, wie bereits derzeit in Art. 106 Abs. 5 Satz 3 GG vorgesehen, ein Hebesatzrecht (§ 32 d EStG). Damit wird ein erheblicher Beitrag für mehr finanzielle Autonomie aller Ebenen geleistet (Stärkung der Finanzhoheit). Zudem erhalten Bund, Länder und Kommunen die Möglichkeit, innerhalb eines eigenen Rahmens unabhängig von allen anderen Gebietskörperschaften eigenes Recht zu setzen (Stärkung der Rechtssetzungshoheit), sofern bundespolitische Gesamtziele nicht gefährdet werden (§ 2 Abs. 6 EStG). Die Möglichkeit, eigenes Recht zu setzen, ist für einen interkommunalen (und länderbezogenen) Wettbewerb zwingend erforderlich. Dies stärkt die Vielfalt in der Einheit und führt zu einem – zunächst begrenzten – Wettbewerb von Rechtsordnungen.
2. Gesamtstaatliche Distributions-, Konjunktur- und Wachstumsziele können nach wie vor durch den Bund verfolgt werden. Er behält die Gesetzgebungskompetenz im Bereich der Bemessungsgrundlage 1. Stufe, wobei nach-

folgende Regelungen den gesamtstaatlichen Regelungen nicht entgegenlaufen dürfen. Die Einheit der Vielfalt wird gesichert.

3. Das Existenzminimum wird durch einen Freibetrag garantiert, der sich den
Regelungen der Aufkommensverteilung flexibel und ohne Grundgesetz-
änderungen bei Anteilsveränderungen anpasst (§ 32 a Abs. 1 EStG). Nur so
können die Vorgaben des BVerfG beachtet werden. Zugleich kann durch die
Anwendung einer einheitlichen Grund- und Splittingtabelle sichergestellt
werden, dass Belastungsverzerrungen zwischen den Ebenen verhindert
werden. Zudem wird vermieden, dass jede Gebietskörperschaft eine eigene
Grund- und Splittingtabelle entwickeln und pflegen muss. Dies würde der
Einfachheit, Nachvollziehbarkeit und dem Grundsatz der Kostenminimierung
entgegenlaufen.

4. Die Besteuerung unterliegt auf allen Ebenen wie bisher einer Progression.
Damit wird das Leistungsfähigkeitsprinzip garantiert. Die Ausgestaltung des
Einkommensteuertarifs (§ 32 a EStG) erfolgt wie bisher durch den Bundes-
gesetzgeber und wird im Einzelnen an dieser Stelle nicht betrachtet.

5. Dem Äquivalenzprinzip wird insoweit Genüge getan, dass zum einen eine
verbesserte Zurechnung der Steuereinnahmen zu den einzelnen Ebenen vorgenommen werden kann und ein Abwägungsprozess mit entsprechenden
Gegenleistungen individuell und subjektiv durch den Bürger praktizierbar
wird. Zum anderen steigt neben der Transparenz und Fühlbarkeit der Abgabenlast sowohl für den Bürger als auch für die Gebietskörperschaft der
Zwang, ihr Nutzenkalkül zu prüfen und zu rechtfertigen. Die Inanspruchnahme öffentlicher Leistungen durch die (Wohn-)Bevölkerung wird durch
die Erhebung eines Nutzungspreises abgegolten.

6. §§ 7 h, 7 i und 10 f EStG sind auf Ebene der Länder bzw. der Gemeinden zu-
rückzuverlagern, da diese Regelungen ausschließlich an Landes- bzw. Ge-
meindevorschriften anknüpfen.

7. Die Kapitalertragsteuer gem. § 43 EStG sollte ausschließlich an Bundesbe-
hörden abgeführt werden und ist im Zeitpunkt der Veranlagung mit der fest-
zusetzenden Bundeseinkommensteuer zu verrechnen.

8. Es wird empfohlen, die Ermittlung des Einkommensteuer-Messbetrages
durch die Finanzämter als Grundlagenbescheid durchführen zu lassen. Der
auf die jeweilige Gebietskörperschaft anteilig entfallende Existenzminimum-
Freibetrag ist nachrichtlich auf dem Bescheid auszuweisen. Die an-
schließende Ermittlung der Einkommensteuerschuld ist den Bundes-,
Landes- und Gemeindebehörden zu übertragen (Stärkung der Organisations-
und Planungshoheit). Die festzusetzende Einkommensteuer der jeweiligen
Ebene ist durch Bescheid bekanntzugeben. Notwendiger Stellenaufbau bei
den Behörden der Gebietskörperschaften sollte durch Stellenkürzungen bei
den Finanzämtern ausgeglichen werden.

Abbildung 34: Zuständigkeiten bei der Ermittlung der Einkommensteuerschuld

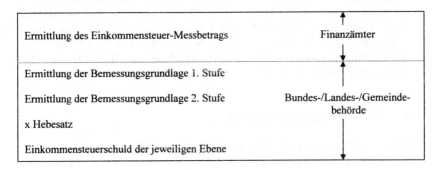

9. Der Hebesatz kann einer Begrenzung nach oben unterworfen werden, um insbesondere den Auflagen des BVerfG zu genügen. Dies ist im GG zu implementieren (Art. 105 Abs. 2 GG).

10. Beschränkt Einkommensteuerpflichtige werden der ausschließlichen Besteuerung durch die Kommunen unterworfen, da die Äquivalenzbeziehung i.S. der Nutzung öffentlichen Leistungen gegenüber den Gemeinden als wesentlich stärker eingestuft werden kann als gegenüber Bund und Ländern. Dies liegt in dem am Trennprinzip orientierten Zuordnung bereitzustellender öffentlicher Güter begründet[639]. Nach wie vor besteht das Recht, einen Mindeststeuersatz festzusetzen.

11. Es wird empfohlen, sämtliche Regelungen, welche übergeordneten Distributions-, Konjunktur- und Wachstumszielen dienen und erst nach dem Einkommensteuer-Messbetrag eine (gesamtstaatliche) Berücksichtigung erfahren, nach einer Übergangsfrist entfallen zu lassen. Der Gesetzgeber sollte stattdessen mit Inkrafttreten der vorgeschlagenen Gesetzesänderungen garantieren, dass gesamtstaatlich begründete Bestimmungen vor dem Einkommensteuer-Messbetrag im Gesetz verankert werden.

12. Sämtliche Regelungen des Bundes, der Länder und der Gemeinden i.S. des § 2 Abs. 6 Satz 3 EStG unterliegen der Aufsicht einer unabhängigen Institution. Sofern Regelungen erlassen werden, die im Widerspruch zu Bestimmungen bei der Ermittlung des Einkommensteuer-Messbetrags stehen, können selbige durch die Institution rückgängig gemacht werden. Sofern Regelungen bei der Ermittlung der Bemessungsgrundlage 1. Stufe getroffen werden, die bestehenden landes- oder gemeindespezifischen Regelungen entgegenlaufen, bricht das Einheitsziel das Vielfaltsziel, da Änderungen die Zu-

---

[639] Es kann bspw. davon ausgegangen werden, dass aufgrund des begrenzten Aufenthaltes ein geringes Interesse gegenüber dem öffentlichen Gut Verteidigung (Bundeszuständigkeit) besteht. Die Äquivalenzbeziehung bzgl. der kommunalen Infrastruktur ist wesentlich höher einzustufen.

stimmung des Bundesrates – also der Vertretung der Länder und Gemeinden – benötigen. Deutlich wird hier nochmals, dass ein Konflikt zwischen dem Allokationsziel und den Distributions-, Konjunktur- und Wachstumszielen besteht und eine Lösung in der föderativen Staatsorganisation Deutschlands zugunsten eines Ziels unmöglich ist. Die Beeinflussung der Effizienz durch die Einrichtung einer überwachenden unabhängigen Institution ist abzuwägen im Zielkonflikt mit den weiteren Staatszielen und rechtfertigbar[640].

3.4 Empfehlungen zur Lohnsteuer

Bei Einkünften aus nichtselbständiger Arbeit (§ 19 EStG) wird die Einkommensteuer unter den Voraussetzungen des § 38 Abs. 1 Nr. 1 oder Nr. 2 EStG durch Abzug vom Arbeitslohn erhoben (Lohnsteuer)[641]. Steuerschuldner ist der Arbeitnehmer. Derzeit hat der Arbeitgeber die Lohnsteuer für Rechnung des Arbeitnehmers bei jeder Lohnzahlung vom Arbeitslohn einzubehalten und unter Berücksichtigung des § 41 a EStG an das Betriebsstättenfinanzamt (§ 41 Abs. 2 EStG) abzuführen (Steuerabzugsverfahren).

Im Rahmen der dargestellten Reformierung der Besteuerung des Einkommens i.S. des EStG ergäbe sich ein Konflikt zwischen der betriebsstättenorientierten Abführung der Lohnsteuer und der angestrebten wohnsitzorientierten Besteuerung. Zur Lösung dieser Diskrepanz im Steuererhebungsverfahren bieten sich folgende Alternativen an:

1. Der Steuerabzug vom Arbeitslohn ist aufzuheben. Statt dessen leisten auch die Steuerpflichtigen, die Einkünfte aus nichtselbständiger Arbeit erzielen, quartalsweise eine Einkommensteuervorauszahlung. Dies bedeutet, dass Bund, Länder und Gemeinden jeweils Vorauszahlungsbescheide auf Basis des letzten bereits veranlagten Besteuerungszeitraumes erlassen und die Abführung der Gelder überwachen würde. Bei diesem Vorgehen hat gleichzeitig eine Verpflichtung jedes Steuerpflichtigen zu erfolgen, eine Einkommensteuererklärung abzugeben.
2. Die gem. § 39 Abs. 1 EStG zur Ausstellung der Lohnsteuerkarten verpflichteten Gemeinden[642] haben neben den Eintragungen gem. § 39 Abs. 3 und 3 a EStG auch die Hebesätze der örtlich zuständigen Gemeinde, des Bundeslandes, in der die Gemeinde liegt, sowie den Bundeshebesatz einzutragen.

---

[640] Siehe hierzu Kapitel III.1.

[641] Die Lohnsteuer stellt keine eigene Steuerart dar, sondern ist lediglich eine besondere Erhebungsform der Einkommensteuer.

[642] Gem. § 39 Abs. 2 EStG ist die Gemeinde örtlich zuständig, in deren Bezirk der Arbeitnehmer seine Hauptwohnung bzw. seinen gewöhnlichen Aufenthalt hat.

a) Der Arbeitgeber ermittelt unter Berücksichtigung der Hebesätze die insgesamt zu zahlende Lohnsteuer des Arbeitnehmers und bringt diese vom Lohn in Abzug. Die Lohnsteuer ist wie bisher an das Betriebstättenfinanzamt abzuführen. Der einzureichenden Lohnsteuer-Anmeldung (§ 41 a EStG) ist eine Anlage „Verteilung der Lohnsteuer" beizufügen, die die betragsmäßige Aufschlüsselung des Steuerbetrages auf die einzelnen Gebietskörperschaften, Bund, Länder und Gemeinden, beinhaltet. Die Verteilung der Steuereinnahmen erfolgt durch das Finanzamt.

b) Der Arbeitgeber hat jeweils unter Berücksichtigung der Hebesätze eine Lohnsteueranmeldung für Bund, Land und Gemeinde zu erstellen und der jeweiligen Gebietskörperschaft einzureichen. Die Zahlung der Lohnsteuer erfolgt direkt an die jeweilige Gebietskörperschaft.

Alternative 1 ist abzulehnen, da zum einen wesentlicher Mehraufwand bei der Steuererhebung entsteht, zum anderen hat sich das Steuerabzugsverfahren als allgemein akzeptiertes Instrument der Steuerentrichtung bewährt.

Die Verpflichtung der Eintragung der Hebesätze auf der Lohnsteuerkarte kann durch die jeweiligen Gemeinden erfolgen (Alternative 2), wodurch keine zusätzlichen Kosten entstehen würden. Die getrennte Ermittlung der Lohnsteuer für jede Gebietskörperschaft ist aufgrund der abweichenden Hebesätze unvermeidlich, so dass unterschiedliche Steuer-Leistungs-Pakete abweichende Netto-Arbeitslöhne bewirken können. Hieraus kann aufgrund der i.d.R. computergestützten Ermittlung der Lohnabrechnungen und damit der Lohnsteuerbeträge, nur ein nahezu vollständig zu vernachlässigender zusätzlicher Aufwand erwartet werden. Statt dessen wäre ein zusätzlicher Parameter bei der Lohnberechnung einzubauen und zu pflegen. Bei der Prüfung einer Empfehlung, Alternative 2 a oder 2 b zu bevorzugen, erscheint die direkte Abführung der Beträge an die jeweilige Gebietskörperschaft als vorteilhafter. Zum einen würden den Finanzämtern bei Alternative 2 a keine originären Aufgaben übertragen, zum anderen kann die jeweilige Gebietskörperschaft und insbesondere die Kommune anhand der eingehenden Lohnsteuer-Anmeldungen Rückschlüsse auf das Wohn-Arbeits-Verhalten der Bevölkerung vornehmen, hieraus folgend eventuelle Änderungen im Steuer-Leistungs-Paket bzw. in der Siedlungsstruktur anstreben und Abwanderungstendenzen begegnen. Das Verfahren einer direkten Abrechnung mit der jeweils zuständigen Körperschaft wird bereits im Abzugssystem der Krankenversicherung vom Arbeitslohn vollzogen.

Im Zusammenhang mit der Pauschalierung der Lohnsteuer in besonderen Fällen (§ 40 EStG), der Pauschalierung der Lohnsteuer für Teilzeitbeschäftigte (§ 40 a EStG) und der Pauschalierung der Lohnsteuer bei bestimmten Zukunftssicherungsleistungen (§ 40 b EStG) sollte das Aufkommen aus Praktikabilitätsgründen ausschließlich dem Bund zustehen. Am Jahressteueraufkommen orien-

258

tierte Ausgleichzahlungen des Bundes an die Länder und Gemeinden können ggf. durch Bundesgesetz beschlossen werden.

Spezifische Regelungen durch Satzungen der einzelnen Gebietskörperschaften, die zu einer geringeren Steuerlast führen, können auf Antrag des Steuerpflichtigen durch die jeweilige Gebietskörperschaft auf der Lohnsteuerkarte eingetragen werden und sind bei der Ermittlung der Lohnsteuer entsprechend des derzeit anzuwendenden § 39 a EStG zu berücksichtigen. Die Voraussetzungen[643] für eine Eintragung gem. § 39 a Abs. 2 EStG sind entsprechend des neuen § 32 a Abs. 1 EStG zu beachten und die erforderlichen Mindestbeträge gem. Art. 106 GG auf die Gebietskörperschaften aufzuteilen.

4. Vorschlag zur Reformierung der Objektbesteuerung der Unternehmen

4.1 Kommunale Objektsteuer mit gewinnabhängiger Bemessungsgrundlage

Eine Abschaffung der kommunalen Unternehmensbesteuerung i.S. der bisherigen Gewerbesteuer insgesamt ist an dieser Stelle abzulehnen[644], da zum einen die (autonome) kommunale Besteuerung auf einer breiten Bemessungsgrundlage erfolgen sollte und die Gewerbesteuer als originäre kommunale Steuerart erhebliche Gestaltungsspielräume im interkommunalen Wettbewerb schaffen kann. Zum anderen werden durch die unternehmerische Tätigkeit wesentliche Teile der öffentlichen Leistungen (Infrastruktur) genutzt. Hier tritt der Äquivalenzgedanke wieder in den Mittelpunkt. Auch müssen Anreize geschaffen werden, dass die Gemeinden Interesse besitzen, weitere Ansiedlungen von Betrieben zu ermöglichen. Bedingt durch das Hebesatzrecht und die (beschränkte) Gesetzgebungskompetenz bei der Einkommensteuer bestünde ansonsten die Gefahr einer ausschließlichen Orientierung an der Ansiedlung von Wohnbevölkerung. Wettbewerbliche Positionierung ist nur möglich, wenn mehrere Parameter zur Verfügung stehen. Hier sind neben der inhaltlichen Ab-

---

[643] Der Antrag hinsichtlich eines Freibetrages aus der Summe der nach § 39 a Abs. 1 Nr. 1 bis 3 EStG in Betracht kommenden Aufwendungen und Beträge ist nur zulässig, wenn die Aufwendungen im Sinne des § 9 EStG, soweit sie den Arbeitnehmer-Pauschbetrag übersteigen, die Aufwendungen im Sinne des § 10 Abs. 1 Nr. 1, 1 a, 4, 6, 7 und 9 EStG, der §§ 10 b, 33 und 33 c EStG sowie die abziehbaren Beträge nach den §§ 33 a und 33 b Abs. 6 EStG insgesamt 600 Euro übersteigen.

[644] Anderer Auffassung ist unter anderem Hanns-Eberhard Schleyer – ZDH-Generalsekretär –, der die Abschaffung der Gewerbesteuer insgesamt befürwortet.
Siehe: O.V., Das Handwerk warnt bei der Gemeindefinanzreform vor Steuererhöhungen, in: FAZ vom 05. März 2002, Seite 54.
Siehe auch : O.V., Steuerzahlerbund fordert Abschaffung der Gewerbesteuer, in: FAZ vom 08. März 2002, Seite 15.

grenzung durch abweichende Gesetzgebung(-srechte) auch alternative Zielgruppen kommunaler Steuer-Leistungs-Pakete von erheblicher Bedeutung. Anstelle „Kommunalzuschlag statt Gewerbesteuer"[645] ist eine gewinnbasierte mit Satzungsrecht ausgestattete Kommunalsteuer zu erheben.

Die Umgestaltung der Gewerbesteuer hin zu einer allgemeinen kommunalen Objektsteuer entspricht einer Äquivalenzabgabe für die Nutzung öffentlicher Leistungen speziell durch Unternehmen. Die kommunale Infrastruktur und öffentliche Leistungen der Gemeinden werden von den steuerbefreiten Institutionen bzw. Einrichtungen des derzeitigen § 3 GewStG in gleicher Intensität genutzt, wie von nicht steuerbefreiten. Daher ist zu empfehlen, Steuerbefreiungen i.S. von § 3 GewStG vollständig rückgängig zu machen[646].

Abbildung 35: Ermittlung der kommunalen Objektsteuer mit gewinnabhängiger Bemessungsgrundlage

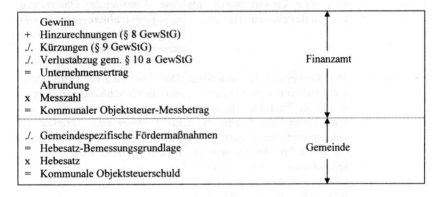

[645] Homburg, Stefan, Kommunalzuschlag statt Gewerbesteuer, a.a.O., hier: Seite I.
[646] Siehe hierzu bereits: BMF (Hrsg.), Gutachten zur Reform der Gemeindesteuern in der Bundesrepublik Deutschland, a.a.O., Seite 58 – 62.

Auch hier wird sich – wie bei der Einkommensteuer – an geltendem Recht orientiert, notwendige gesetzgeberische Veränderungen sollen gering gehalten und so die Akzeptanz insbesondere auf der politischen Ebene gefördert werden.

4.2 Notwendige Gesetzesänderungen

Die nachstehenden Änderungen des Gesetzestextes werden als notwendig erachtet, um die angestrebten Ziele zu realisieren[647].

Gesetzes-grundlage	Alte Gesetzeslage	Neue Gesetzeslage
GewStG		
§ 1	Die Gemeinden sind berechtigt, eine Gewerbesteuer als Gemeindesteuer zu erheben.	*Die Gemeinden sind berechtigt, eine kommunale Objektsteuer mit gewinnabhängiger Bemessungsgrundlage als Gemeindesteuer zu erheben.*
§ 2 Abs. 1	Der Gewerbesteuer unterliegt jeder stehende Gewerbebetrieb, soweit er im Inland betrieben wird. Unter Gewerbebetrieb ist ein gewerbliches Unternehmen im Sinne des Einkommensteuergesetzes zu verstehen. Im Inland betrieben wird ein Gewerbebetrieb, soweit für ihn im Inland oder auf einem in einem inländischen Schiffsregister eingetragenen Kauffahrteischiff eine Betriebsstätte unterhalten wird.	*Der kommunalen Objektsteuer mit gewinnabhängiger Bemessungsgrundlage unterliegt jede unternehmerische Tätigkeit i.S. des § 2 UStG, soweit diese im Inland betrieben wird.*
§ 2 Abs. 2	Als Gewerbebetrieb gilt stets und in vollem Umfang die Tätigkeit der Kapitalgesellschaften (Aktiengesellschaften, Kommanditgesellschaften auf	*Vorübergehende Unterbrechungen im Betrieb des Unternehmens, die durch die Art des Betriebs veranlasst sind, heben die Steuerpflicht für die Zeit bis*

---

[647] Dabei werden die Regelungen bzgl. der Vorauszahlungen (§§ 19 – 21 GewStG) sowie der Abschnitte VI bis X des GewStG nicht miteinbezogen.

	Aktien, Gesellschaften mit beschränkter Haftung), der Erwerbs- und Wirtschaftsgenossenschaften und der Versicherungsvereine auf Gegenseitigkeit. Ist eine Kapitalgesellschaft Organgesellschaft im Sinne der §§ 14, 17 oder 18 des Körperschaftsteuergesetzes, so gilt sie als Betriebsstätte des Organträgers.	*zur Wiederaufnahme des Betriebs nicht auf.*
§ 2 Abs. 3	Als Gewerbebetrieb gilt auch die Tätigkeit der sonstigen juristischen Personen des privaten Rechts und der nichtrechtsfähigen Vereine, soweit sie einen wirtschaftlichen Geschäftsbetrieb (ausgenommen Land- und Forstwirtschaft) unterhalten.	*Geht ein Unternehmen im ganzen auf einen anderen Unternehmer über, so gilt das Unternehmen als durch den bisherigen Unternehmer eingestellt. Das Unternehmen gilt als durch den anderen Unternehmer neu gegründet, wenn es nicht mit einem bereits bestehenden Unternehmen vereinigt wird.*
§ 2 Abs. 4	Vorübergehende Unterbrechungen im Betrieb eines Gewerbes, die durch die Art des Betriebs veranlaßt sind, heben die Steuerpflicht für die Zeit bis zur Wiederaufnahme des Betriebs nicht auf.	Der bisherige Absatz 6 wird zu Absatz 4. Der Begriff *Gewerbesteuer* wird durch *kommunale Objektsteuer mit gewinnabhängiger Bemessungsgrundlage* ersetzt.
§ 2 Abs. 5	Geht ein Gewerbebetrieb im Ganzen auf einen anderen Unternehmer über, so gilt der Gewerbebetrieb als durch den bisherigen Unternehmer eingestellt. Der Gewerbebetrieb gilt als durch den anderen Unternehmer neu gegründet wenn er nicht mit einem bereits bestehenden Gewerbebetrieb vereinigt wird.	Der bisherige Absatz 7 wird zu Absatz 5.
§ 2 a	**Arbeitsgemeinschaften.**	*(Entfällt)*

§ 3	**Befreiungen.**	*(Entfällt)*
§ 4 Abs. 1	Die stehenden Gewerbebetriebe unterliegen der Gewerbesteuer in der Gemeinde, in der eine Betriebsstätte zur Ausübung des stehenden Gewerbes unterhalten wird. Befinden sich Betriebsstätten desselben Gewerbebetriebs in mehreren Gemeinden oder erstreckt sich eine Betriebsstätte über mehrere Gemeinden, so wird die Gewerbesteuer in jeder Gemeinde nach dem Teil des Steuermeßbetrags erhoben, der auf sie entfällt.	*Jede unternehmerische Tätigkeit unterliegt der kommunalen Objektsteuer mit gewinnabhängiger Bemessungsgrundlage in der Gemeinde, in der eine Betriebsstätte zur Ausübung dieser Tätigkeit unterhalten wird. Befinden sich Betriebsstätten, die derselben unternehmerischen Tätigkeit dienen, in mehreren Gemeinden oder erstreckt sich eine Betriebsstätte über mehrere Gemeinden, so wird die kommunale Objektsteuer mit gewinnabhängiger Bemessungsgrundlage in jeder Gemeinde nach dem Teil des Steuermessbetrags erhoben, der auf sie entfällt.*
§ 5 Abs. 1	Steuerschuldner ist der Unternehmer. Als Unternehmer gilt der, für dessen Rechnung das Gewerbe betrieben wird. Ist die Tätigkeit einer Personengesellschaft Gewerbebetrieb, so ist Steuerschuldner die Gesellschaft. Wird das Gewerbe in der Rechtsform ...	*Steuerschuldner ist der Unternehmer. Als Unternehmer gilt der, für dessen Rechnung das Unternehmen betrieben wird. Bei der Tätigkeit einer Personengesellschaft ist die Gesellschaft Steuerschuldner. Wird das Unternehmen in der Rechtsform ...*
§ 5 Abs. 2	Geht ein Gewerbebetrieb im ganzen auf einen anderen Unternehmer über (§ 2 Abs. 5), so ist der bisherige Unternehmer bis zum Zeitpunkt des Übergangs Steuerschuldner. Der andere Unternehmer ist von diesem Zeitpunkt an Steuerschuldner.	*Geht ein Unternehmen im ganzen auf einen anderen Unternehmer über (§ 2 Abs. 3), so ist der bisherige Unternehmer bis zum Zeitpunkt des Übergangs Steuerschuldner. Der andere Unternehmer ist von diesem Zeitpunkt an Steuerschuldner.*
§ 6	Besteuerungsgrundlage für die Gewerbesteuer ist der Gewer-	*Besteuerungsgrundlage für die kommunale Objektsteuer mit*

	beertrag.	*gewinnabhängiger Bemessungsgrundlage ist der Unternehmensertrag.*
§ 7	**Gewerbeertrag** Gewerbeertrag ist der nach den Vorschriften des Einkommensteuergesetzes oder des Körperschaftsteuergesetzes zu ermittelnde Gewinn aus dem Gewerbebetrieb, der bei der Ermittlung des Einkommens für den dem Erhebungszeitraum (§ 14) entsprechenden Veranlagungszeitraum zu berücksichtigen ist, vermehrt und vermindert um die in den §§ 8 und 9 bezeichneten Beträge. Zum Gewerbeertrag gehört auch der Gewinn aus der Veräußerung oder Aufgabe 1. des Betriebs oder eines Teilbetriebs einer Mitunternehmerschaft, 2. des Anteils eines Gesellschafters, der als Unternehmer (Mitunternehmer) des Betriebs einer Mitunternehmerschaft anzusehen ist, 3. des Anteils eines persönlich haftenden Gesellschafters einer Kommanditgesellschaft auf Aktien, soweit er nicht auf eine natürliche Person als unmittelbar beteiligter Mitunternehmer entfällt. Der nach § 5 a des Einkommensteuergesetzes ermittelte Gewinn und das nach § 8 Abs. 1 Satz 2 des Körperschaftsteuergesetzes ermittelte Einkommen gelten als Gewerbeertrag nach Satz 1.	*Unternehmensertrag* *Unternehmensertrag ist der nach den Vorschriften des Einkommensteuergesetzes oder Körperschaftsteuergesetzes zu ermittelnde Gewinn aus unternehmerischer Tätigkeit, der bei der Ermittlung des Einkommens für den dem Erhebungszeitraum (§ 14) entsprechenden Veranlagungszeitraum zu berücksichtigen ist, vermehrt bzw. vermindert um die in den §§ 8 und 9 bezeichneten Beträge. Der nach § 5 a des Einkommensteuergesetzes ermittelte Gewinn gilt als Unternehmensertrag nach Satz 1.*

§ 8	Dem Gewinn aus Gewerbe-betrieb (§ 7) werden folgende Beträge wieder hinzugerechnet, ...	*Dem Gewinn aus unternehmerischer Tätigkeit (§ 7) werden folgende Beträge wieder hinzugerechnet, ...*
§ 8 Nr. 2 Satz 2	Das gilt nicht, wenn diese Beträge beim Empfänger zur Steuer nach dem Gewerbeertrag heranzuziehen sind;	*Das gilt nicht, wenn diese Beträge beim Empfänger zur Steuer nach dem Unternehmensertrag heranzuziehen sind.*
§ 8 Nr. 6		*Vergütungen einer juristischen Person, die ein Gesellschafter von der Gesellschaft für seine Tätigkeit im Dienst der Gesellschaft oder für die Hingabe von Darlehen oder für die Überlassung von Wirtschaftsgütern bezogen hat.*
§ 8 Nr. 7 Satz 2	Das gilt nicht, soweit die Miet- oder Pachtzinsen beim Vermieter oder Verpächter zur Gewerbesteuer heranzuziehen sind, ...	*Das gilt nicht, soweit die Miet- oder Pachtzinsen beim Vermieter oder Verpächter zur kommunalen Objektsteuer mit gewinnabhängiger Bemessungsgrundlage heranzuziehen sind, ...*
§ 8 Nr. 8	die Anteile am Verlust einer in- oder ausländischen offenen Handelsgesellschaft, einer Kommanditgesellschaft oder einer anderen Gesellschaft, bei der die Gesellschafter als Unternehmer (Mitunternehmer) des Gewerbebetriebs anzusehen sind;	*die Anteile am Verlust einer in- oder ausländischen offenen Handelsgesellschaft, einer Kommanditgesellschaft oder einer anderen Gesellschaft, bei der die Gesellschafter als Unternehmer (Mitunternehmer) des Unternehmens anzusehen sind;*
§ 8 Nr. 10	..., um die der Gewerbeertrag nach § 9 Nr. 2 a, 7 oder 8 zu kürzen ist, ...	*..., um die der Unternehmensertrag nach § 9 Nr. 7 oder 8 zu kürzen ist, ...*
§ 8a	**Hinzurechnung des Gewerbeertrags bei niedriger Gewerbesteuerbelastung**	*(Entfällt)*

§ 9 Nr. 1	1,2 vom Hundert des Ein-heits-werts des zum Betriebsvermögen des Unternehmers gehörenden Grundbesitzes; ...	*(Entfällt)*
§ 9 Nr. 2	..., bei der die Gesellschafter als Unternehmer (Mitunternehmer) des Gewerbebetriebs anzusehen sind, wenn die Gewinnanteile bei der Ermittlung des Gewinns angesetzt worden sind; dies gilt nicht, wenn ihr Gewerbeertrag nur einer niedrigen Gewerbesteuerbelastung unterliegt. § 8a gilt sinngemäß.	*..., bei der die Gesellschafter als Unternehmer (Mitunternehmer) des Unternehmens anzusehen sind, wenn die Gewinnanteile bei der Ermittlung des Gewinns angesetzt worden sind.*
§ 9 Nr. 2 a	die Gewinne aus Anteilen an einer nicht steuerbefreiten inländischen Kapitalgesellschaft im Sinne des § 2 Abs.2, ...	*(Entfällt)*
§ 9 Nr. 2 b	die nach § 8 Nr. 4 dem Gewerbeertrag einer Kommanditgesellschaft auf Aktien hinzugerechneten Gewinnanteile, wenn sie bei der Ermittlung des Gewinns (§ 7) angesetzt worden sind;	*die nach § 8 Nr. 4 dem Unternehmensertrag einer Kommanditgesellschaft auf Aktien hinzugerechneten Gewinnanteile, wenn sie bei der Ermittlung des Gewinns (§ 7) angesetzt worden sind;*
§ 9 Nr. 3		Der Begriff *Gewerbeertrag* ist durch *Unternehmensertrag* zu ersetzen.
§ 9 Nr. 4	die bei der Ermittlung des Gewinns aus Gewerbebetrieb des Vermieters oder Verpächters berücksichtigten Miet- oder Pachtzinsen für die Überlassung von nicht in Grundbesitz bestehenden Wirtschaftsgütern des Anlage-vermögens, soweit sie nach § 8 Nr. 7 dem Gewinn aus Gewerbebetrieb des Mieters oder Pächters hinzuge-	*die bei der Ermittlung des Gewinns aus unternehmerischer Tätigkeit des Vermieters oder Verpächters berücksichtigten Miet- oder Pachtzinsen für die Überlassung von nicht in Grundbesitz bestehenden Wirtschaftsgütern des Anlagevermögens, soweit sie nach § 8 Nr. 7 dem Gewinn aus unter-*

	rechnet worden sind;	*nehmerischer Tätigkeit des Mieters oder Pächters hinzugerechnet worden sind;*
§ 9 Nr. 5	die aus den Mitteln des Gewerbetriebs geleisteten Aus-gaben zur Förderung mildtätiger, kirchlicher, religiöser, wissenschaftlicher und der als besonders förderungswürdig anerkannten gemeinnützigen Zwecke im Sinne des § 10 b Abs. 1 des Einkommensteuergesetzes oder des § 9 Abs. 1 Nr. 2 des Körperschaftsteuergesetzes bis zur Höhe von insgesamt 5 vom Hundert des um die Hinzurechnungen nach § 8 Nr. 9 erhöhten Gewinns aus Gewerbebetrieb (§ 7) oder 2 vom Tausend der Summe der gesamten Umsätze und der im Wirtschaftsjahr aufgewendeten Löhne und Gehälter. ...	*die aus den Mitteln des Unternehmens geleisteten Ausgaben zur Förderung mildtätiger, kirchlicher, religiöser, wissenschaftlicher und der als besonders förderungswürdig anerkannten gemeinnützigen Zwecke im Sinne des § 10 b Abs. 1 des Einkommensteuergesetzes oder des § 9 Abs. 1 Nr. 2 des Körperschaftsteuergesetzes bis zur Höhe von insgesamt 5 vom Hundert des um die Hinzurechnungen nach § 8 Nr. 9 erhöhten Gewinns aus unternehmerischer Tätigkeit (§ 7) oder 2 vom Tausend der Summe der gesamten Umsätze und der im Wirtschaftsjahr aufgewendeten Löhne und Gehälter. ...*
§ 9 Nr. 8	die Gewinne aus Anteilen an einer ausländischen Gesellschaft, die nach einem Abkommen zur Vermeidung der Doppelbesteuerung unter der Voraussetzung einer Mindestbeteiligung von der Gewerbesteuer befreit sind, ...	*die Gewinne aus Anteilen an einer ausländischen Gesellschaft, die nach einem Abkommen zur Vermeidung der Doppelbesteuerung unter der Voraussetzung einer Mindestbeteiligung von der kommunalen Objektsteuer mit gewinnabhängiger Bemessungsgrundlage befreit sind, ...*
§ 10 Abs. 1	Maßgebend ist der Gewerbeertrag, der in dem Erhebungszeitraum bezogen worden ist, für den der Steuermeßbetrag (§ 14) festgesetzt wird.	*Maßgebend ist der Unternehmensertrag, der in dem Erhebungszeitraum bezogen worden ist, für den der Steuermessbetrag (§ 14) festgesetzt wird.*
§ 10 a	Der maßgebende Gewerbeertrag wird um die Fehlbeträge	*Der maßgebende Unternehmensertrag wird um die*

gekürzt, die sich bei der Ermittlung des maßgebenden Gewerbeertrags für die vorangegangenen Erhebungszeiträume nach den Vorschriften der § 7 bis 10 ergeben haben, soweit die Fehlbeträge nicht bei der Ermittlung des Gewerbeertrags für die vorangegangenen Erhebungszeiträume berücksichtigt worden sind. Die Höhe der vortragsfähigen Fehlbeträge ist gesondert festzustellen. Im Falle des § 2 Abs. 5 kann der andere Unternehmer den maßgebenden Gewerbeertrag nicht um die Fehlbeträge kürzen, die sich bei der Ermittlung des maßgeblichen Gewerbeertrags des übergegangenen Unternehmens ergeben haben. Auf die Fehlbeträge ist § 8 Abs. 4 des Körperschaftsteuergesetzes entsprechend anzuwenden.

Fehlbeträge gekürzt, die sich bei der Ermittlung des maßgebenden Unternehmensertrags für die vorangegangenen Erhebungszeiträume nach den Vorschriften der § 7 bis 10 ergeben haben, soweit die Fehlbeträge nicht bei der Ermittlung des Unternehmensertrags für die vorangegangenen Erhebungszeiträume berücksichtigt worden sind. Die Höhe der vortragsfähigen Fehlbeträge ist gesondert festzustellen. Im Falle des § 2 Abs. 3 kann der andere Unternehmer den maßgebenden Unternehmensertrag nicht um die Fehlbeträge kürzen, die sich bei der Ermittlung des maßgeblichen Unternehmensertrags des übergegangenen Unternehmens ergeben haben. Auf die Fehlbeträge ist § 8 Abs. 4 des Körperschaftsteuergesetzes entsprechend anzuwenden.

§ 11 Abs. 1 Satz 3

Der Gewerbeertrag ist auf volle 100 Euro nach unten abzurunden und
1. bei natürlichen Personen sowie bei Personengesellschaften um einen Freibetrag in Höhe von 24.500 Euro,
2. bei Unternehmen im Sinne des § 2 Abs. 3 und des § 3 Nr. 5, 6, 8, 9, 15, 17, 21, 26, 27, 28 und 29 sowie bei Unternehmen von juristischen Personen des öffentlichen Rechts um einen Freibetrag in Höhe von 3.900 Euro,
höchstens jedoch in Höhe des

Der Unternehmensertrag ist auf volle 50 Euro nach unten abzurunden.

	abgerundeten Gewerbeertrags, zu kürzen.	
§ 11 Abs. 2	Die Steuermeßzahl für den Gewerbeertrag beträgt 1. bei Gewerbebetrieben, die von natürlichen Personen oder von Personengesellschaften betrieben werden, für die ersten 12.000 Euro 1 vom Hundert, für die weiteren 12.000 Euro 2 vom Hundert, für die weiteren 12.000 Euro 3 vom Hundert, für die weiteren 12.000 Euro 4 vom Hundert, für alle weiteren Beträge 5 vom Hundert, 2. bei anderen Gewerbebetrieben 5 vom Hundert.	*Die Steuermesszahl für den Unternehmensertrag beträgt einheitlich ... vom Hundert.* [Siehe spätere Ausführungen]
§ 14 Satz 3	Besteht die Gewerbesteuerpflicht nicht während eines ganzen Kalenderjahrs, so tritt an die Stelle des Kalenderjahrs der Zeitraum der Steuerpflicht (abgekürzter Erhebungszeitraum).	*Besteht die Steuerpflicht i.S. dieses Gesetzes nicht während des ganzen Kalenderjahres, so tritt an Stelle des Kalenderjahres der Zeitraum der Steuerpflicht (abgekürzter Erhebungszeitraum).*
§ 14 a Satz 1	Für steuerpflichtige Gewerbebetriebe ist eine Erklärung zur Festsetzung des Steuermeßbetrags und in den Fällen des § 28 außerdem eine Zerlegungserklärung abzugeben.	*Für steuerpflichtige Unternehmen ist eine Erklärung zur Festsetzung des Steuermessbetrags und in den Fällen des § 28 außerdem eine Zerlegungserklärung abzugeben.*
§ 14 b Satz 2	Sind mehrere Gemeinden an der Gewerbesteuer beteiligt, so fließt der Verspätungszuschlag der Gemeinde zu, in der sich die Geschäftsleitung am Ende des Erhebungszeitraums befindet.	*Sind mehrere Gemeinden an der kommunalen Objektsteuer mit gewinnabhängiger Bemessungsgrundlage beteiligt, so fließt der Verspätungszuschlag der Gemeinde zu, in der sich die Geschäftsleitung am Ende des Er-*

		hebungszeitraums befindet.
§ 16 § 16 Abs. 1	**Hebesatz.** Die Steuer wird auf Grund des Steuermeßbetrags (§ 14) mit einem Hundertsatz (Hebesatz) festgesetzt und erhoben, der von der hebeberechtigten Gemeinde (§§ 4, 35 a) zu bestimmen ist.	*Satzungsrecht* *Die Gemeinden haben das Recht, Satzungen zu erlassen, die den Steuermessbetrag mindern, sofern diese nicht im Widerspruch zu Bestimmungen dieses Gesetzes stehen (Hebesatzbemessungsgrundlage). Eine direkte Förderung einzelner Unternehmen ist ausgeschlossen.*
§ 16 Abs. 2	Der Hebesatz kann für ein Kalenderjahr oder mehrere Kalenderjahre festgesetzt werden.	*(Entfällt)*
§ 16 Abs. 3	Der Beschluß über die Festsetzung oder Änderung des Hebesatzes ist bis zum 30. Juni eines Kalenderjahrs mit Wirkung vom Beginn dieses Kalenderjahrs zu fassen. Nach diesem Zeitpunkt kann der Beschluß über die Festsetzung des Hebesatzes gefaßt werden, wenn der Hebesatz die Höhe der letzten Festsetzung nicht überschreitet.	*(Entfällt)*
§ 16 Abs. 4	Der Hebesatz muß für alle in der Gemeinde vorhandenen Unternehmen der gleiche sein. Wird das Gebiet von Gemeinden geändert, so kann die Landesregierung oder die von ihr bestimmte Stelle für die von der Änderung betroffenen Gebietsteile auf eine bestimmte Zeit verschiedene Hebesätze zulassen.	*(Entfällt)*
§ 16 Abs. 5	In welchem Verhältnis die Hebesätze für die Grundsteuer der	*(Entfällt)*

	Betriebe der Land- und Forstwirtschaft, für die Grundsteuer der Grundstücke und für die Gewerbesteuer zueinander stehen müssen, welche Höchstsätze nicht überschritten werden dürfen und inwieweit mit Genehmigung der Gemeindeaufsichtsbehörde Ausnahmen zugelassen werden können, bleibt einer landesrechtlichen Regelung vorbehalten.	
§ 17 § 17 Abs. 1		*Hebesatz* *Die Steuer wird auf Grund der Hebesatzbemessungsgrundlage nach § 16 mit einem Hundertsatz (Hebesatz) festgesetzt und erhoben, der von der hebeberechtigten Gemeinde (§§ 4, 35 a) zu bestimmen ist.*
§ 17 Abs. 2		*Der Hebesatz kann für ein Kalenderjahr oder mehrere Kalenderjahre festgesetzt werden.*
§ 17 Abs. 3		*Der Beschluss über die Festsetzung oder Änderung des Hebesatzes ist bis zum 30. Juni eines Kalenderjahres mit Wirkung vom Beginn des Folgejahres zu fassen. Nach diesem Zeitpunkt kann der Beschluss über die Festsetzung des Hebesatzes gefasst werden, wenn der Hebesatz die Höhe der letzten Festsetzung nicht überschreitet.*
§ 17 Abs. 4		*Der Hebesatz muss für alle in der Gemeinde vorhandenen Unternehmen der gleiche sein. Wird das Gebiet von Gemeinden geändert, so kann die Landes-*

		regierung oder die von ihr bestimmte Stelle für die von der Änderung betroffenen Gebiete auf eine bestimmte Zeit verschiedene Hebesätze zulassen.
§ 17 Abs. 5		*In welchem Verhältnis der Tausendsatz für die Grundsteuer der Land- und Forstwirtschaft, für die Grundsteuer der Grundstücke und der Hebesatz für die kommunale Objektsteuer mit gewinnabhängiger Bemessungsgrundlage zueinander stehen müssen, welche Höchstsätze nicht überschritten werden dürfen und inwieweit mit Genehmigung der Gemeindeaufsichtsbehörde Ausnahmen zugelassen werden können, bleibt einer landesrechtlichen Regelung vorbehalten.*
§ 18	Die Gewerbesteuer entsteht, soweit es sich nicht um Vorauszahlungen (§ 21) handelt, mit Ablauf des Erhebungszeitraums, für den die Festsetzung vorgenommen wird.	*Die kommunale Objektsteuer mit gewinnabhängiger Bemessungsgrundlage entsteht, soweit es sich nicht um Vorauszahlungen (§ 21) handelt, mit Ablauf des Erhebungszeitraums, für den die Festsetzung vorgenommen wird.*

4.3   Realisierte Reformziele

Mittels einer allgemeinen kommunalen Objektbesteuerung mit gewinnabhängiger Bemessungsgrundlage können folgende Ziele erreicht werden:

1. Die Bemessungsgrundlage wird auf grundsätzlich alle Unternehmen ausgeweitet. Damit steigt der Kreis der Steuerpflichtigen und gleichzeitig sinkt die Belastung des Einzelnen.

2. Dem Äquivalenzgedanken wird verstärkt Rechnung getragen, da sich der Unternehmensbegriff an § 2 UStG orientiert und somit auch bisher nicht steuerpflichtige Unternehmen umfasst[648].

3. Neben dem Hebesatzrecht erhalten die Kommunen, ähnlich wie bei der Besteuerung des Einkommens, einen eigenen gesetzgeberischen Spielraum. Damit ist neben einer steuerlichen Unterscheidung (Höhe des Hebesatzes) auch eine inhaltliche Abgrenzung zu Wettbewerbern möglich. Auch hier sind übergeordnete Distributions-, Konjunktur- und Wachstumsziele zu beachten. Daher ist die vorgelagerte Gesetzgebungskompetenz beim Bund zu belassen. Dies kann als Preis der Einheit interpretiert werden. Dagegen können Hypothesen im eigenen Gesetzgebungsbereich getestet, Wettbewerb um institutionelle Regeln induziert, der Vielfalt Rechnung getragen und evolutorische Wettbewerbsprozesse in Gang gesetzt werden.

4. Es werden zusätzliche Anreize für die Gemeinden für Unternehmensakquisitionen geschaffen, da die Einnahmen aufgrund der einhergehenden Abschaffung der Gewerbesteuerumlage ausschließlich ihnen zustehen.

5. Durch die Einführung einer einheitlichen Steuermesszahl werden zugleich die Freibeträge gem. § 11 Abs. 1 GewStG abgeschafft, da im Gegenzug Vergütungen, die ein Gesellschafter von der Gesellschaft für seine Tätigkeit im Dienst der Gesellschaft oder für die Hingabe von Darlehen oder für die Überlassung von Wirtschaftsgütern bezogen hat, bei der Ermittlung des Unternehmensertrages hinzugerechnet werden. So findet eine wesentlich verbesserte Gleichstellung von Personengesellschaften, Einzelunternehmen und juristischen Personen bei der Steuerermittlung statt als über einen Freibetrag, der die Höhe der Gehälter nur bruchteilhaft berücksichtigt. Gleichzeitig wird auf diesem Wege verhindert, dass sich die kommunale Objektsteuer mit gewinnabhängiger Bemessungsgrundlage ebenso wie die Gewerbesteuer zu

---

[648] Ein Vorschlag des DST orientiert sich ebenfalls an der Beibehaltung der Gewerbesteuer mit einem § 2 UStG entsprechenden Kreis der Steuerpflichtigen. Allerdings sollte die Bemessungsgrundlage weniger gewinnabhängig und somit ertragsunabhängiger werden. Siehe: O.V., Vorschlag des Deutschen Städtetages zur Umgestaltung der Gewerbesteuer, in: Der Städtetag 1986, Seite 776 – 784 und Schäfer, Hans-Joachim, Zur Zukunft der Gewerbesteuer, in: Der Städtetag 1986, Seite 775. Daraus könnte allerdings – ebenso wie bspw. bei der Wertschöpfungsteuer – in ertragsschwachen Zeiten eine Substanzbesteuerung der Unternehmen resultieren. Siehe Kapitel VI.1.1.3.2.

einer Großbetriebsteuer entwickelt. Daraus folgend bestünde für die Gemeinden ein verstärktes Interesse, kleine und mittelständische Unternehmen anzusiedeln, da auch diese faktisch eine kommunale Objektsteuer zu entrichten hätten. Die Abhängigkeit von einzelnen großen Unternehmen würde sinken und die Fühlbarkeit für jeden Bürger bzw. für jedes Unternehmen steigen. Bisher war die Gewerbesteuer aufgrund der Freibeträge für eine Vielzahl von Unternehmen nicht spürbar und damit im unternehmerischen Kalkül uninteressant. Aufgrund der jetzt wesentlich verstärkten Äquivalenzbesteuerung steigt auch die Bedeutung der kommunalen Steuerbelastung.

6. Ebenso wie bei der Einkommensteuer sollte die Überwachung der gemeindespezifischen Regelungen durch eine unabhängige Institution stattfinden. Regelungen, die Vorschriften dieses Gesetzes oder übergeordnete Distributions-, Konjunktur- und Wachstumsziele verletzen, wären durch die Institution zu untersagen. Sofern Regelungen bei der Ermittlung des kommunalen Objektsteuer-Messbetrag getroffen würden, die bestehenden gemeindespezifischen Regelungen entgegenlaufen, bricht das Einheitsziel das Vielfaltsziel, da Gesetzesänderungen die Zustimmung des Bundesrates – also der Länderkammer – benötigen.

7. Die direkte Wirtschaftsförderung einzelner Unternehmen ist den Kommunen aus den dargelegten Gründen zu begrenzen[649]. Insbesondere die mangelnde Transparenz unternehmensbezogener Vergünstigungen und Hilfen kann dem Steuergerechtigkeitsempfinden nicht begünstigter Unternehmen schaden. Zudem wird auf diesem Weg Lobbyarbeit erschwert und politisches rentseeking unterbunden. Da die Kommunen sowohl auf der Ebene der Besteuerung des Einkommens als auch auf der Ebene der Unternehmen ein Hebesatzrecht und darüber hinausgehend noch gesetzgeberische Möglichkeiten besitzen, ist der fragwürdige direkte Spielraum politischer (Unter-) Stützungsarbeit zu schließen. Statt dessen sind die Maßnahmen der indirekten Wirtschaftsförderung auszubauen und die Möglichkeiten der Rechtsetzung kommunalspezifischer Regelungen innerhalb der Besteuerung des Einkommens und der Objektbesteuerung zu nutzen. Dies ist insbesondere aus Transparenzgründen nachhaltig zu fordern.

8. Somit kann zum einen Wettbewerb zwischen Gemeinden um Unternehmen stattfinden. Die Kommunen besitzen mittels der kommunalen Objektsteuer mit gewinnorientierter Bemessungsgrundlage eine Besteuerungsmöglichkeit jeder gewerblichen oder beruflichen Tätigkeit, sofern diese selbständig ausgeübt wird und unabhängig, ob es sich um eine natürliche oder juristische Person handelt. Die „lokale" Äquivalenzbeziehung zwischen Unternehmen und Gemeinden wird verstärkt. Gleichzeitig erfolgt eine Besteuerung auf Basis des Leistungsfähigkeitsprinzip durch die Gewinnorientierung. Neben dem Wettbewerb um Unternehmen verfügen die Kommunen aufgrund des Satzungs- und Hebesatzrechts im Bereich der Einkommensteuer ein Instru-

---

[649] Siehe Kapitel VII.1.2.3.

ment, mittels dessen sie um natürliche Personen anhand differierender Steuer-Leistungs-Pakete konkurrieren können. Auch hier wird eine verstärkte Berücksichtigung des Äquivalenzprinzips unter Berücksichtigung des Leistungsfähigkeitsziels erreicht.

Eine Positionierung der Gemeinden ist daher wie folgt möglich:

- Durch die Differenzierungsmöglichkeiten mittels der kommunalen Objektsteuer mit gewinnabhängiger Bemessungsgrundlage werden unterschiedliche Steuer-Leistungs-Pakete im Hinblick auf die Infrastrukturanforderungen aller Unternehmen i.S. des § 2 UStG angeboten.
- Mittels der Einkommensteuer findet ein Wettbewerb um natürliche Personen statt. Die Gegenleistungen der Kommunen orientieren sich an spezifischen Präferenzen der Einwohner, d.h. der örtlichen Bevölkerung. Hier steht insbesondere die Verbesserung der Wohnqualität und des Freizeitwerts im Mittelpunkt kommunaler Aktivitäten.
- Der vom Gesetzgeber bewusst vorgenommene Kunstgriff der Ausgliederung juristischer Personen aus der Einkommensbesteuerung i.S. des EStG wird an dieser Stelle nicht dem Grundsatz nach diskutiert. Eine Wieder-Einbeziehung in den Rahmen der Einkommensteuer würde nur mittels einer „Strukturreform"[650] umsetzbar sein. Innerhalb eines interjurisdiktionellen Wettbewerbs werden juristische Personen auf unternehmerischer Ebene – aufgrund des Unternehmerbegriffs gem. § 2 UStG – durch die kommunale Objektsteuer mit gewinnabhängiger Bemessungsgrundlage ebenso wie Personen- und Einzelunternehmen in die Besteuerung miteinbezogen. Die Äquivalenzbeziehung zur an den unternehmerischen Anforderungen an die kommunale Infrastruktur ist gegeben. Die Ausdehnung des Wettbewerbs auf die „Wohnsitzebene" wäre nicht systemkompatibel, da sich juristische Personen durch fehlenden Wohnsitz auszeichnen. Auch bestünde keinerlei Äquivalenzbeziehung zur Gegenleistung der Kommunen (Wohnqualität). Daher erscheint die Einbeziehung der Körperschaftsteuer in den unmittelbaren interjurisdiktionellen Wettbewerb nicht begründbar. Die Wohnsitzebene wird im Rahmen der Besteuerung des Einkommens auf individueller Ebene berücksichtigt. Hier findet eine zu Personengesellschaften und Einzelunternehmen analoge Besteuerung statt. Das zu versteuernde Einkommen der juristischen Personen wird dagegen nicht im Rahmen der Besteuerung des Einkommens mit dem individuellen Steuersatz der Gesellschafter besteuert, sondern gem. § 23 KStG mit dem Definitivsteuersatz von 26,5 % für den Veranlagungszeitraum 2003 und 25 % ab dem Veranlagungszeitraum 2004. Diese abweichende Besteuerung ist eine bewusste Steuersystementscheidung des Gesetzgebers und zugleich ein entscheidender Parameter bei der Rechtsform-

---

[650] Kirchhof, Paul, Die Reform der Kommunalverfassung, in: NJW 2002, Seite 1549 f, hier: Seite 1550.

wahl eines Unternehmens. Vielmehr ist eine Beteiligung der Kommunen am Aufkommen der Körperschaftsteuer zu garantieren. Wie bereits ausgeführt stellt die Rechtsformwahl eine konstitutive Entscheidung im Rahmen der Gründung eines Unternehmens dar. Unterschiedliche Konsequenzen bspw. hinsichtlich Haftung und Offenlegung erfordern unterschiedliche Steuer-Preise; daher wird eine rechtsformneutrale Besteuerung abgelehnt[651].

5. Vorschlag zur Reformierung der Besteuerung des Grund und Bodens

5.1 Die Umsetzung einer marktpreisbasierten Grundsteuer

Die im folgenden vorgeschlagenen Änderungen im Bereich der Besteuerung des Grund und Bodens lassen sich durch das Schema gem. Abbildung 36 darstellen.

Abbildung 36: Besteuerungssystematik der marktpreisbasierten Grundsteuer

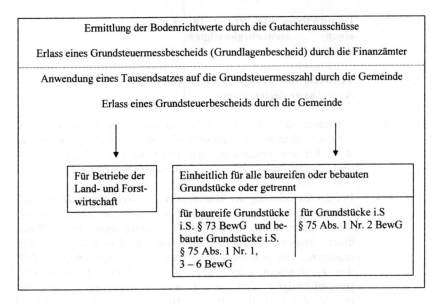

---
[651] Ähnlich auch: Schneider, Dieter, Steuerlast und Steuerwirkung, München/Wien 2002, Seite 215 – 222.

276

Notwendige Gesetzesänderungen im Grundsteuergesetz, Bewertungsgesetz und Baugesetzbuch würden die folgenden Vorschriften umfassen[652]:

Gesetzes-grundlage	Alte Gesetzeslage	Neue Gesetzeslage
GrStG		
§ 3	**Steuerbefreiung für Grundbesitz bestimmter Rechtsträger.**	*(Entfällt)*
§ 4	**Sonstige Steuerbefreiungen.**	*(Entfällt)*
§ 5	**Zu Wohnzwecken benutzter Grundbesitz.**	*(Entfällt)*
§ 6	**Land- und forstwirtschaftlich genutzter Grundbesitz.**	*(Entfällt)*
§ 7	**Unmittelbare Benutzung für einen steuerbegünstigten Zweck.**	*(Entfällt)*
§ 8	**Teilweise Benutzung für einen steuerbegünstigten Zweck.**	*(Entfällt)*
§ 10 Abs. 1	Schuldner der Grundsteuer ist derjenige, dem der Steuergegenstand bei der Feststellung des Einheitswerts zugerechnet ist.	*Schuldner der Grundsteuer ist derjenige, dem der Steuergegenstand bei Feststellung des Bodenwerts zugerechnet ist.*
§ 13 Abs. 1	Bei der Berechnung der Grundsteuer ist von einem Steuermeßbetrag auszugehen. Dieser ist durch Anwendung eines Tausendsatzes (Steuermeßzahl) auf den Einheitswert oder seinen steuerpflichtigen Teil zu ermitteln, der nach dem Bewertungsgesetz im Veranlagungs-	*Bei der Berechnung der Grundsteuer ist von einem Steuermessbetrag auszugehen. Dieser entspricht dem Bodenwert oder seinem steuerpflichtigen Teil, der nach § 150 a BewG im Veranlagungszeitpunkt für den Steuergegenstand maßgebend ist.*

---

[652] Bei dem Vorschlag handelt es sich um eine Überarbeitung und Ergänzung des Entwurfs von Groth, Klaus-Martin/Feldmann, Peter v./Streck, Charlotte, Möglichkeiten der Baulandmobilisierung durch Einführung einer bodenwertorientierten Grundsteuer, Berlin 2000, Seite 94 – 98 (unveröffentlicht).

	zeitpunkt (§ 16 Abs. 1, § 17 Abs. 3, § 18 Abs. 3) für den Steuergegenstand maßgebend ist.	
§ 13 Abs. 3	In den Fällen des § 10 Abs. 2 ist der Berechnung des Steuer-meßbetrags die Summe der beiden Einheitswerte zugrunde zu legen, die nach § 92 des Bewertungsgesetzes festgestellt werden.	*In den Fällen des § 10 Abs. 2 ist der Berechnung des Steuermessbetrags der Bodenwert ohne Berücksichtigung der Belastung durch die Erbbaurechte zugrunde zu legen.*
§ 14	**Steuermeßzahl für Betriebe der Land- und Forstwirtschaft.**	*(Entfällt)*
§ 15	**Steuermeßzahl für Grundstücke.**	*(Entfällt)*
§ 25 § 25 Abs. 1	**Festsetzung des Hebesatzes.** Die Gemeinde bestimmt, mit welchem Hundertsatz des Steuermeßbetrags oder des Zerlegungsanteils die Grundsteuer zu erheben ist (Hebesatz).	***Festsetzung des Tausendsatzes*** *Die Gemeinde bestimmt, mit welchem Tausendsatz des Steuermessbetrags oder des Zerlegungsanteils die Grundsteuer zu erheben ist.*
§ 25 Abs. 2	Der Hebesatz ist für ein oder mehrere Kalenderjahre, höchstens jedoch für den Hauptveranlagungszeitraum der Steuermeßbeträge festzusetzen.	*Der Tausendsatz ist für ein oder mehrere Kalenderjahre, höchstens jedoch für den Hauptveranlagungszeitraum der Steuermessbeträge festzusetzen.*
§ 25 Abs. 3	Der Beschluß über die Festsetzung oder Änderung des Hebesatzes ist bis zum 30. Juni eines Kalenderjahres mit Wirkung vom Beginn dieses Kalenderjahres zu fassen. Nach diesem Zeitpunkt kann der Beschluß über die Festsetzung des Hebesatzes gefaßt werden, wenn der Hebesatz die Höhe der letzten Festsetzung nicht über-	*Der Beschluss über die Festsetzung oder Änderung des Tausendsatzes ist bis zum 30. Juni eines Kalenderjahres mit Wirkung vom Beginn des nächsten Kalenderjahres zu fassen. Nach diesem Zeitpunkt kann der Beschluss über die Festsetzung des Tausendsatzes gefasst werden, wenn der Tausendsatz die Höhe der letzten*

	schreitet.	*Festsetzung nicht überschreitet.*
§ 25 Abs. 4 Satz 1	Der Hebesatz muß jeweils einheitlich sein 1. für die in einer Gemeinde liegenden Betriebe der Land- und Forstwirtschaft; 2. für die in einer Gemeinde liegenden Grundstücke.	*Der Tausendsatz muss jeweils einheitlich sein* *1. für die in einer Gemeinde liegenden Betriebe der Land- und Forstwirtschaft;* *2. für die in einer Gemeinde liegenden baureifen (§ 73 BewG) oder bebauten Grundstücke (§ 74 BewG). Die Gemeinde kann jedoch hiervon abweichende Tausendsätze für Geschäftsgrundstücke i.S. des § 75 Abs. 1 Nr. 2 BewG bestimmen.*
§ 26	**Kopplungsvorschriften und Höchsthebesätze.**	*(Entfällt)*
§ 27 Abs. 1	Die Grundsteuer wird für das Kalenderjahr festgesetzt. Ist der Hebesatz für mehr als ein Kalenderjahr festgelegt, ...	*Die Grundsteuer wird für das Kalenderjahr festgesetzt. Ist der Tausendsatz für mehr als ein Kalenderjahr festgelegt,...*
§ 27 Abs. 2	Wird der Hebesatz geändert (§ 25 Abs. 3), so ist die Festsetzung nach Absatz 1 zu ändern.	*Wird der Tausendsatz geändert (§ 25 Abs. 3), so ist die Festsetzung nach Absatz 1 zu ändern.*
Abschnitt IV.	**Erlaß der Grundsteuer**	***Erlass und Stundung der Grundsteuer***
§ 33 a		***Stundung der Grundsteuer*** *Die Grundsteuer kann beim Vorliegen von sozialen Härten gestundet werden. Der Stundungszeitraum umfasst längstens die Lebenszeit des Steuerpflichtigen. Nach Wegfall des Stundungsgrundes ist die Steuer*

		für die letzten ... Jahre nachzu-entrichten. [Siehe spätere Ausführungen]
BewG		
§ 17 Abs. 2	Die §§ 18 bis 94, 122 und 125 bis 132 gelten für die Grundsteuer und die §§ 121 a und 133 zusätzlich für die Gewerbesteuer.	*Die §§ 18 bis 94, 122 und 125 bis 132 gelten für die Grundsteuer, soweit nicht Regelungen der §§ 150 a und 150 b anwendbar sind. Die §§ 121 a und 133 gelten zusätzlich für die kommunale Objektsteuer mit gewinnabhängiger Bemessungsgrundlage.*
§ 73 Abs. 2 Satz 1	Baureife Grundstücke sind unbebaute Grundstücke, wenn sie in einem Bebauungsplan als Bauland festgesetzt sind, ihre sofortige Bebauung möglich ist und die Bebauung innerhalb des Plangebiets in benachbarten Bereichen begonnen hat oder schon durchgeführt ist.	*Baureife Grundstücke sind unbebaute Grundstücke, wenn sie in einem Bebauungsplan als Bauland festgesetzt und ihre sofortige Bebauung möglich ist.*
(nach § 150 wird eingefügt)		*Fünfter Abschnitt: Vorschriften für die Bewertung von Grundvermögen für die Grundsteuer*
§ 150 a		*Feststellung von Grundvermögenswerten*
§ 150 a Abs. 1		*Für die Erhebung der Grundsteuer bestimmt sich der Wert von Grundstücken ohne Rücksicht auf die Bebauung allein nach ihrer Fläche und den um 20 von Hundert ermäßigten Bodenrichtwerten (§ 196 Baugesetzbuch).*

280

§ 150 a Abs. 2		*Weist der Steuerpflichtige nach, dass der gemeine Wert des Grundstücks ohne Rücksicht auf die Bebauung niedriger als der nach Absatz 1 festgestellte Wert ist, ist der gemeine Wert festzusetzen. Dabei sind Beeinträchtigungen der zulässigen Nutzbarkeit im Sinne des § 28 Abs. 2 Satz 2 der Wertermittlungsverordnung zu berücksichtigen.*
§ 150 a Abs. 3		*Teilerbbaurechte, Wohnungserbbaurechte und Wohnungseigentum sind nach dem Verhältnis der Nutzflächen zu bewerten.*
§ 150 b § 150 b Abs. 1		*Hauptfeststellung* *Die Bodenrichtwerte sind von den Gutachterausschüssen nach dem Baugesetzbuch erstmals auf den 01. Januar des Folgejahres nach Einführung dieses Gesetzes zu ermitteln und den Finanzämtern mitzuteilen.*
§ 150 b Abs. 2		*Die Bodenrichtwerte werden in Zeitabständen von je ... [siehe spätere Ausführungen] Jahren allgemein festgestellt (Hauptfeststellung). § 21 Abs. 2 Satz 1 gilt entsprechend.*
BauGB		
§ 196 Abs. 1 Satz 1	Auf Grund der Kaufpreissammlung sind für jedes Gemeindegebiet durchschnittliche Lagewerte für den Boden unter Berücksichtigung des unterschiedlichen Entwicklungszustands, mindestens jedoch für	*Auf Grund der Kaufpreissammlung sind für jedes Gemeindegebiet durchschnittliche Lagewerte für den Boden unter Berücksichtigung des unterschiedlichen Entwicklungszustands, mindestens jedoch für*

	erschließungsbeitragspflichtiges oder erschließungsbeitragsfreies Bauland zu ermitteln (Bodenrichtwerte).	*baureifes Land und Rohbauland zu ermitteln (Bodenrichtwerte).*
§ 196 Abs. 1 Satz 2		*Für Grundstücksanlagen mit Merkmalen, die sich von den wesentlichen Merkmalen unterscheiden, die der Bildung durchschnittlicher Lagewerte zugrunde gelegen haben, sind in Form von Zu- und Abschlägen Umrechnungsfaktoren zur Ermittlung abweichender Bodenrichtwerte festzulegen.*
§ 196 Abs. 1 Satz 3 – 6		Die bisherigen Sätze 2 – 5 werden zu den Sätzen 3 – 6.

5.2 Differenzierungsmöglichkeiten mittels einer marktpreisbasierten Grundsteuer

Mittels einer so gestalteten Grundsteuer wird die effiziente Bodenallokation nachhaltig gefördert. Lagerhaltungspraktiken und damit zusammenhängende Leerstandsituationen werden in gleichem Maße besteuert wie intensiv genutzte Flächen[653]. Opportunitätskosten treten in dem Entscheidungsprozeß über Kauf oder Verkauf eines Grundstücks wesentlich stärker auf als bisher. Somit erfolgt eine stärkere Orientierung am Kapitalwert; individuelle Kosten-Nutzen-Kalküle gewinnen an Relevanz. Die individuelle Nutzung des Grundstücks erfährt keine direkte Besteuerung, damit werden Investitionen gefördert. Für die Gemeinden bedeuten Investitionen in die Infrastruktur zusätzlich Potentiale für steigende Erträge. Zudem kann festgehalten werden, dass eine marktpreisbasierte Grundsteuer aufgrund der fehlenden Einbeziehung der individuellen (Boden-) Nutzung, - wie die bisherige Grundsteuer – als Objektbesteuerung einzustufen ist. Maßgebend ist, dass die Grundsteuer auf den Grundbesitz zugreift. Dies gilt auch, obwohl der Steuersatz so bemessen ist, dass die Steuerlast aus den Er-

---

[653] In diesem Zusammenhang sei nochmals auf die Ausführungen im Kapitel VI.1.2.3 bzgl. der Verfassungsmäßigkeit einer Bodenwertsteuer hinzuweisen. Es wurde belegt, dass eine durch den Gesetzgeber initiierte Verhaltensweise unter Beachtung des Grundsatzes der Rechtsstaatlichkeit, der Eigentumsgarantie, des Gleichheitssatzes, des allgemeinen Persönlichkeitsrechts und des Grundsatzes der Sozialpflichtigkeit verfassungsrechtlich nicht beanstandet werden kann.

trägen geleistet werden kann. Damit findet eine Besteuerung des Grund und Bodens statt und die Einstufung als Realsteuer ist weiterhin gerechtfertigt. Gleichzeitig wird die potentielle Leistungsfähigkeit bei der Bemessung der Steuerlast berücksichtigt, jedoch wird damit keine reine Sollertragsteuer begründet. Steuergegenstand bleibt wie bisher gem. § 2 GrStG der Grundbesitz im Sinne des Bewertungsgesetzes an sich. Folglich wird nicht der Ertrag selbst zur Besteuerungsgrundlage, sondern der Ertrag stellt nur die Grundlage für die Bestimmung des Wertes des Grundstücks in seiner eigenen Substanz dar.

Das Splitting der Tarife für Geschäftsgrundstücke einerseits und alle anderen Grundstücke andererseits wird an dieser Stelle empfohlen. Zwar könnte eine Umverteilung durch einen einheitlichen Steuersatz zu einer steuerlichen Entlastung für kleine und mittlere Unternehmen führen[654], doch gerade die Differenzierungsmöglichkeit erscheint als wesentlicher Parameter für eine interkommunale Abgrenzung und Positionierung der Gemeinde im Wettbewerb. Zudem wird an dieser Stelle die Einschätzung getroffen, dass eine Umverteilung zu Lasten von Wohnraum sowohl beim Wähler als auch politisch nicht durchsetzbar wäre.

Die marktpreisbasierte Grundsteuer ist als Entgelt des Nutzenpotentials der kommunalen Infrastruktur insgesamt zu interpretieren[655], wobei der Wert des Bodens durch das Nutzenpotential entscheidend determiniert wird. Steigende Markt- bzw. Kapitalwerte der Grundstücke führen zu einer steigenden Besteuerung.

Ein Übergang hin zu einer Gesetzgebungskompetenz der Länder oder gar eine Steuerverteilung zugunsten der Länder wird abgelehnt, da zum einen die Bodenwerte vorrangig von kommunalen Infrastrukturmaßnahmen und nur begrenzt von überörtlichen Maßnahmen abhängen[656]. Zum anderen wird die Transparenz des Preissystems und damit dessen Informationsfunktion behindert. Um eine

---

[654] Siehe: Groth, Klaus-Martin/Feldmann, Perter von/Streck, Charlotte, a.a.O., Seite 78. Anderer Auffassung: Josten, Rudolf, a.a.O., Seite 145 – 148.

[655] Siehe allgemein zum Preischarakter von Steuern: Blankart, Charles B., Knut Wicksells Finanztheoretische Untersuchungen 1896 – 1996. Ihre Bedeutung für die moderne Finanzwissenschaft, in: Finanzarchiv 1995, Seite 437 – 459, hier: Seite 451 – 455.

[656] Infrastrukturmaßnahmen, die zumindest teilweise von übergeordneten Ebenen beschlossen werden bzw. zu finanzieren sind, werden häufig durch ihren „spektakulären Charakter" wahrgenommen. Die Beeinflussung der Bodenwerte durch überörtliche Investitionen kann zwar teilweise wesentlich sein. Hierbei handelt es sich aber vielfach nicht um spezifisch örtliche Entscheidungen oder Projekte, sondern um isolierte Einzelmaßnahmen. Bspw. sind zu nennen: Der Anschluss an eine ICE-Neubaustrecke, der Neubau einer Bundesstraße oder die Ansiedlung einer Hochschule. Die Finanzierung für bspw. einen Autobahnanschluss erfolgt teilweise auch ausschließlich durch die Kommune, da landesspezifische Voraussetzungen für eine überörtliche Finanzierung nicht erfüllt sind. Dann handelt es sich erneut um eine rein örtliche Maßnahme.

Vergleichbarkeit einheitlich zu garantieren, sollte sich die Vielfalt erst auf einer nachgelagerten Ebene entfalten können.

Zudem tritt eine Verfahrensänderung in der Form der Abschaffung der Hebesätze in Kraft. Diese werden ersetzt durch direkt anzuwendenden kommunale Tausendsätze (ehemalige Steuermesszahl). Selbstverständlich bedeutet die notwendige Erhebung der Bodenrichtwerte eine zusätzliche Aufstockung entsprechender Stellen bzw. Institutionen; damit werden Kosten steigen. Dies aber mit der derzeitigen Situation zu vergleichen, wäre sachlich falsch. Jede Änderung im Bereich der Grundsteuer bedeutet gegenüber dem Status-quo eine Kostenzunahme, da z.Z. nur ein Zustand verwaltet wird, der vom Ursprungsgedanken der Grundsteuer weit entfernt liegt. Insbesondere eine erneute Einheitswertermittlung wird – wie bereits dargelegt – im derzeitigen System als zu kostspielig kritisiert und ist Ursache der Verharrung auf den Zeitpunkten 1935 bzw. 1964[657]. Jede Veränderung bei der Ermittlung der Bemessungsgrundlage wird zu einer Kostensteigerung führen. Eine Rechtfertigung für die Beibehaltung des derzeitigen Systems lässt sich allerdings hieraus nicht ableiten. Gleichzeitig sollte bei einer Beurteilung ein Aufwägen mit den aufgezeigten Vorteilen einer marktpreisbasierten Grundsteuer vorgenommen werden.

6.   Indirekte Besteuerung des Umsatzes

Die Umsatzsteuer als Gemeinschaftssteuer steht im Rahmen dieser Arbeit nicht zur Disposition. Die Besteuerung sollte in der bisherigen Art und Weise erfolgen. Jedoch wird hinsichtlich der Verteilung der Steuereinnahmen eine Neustrukturierung vorgeschlagen. Dabei erscheint eine Erhöhung des Anteils der Länder und Gemeinden als angemessen, insbesondere unter dem Aspekt einer Neuordnung der Aufgabenbeziehungen zwischen Bund, Ländern und Gemeinden. Daraus folgt, dass der Anteil des Bundes an den Steuereinnahmen zu senken ist. Der erhöhte Anteil der Gemeinden an der Umsatzsteuer stellt dabei eine Grundsicherung und relativ konjunkturunempfindliche Basis für den kommunalen Haushalt und die dann zusätzlich zu erfüllenden Aufgaben dar. Ein Mindestmaß an öffentlichen Leistungen und daraus folgend auch der finanziellen Mittel zur Realisierung dieser „Grundausstattung" können so garantiert werden. Dabei ist darauf zu achten, dass die Bedeutung der Umsatzsteuer aller anderen Anteile im kommunalen Haushalt zwingend geringer zu halten ist, als der Teil der eigenverantwortlich zu erwirtschaftenden Einnahmen, die aus Einkommen-, Unternehmen- und Grundsteuer resultieren.

---

[657] Siehe hierzu Kapitel IV.2.2.2.

7.   Die Norm der Widerspruchsfreiheit örtlicher Verbrauch- und Aufwandsteuern

In Bezug auf die örtlichen Verbrauch- und Aufwandsteuern, denen eine erhebliche Lenkungswirkung auf kommunaler Ebene zukommen kann, wird empfohlen, an den bisherigen Regelungen festzuhalten. Die Einschränkung der Gesetzgebungsbefugnis der Länder im Bereich der örtlichen Verbrauch- und Aufwandsteuern kann – entgegen bspw. des Vorschlags des DLT – beibehalten werden[658]. Wie bereits bei der Verpackungsteuer gezeigt wurde, können örtliche Verbrauch- und Aufwandsteuern übergeordneten Gesamtstaatszielen entgegen laufen. Sofern dies zutrifft, ist der Einheit Vorrang vor der Vielfalt zu gewähren[659].

8.   Ergänzende Änderungen der Gesetzgebungskompetenzen und Verteilung der Steuerarten (Art. 105 und 106 GG)

Die vorgestellten Änderungen ziehen gleichfalls eine notwendige Überarbeitung des Art. 105 und 106 GG nach sich. Diese werden innerhalb dieses Kapitels beschrieben.

8.1   Gesetzesänderungen

Im folgenden soll eine Neuformulierung der Art. 105 und 106 GG versucht werden. Dabei wird sich auf folgende Steuerarten beschränkt: Einkommensteuer, kommunale Objektsteuer, Grundsteuer und Umsatzsteuer sowie die örtlichen Verbrauchs- und Aufwandsteuern. Daher werden die Art. 106 Abs. 1 und 2 GG nicht mit in die Betrachtung einbezogen.

---

[658] Siehe hierzu Kapitel VI.2.3.
[659] Siehe ausführlich Kapitel IV.2.3.3.

Gesetzes-grundlage GG	Alte Gesetzeslage	Neue Gesetzeslage
Art. 105 Abs. 2	Der Bund hat die konkurrierende Gesetzgebung über die übrigen Steuern, wenn ihm das Aufkommen dieser Steuern ganz oder zum Teil zusteht oder die Voraussetzungen des Artikels 72 Abs. 2 vorliegen.	*Bund, Länder und Gemeinden erheben eine gemeinsame Steuer auf das Einkommen natürlicher Personen. Durch Bundesgesetz, das der Zustimmung des Bundesrates bedarf, werden Messbeträge ermittelt. Bund, Länder und Kommunen können auf den auf sie entfallenden Anteil, der durch Bundesgesetz bestimmt wird und der Zustimmung des Bundesrates bedarf, per Gesetz bzw. Satzung ergänzende Vorschriften, die nicht im Widerspruch zu übergeordneten Zielen i.S. dieses Gesetzes stehen, erlassen. Zudem besitzen Bund, Länder und Kommunen das Recht, durch Gesetz bzw. Satzung die Höhe der zufließenden Steuer mittels Hebesätzen zu bestimmen. Durch Bundesgesetz, welches der Zustimmung des Bundesrates bedarf, können die Hebesätze für Bund, Länder und Gemeinden nach oben begrenzt werden.*
Art. 105 Abs. 3	Bundesgesetze über Steuern, deren Aufkommen den Ländern oder den Gemeinden (Gemeindeverbänden) ganz oder zum Teil zufließt, bedürfen der Zustimmung des Bundesrates.	*Die Gemeinden haben das Recht, eine kommunale Objektsteuer mit gewinnabhängiger Bemessungsgrundlage zu erheben, deren Bemessungsgrundlage mittels Messbetrag durch Bundesgesetz ermittelt wird. Die Gemeinden können per Satzung Steuervergünstigungen, die nicht im Widerspruch zu übergeordneten Zielen i.S. dieses Ge-*

		setzes stehen, gewähren. Zudem haben die Gemeinden das Recht, die Höhe der zufließenden Steuer mittels Hebesätzen zu bestimmen.
Art. 105 Abs. 4		Der ehemalige Abs. 2 a wird zu Abs. 4.
Art. 105 Abs. 5		Der ehemalige Abs. 2 wird zu Abs. 5.
Art. 105 Abs. 6		Der ehemalige Abs. 3 wird zu Abs. 6.
Art. 106 Abs. 3	Das Aufkommen der Einkommensteuer, der Körperschaftsteuer und der Umsatzsteuer steht dem Bund und den Ländern gemeinsam zu (Gemeinschaftsteuern), soweit das Aufkommen der Einkommen-steuer nicht nach Absatz 5 und das Aufkommen der Umsatzsteuer nicht nach Absatz 5 a den Gemeinden zugewiesen wird. Am Aufkommen der Einkommensteuer und der Körperschaftsteuer sind der Bund und die Länder je zur Hälfte beteiligt. Die Anteile von Bund und Ländern an der Umsatzsteuer werden durch Bundesgesetz, das der Zustimmung des Bundesrates bedarf, festgesetzt. Bei der Festsetzung ist von folgenden Grundsätzen auszugehen: 1. Im Rahmen der laufenden Einnahmen haben der Bund und die Länder gleichmäßig Anspruch auf Deckung ihrer notwendigen Ausgaben. Dabei ist der Umfang	*Das Aufkommen der Körperschaftsteuer und der Umsatzsteuer stehen dem Bund, den Ländern und den Gemeinden zu. Die Anteile werden durch Bundesgesetz, welches der Zustimmung des Bundesrates bedarf, bestimmt. Bei der Festsetzung ist davon auszugehen, dass im Rahmen der laufenden Einnahmen der Bund und die Länder (einschließlich ihrer Gemeinden und Gemeindeverbände) einen dem Verhältnis der jeweils zu erfüllenden Aufgaben entsprechenden Anteil am Aufkommen erhalten, wobei der Gemeindeanteil von den Ländern an die Gemeinden weitergeleitet wird. Das Nähere bestimmt ein Bundesgesetz, welches der Zustimmung des Bundesrates bedarf.*

	der Ausgaben unter Berücksichtigung einer mehrjährigen Finanzplanung zu ermitteln.	
	2. Die Deckungsbedürfnisse des Bundes und der Länder sind so aufeinander abzustimmen, daß ein billiger Ausgleich erzielt, eine Überbelastung der Steuerpflichtigen vermieden und die Einheitlichkeit der Lebensverhältnisse im Bundesgebiet gewahrt wird. Zusätzlich werden in die Festsetzung der Anteile von Bund und Ländern an der Umsatzsteuer Steuermindereinnahmen einbezogen, die den Ländern ab 1. Januar 1996 aus der Berücksichtigung von Kindern im Einkommensteuerrecht entstehen. Näheres bestimmt das Bundesgesetz nach Satz 3.	
Art. 106 Abs. 4	Die Anteile von Bund und Ländern an der Umsatzsteuer sind neu festzusetzen, wenn sich das Verhältnis zwischen den Einnahmen und Ausgaben des Bundes und der Länder wesentlich anders entwickelt; Steuermindereinnahmen, die nach Absatz 3 Satz 5 in die Festsetzung der Umsatzsteueranteile zusätzlich einbezogen werden, bleiben hierbei unberücksichtigt. Werden den Ländern durch Bundesgesetz zusätzliche Ausgaben auferlegt oder Einnahmen entzogen, so kann die Mehrbelastung durch Bundesgesetz, das der Zustimmung des Bundesrates bedarf,	*Das Aufkommen der Grundsteuer steht den Gemeinden, das Aufkommen der örtlichen Verbrauch- und Aufwandsteuern steht den Gemeinden oder nach Maßgabe der Landesgesetzgebung den Gemeindeverbänden zu. Den Gemeinden ist das Recht einzuräumen, Hebesätze (Tausendsätze) im Rahmen der Steuerermittlung festzusetzen.*

	auch mit Finanzzuweisungen des Bundes ausgeglichen werden, wenn sie auf einen kurzen Zeitraum begrenzt ist. In dem Gesetz sind die Grundsätze für die Bemessung dieser Finanzzuweisungen und für ihre Verteilung auf die Länder zu bestimmen.	
Art. 106 Abs. 5	Die Gemeinden erhalten einen Anteil an dem Aufkommen der Einkommensteuer, der von den Ländern an ihre Gemeinden auf der Grundlage der Einkommensteuerleistungen ihrer Einwohner weiterzuleiten ist. Das Nähere bestimmt ein Bundesgesetz, das der Zustimmung des Bundesrates bedarf. Es kann bestimmen, daß die Gemeinden Hebesätze für den Gemeindeanteil festsetzen.	*Bestehen in einem Land keine Gemeinden, so steht das Aufkommen des Gemeindeanteils an den Gemeinschaftsteuern sowie das Aufkommen der Grundsteuer, der kommunalen Objektsteuer mit gewinnabhängiger Bemessungsgrundlage und der örtlichen Verbrauch- und Aufwandsteuern dem Land zu.*
Art. 106 Abs. 5 a	Die Gemeinden erhalten ab dem 1. Januar 1998 einen Anteil an dem Aufkommen der Umsatzsteuer. Er wird von den Ländern auf der Grundlage eines orts- und wirtschaftsbezogenen Schlüssels an ihre Gemeinden weitergeleitet. Das Nähere wird durch Bundes-gesetz, das der Zustimmung des Bundesrates bedarf, bestimmt.	*(Entfällt)*
Art. 106 Abs. 6	Das Aufkommen der Grundsteuer und Gewerbesteuer steht den Gemeinden, das Aufkommen der örtlichen Verbrauch- und Aufwandsteuern steht den Gemeinden oder nach Maßgabe der Landesgesetzgebung den Gemeindeverbänden zu.	*(Entfällt)*

	Den Gemeinden ist das Recht einzuräumen, die Hebesätze der Grundsteuer und Gewerbesteuer im Rahmen der Gesetze festzusetzen. Bestehen in einem Land keine Gemeinden, so steht das Aufkommen der Grundsteuer und Gewerbesteuer sowie der örtlichen Verbrauch- und Aufwandsteuern dem Land zu. Bund und Länder können durch eine Umlage an dem Aufkommen der Gewerbesteuer beteiligt werden. Das Nähere über die Umlage bestimmt ein Bundesgesetz, das der Zustimmung des Bundesrates bedarf. Nach Maßgabe der Landesgesetzgebung können die Grundsteuer und Gewerbesteuer sowie der Gemeindeanteil vom Aufkommen der Einkommensteuer und der Umsatzsteuer als Bemessungsgrundlagen für Umlagen zugrunde gelegt werden.	
Art. 106 Abs. 7 – 9	[nicht abgedruckt]	*(Entfallen)*

8.2 Verankerung der Kompetenzgarantie

Die zuvor dargestellten Steuerarten, die Bestimmung der Gesetzgebungskompetenz und die Steuerverteilung werden mittels der vorgenommenen Änderungen im Grundgesetz verankert. Neben der Beibehaltung der bisherigen Regelungen des Art. 105 erfolgt eine Ergänzung um zwei neue Absätze. Dies ist erforderlich, um die (ergänzende) Gesetzgebungskompetenz der Länder und die Satzungsbefugnis der Gemeinden im Bereich der Besteuerung des Einkommens, sowie die Satzungsbefugnis der Gemeinden im Bereich der kommunalen Objektsteuer mit gewinnabhängiger Bemessungsgrundlage garantieren zu können.

Die Verteilung der einzelnen Steuerarten erfolgt in Art. 106 GG. Aufgrund der Zuteilung von Gesetzgebungs- bzw. Satzungskompetenzen an Länder und Gemeinden und der damit verbundenen Verlagerung der Bestimmungen zu der Besteuerung des Einkommens natürlicher und juristischer Personen und der kommunalen Objektsteuer mit gewinnabhängiger Bemessungsgrundlage nach Art. 105 GG, erfolgt in Art. 106 Abs. 3 ausschließlich die Regelung der Umsatzsteuer, die die bisherigen Regelungen der Abs. 3, 4 und 5 a GG ersetzt. Die vormals in Art. 106 Abs. 6 GG geregelte Gewerbesteuerumlage entfällt. Damit wird die kommunale Objektsteuer mit gewinnabhängiger Bemessungsgrundlage eine ausschließliche Gemeindesteuer, die der Bund bzw. die Länder nicht mittels Bundesgesetzes und – wie bisher – ohne Beachtung materieller Kriterien abschöpfen kann.

IX. Anforderungen an eine kommunale Wettbewerbsordnung

Die Gewährung von gesetzgeberischen Kompetenzen an Kommunen und Länder erfordert institutionelle Rahmenbedingungen, innerhalb derer Wettbewerb unter den einzelnen Gebietskörperschaften geführt werden soll[660]. Im folgenden findet eine Beleuchtung einzelner Parameter dieses Wettbewerbs und der notwendigerweise zu errichtenden Wettbewerbsordnung mit allgemein verlässlichen Spielregeln statt.

1. Hüter eines institutionellen Rahmens

Wie bereits i.Z. mit den Modellpräsentationen der Besteuerung des Einkommens sowie der kommunalen Objektsteuer mit gewinnabhängiger Bemessungsgrundlage ausgeführt, sollte einer Institution die Kompetenz der Beurteilung gesetzgeberischer Maßnahmen (im Bereich der Besteuerung des Einkommens und der kommunalen Objektsteuer mit gewinnabhängiger Bemessungsgrundlage) übertragen und das Recht eingeräumt werden, Regelungen zu untersagen und ggf. Sanktionsmaßnahmen einzuleiten. Die Verhinderung des unzulässigen Einsatzes von Wettbewerbsparametern (bspw. in Form eines Behinderungswettbewerbs) sollte den Mittelpunkt der Tätigkeit dieser Institution darstellen. Damit erfolgt gleichzeitig eine Einschränkung der im Wettbewerb zugelassenen Aktionsparameter wie bspw. bereits derzeit im Bereich der Wirtschaftsförderung eine Beschränkung durch Beihilfenkontrollen erfolgt[661].

Zur Herstellung einer Rechtssicherheit für die Gebietskörperschaften bzgl. des Einsatzes von Wettbewerbsparametern und insbesondere der Satzungen im Bereich der Einkommensteuer und der kommunalen Objektsteuer mit gewinnabhängiger Bemessungsgrundlage wird vorgeschlagen, ein freiwilliges Genehmigungsverfahren einzurichten. Grundsätzlich wären sämtliche gesetzgeberischen Regelungen der Gemeinden gegenüber der beaufsichtigenden Institution nicht meldepflichtig. Allerdings kann gleichzeitig die Möglichkeit geschaffen werden, Satzungsänderungen vorab auf die Vereinbarkeit mit der kommunalen Wettbewerbsordnung prüfen zu lassen. Innerhalb eines Zeitraumes von bspw. einem Monat wäre die beaufsichtigende Behörde angehalten, eine Entscheidung über die Zulässigkeit der Satzungsänderung vorzunehmen.

---

[660] Siehe hierzu auch: Kerber, Wolfgang, Wettbewerbspolitik als nationale und internationale Aufgabe, Volkswirtschaftliche Beiträge 07/1999, Marburg 1999 und Kerber, Wolfgang, Wettbewerbsordnung für den interjurisdiktionellen Wettbewerb, a.a.O..

[661] Siehe hierzu bspw.: Stöß, Angela, a.a.O., Seite 103 – 123.
Zum „Begünstigungswettbewerb" auf europäischer Ebene: Krause-Junk, Gerold, Was ist fairer Steuerwettbewerb?, in: Hasse, Rolf/Schenk, Karl-Ernst/Graf Wass von Czege (Hrsg.), a.a.O., Seite 63 – 68.

Sofern ein begründeter Verdacht eines Missbrauchs (ausschließlich i.S. eines Behinderungswettbewerbs) der Satzungshoheit der Kommunen aufgezeigt werden kann, wäre die Regelung zur Prüfung auf Unzulässigkeit der überwachenden Behörde vorlegbar. Dieser Institution könnte ein Zeitraum von bspw. drei Monaten vorgegeben werden, innerhalb dessen eine Entscheidung über den Antrag zu erfolgen hat. Während dieser Prüfphase könnte ein Aussetzen der beanstandeten Regelungen vereinbart werden. Sämtliche Entscheidungen sind der Öffentlichkeit in vollem Umfang zugänglich zu machen.

Als Antragsteller kommen grundsätzlich zum einen die Gebietskörperschaften aufgrund ihres gegenseitigen wettbewerblich verursachten Kontrollinteresses selbst in Betracht. Bei Satzungen im Rahmen der kommunalen Objektsteuer könnte zum anderen das Vorlagerecht zusätzlich für Unternehmen i.S. des § 2 UStG bei Bestimmungen erweitert werden. Bei der Besteuerung des Einkommens wäre neben den Gebietskörperschaften und Unternehmen i.S. § 2 UStG zusätzlich beschränkt oder unbeschränkt Einkommensteuerpflichtige als Antragsteller vorstellbar. Die Erweiterung des Antragstellerkreises wird jedoch an dieser Stelle insbesondere aufgrund der nur indirekten Betroffenheit der Steuerpflichtigen und vor allem aus wettbewerblicher Perspektive abgelehnt. Da der interkommunale Wettbewerb und der resultierende Kontrollmechanismus ausschließlich zwischen Gebietskörperschaften praktiziert werden sollte, ist eine Implementierung von Rechten der Steuerpflichtigen nicht erforderlich. Zudem besitzen diese aufgrund ihrer potentiellen Mobilität die Möglichkeit einer Abwanderung sowie des Widerspruchs.

2. Politische Unabhängigkeit als Grundvoraussetzung

Als entscheidende Bedingung für die Funktionsfähigkeit einer Wettbewerbsordnung zwischen Gebietskörperschaften und deren Akzeptanz unter den Beteiligten kann die politische Unabhängigkeit der entsprechenden beaufsichtigenden Institution angesehen werden. Sollte aus parteipolitischen Kalkülen heraus eine solche Ordnung zu wahlkampftaktischen Manövern missbraucht oder die Zulassung bestimmter Maßnahmen von der Parteizugehörigkeit der Kommunalregierung abhängen, wären zum einen die notwendige Konstanz in der Steuerpolitik gefährdet und zum anderen das Steuergerechtigkeitsempfinden der Bürger gestört. Daher besteht neben der Neugründung einer solchen Institution die Möglichkeit, einer bereits existierenden Organisation mit hoher Reputation die Aufsicht über den Wettbewerb der Gebietskörperschaften zu übertragen. Eine bestehende Organisation mit hoher Reputation hätte den entscheidenden Vorteil einer bereits existierenden Glaubwürdigkeit politischer Unabhängigkeit und müsste diesen nicht noch erwerben. Dies ist insbesondere unter zeitlichen Aspekten zu betonen.

3. Bewertung kommunaler Steuer-Leistungs-Pakete durch den Markt

Innerhalb der zu entwickelnden Rechtsordnung für die Gebietskörperschaften ist eine Positionierung des Angebots, d.h. der Steuer-Leistungs-Pakete, jeder einzelnen Kommune als Standortkonzept, d.h. als Verkaufskonzept, erforderlich. Eine Option, mit der neben einer Bewertung der Steuer-Leistungs-Pakte zugleich eine Begrenzung des Prinzipal-Agent-Problems zwischen politischen Akteuren und Bürgern erfolgen könnte, wäre die Gewährleistung des Rechts für die Gebietskörperschaften einer externen Bewertung durch private (Unternehmens-) Berater. Durch die Möglichkeit eines Ratings werden die Gefahren einer politisch gestalteten Schönwettersituation erheblich begrenzt. Neben der aktuellen und zukünftigen Finanzbewertung fließen aus gesamtheitlicher Sicht alle Potentiale und Ressourcen der Jurisdiktion mit ein, d.h. neben den quantifizierbaren Faktoren auch qualitative Merkmale. Gleichzeitig kann für die Gebietskörperschaften ein indirekter Druck durch den Markt, eine Bewertung durchzuführen, entstehen. Wer sich dieser Bonitätsbewertung verweigert, offenbart wirtschaftliche oder finanzielle Schwächen. Wer sich derselben stellt, erfährt bspw.

- eine externe Beurteilung der Stärken und Schwächen, Chancen und Risiken und nicht zuletzt
- eine Beurteilung hinsichtlich aktueller und potentieller Zielgruppen;
- Informationen hinsichtlich Optimierungspotentialen;
- Handlungsalternativen für zukünftige Projekte;
- eine umfassende Beurteilung der Zukunftsfähigkeit aktueller Strategien;
- eine objektive Grundlage für Verhandlungen;
- erhebliche Beachtung bei Investoren;
- Imagesteigerungen;
- Transparenz, die eine Beurteilung aus Sicht des Wählers ermöglicht, wodurch Informationsasymmetrien verringert werden.

Damit tritt eine wettbewerbliche Situation zwischen den Gebietskörperschaften durch eine Leistungsbewertung der privaten Rating-Anbieter in Kraft.

Zudem wird die Allokationsfunktion des Wettbewerbs gestärkt, d.h. die Anpassung der Leistungen an die Bedürfnisse der Nachfrager und Verbesserung der allokativen und produktiven Effizienz führt zur Forcierung der wirtschaftlichen Entwicklung. Ursache hierfür ist die Offenlegung der Präferenzen der Steuerpflichtigen und der Potentiale einer Jurisdiktion einerseits, der Anreiz für die politischen Akteure liegt andererseits in der Zurechenbarkeit von Erfolgen sowie der Gefahr, Misserfolge direkt zugewiesen zu bekommen. Erfolgreiche Innovationsverfahren werden transparent und Rückkopplungsinformationen geliefert, so dass Imitationen und damit eine Weiterverbreitung des Wissens stattfindet. Der Variations-Selektions-Mechanismus tritt in Kraft und forciert die Weiterentwicklung des dynamischen Systems. Damit tritt ein offenes und zugleich transparentes Vertragssystem, welches jedem eine Bewertung der kommunalpolitischen Akteure und insbesondere der Steuer-Leistungs-Paket ermöglicht, in Kraft. Angebotene Leistungen werden mit der Gegenleistung – dem Steuerpreis – abwäg- und bewertbar.

4. Inhalt einer kommunalen Rechtsordnung

Im folgenden sollen Handlungsrechte als Bausteine einer zu gestaltenden Ordnung bestimmt werden, die den Rahmen für einen interjurisdiktionellen Wettbewerb bilden sollten:

- Maßnahmen, die übergeordneten Distributions-, Konjunktur- und Wachstumszielen entgegenlaufen, sind unzulässig. Damit wird erneut die Vielfalt umschließende Einheit als gleichwertiger Grundbestandteil der föderativen Ordnung kodifiziert.
- Maßnahmen, die sich unmittelbar auf Wettbewerber beziehen (Behinderungswettbewerb), sind untersagbar und sollten Sanktionen nach sich ziehen. Die Förderung des Leistungswettbewerb, d.h. die Verbesserung der eigenen Leistung, wäre in den Mittelpunkt sämtlicher Handlungen zu rücken. Die Forcierung eines auf die eigenen Stärken und Chancen ausgerichteten Einsatzes der Wettbewerbsparameter wäre Mittelpunkt aller Entscheidungen.
- Wesentlicher und bereits angesprochener Bestandteil eines institutionellen Rahmens für den Wettbewerb zwischen Jurisdiktionen ist das Ursprungslandprinzip, durch das abweichende Regulierungen und Rechtsvorschriften zwischen den Gebietskörperschaften gegenseitige Anerkennung erfahren. Nur so lassen sich Einschränkungen i.S. eines Behinderungswettbewerbs der (Faktor-)Mobilität durch (Markt-) Zutrittschranken (bspw. im Bildungssektor) und steigender Kosten verhindern. Das Ursprungslandprinzip schafft die Voraussetzungen für einen Wettbewerb zwischen Regulierungen und ist daher für Wettbewerb zwischen Jurisdiktionen mittels Steuer-Leistungs-Paketen unverzichtbar[662].
- Maßnahmen der direkten Wirtschaftsförderung sollten – wie bereits dargelegt – zugunsten von transparenzsteigernden Satzungen bzw. Bestimmungen im Bereich der Besteuerung des Einkommens und der kommunalen Objektbesteuerung sowie der indirekten Wirtschaftsförderung untersagt werden.
- Verstöße gegen die Wettbewerbsordnung sollten einem Sanktionsmechanismus unterworfen werden. Zudem sind Regelungen für den Fall einer

---

[662] Zudem ist auf europäischer Ebene das Ursprungslandprinzip verankert, so dass entgegengesetzte Regelungen – auch wenn es sich um ausschließlich den nationalen Rahmen betreffende Regeln handelt – zu einem Konflikt mit EU-Recht führen (können).

Zahlungsunfähigkeit der Gemeinden zu treffen. Dies betrifft sowohl die Gemeinde als Gebietskörperschaft an sich als auch die politisch Verantwortlichen. Hinsichtlich der Verstöße gegen das Regelwerk besteht die Möglichkeit, bezogene finanzielle Vorteile zuzüglich einer finanziellen „Erziehungsauflage" durch die Institution einzufordern. Dabei muss der Erwartungswert der Sanktionierung stets höher sein, als der Nutzen aus einem Regelverstoß unter Inkaufnahme aller Auflagen. Mögliche Konsequenzen einer Zahlungsunfähigkeit der Gemeinden bzw. der Unmöglichkeit, öffentliche Leistungen anzubieten, können unter verschiedenen Aspekten betrachtet werden. Zum einen kann die Einrichtung eines Sicherungsfonds angestrebt werden, in den alle Gemeinden einen zu bestimmenden Tausendsatz ihrer jährlichen Einnahmen einzahlen. In diesen Fonds würden gleichfalls alle „Erziehungsgelder" einfließen. Gerät eine Gemeinde in Zahlungsschwierigkeiten, wären zur Sicherstellung der Grundversorgung an öffentlichen Leistungen Gelder dieses Sicherungsfonds – unter zu bestimmenden Auflagen – heranziehbar. Entscheidend für die Funktionsfähigkeit bleibt allerdings die Ausgestaltung der Konsequenzen, die aus einem Anrufen bzw. der Nutzung der Fondsgelder resultieren. Folgende Faktoren stellen mögliche Bausteine einer Sanktionsordnung dar:

1. Es sollte durch die überwachende Institution ein der politischen Ebene übergeordneter nicht-politischer Koordinator eingesetzt werden, der sämtliche Rechte zur Gestaltung der Steuer-Leistungs-Pakete übertragen bekommt.
2. Gelder, die aus dem Fonds an die Gemeinde geflossen sind, müssen zurückgezahlt werden. Sie stellen ein Darlehen dar, welches der Verzinsung unterliegt.
3. Geprüft werden sollte die Notwendigkeit einer Auflösung der betreffenden Gemeinde und Eingliederung in eine oder mehrere andere Gemeinden. Sofern davon auszugehen ist, daß die Kommune die zur Erfüllung auferlegten Aufgaben nicht in ausreichender Weise umsetzen kann, sind Veränderungen im räumlichen Zuschnitt eine mögliche Option[663].

- Irreführende oder wissentlich unwahre Angaben i.Z. mit den bereitzustellenden Steuer-Leistungs-Paketen sind schadenersatzpflichtig.
- Ratings der Gebietskörperschaft durch private Rating-Agenturen erfordern eine Anmeldung bei der überwachenden Institution; zugleich besteht die Verpflichtung, Ergebnisse der Öffentlichkeit zugänglich zu machen. Hierdurch wird verhindert, dass nur positive Ratings veröffentlicht werden.

---

[663] Siehe Kapitel II.1.1.

• Das Recht der Gebietskörperschaften, untereinander Verträge abzuschließen (Kooperationshoheit), wäre zu stärken. Hier wird insbesondere auf Vereinbarungen bzgl. externer Effekte hingewiesen. Sofern zwischen den Gebietskörperschaften keine Verhandlungslösung erreicht wird, kann die überwachende Institution als Schlichter angerufen werden.

5. Verstärkte kommunale Gesetzgebungs- und Einnahmenkompetenz: Auswirkungen eines Steuerwettbewerbs auf den Standortentscheidungsprozeß der Unternehmen

Eine verstärkte Steuerautonomie der Gemeinden (und der Länder) sowie die Stärkung der Zurechenbarkeit und Bewertbarkeit von Steuer-Leistungs-Paketen unter Berücksichtigung einer kommunalen Wettbewerbsordnung kann Veränderungen im betrieblichen Standortentscheidungsprozess hervorrufen. Dabei wird insbesondere die Bedeutung des Standortfaktors kommunale Abgaben und Steuern durch die vorgenommenen Gesetzesänderungen steigen:

1. Durch die Ausdehnung des Kreises der Steuerpflichtigen erfolgt die Wiederherstellung des Äquivalenzprinzips auf Unternehmensebene. Dies hat zur Konsequenz, dass jede unternehmerische Tätigkeit i.S. des § 2 UStG der kommunalen Objektsteuer mit gewinnabhängiger Bemessungsgrundlage unterliegt und zu einer tatsächlichen Belastung führt. Die Bindung zur Kommune und einhergehend damit das Interesse an den kommunalen Leistungen und der Kommunalpolitik steigen. In den bisher betrachteten Untersuchungen zur Gewerbesteuer konnte keine Differenzierung zwischen Gewerbesteuerpflichtigen und Nicht-Gewerbesteuerpflichtigen, Steuerbefreiten und Freibeträgen i.S. des § 11 GewStG liegenden Unternehmen vorgenommen werden. Die Feststellung, dass weniger als 20 % aller gewerbesteuerpflichtigen Unternehmen überhaupt Gewerbesteuer zahlen müssen, und eine Vielzahl von Betrieben aufgrund ihrer nicht gewerblichen Tätigkeit nicht gewerbesteuerpflichtig sind, zeigt, dass die bisherige Bewertung des Standortfaktors erheblichen Verzerrungen unterliegt und die Klassifizierungsreihenfolge der bedeutensten und entscheidungsrelevanten Standortfaktoren eine erhebliche Veränderung erfahren wird. Die Bewertung des Standortfaktors kommunale Steuern und Abgaben als wesentlichen Faktor durch Unternehmen des produzierenden Gewerbes (Abbildung 15) zeigt insbesondere die Relevanz bei (potentiell) gewerbesteuerpflichtigen Unternehmen.

2. Die Verknüpfung von Leistung und Gegenleistung wird deutlicher. Somit kann eine verbesserte Abwägung kommunaler Leistungen aus unternehmerischer Sicht erfolgen. Die Beziehung zwischen Steuerlast und den bereitgestellten Infrastrukturmaßnahmen wird transparenter, so dass zusätzlich

neben der absoluten Bewertung der Steuerlast eine relative hinzutritt und auch Steuerbelastungsunterschiede bzw. -nachteile akzeptieren lässt.

3. Mitnahmeeffekte i.S. der direkten Wirtschaftsförderung werden aufgrund der Einschränkung der versteckten Zuwendungsmöglichkeiten vermindert. Stattdessen werden langfristige Maßnahmen (z.b. Infrastrukturausbau, Positionierung der Marke Standort) forciert und stärken die Grundstruktur der Gemeinde. Isolierte Maßnahmen bezogen auf einzelne Unternehmen mit fragwürdigen Erfolgen zu Lasten der Allgemeinheit werden unterbunden. Dagegen treten allgemeine kommunale Steuererleichterungen im Bereich des Steuererhebungsverfahren hinzu. Durch die gesteigerte Transparenz wird insbesondere ein politischer Kontrollmechanismus, aber auch ein allgemeiner unternehmerischer Anreizmechanismus zur Ansiedlung in Gang gesetzt.

4. Aufgrund der Änderungen im Bereich der Grundsteuer werden zukünftig Flächenausdehnungen und -lagerhaltungen vermindert, wodurch eine effizientere Nutzung bestehender Kapazitäten vorgenommen wird. Daraus folgt gleichzeitig, dass die Steuerbelastung in Relation zur Relevanz der Flächenverfügbarkeit wesentlich an Gewicht gewinnen und die Bedeutung der Flächenverfügbarkeit tendenziell sinken wird. Eine Beschränkung von Expansionsmöglichkeiten kann allerdings hieraus nicht begründet werden.

5. Die Standortwahl der Unternehmen wird wesentlich von der zukünftigen Positionierung der Gemeinden bestimmt. So werden unterschiedliche Strategien sowohl in der Infrastrukturausstattung als auch in der Ausrichtung als Wohn- und Freizeitgemeinde, als Mischkommune oder Unternehmensstadt verfolgt werden können. Auch hier werden sich erhebliche Veränderungen und Abweichungen zwischen den Gemeinden bzgl. satzungsbedingter Fördermaßnahmen und dem jeweiligen Hebesatz sowie dem Tausendsatz bei der Grundsteuer ergeben können.

6. Die Kommunen werden wesentlich stärker als bisher gefordert, eine Offenlegung und Rechtfertigung der Wirtschafts- und Steuerpolitik zu verfolgen. Nur wenn die notwendige Rechtsklarheit vorhanden ist, erfolgen unternehmerische Investitionen. Das Zustandekommen einer Ansiedlung innerhalb einer Kommune kann als beidseitig verpflichtender und einklagbarer Vertrag angesehen werden: Zum einen für die Unternehmen, Steuern als Entgelt kommunaler Gegenleistung rechtzeitig zu leisten; zum anderen für die Kommunen, Rechtssicherheit herzustellen und die Planbarkeit unternehmerischer Entscheidungen durch eine zielgruppengerechte Wirtschaftspolitik zu unterstützen. Für Abweichungen von in Aussicht gestellten aber nicht erbrachten Leistungen durch die Kommunen, kann ein Schadensersatzanspruch für das Unternehmen geprüft werden.

7. Es besteht die Möglichkeit für die Kommunen, auch eine branchenspezifische Spezialisierung durchzuführen. Die Kommune kann sich als Partner, Dienstleister (durch bestimmte Serviceleistungen) und Berater bestimmter Zielgruppen positionieren und als Spezialist eine Abgrenzung vornehmen.

Bedingt durch die in den letzten Jahren erheblich gestiegene Mobilität und die weitere Zunahme derselben insbesondere im unternehmerischen Sektor, wird der Standortentscheidungsprozeß in Zukunft wesentlich stärker als bisher von der kommunalen Steuerbelastung abhängen. In Einzelfällen führt bereits heute eine nicht durch entsprechende Gegenleistung begründete Steuerlast zur Abwanderung von Unternehmen. Dabei besteht die Gefahr, gewachsene Netzwerke – mit Zulieferern, Abnehmern bzw. Kunden – zu zerstören. Bei der Neuausrichtungsstrategie vieler Unternehmen steht der lokale und ggf. regionale Standortwettbewerb insbesondere aus diesem Grund im Mittelpunkt zukünftiger Entscheidungen.

Neben der vollständigen Abwanderung eines Unternehmens aus einer Gemeinde bestehen weitere unternehmerische Reaktionspotentiale zur (kommunalen) Steuerlastsenkung. Dabei ist neben der Strategie einer bewussten Steuerhinterziehung zu differenzieren zwischen verschiedenen Optionen zur Gewinnverlagerung: Strategische, taktische und operative Gewinnrealisierungs- und Verlagerungsstrategien.

- Verrechnungspreise: Nicht nur international ausgerichtete Konzerne können Strategien der Ertragsverlagerung zur Ausnutzung von standortbedingten Steuervorteilen vollziehen[664]. Die Realisierung von Gewinnen wird in Kommunen bzw. Ländern mit besonders günstigen Steuersätzen verlagert (taktische Verlagerungsstrategie).
- Rechtsformwahl: Sofern die Annahme einer verstärkten branchenspezifischen Ausrichtung einzelner Gemeinden hinsichtlich eines zielgruppengerechtes (Dienst-)Leistungsangebot an öffentlichen Gütern zutrifft, sollte im Rahmen eines Standortentscheidungsprozesses der Unternehmen geprüft werden, ob aufgrund des Vergleichs der Einkommen- zur Körperschaftsteuerbelastung an dem potentiellen Standort ein Rechtsformwechsel oder bspw. eine (Betriebs-) Aufspaltung vorgenommen werden sollte (strategische Planung).
- Firmensitzverlagerung: Dies beinhaltet zum einen die Möglichkeit, den „Hauptsitz" des Unternehmens durch Änderung im Handelsregister auf eine Betriebsstätte zu verlagern und den bisherigen „Hauptsitz" zur Betriebsstätte umzufunktionieren (strategische Planung). Zum anderen kann eine Funktionsverlagerung innerhalb der Wertschöpfungskette (bspw. der Finanzierungsfunktion) eines Konzerns stattfinden.
- Die Gründung von Tochtergesellschaften: Auch mittels dieser Variante der strategischen Steuerminimierung kann – hier aus steuerlicher Sicht – eine Optimierung in der Gestaltung des Unternehmens erfolgen.

---

[664] Es gilt allerdings die gesetzlichen Bestimmungen bspw. i.S. des § 8a KStG und § 32a GmbHG zu beachten.

- E-Commerce: Die Verlagerung vielfältiger Dienstleistungsangebote als Internetangebote durch bzw. auf eine Betriebsstätte bietet erhebliche Potentiale i.Z. mit der Standortwahl von Unternehmen. Personal (personelle Mindestausstattung) ist für die Begründung einer Betriebsstätte nicht erforderlich[665]. Ein hoch mobiler dezidierter Internet-Server kann bei Zurechnung einer wirtschaftlich bedeutenden Funktion im Unternehmen eine Betriebsstätte herstellen, sofern der Inhaltsanbieter bzw. Provider diesen selbst betreibt[666]. Offen bleibt dagegen derzeit noch, welcher Anteil am Unternehmensgewinn der Betriebsstätte zuzurechnen ist[667]. Die Verlagerung des dezidierten Internet-Servers und damit der Betriebsstätte ist aufgrund der hohen Mobilität nur mit geringem Aufwand verbunden und jederzeit – bspw. bei Veränderungen in der kommunalen Steuerpolitik – möglich. Die Abgrenzung zwischen strategischer und operativer Verlagerungsaktivität ist ebenso wie beim Outsourcing nur im Einzelfall zu bestimmen.

- Outsourcing: Die mittel- bis langfristige vertragliche Bereitstellung von Dienstleistungen durch einen Outsourcing-Anbieter kann insbesondere durch die Gründung einer Tochtergesellschaft durch das Unternehmen und einen Outsourcing-Anbieter zur Erbringung von Dienstleistungen für das Mutterunternehmen durch den Standort des Tochterunternehmens erhebliche steuerliche Vorteile bringen. Auch hier gilt es, in einem Standortentscheidungsprozeß Alternativen zu prüfen und einen den (bspw. steuerlichen) Anforderungen gerecht werdenden Standort zu wählen.

- Mittels einer abgestimmten Finanzierungsstrategie kann die Realisierung einer Optimierung des Gesamtergebnisses erreicht werden. So werden Kosten des Fremdkapitals als steuerlich abzugsfähig gestellt – sowohl bei der Gewinnermittlung als auch bei der derzeitigen Gewerbesteuer (50 % Hinzurechnung). Daher gilt es, eine mögliche Finanzierung von Tochterunternehmen durch Fremdkapital durch die Muttergesellschaft zu prüfen.

---

[665] Siehe: OECD Committee on Fiscal Affairs (Hrsg.), Clairification on the Application of the permanent establishment Definition in E-Commerce: Changes to the Commentary on the Model Tax Convention on Article 5, o.O. 2000, Seite 6.
Damit wird das „Pipeline-Urteil" des BFH bestätigt.
Siehe hierzu: BFH, Urteil vom 30. Oktober 1996, - II R 12/92 -, in: IStR 1997, Seite 147 – 149.

[666] Siehe: Kessler, Wolfgang, OECD klärt Zweifelsfragen zur Server-Betriebsstätte, in: IStR 2001, Seite 238 – 242, hier: Seite 240; Watrin, Christoph, Betriebsstättenbesteuerung im Electronic Commerce und die ökonomische Theorie der Firma, in: IStR 2001, Seite 425 – 430 und Wehrheim, Michael/König, Heiko, Ausgewählte steuerliche Probleme im Bereich des E-Commerce, in: StuB 2001, Seite 261 – 267.
Eine virtuelle Betriebsstätte einer Web-Site kann mangels körperlicher Verfestigung keine Betriebsstätte begründen. Mittels eines Hilfskatalogs von typischen digitalen Hilfstätigkeiten kann eine Prüfung vorgenommen werden, ob die Tätigkeit der festen Geschäftseinrichtung an sich einen wesentlichen und maßgeblichen Teil der Tätigkeit des Gesamtunternehmens ausmacht.
Siehe: OECD Committee on Fiscal Affairs (Hrsg.), a.a.O., Seite 5 f.

[667] Siehe: Kessler, Wolfgang, a.a.O., Seite 241 f.

X. Gesamtbetrachtung

Der Bundesgesetzgeber behält bei den aufgezeigten Steuerarten die allgemeine Gesetzgebungskompetenz. Dies bringt neben den angeführten positiven Effekten allerdings keine wesentliche Entlastung hinsichtlich der Ausgabenentwicklung: Sämtliche Änderungen bei der Ermittlung des Einkommensteuer-Messbetrags wirken sich auf die finanzielle Situation der Gemeinden (und Länder) durch geänderte Bemessungsgrundlagen aus. Diesem kann nur durch Hebesatzvariation begegnet werden und letztlich eine erneute Aushöhlung des Konnexitätsprinzips bedeuten. Hieraus die Forderung nach einer eigenständigen Einkommensteuer der Gemeinden abzuleiten, erscheint u.U. wünschenswert, aus politischer Sicht allerdings undurchführbar. Auch unter Kostenaspekten, erheblichen Koordinations- bzw. Verwaltungsanforderungen und den einheitsbegründenden Distributions-, Konjunktur- und Wachstumszielen erscheint dies nicht umsetzbar. Vielmehr sind zur Wahrung der Einheit – auch in der Besteuerung – den ausufernden Gesetzaneignungsbestrebungen des Bundes i.S. des Art. 72 GG Beschränkungen aufzuerlegen. Insbesondere Art. 72 Abs. 2 GG bedarf einer Überarbeitung und Neuinterpretation. Die Befähigung einer konkurrierenden Gesetzgebung des Bundes, um eine Wirtschaftseinheit im gesamtstaatlichen Interesse zu garantieren sowie einheitliche bzw. gleichwertige Lebensverhältnisse zu schaffen, ist durch eine Beschneidung bzw. Konkretisierung der Kompetenzen zu unterstützen. Gleichfalls ist das Weiterleiten von finanzieller Verantwortung auf Basis bundesstaatlicher Entscheidungen zu unterbinden. Dies bedeutet, dass eine dem föderalen Systemgedanken entsprechende Autonomiesteigerung der Gemeinden (und Länder) im Bereich der Gesetzgebung und Einnahmen nur einer vorgelagerten Aufgaben- und Ausgabenprüfung und Neuzuordnung folgen kann. Denn die notwendige Änderung des Art. 104 a GG geht einher mit einer Prüfung der Aufgabenzuordnung. Damit wird unter anderem der Zirkel zu den Gemeinschaftsaufgaben i.S. der Art. 91 a und 91 b GG geschlossen. Eine eindeutige Kompetenzzuteilung zu einer einzelnen Ebene ist erforderlich. Dieser (Aufgaben- und Ausgaben-)Kompetenzzuteilung folgt die Einnahmenkompetenz. Bundesrechtliche Durchgriffe auf die Kommunen sind weitestgehend zu verhindern.

Die Wiederholung der Forderung einer umfassenden Überarbeitung und Neukonzeption der Aufgaben-, Ausgaben und Einnahmenverantwortung aller Gebietskörperschaften soll jedoch nicht darin münden, die vorgeschlagenen Änderungen bei der Besteuerung des Einkommens, der Unternehmen und des Bodens bis zu einer Gesamtreform ruhen zu lassen. Die mögliche Verfassungswidrigkeit der Grundsteuer, die erheblichen Mängel der Gewerbesteuer sowie die bereits laufende Diskussion um ein Hebesatzrecht auf den 15 % Gemeindeanteil an der Einkommensteuer deuten auf in Kürze zu erfolgende Änderungen hin – freiwillig durch den Gesetzgeber oder erneut auf erzwungener Basis von Gerichtsentscheidungen. Daher besteht die Chance und zugleich die Notwendigkeit, die dargelegten Änderungen bereits vor einer umfassenden Aufgaben- und Ausgabenreformierung durchzuführen. Damit würden jedoch eine Vielzahl von Mängeln bestehen bleiben.

Dennoch erscheint die Umsetzung als sinnvoll, da die dargelegten Änderungen, die zum einen Autonomiegewinn für die nachgelagerten Gebietskörperschaften darstellen und zum anderen dem Bürger Freiheitsgrade und Informationsgewinne ermöglichen, als Reformeinstieg bzw. (Markt-)Test interpretiert werden können. Dabei bleibt es jedem Beteiligten, d.h. politischen Akteuren, Unternehmer, Konsument, selbst überlassen, seine Rationalität zu überprüfen. Für die (Gemeinde-)Politiker bietet sich einerseits die Möglichkeit am Status-quo festzuhalten und damit keine eigenen kommunalen Gesetzesbestandteile im Rahmen der Besteuerung des Einkommens und der kommunalen Objektsteuer mit gewinnabhängiger Bemessungsgrundlage zu schaffen. Andererseits wird durch die eindeutige Zuteilung der Einkommensteuer-Messbeträge eine Transparenz in der kommunalen (Finanz-)Politik geschaffen, die für den Bürger Rückschlüsse auf die angebotenen Steuer-Leistungs-Pakete zulässt, wodurch rationale Nichtrationalitäten gemindert werden können: Auf Ebene der politischen Akteure durch die Schaffung eines günstigen Investitionsklimas mittels gemeindespezifischer Regelungen; auf Ebene der Wähler durch die wesentlich verbesserten Informationsmöglichkeiten durch die Bürger selbst, aber auch durch den „Zwang" für die kommunalpolitischen Akteure, gemeindespezifische Regelungen dem Bürger gegenüber zu begründen. Die Anreize, sich zu informieren, steigen unter Mitwirkungsmöglichkeiten und dem auf kommunaler Ebene relativ hohen Einfluss bei Stimmabgaben. Präferenzen werden so offenbart. Insbesondere die zu erwartenden Rückkopplungsinformationen, um die sich politische Akteure bemühen müssen – und nicht wie bisher, um deren Hörung sich die Bürger bemühen mussten – führt unter dynamischen Gesichtspunkten zu einer Verbesserung der derzeitigen Situation. Daraus folgt, dass dem politischen Akteur ein Anreiz und zugleich Zwang zur Minimierung bestehender Informationsdefizite hinsichtlich der Bürgerpräferenzen auferlegt wird.

Damit forciert das vorgeschlagene System sowohl bzgl. der Unternehmensebene Wettbewerb als auch bzgl. der Wohnsitzebene:

- Unternehmensebene: Durch die Ausdehnung des Unternehmensbegriffs auf § 2 UStG im Rahmen der kommunalen Objektsteuer mit gewinnabhängiger Bemessungsgrundlage erfolgt eine Einbeziehung aller gewerblicher oder beruflicher Tätigkeiten. Unabhängig von der Rechtsform kann ein Wettbewerb um Unternehmen mittels Steuer-Leistungs-Paketen statt finden, die die Anforderungen der Unternehmen verstärkt in den Mittelpunkt stellt.
- Wohnsitzebene: Die Gemeinden befinden sich in einer Konkurrenzsituation hinsichtlich der Ansiedlung privater Haushalte. Mittels der Einkommensteuer können interjurisdiktionell abweichende Steuer-Preise erhoben werden, deren

Einsatz i.S. von kommunalen (Gegen-)Leistungen sich insbesondere an den Präferenzen der Wohnbevölkerung orientieren sollte.

- Die Grundsteuer stellt dabei eine die Wohnsitz- und Unternehmensebene übergreifende Besteuerung des Produkts Standort dar. Sie ermöglicht einerseits durch abweichende Tausendsätze, den Wettbewerb verstärkt alternativ um Unternehmen oder Haushalte i.S. einer bewussten Steuerung zu führen. Andererseits stellt sie auch das Bindeglied zwischen Wohnbevölkerung und Unternehmensebene dar, da sie als Marktpreis i.S. eines Nutzungs- bzw. „Eintrittsrechts" in die Kommune elementare Grundsicherungsteile erfasst. D.h. mittels der Grundsteuer wird ein Zielgruppenpreis in Form von Steuern erhoben, der einen Nutzungseintrittspreis für alle Zielgruppen darstellt.

Neben der Transparenzsteigerung innerhalb der Gemeinde selbst tritt nunmehr auch die Vergleichbarkeit kommunaler Leistungen stärker in den Mittelpunkt. Sowohl im Sinne eines Zeit- und Entwicklungsvergleichs der eigenen Situation über mehrere Perioden oder aber mit Konkurrenten, sowie als Soll-Ist-Vergleich, der eigene oder gesellschaftliche Normvorstellungen als Maßstab setzt.

Die Besteuerung nach dem Leistungsfähigkeitsprinzip ist ein wesentlicher Bestandteil des Steuersystems. Im Bereich der Besteuerung des Einkommens erfolgt die Berücksichtigung durch die Verankerung einer einheitlichen progressiven Besteuerung auf allen Ebenen und einer Differenzierung auf horizontaler Ebene in Abhängigkeit von der Gegenleistung. Sofern die kommunale Infrastruktur ein erhebliches Nutzenpotential bietet, steigen tendenziell die Hebesätze als Preis der Bereitstellung. Zugleich ist die Ansiedlung in einer solchen Kommune Ausdruck einer besonderen Leistungsfähigkeit der Betroffenen, die durch den Gesetzgeber einer verstärkten Besteuerung unterworfen werden kann. Dem Äquivalenzgedanken wird verstärkt Rechnung getragen durch die verbesserte Beziehung zwischen Nutzern und Zahlern kommunaler Leistungen. Dabei gilt es, öffentliche Güter verstärkt in den Mittelpunkt zu rücken. Individualgüter sind dagegen aus der Bereitstellung der Gebietskörperschaften auszugliedern. Ebenso sind gebührenpflichtig bereitstellbare Kollektivgüter (z.B. Autobahnnutzung) aus der allgemeinen Besteuerung herauszunehmen und i.S. einer direkten Kostendeckung (ggf. mit einem nach oben begrenzten Aufschlag) anzubieten. Ausschließlich gebührenfrei bereitzustellende Kollektivgüter, reine öffentliche Güter und Allmendegüter sind durch die Gebietskörperschaften zu finanzieren. Dabei sollte sich am Interessenausgleichsprinzip orientiert werden.

Die Möglichkeiten der direkten Wirtschaftsförderung sind – wie dargelegt – erheblich einzuschränken, da durch die Schaffung eines eigenen Gesetzgebungsspielraums nunmehr die Möglichkeit besteht, eine zielgenaue Förderung unter verbesserten Transparenzgesichtspunkten durchzuführen. Damit ist eine Positionierung des Produkts Standort möglich, ohne Mitnahmeeffekte und Subventionswettläufe in der derzeit praktizierten Form zu begünstigen. Gleichzeitig wird die Rationalität nichtrationalen Verhaltens auf der Unternehmensseite begrenzt, da bedingt durch den Wegfall einer Vielzahl von direkten Subventions- bzw. Fördermaßnahmen Anreize eines gemeinschaftsschädigenden, aber individuell rationalen Verhaltens begrenzt werden. Für die Unternehmen bedeutet ein Ausbau von Infrastruktur (indirekte Wirtschaftsförderung), von dem sie direkt profitieren, allerdings auch eine Subventionierung i.w.S.: Der Ausbau bspw. bestehender Verkehrsinfrastruktur für die Unternehmen eines Gewerbegebietes bedeutet im Vergleich zu einem anderen Gewerbegebiet, welches keine Berücksichtigung erfährt, eine indirekte Subventionierung, da Transaktionskosten einerseits gesenkt werden; zugleich können Bodenwerte steigen. Diese Möglichkeiten einer indirekten Wirtschaftsförderung sind als Aktionsparameter im Wettbewerb zuzulassen. Hervorzustellen ist, dass die gesetzgeberischen (satzungsmäßigen) Bestimmungen der Kommunen nicht zu Steuermindereinnahmen führen dürfen, die durch Ausgleichzahlungen oder Finanzausgleichmaßnahmen gedeckt werden müssen. Oberste Maxime bei zu gewährenden Fördermaßnahmen (im Bereich der Besteuerung des Einkommens und der Gewinnsteuer) ist die Garantie einer kommunalen fiskalischen Förderungsäquivalenz auf isolierter Gesetzgebungsebene. D.h. Satzungsregelungen, die zu einer Senkung der Steuerlast führen, sind ausschließlich von der jeweils gewährenden Gemeinde zu finanzieren und bei der Neugestaltung eines Finanzausgleichssystems zu implementieren. Bemessungsgrundlage dürfen dann nicht die vereinnahmten Steuergelder sein, sondern die Steuergelder, die eingenommen worden wären, wenn die in den Satzungen der Gemeinden vorgesehenen Steuervergünstigungen nicht gewährt worden wären. Damit wäre dem Prinzip einer kommunalen fiskalischen Förderungsäquivalenz Gültigkeit verschafft. Insgesamt gesehen erfährt der Selektionsmechanismus des Marktes eine zunehmende Bedeutung, da die indirekte Wirtschaftsförderung über kommunale Infrastruktur und Kommunalrecht gestärkt und Nutzenpotentiale geschaffen werden.

Die aufgezeigten Bausteine eines institutionellen Rahmens innerhalb dessen sich ein interjurisdiktioneller Wettbewerb entfalten kann, d.h. einer Wettbewerbsordnung für den institutionellen Wettbewerb bzw. zwischen Wettbewerbspolitiken, stellen die notwendige Grundvoraussetzung dar, um Steuerwettbewerb i.S. eines Behinderungswettbewerbs zu vermeiden. Für den hier vorgeschlagenen Markttest einer verstärkten kommunalen Steuerautonomie ist dies erforderlich, da eine Reformierung bzgl. der Einnahme- und Gesetzgebungskompetenz der Gemeinden auf Basis des Status-quo stattfinden würde, obwohl eine notwendige Reformierung der Zuordnung föderaler Aufgaben derzeit nicht auf der politischen Tagesordnung steht. Solange nicht eine Rückverlagerung der Aufgaben einhergehend mit einer wesentlich verstärkten Ausgaben- und Einnahmenverantwortung der jeweiligen Gebietskörperschaften stattfindet, ist gleichzeitig nicht mit einer gestärkten Steuerautonomie der Gemeinden bzw. einer veränderten Aufteilung der Steuerarten zugunsten der Gemeinden und

Länder zu rechnen. Daher kann die Umgestaltung der Steuerarten als Vorbereitung einer in einem zweiten Schritte zu erfolgenden Verfassungsreform angesehen werden. Zwar erfolgt hinsichtlich des Steueraufkommens eine Orientierung an der Ist-Situation, zugleich wird aber die Möglichkeit einer verstärkten Autonomie bereits berücksichtigt. Sofern tatsächlich eine Überarbeitung des Grundgesetzes erfolgt und Aufgabcn- und Ausgabenkompetenzen an die untere Ebene abgetreten werden, kann von Seiten der Gemeinden flexibel auf den gesteigerten Finanzbedarf reagiert werden. Im Gegenzug ist eine Rückführung der Steuereinnahmen des Bundes (ggf. der Länder) vorzunehmen und das Zuweisungssystem erheblich zu reduzieren. Eine Grundgesetzänderung ist aufgrund der flexiblen Einnahmegestaltung bzw. Anteilsgestaltung an den Steuerarten dann nicht nochmals erforderlich und verspricht insbesondere unter dem Blickwinkel politischer Veränderungen eine Beschleunigung entsprechender Verfahren.

Die im vorgeschlagenen Modell berücksichtigte mögliche Beschränkung des Hebesatzrechts bei der Einkommensteuer durch den Bundesgesetzgeber – unter Zustimmung des Bundesrates – kann innerhalb der Einführungsphase erforderlich sein. Sichergestellt werden sollte, dass keine steuerliche (Mehr-)Belastung für die Steuerpflichtigen insgesamt auftritt, aber auch Vorgaben des BVerfG beachtet werden. Diesem wohl wichtigsten Einwand der Kritiker gegen ein kommunales Hebesatzrecht wird durch die Einführung einer Begrenzung entgegengetreten. So kann in dieser Testphase die Umsetzung bzw. Annahme einer verstärkten Gesetzgebungs- und Einnahmenkompetenz geprüft werden. Der Extremfall würde in einer Konkurrierung aller Gemeinden auf oberstem Niveau – der gesetzlich festgesetzten Höchsthebesatzgrenze – erfolgen. Damit würde die derzeitige Ist-Situation jedoch nur bestätigt, nicht verschlechtert. Zudem haben sich Einwände hinsichtlich eines schädlichen Wettbewerbs i.S. eines Hochkonkurrierens der Preise bzw. Nutzungsgebühren in Bereichen wie bspw. der Telekommunikation nicht bestätigt. Die Begrenzung der kommunalen Objektsteuer mit gewinnabhängiger Bemessungsgrundlage ist jedoch ebenso wie die der Grundsteuer nicht erforderlich, da auch derzeit keine Begrenzung des Hebesatzes erfolgt. Hier scheint eine „automatische" Begrenzung durch den Markt zu erfolgen und führt bspw. bei der Gewerbesteuer zu einer Schwelle der Besteuerung bei unter 500 %. So kehrte Frankfurt nach einer kurzfristigen Überschreitung diese Schwelle aufgrund vielfältiger Kritik und Abwanderungen von Unternehmen auf einen Hebesatz unter 500 % zurück.

Wesentlich zur Herstellung einer verstärkten Steuerautonomie – sowohl hinsichtlich der Einnahmen als auch der Ausgaben – ist eine umfassende Reformierung des Finanzausgleichs zwischen den Ländern und damit einhergehend des vertikalen Finanzausgleichs innerhalb der Länder. Die Implementierung von Anreizmechanismen zur Pflege der Steuerquellen und die Unterbindung von Trittbrettfahrer-Verhalten können als wesentliche Zielelemente definiert werden.

Daher besteht die Notwendigkeit, die Reformierung der Steuerquellen insbesondere der Gemeinden mitzuberücksichtigen und gleichzeitig anzugehen. Nur dann kann ein einheitliches Anreiz-Sanktions-System geschaffen werden, welches den Wettbewerb als Entdeckungsverfahren und Innovationswettbewerb forciert.

XI. Thesenförmige Zusammenfassung

- Die föderale Struktur Deutschlands ist als Ordnungsprinzip und Regelwerk zur Beeinflussung der individuellen Interaktion ausgelegt. Dies beinhaltet die Stärkung der Demokratie von unten nach oben durch Eigenverantwortlichkeit und Selbstbestimmung sowie durch Rechtsstaatlichkeit, die die Mäßigung öffentlicher Gewalt durch verbesserte Kontrollmöglichkeiten auf unterster Ebene beinhaltet. Die kommunale Selbstverwaltung als Ausdruck dieses Regelsystems wird durch Art. 28 Abs. 2 GG kodifiziert und damit verfassungsrechtlich garantiert.

- Die Aufgabenerfüllung aller örtlichen Angelegenheiten im Rahmen der Gesetze erfolgt durch die Kommunen. Die Eigenverantwortlichkeit der Kommunen ist durch sog. Gemeindehoheiten gekennzeichnet, zu denen unter anderem die Rechtssetzungs-, die Finanz- und die Abgabenhoheit gehören. Neben der Erfüllung der Selbstverwaltungsaufgaben obliegt den Kommunen gleichfalls die Umsetzung von Weisungsaufgaben, die ihnen durch den Bundesgesetzgeber übertragen werden, wobei ihnen ein angemessener finanzieller Ausgleich zu gewähren ist (Art. 104 a GG). Sofern der Bund direkt den Kommunen Aufgaben überträgt, greift Art. 104 a GG nicht, da es sich nur um eine Vorschrift im Verhältnis von Bund zu Ländern handelt.

- Grundsätzlich ist gem. des Allokationsziels eine Aufgabenerfüllung durch die Gebietskörperschaften auf der Ebene durchzuführen, die die effizienteste Erfüllung in Abhängigkeit vom Nutzerkreis garantiert. Abhängig vom Nutzerkreis der angebotenen öffentlichen Leistungen sind unter Effizienzgesichtspunkten Lösungen durch die Gebietskörperschaften zu organisieren. Die angebotenen Leistungen müssen sich an die variable Präferenzvielfalt der Unternehmen und privaten Haushalte, aber auch an die Veränderungen der Umwelt, an die Komplexität, Diskontinuität und Dynamik anpassen. Die Kompetenzen für die Anpassung der Leistungen an die Präferenzen sollten bei der ausführenden Gebietskörperschaft liegen.

- Die neben dem Allokationsziel existierenden Distributions-, Konjunktur- und Wachstumsziele rechtfertigen die die Vielfalt umschließende Einheit des Staatenverbundes. Übergeordnete (gesellschafts-)politische Ziele finden hier Berücksichtigung.

- Das Grundgesetz deklariert einen Wettbewerb zwischen den Gebietskörperschaften auf horizontaler Ebene. Das zur Rechtfertigung bundespolitischer Regelungen bzw. Eingriffe zur Vermeidung sog. struktureller Defizite vielfach missbrauchte Postulat der Gleichwertigkeit der Lebensverhältnisse fordert entgegen dieser Fehlinterpretation regional unterschiedliche Preisstrukturen zur relativen Bewertung von Leistungen und Produkten. Die örtliche Bewertung, d.h. Differenzierung, steht im Mittelpunkt.

- Die Gleichwertigkeit der Lebensverhältnisse entspricht einem Rahmen innerhalb dessen Wettbewerb zwischen eigenständigen und eigenverantwortlichen Akteuren stattfinden sollte. Dieser Rahmen erschließt sich als Einheit der vielfältigen Regelungen.

- Eine Vereinheitlichung von Regelungen und Standards zerstört die Grundvoraussetzungen eines föderal strukturierten Systems und die Informationsfunktion des Preissystems. Disparitäten stellen die Grundvoraussetzung einer föderativen Ordnung dar. Das derzeitige föderale System ist hingegen von einer erheblichen Zentralisierungstendenz und Verlagerung aller Kompetenzen auf Bundesebene gekennzeichnet.

- Ziel einer Reformierung des Gemeindefinanzsystems sollte daher die verstärkte Förderung der Eigenverantwortlichkeit der Kommunen i.S. des Grundgesetzes beinhalten. Anreize zur Pflege und zum Ausbau von Steuerquellen sowie zur aktiven Steuer- und Leistungspolitik sind aufgrund der Dynamik, Diskontinuität und Komplexität der Umweltbedingungen Grundbestandteile einer Aufgabenerfüllung, die die Staatstätigkeit in Form des föderativen Systems determiniert.

- Ein vom Grundgesetz eingeforderter Wettbewerb zwischen Gebietskörperschaften kann als evolutorischer Prozess gestaltet werden. Dabei tritt das Entdeckungsverfahren neben den Innovationswettbewerb. Die von den Jurisdiktionen angebotenen Steuer-Leistungs-Pakete werden durch die Konsumenten der Leistungen getestet und durch Rückkopplungsinformationen mittels exit und voice bewertet. Da die Kommunalregierung für die zu bewertenden Steuer-Leistungs-Pakete verantwortlich ist, wird zum einen ein Anreiz-Selektions-Mechanismus zur Verbesserung des Angebots und Steigerung der Attraktivität der Kommune, zum anderen ein Innovations-Imitationsprozeß in Gang gesetzt, der zur Nachahmung erfolgreicher Leistungsangebote bzw. Problemlösungen führt.

- Das Angebot an öffentlichen Gütern stellt die Gegenleistung der Kommunen für gezahlte Steuern der Steuerpflichtigen dar. Damit wird ein Vergleich der gezahlten Steuern bzw. Abgaben und der durch die Gemeinde zur Verfügung gestellten Gegenleistung transparent und individuell bewertbar.

- Zur Herstellung des Zusammenhangs zwischen Leistung und Gegenleistung ist als Besteuerungsprinzip das Prinzip der fiskalischen Äquivalenz anzustreben. Es konnte gezeigt werden, dass dies derzeit in keinster Weise gegeben ist.

- Eine Orientierung am Äquivalenzprinzip erfolgt nur ansatzweise. Dieses Postulat ist hinter das Prinzip der Besteuerung nach der Leistungsfähigkeit zurückgetreten. Das Leistungsfähigkeitsprinzip setzt jedoch zunächst eine Bestimmung der Besteuerungsäquivalenz voraus. Daher sind Versuche einer grundgesetzlichen Verankerung des Leistungsfähigkeitsprinzips zurückzuweisen. Hier würde die Verankerung der Trennung zwischen Einnahmen und Ausgaben im Grundgesetz erfolgen und diskretionären Handlungsspielraum der politischen Akteure verfassungsrechtlich kodifizieren. Zudem ist eine Trennung weder ökonomisch zu begründen und führt statt dessen – wie im Zusammenhang mit Zuweisungen gezeigt werden konnte – zu Fehlanreizen und Trittbrettfahrerverhalten, noch entspricht diese Trennung den Vorgaben des § 3 AO, da zur Begründung dieses Auseinanderfallens gem. dem BVerfG eine individuelle Gegenleistung vorliegen muss. Eine unmittelbare äquivalenzgerechte „Abrechnung" unter Berücksichtigung der Einkommens- und Steuerpreiselastizität der Konsumenten kann bei einer Vielzahl von öffentlichen Gütern nicht vorgenommen werden. Statt dessen sollte eine Orientierung am Interessenausgleichsprinzip erfolgen.

- Die Mobilität der Unternehmen und Haushalte besitzt eine herausragende Bedeutung für die Möglichkeit eines evolutorischen Wettbewerbs. Grundsätzlich sind aus theoretischer Sicht sowohl Individuen, Unternehmen, aber auch die Rechte an der Nutzung des Bodens mittel- bis langfristig mobil, jedoch aufgrund auftretender Exitkosten nicht vollkommen mobil. Die bereits derzeit relativ hohe Mobilität von Unternehmen und vermehrt auch von privaten Haushalten ist anhand verschiedener empirischer Untersuchungen belegt worden. Nachweislich steht die lokale Standortwahl im Mittelpunkt der meisten Entscheidungen. Gewachsene Netzwerke (Zulieferer, Abnehmer, direkte Kundenbeziehungen bei Unternehmen und soziale Netzwerke i.Z. mit Haushalten) verhindern vielfach nationale bzw. internationale Standortwanderungen.

- Einwände gegen einen interjurisdiktionellen Wettbewerb unter Hinweis eines race to the bottom konnten widerlegt werden, da diese Annahme ausschließlich unter der Prämissensetzung der neoklassischen Modellwelt zutreffen kann. Weder der vollständig informierte rational handelnde homo oeconomicus mit seinem Gewinn- bzw. Nutzenmaximierungsstreben unter sicheren, planbaren Rahmenbedingungen, noch die unterstellte Vollkommenheit der zur Verfügung stehenden Informationen erlauben eine Anwendung außerhalb der Modellwelten. Zudem konnte gezeigt werden, dass nicht-rationales Verhalten durchaus aus subjektiver Sicht rational sein kann. Base rate fallacy, anchoring, availbility bias, Status-quo-Präferenz, Besitzeffekt, Verlust-Aversion, sunk cost-Effekt, diminishing sensitivity und Ideologien können das Verhalten aller Akteure maßgeblich beeinflussen und führen somit zu einer Abweichung eines objektiv als rational eingestuften Zustandes.

- Ein verstärktes Mitspracherecht immobiler Haushalte bzw. Unternehmen, denen z.T. ein langfristiges Interesse an der Verbesserung kommunaler Leistungen unterstellt wird, ist abzulehnen. Befürchtungen einer ausschließlichen Besteuerung immobiler Akteure werden zurückgewiesen. Zum einen kann mobilen Gruppen kein reines Abschöpfungsverhalten unterstellt werden, zum anderen steigt für die Immobilen der Anreiz, aktiv an der Kommunalpolitik teilzunehmen, das Meinungsbild der Kommune zu prägen bzw. politische Akteure zu kontrollieren. Damit erfolgt eine wesentlich stärkere Berücksichtigung der Eigenverantwortlichkeit und des Anreizes, kommunalpolitisch aktiv zu sein. Hieraus folgt eine Stärkung der Demokratie von unten nach oben.

- Die Finanzierung öffentlicher Aufgaben der Kommunen erfolgt derzeit über einen 15 %igen Anteil an der Einkommensteuer und einen 12 %igen Anteil des Aufkommens aus dem Zinsabschlag. Des weiteren erhalten sie 2,07614 % des Umsatzsteueraufkommens, ihnen stehen die Einnahmen aus der Grundsteuer und den örtlichen Verbrauch- und Aufwandsteuern und die Einnahmen aus der Gewerbesteuer unter Abzug der Gewerbesteuerumlage zu. Im Zusammenhang mit der Gewerbe- und Grundsteuer besitzen die Gemeinden ein Hebesatzrecht. Bezogen auf den Anteil an der Einkommensteuer besteht die Möglichkeit, ein Hebesatzrecht durch Bundesgesetz, welches der Zustimmung des Bundesrates bedarf, einzuführen (Art. 106 Abs. 5 Satz 2 und 3 GG). Des weiteren erhalten sie Zuweisungen i.S. eines aktiven Finanzausgleichs.

- Die Gewerbesteuer als wichtigste originäre kommunale Steuerart ist sowohl von Seiten der Wirtschaft als auch von Seiten der Kommunen vielfältiger Kritik ausgesetzt. Als Hauptdefizite werden in der aktuellen Diskussion um eine Neuausrichtung bzw. Abschaffung der Gewerbesteuer die ausschließliche Belastung der gewerblichen Wirtschaft, Kürzungen und Hinzurechnungen i.Z. mit der Bemessungsgrundlage, die zu einer Substanzbesteuerung führen können, die Konjunkturreagibilität und die Verpflichtung der Kommunen, eine Umlage an Bund und Länder abführen zu müssen, angeführt. Ziel des ab dem Veranlagungszeitraum 2001 geltenden § 35 EStG war die Intention des Gesetzgebers, eine Gleichstellung von Personengesellschaften bzw. Einzelunternehmen im Vergleich zu Kapitalgesellschaften, die eine Definitivbesteuerung mit 26,5 % für den Veranlagungszeitraum 2003 und 25 % ab dem Veranlagungszeitraum 2004 erfahren, zu erreichen.

- Zur Reformierung der Gewerbesteuer existiert eine Vielzahl von Modellvorschlägen (Anrechnungsmodelle, Revitalisierungsmodelle, Substitutionsmodelle, Beteiligungsmodelle und Kombinationsmodelle), die allerdings i.d.R. eine isolierte Betrachtung der Gewerbesteuer vornehmen.

- Anrechnungsmodelle beinhalten eine Anrechnung der Gewerbesteuer auf eine andere Steuerart, wie bspw. die ab dem Veranlagungszeitraum 2001 erfolgende Anrechnung auf die Einkommensteuer (§ 35 EStG). Diskutiert wurde auch die Möglichkeit einer Anrechnung auf die Umsatzsteuer. Die Analyse der Vorschläge hat ergeben, dass beide Modelle aus verfassungsrechtlicher Perspektive zu beanstanden sind.

- Substitutionsmodelle sehen eine Abschaffung der Gewerbesteuer und die Neueinführung einer Cash-flow-Steuer, einer Wertschöpfungsteuer oder einer kommunalen Unternehmensteuer vor. Aufgrund der aufgezeigten Substanzbesteuerungsgefahr sowie auftretender Fehlanreize sind als Ergebnis der Betrachtung sämtliche Substitutionsmodelle zurückzuweisen.

- Dargestellte Beteiligungsmodelle beinhalten eine Beteiligung der Gemeinden an der Umsatzsteuer bzw. an der Einkommensteuer. Modelle ohne Hebesatzrecht werden aufgrund ihres zuweisungsähnlichen Charakters abgelehnt. Die Anwendung eines Hebesatzrechts auf den kommunalen Einkommensteueranteil im Rahmen der Modelle mit Hebesatzrecht ermöglicht dagegen verstärkt interkommunale Differenzierungsstrategien. Allerdings wurde aufgezeigt, dass neben der Variation der Hebesatzes keine Einflussmöglichkeit der Kommunen auf die Höhe der Besteuerung vorgesehen ist. Daher können diese Modelle nur als Kompromiss und Baustein eines kommunalen Finanzsystems aufgefasst werden.

- Die aus Sicht der Einnahmen zweitwichtigste originäre Gemeindesteuer – die Grundsteuer – wurde ebenfalls unter verfassungsrechtlichen Gesichtspunkten als fragwürdig eingestuft, da nicht nur veraltete Einheitswerte, die den derzeitigen Verkehrswerten widersprechen, verwendet werden. Sowohl zwischen den verschiedenen Bewertungsverfahren als auch innerhalb der einzelnen Verfahren treten Divergenzen bei der Bewertung auf, die gegen den Gleichheitsgrundsatz verstoßen. Durch die ausschließliche Besteuerung der Gebäude findet keine Berücksichtigung der Bodenwerte statt, die jedoch wesentlich den Wert des bebauten Grund und Bodens determinieren. Eine optimale Nutzung von Bodenwerten wird daher verhindert.

- Ebenfalls aus verfassungsrechtlicher Perspektive werden die betrachteten Modelle des Bayerischen Staatsministeriums der Finanzen und der AG Grundsteuer der Finanzministerkonferenz zur Reformierung der Grundsteuer abgelehnt. In beiden Modellen findet sich teilweise bzw. ausschließlich eine Besteuerung der Gebäude. Einer Einstufung dieser Modelle, die folglich eine Fundamentierung existierender Defizite der Grundsteuer vornehmen, als Reformoption, konnte nicht gefolgt werden.

- Die ebenfalls vorgenommene Analyse der Bodenwertsteuer führt zu einer ausschließlichen Besteuerung von Marktwerten. Der direkte Zusammenhang zwischen Bodenwert und kommunalen Gegenleistungen wird durch das Preissystem transparent, da der Wert des Grundstücks wesentlich von den Investitionen der Kommunen in öffentliche Leistungen abhängt. Somit wird die Beziehung zwischen Leistung und Gegenleistung hergestellt und nachvollziehbar. Die Bodenwertsteuer fördert gleichzeitig die Baulandmobilisierung. Die bisherigen Opportunitätskosten einer nicht effizienten Nutzung eines Grundstücks wandeln sich in realen Geldabfluss um, sodass individuelle Nutzenkalküle einer laufenden Prüfung bedürfen. Entgegen den anderen vorgestellten Modellen zur Grundsteuerreformierung kann eine Bodenwertsteuer als verfassungskonform eingestuft werden.

- Örtliche Verbrauch- und Aufwandsteuern dürfen nur erhoben werden, sofern es sich um eine Steuer i.S. des GG handelt, eine besondere Örtlichkeit gegeben ist, es sich tatsächlich um eine Verbrauch- bzw. Aufwandsteuer handelt und sie keine Gleichartigkeit mit bundesgesetzlichen Steuerarten aufweist. Neben der Verfolgung des Einnahmeziels dienen örtliche Verbrauch- und

Aufwandsteuern vorrangig Lenkungszwecken bzw. ordnungspolitischen Zielen.

- Das derzeitige Zuweisungssystem, Mischfinanzierungen und Gemeinschaftsaufgaben fördern die Intransparenz der kommunalen Haushalte. Es entstehen erhebliche Verzerrungen hinsichtlich des Anreizverhaltens, Steuerquellen zu erschließen und die Konsequenzen aus Fehlentscheidungen und Missmanagement zu tragen. Es finden vielfältige Verzögerungen statt und gleichzeitig werden Mitnahmeeffekte gefördert, nicht zuletzt, da die Fühlbarkeit der Steuerbelastung als gering einzustufen ist. Das Zuweisungssystem führt zu einer Verstetigung der Ausgaben, das die Pflege der Einnahmequellen verkümmern lässt und eine Informationspolitik für die Steuerpflichtigen überflüssig macht. Bürgerbeteiligung, Konsumentensouveränität und Mäßigung der öffentlichen Gewalt werden bedingt durch die asymmetrische Informationsverteilung teilweise bewusst unterbunden, um auf diesem Weg die Renten der politischen Akteure zu sichern. Die Eigennutzorientierung der politisch Verantwortlichen verhindert eine umfassende Informationspolitik.

- Die Reformierung der kommunalen Einnahmen kann grundsätzlich nur einher gehen mit einer Neustrukturierung der Aufgaben-, Ausgaben- und Gesetzgebungskompetenz aller föderaler Ebenen. Die Herstellung einer transparenten, nachvollziehbaren Verbindung zwischen Ausgaben und Einnahmen sollte zusammen mit einer Aufgabenneustrukturierung vorgenommen werden, um Zuweisungen, Mischfinanzierungen und Gemeinschaftsaufgaben abzubauen. Eindeutige Verantwortlichkeiten stärken das föderative System mit den dargestellten Vorzügen.

- Zur Reformierung der Aufgaben-, Ausgaben- Gesetzgebungs- und Einnahmenkompetenzen wurden drei integrative Reformvorschläge vorgestellt, die z.T. weitreichende Veränderungen in der Struktur des Föderalstaat vorsehen. Hervorzuheben ist, dass alle Modelle eine eindeutige Befürwortung zu mehr Wettbewerb zwischen den Gebietskörperschaften, zu mehr Verantwortung und zur Stärkung der regionalen Vielfalt vornehmen. Die Vorschläge zur Reformierung der föderalen Aufgaben- und Finanzbeziehungen zeichnen sich allerdings teilweise – bedingt durch ihre erheblichen Veränderungsvorschläge – durch eine politische Nichtrealisierbarkeit aus.

- Vor diesem Hintergrund ist ein Wandel in der (ökonomischen) Politikberatung weg von der angebotsorientierten Variante hin zur nachfrageorientierten Politikberatung anzustreben. Handlungsrestriktionen, Anreizstrukturen und Abläufe der Meinungsbildungs- und Gesetzgebungsverfahren der politischen Akteure sollten in die Analyse implementiert werden. Hierzu zählen neben der Sicherung politischer Renten, der Flucht vor Verantwortung, der Garantie von Macht und Einfluss auch nicht-rationale Verhaltensmuster. Zudem führen parteipolitische Handlungszwänge bzw. der Fraktionszwang zu erheblicher Behinderung in der politischen Willensbildung bzw. -äußerung. Durch eine Abgrenzung der Kompetenzen zwischen den Ebenen und somit einer verstärkten Differenzierung der politischen „Zugehörigkeit" würden politische Erfolge und Misserfolge besser den politischen Ebenen zurechenbar; damit tritt auch eine verbesserte Sanktionierungsmöglichkeit durch den Wähler ein.

- Die diskutierte Aufgabenzuordnung zu den einzelnen föderalen Ebenen sollte sich grundsätzlich am Trennprinzip orientieren. Kriterien für eine Zuordnung sind die Ausschließbarkeit und Rivalität im Konsum, die entstehenden Kosten für die Bereitstellung durch eine föderale Ebene, die Möglichkeit einer Herstellung einer direkten Beziehung zwischen Leistung und Gegenleistung, das Auftreten von externen Effekten, die Homogenität der Präferenzen der Konsumenten und die Möglichkeiten einer politischen Kontrolle. Dabei dürfen die Aufgabenzuordnungen nicht statisch sein, sondern sollten durch Veränderungen in den Präferenzen der Konsumenten bzw. in den Möglichkeiten der Bereitstellung zu einer Zuweisung zu einer vor- bzw. nachgelagerten Ebene führen. Sowohl aus zeitlicher als auch insbesondere aus räumlicher Perspektive können unterschiedliche Steuer-Leistungs-Pakete auf Landes- und damit Kommunalebene resultieren.

- Die Ansiedlung eines Unternehmens innerhalb einer Kommune bestimmt das funktionierende Zusammenspiel zwischen angebotenen Leistungen (Standortfaktoren) und Standortanforderungen durch den Unternehmer. Der Standortfaktor kommunale Abgaben und Steuern stellt dabei das Bindeglied zwischen den empfangenen Leistungen und nutzbaren Infrastrukturmaßnahmen innerhalb einer Kommune einerseits und dem individuellen Beitrag zur Finanzierung selbiger andererseits dar. Es konnte belegt werden, dass die Steuerpreise bzw. die kommunale Steuer- und Abgabenpolitik – vertreten durch die Hebesatzpolitik – in der Öffentlichkeit verstärkte Aufmerksamkeit erfahren; zugleich zeigt sich aber auch eine erhöhte Unzufriedenheit. Durch die Bindung der finanziellen Mittel in nicht spezifisch kommunalen, z.T. durch den Bundesgesetzgeber auf die Kommunen verlagerten Aufgaben ohne finanziellen Ausgleich (Art. 104 a GG), ist vielfach eine Trennung zwischen Leistung der Kommune und Gegenleistung des Steuerpflichtigen zu verzeichnen, die die Unzufriedenheit mit diesem Standortfaktor fördert. Dieser Standortfaktor spielt vielfach nur eine geringe Bedeutung im Standortentscheidungsprozeß der Unternehmen. Dies liegt nicht zuletzt im begrenzten und stark branchenabhängigen Kreis der Gewerbesteuerpflichtigen begründet. Damit wird auch deutlich, dass eine Besteuerung gemäß dem Äquivalenzprinzip bei der Gewerbesteuer nicht erfolgt und ein für den Unternehmer erkennbarer Zusammenhang zwischen Leistung und Gegenleistung nicht existiert. Trotzdem hält eine Mehrzahl von Unternehmen diesen Standortfaktor für wichtig.

- Für die aus unternehmerischer Sicht bedeutensten Standortfaktoren ist eine Betrachtung unter dem Aspekt der Aufgabenkompetenz durchgeführt worden. Dabei hat sich gezeigt, dass sowohl für die Bereitstellung der Verkehrsinfrastruktur, der Wirtschaftsförderung und die Sicherstellung einer qualifizierten Ausbildung eine Aufgabentrennung und eindeutige Zuweisung

zu den föderalen Ebenen empfehlenswert ist. Zugleich wird ein entscheidender Beitrag zur Politikentflechtung und zu einem Abbau kollektiver
Verantwortungslosigkeit geleistet. Damit würde ein Wandel von der Gebietskörperschaft als Anbieter distributiver Leistungen hin zu einem Verständnis
als Koordinator gesellschaftlicher Ansprüche innerhalb einer Ordnung mit
gesetzten Rahmenbedingungen stattfinden, welche stets der Weiterentwicklung und Anpassungen an die Dynamik der entwickelnden Präferenzen
und Umweltbedingungen unterliegt.

- Die Ausgabenkompetenz ist der Gebietskörperschaft mit der Aufgabenkompetenz zuzuweisen. Ein Gesetzesvorschlag des DLT wird diesen Anforderungen gerecht.

- Ein im Rahmen dieser Arbeit entwickeltes – auf den Gedanken eines evolutorischen Wettbewerbs basierendes – kommunales Steuersystem umfasst die
  Einkommensteuer, bei der sowohl ein Satzungs- als auch ein Hebesatzrecht
  (der Gemeinden) verankert werden, die kommunale Objektsteuer mit gewinnabhängiger Bemessungsgrundlage i.S. der Gewerbesteuer, bei der ebenfalls Satzungs- und Hebesatzrecht Berücksichtigung finden sowie die marktpreisbasierte Grundsteuer auf Basis von Bodenrichtwerten.

- Im Zusammenhang mit der Besteuerung des Einkommens verbleibt zur
  Sicherung der Distributions-, Konjunktur- und Wachstumsziele die grundsätzliche Gesetzgebungskompetenz beim Bundesgesetzgeber. In Anlehnung
  an das derzeitig geltende Recht wird die Ermittlung eines Einkommensteuer-
  Messbetrages empfohlen, der sich am zu versteuernden Einkommen orientiert. Dieser Messbetrag wird entsprechend den Vorgaben des Art. 106 GG
  zwischen den Gebietskörperschaften unter Berücksichtigung des Existenz-
  minimumfreibetrags auf Bund, Länder und Kommunen verteilt. Jede Gebietskörperschaft hat das Recht, bei der Ermittlung der Bemessungsgrundlage 1. Stufe Steuervergünstigungen zu gewähren, die nicht im Widerspruch
  zu übergeordneten einheitsbegründenden Zielen stehen. Damit erhalten alle
  föderalen Ebenen auch im Bereich der Einkommensteuer eine Gesetz-
  gebungs- bzw. Satzungskompetenz zur interjurisdiktionellen Abgrenzung.
  Das Äquivalenzprinzip wird durch eine verstärkte Fühlbarkeit und Transparenz hinsichtlich der Zuordnung der Steuergelder gestärkt, sodass die Möglichkeiten einer Abwägung zwischen Leistung und Gegenleistung verbessert
  werden. Die Anwendung der Bemessungsgrundlage 1. Stufe auf eine einheitliche, progressiv ausgestaltete Grund- bzw. Splittingtabelle sichert das
  Leistungsfähigkeitsprinzip. Zugleich werden Kostensteigerungen durch
  unterschiedliche und einzeln zu pflegende Grund- und Splittingtabellen vermieden. Das neu eingeführte Hebesatzrecht auf die Bemessungsgrundlage
  2. Stufe setzt die grundgesetzlich bereits kodifizierte Möglichkeit, Hundertsätze auf den Einkommensteueranteil zu erheben, erstmalig um.

- Die vom Gesetzgeber bewusst vorgenommene Ausgliederung juristischer
  Personen aus der Einkommensbesteuerung wird beibehalten. Aufgrund des
  fehlenden Wohnsitzes juristischer Personen ist eine Einbeziehung ist eine

Einbeziehung in den interjurisdiktionellen Einkommensteuerwettbewerb nicht durchzuführen. Statt dessen ist ein Anteil der Kommunen am Körperschaftsteueraufkommen zur finanziellen Grundsicherung zu garantieren. Die Besteuerungshoheit obliegt – wie bisher – ausschließlich dem Bund.

- Die Gewerbesteuer ist entgegen vielfältiger Empfehlungen nicht abzuschaffen, da mit einer ausschließlichen Besteuerung des Einkommens nur geringe Anreize für die Ansiedlung von Unternehmen bestehen. Auch sollte eine breite Bemessungsgrundlage eine Spezialisierung der Kommunen ermöglichen und Abhängigkeiten von bestimmten Gruppen vermindern helfen, da Anforderungen von Unternehmen an Leistungen der Kommune erheblich von denen der Einwohner abweichen. Daher erfolgt eine Gewährleistung der Äquivalenzbeziehung zwischen Kommunen und Unternehmen auf Basis einer Besteuerung aller Unternehmen gem. § 2 UStG. Der Steuersatz würde – wie Modellrechnungen belegen – erheblich gesenkt werden können. Zur Herstellung einer unmittelbaren Fühlbarkeit und zur Verhinderung einer erneuten Großbetriebsteuer wird eine Streichung von Freibeträgen empfohlen. Auch im Bereich der neuen kommunalen Objektsteuer mit gewinnabhängiger Bemessungsgrundlage kann den Gemeinden das Recht eingeräumt werden, gesetzesergänzende Satzungen zu erlassen, die übergeordneten bundesstaatlichen Zielen nicht entgegenlaufen. Zusätzlich wird das Hebesatzrecht in bisheriger Form garantiert. Die Gewerbsteuerumlage ist abzuschaffen.
- Für die Besteuerung des Bodens wird die Einführung einer marktpreisbasierten Grundsteuer befürwortet, die baureife oder bebaute Grundstücke i.S. eines Eintritts- bzw. grundsätzlichen Nutzungsrechts besteuert. Die direkte Beziehung zwischen dem Nutzenpotential eines Grundstücks und der zur Verfügung stehenden Infrastruktur wird offensichtlich. Hierfür ist ein Preis in Form von Steuern zu zahlen, der sich am Wert des Grundstücks als Bemessungsgrundlage orientieren kann.
- Zur Sicherstellung einer Grundfinanzausstattung ist den Kommunen ein erhöhter Anteil an der Umsatzsteuer zuzuweisen. Dies ist insbesondere unter dem Gesichtspunkt einer verstärkten Rückverlagerung der Aufgaben vom Bund hin zu den Kommunen zu sehen. Die Einnahmen des Bundes sind korrespondierend mit den abnehmenden Aufgaben erheblich zu kürzen.
- Örtliche Verbrauch- und Aufwandsteuern dienen den Kommunen als zusätzliche Einnahmequelle und zur Verfolgung ordnungspolitischer Zwecke. Die Einschränkung hinsichtlich des Nichtwiderspruchs gegenüber bundesstaatlichen Regelungen sollte zur Verhinderung von Doppelbesteuerungen bzw. Zielkonflikten beibehalten werden.
- Das Grundgesetz bedarf in Art. 105 und 106 GG entsprechender Änderungen.
- Die Beziehung zwischen Kommunen und Zielgruppen innerhalb eines interjurisdiktionellen Wettbewerbs stellt sich wie folgt dar:

1. Unternehmensebene: Durch die Ausdehnung des Unternehmensbegriffs auf § 2 UStG im Rahmen der kommunalen Objektsteuer mit gewinnabhängiger Bemessungsgrundlage erfolgt eine Einbeziehung aller gewerblicher oder beruflicher Tätigkeiten. Unabhängig von der Rechtsform kann ein Wettbewerb um Unternehmen mittels Steuer-Leistungs-Paketen stattfinden, die die Anforderungen der Unternehmen an die kommunale Infrastruktur verstärkt in den Mittelpunkt stellt.

2. Wohnsitzebene: Die Gemeinden befinden sich in einer Konkurrenzsituation hinsichtlich der Ansiedlung privater Haushalte. Mittels der Einkommensteuer können interjurisdiktionell abweichende Steuer-Preise erhoben werden, deren kommunale Gegenleistungen sich insbesondere an den Präferenzen der Wohnbevölkerung orientieren sollte.

3. Die Grundsteuer stellt dabei eine die Wohnsitz- und Unternehmensebene übergreifende Besteuerung des Produkts Standort dar. Sie ermöglicht einerseits durch abweichende Tausendsätze den Wettbewerb verstärkt alternativ um Unternehmen oder Haushalte durch bewusste Steuerung zu führen. Andererseits stellt sie auch das Bindeglied zwischen Wohnbevölkerung und Unternehmensebene dar, da sie als Marktpreis i.S. eines grundsätzlichen Nutzungs- bzw. „Eintrittsrechts" in die Kommune elementare Grundsicherungsleistungen erfasst. D.h. mittels der Grundsteuer wird ein durch den Tausendsatz steuerbarer Zielgruppenpreis erhoben, der einen Nutzungseintrittspreis für alle Zielgruppen darstellt. Zugleich determiniert die kommunale Infrastruktur die Bodenpreise erheblich. Die Informationen werden durch das Preissystem transparent.

- Zur Verhinderung des Missbrauchs eines verstärkten Gestaltungsspielraums in der Besteuerung der Kommunen sollte die Beauftragung einer unabhängigen unpolitischen Institution mit der Überwachung und Genehmigung kommunaler Satzungen im Bereich der Besteuerung erfolgen. Dabei gilt die Prüfung nicht nur der Vereinbarkeit der Satzungen mit bundespolitischen Zielen, sondern auch der Verhinderung politisch motivierter Bevorzugung einzelner Interessengruppen. Die Einführung von Kontrollmechanismen würde die Überprüfung politische Akteure sichern und bei nicht regelkonformen Verhalten Sanktionen hervorrufen.

- Die Positionierung der Gemeinden im Wettbewerb um Unternehmen und Haushalte erhält folglich weitere Aktionsparameter in Form der Möglichkeit der Förderung bestimmter Zielgruppen, der gesteigerten Transparenz, der verbesserten Beurteilungsmöglichkeit der Verwendung kommunaler Steuereinnahmen durch die Steuerpflichtigen und eines vornehmbaren Preis-Leistungs-Vergleichs bzw. Preis-Nutzen-Vergleichs. Die Pflege von Steuerquellen tritt in den Vordergrund, da sich zusätzliche Einnahmen direkt im kommunalen Haushalt niederschlagen und nicht abgeschöpft werden. Der Zwang für Politiker, Bürger zu informieren, steigt, so dass Informationsasymmetrien abgebaut werden und die gleichzeitig gelieferten Rückkopplungsinformationen vom Bürger an den politischen Akteur für diesen zum entscheidenden Parameter zur Sicherung seines politischen Überlebens werden. Gleichzeitig steigt der Druck, eine Wirtschafts- und Steuerpolitik zu praktizieren, die (Dienstleistungs-)Innovationen anstößt, neue Problemlösungen testet, bewährte Projekte imitiert und daraus resultierend Wissen verbreitet.

• Der Standortfaktor kommunale Abgaben und Steuern wird in der Relevanz für den Standortentscheidungsprozeß erheblich steigen und tendenziell für alle Unternehmen die Bedeutung erhalten, die er heute bereits für Unternehmen des produzierenden Gewerbes besitzt. Damit nimmt auch durch die verstärkte Bewertung des Standortes durch Unternehmen im Standortentscheidungsprozeß die Kontrolle politischer Aktivitäten zu und erschwert rent-seeking Verhalten durch politische Akteure.

• Es kann eine Spezialisierung von Kommunen als Problemlöser für spezifische Zielgruppen stattfinden.

• Das vorgeschlagene Modell kann als Reformeinstieg, d.h. als Markttest, angesehen werden. Die Überarbeitung der Aufgaben- und Ausgabenkompetenz ist zwingend erforderlich. Politische Mehrheiten lassen sich derzeit allerdings nicht bilden. Mittels der hier vollzogenen Stärkung der kommunalen Einnahmeautonomie kann auf eine zukünftige Neuordnung der Aufgaben durch Hebesatz- bzw. Messzahlvariation der Anteile der Gebietskörperschaften im Bereich der Besteuerung des Einkommens, des Anteils der Umsatzsteuer und den ausschließlich den Gemeinden zustehenden marktpreisorientierten Grundsteuer und kommunalen Objektsteuer mit gewinnabhängiger Bemessungsgrundlage begegnet werden. Analog zur Verminderung der Beteiligung des Bundes an den Einnahmenkompetenzen steigt dann der Anteil von Ländern und Kommunen.

• Der Verzicht auf die Begrenzung des Hebesatzes bei der Besteuerung des Einkommens nach oben wird nicht zu einem race to the top führen. Sollte dies dennoch durch die verstärkte Autonomie zu einem Wettlauf nach oben bzw. einer Verstetigung auf oberstem Niveau erfolgen, tritt zur derzeitigen Situation keine erhöhte Belastung für die Steuerpflichtigen ein, da das derzeitige Steuerbelastungsniveau als Obergrenze fungiert. Es steht jedoch zu erwarten, dass eine Vielzahl von Kommunen die neuen Gestaltungsparameter nutzen werden.

• Bei einer anzustrebenden umfassenden Neuregelung des Länderfinanzausgleichs sind die Bausteine dieses Modells zu berücksichtigen. Ein zu gewährender Ausgleich darf demzufolge nicht auf Basis der vereinnahmten Steuergelder vorgenommen werden, sondern anhand der Einnahmen, die eingenommen worden wären, wenn die in den Satzungen vorgesehenen Regelungen nicht erlassen worden wären (Herstellung der fiskalischen Förderäquivalenz). Neutralisiert werden müssen gleichzeitig die Auswirkungen des Hebesatzrechts.

• Damit wird deutlich, dass eine ausschließliche Reformierung des Länderfinanzausgleichs die Neuausrichtung des föderativen Systems vom Ende her
angeht. Statt dessen ist bei der Aufgaben- und Ausgabenkompetenzverteilung
zu beginnen, die Gesetzgebungs- und Einnahmenkompetenz darauf aufbauend zu bestimmen und daran anschließend unter Berücksichtigung von
Anreizen zur selbständigen Erschließung und Pflege von Steuerquellen der
Länderfinanzausgleich zu regeln. Daher setzt das hier vorgeschlagene Modell
demzufolge auch nicht am empfehlenswerten Ausgangspunkt an. Aufgrund
der derzeitigen politischen Blockadehaltung und der Unmöglichkeit, im Bereich der Aufgabenverteilung politische Mehrheiten zu erzielen, ist ein
Reformeinstieg als Markttest im Bereich der Einnahme- und Gesetzgebungskompetenz durchaus zu rechtfertigen. Isolierte Neuregelungen des Finanzausgleichs werden zukünftige Reformvorhaben jedoch erschweren.

XII. Anhang

Anlage 1: Kommunalfinanzen 1996 – 2001 (absolute Zahlen)

Einnahmen	1996	1997	1998	1999
Steuern	86,28 Mrd. DM	87,40 Mrd. DM	95,05 Mrd. DM	99,81 Mrd. DM
Gebühren	36,95 Mrd. DM	35,30 Mrd. DM	34,27 Mrd. DM	33,38 Mrd. DM
Zuweisungen	95,40 Mrd. DM	90,90 Mrd. DM	89,72 Mrd. DM	90,34 Mrd. DM
Sonstige Einnahmen	63,78 Mrd. DM	60,80 Mrd. DM	63,21 Mrd. DM	61,90 Mrd. DM
	282,41 Mrd. DM	274,40 Mrd. DM	282,25 Mrd. DM	286,43 Mrd. DM

Einnahmen	2000	2001	2002
Steuern	101,70 Mrd. DM	49,06 Mrd. €	49,60 Mrd. €
Gebühren	32,70 Mrd. DM	16,54 Mrd. €	15,97 Mrd. €
Zuweisungen	93,60 Mrd. DM	47,48 Mrd. €	46,55 Mrd. €
Sonstige Einnahmen	57,00 Mrd. DM	30,87 Mrd. €	35,98 Mrd. €
	285,00 Mrd. DM	143,95 Mrd. €	148,10 Mrd. €

In Anlehnung an: Karrenberg, Hanns/Münstermann, Engelbert, Gemeindefinanzbericht 1998, in: Der Städtetag 1998, Seite 143 – 233, hier: Seite 146 und 148; Karrenberg, Hanns/Münstermann, Engelbert, Städte im Griff von EU, Bund und Ländern (Kurzfassung), in: Der Städtetag April 2000, Seite 4 – 16, hier: Seite 11 f und Karrenberg, Hanns/Münstermann, Engelbert, Städtische Finanzen: Kollaps oder Reformen! (Kurzfassung), in: Der Städtetag April 2002, Seite 4 – 13, hier: Seite 5.

Anlage 2: Kommunale Steuereinnahmen 1996 – 2002 (absolute Zahlen)

Steuerart	1996	1997	1998	1999
GewSt (netto)	33,53 Mrd. DM	36,00 Mrd. DM	36,27 Mrd. DM	38,11 Mrd. DM
USt	0,00 Mrd. DM	0,00 Mrd. DM	4,55 Mrd. DM	5,16 Mrd. DM
ESt	37,89 Mrd. DM	36,10 Mrd. DM	38,34 Mrd. DM	39,99 Mrd. DM
Sonstige	14,86 Mrd. DM	15,30 Mrd. DM	15,89 Mrd. DM	16,55 Mrd. DM
	86,28 Mrd. DM	87,40 Mrd. DM	95,05 Mrd. DM	99,81 Mrd. DM

Steuerart	2000	2001	2002
GewSt (netto)	38,30 Mrd. DM	17,14Mrd. €	17,10 Mrd. €
USt	5,36 Mrd. DM	2,68 Mrd. €	2,76 Mrd. €
ESt	40,90 Mrd. DM	20,42 Mrd. €	20,93 Mrd. €
Sonstige	17,14 Mrd. DM	8,82 Mrd. €	8,81 Mrd. €
	101,70 Mrd. DM	49,06 Mrd. €	49,60 Mrd. €

In Anlehnung an: Karrenberg, Hanns/Münstermann, Engelbert, Gemeindefinanzbericht 1998, a.a.O., hier: Seite 146 und 148; Karrenberg, Hanns/Münstermann, Engelbert, Städte im Griff von EU, Bund und Ländern (Kurzfassung), a.a.O., hier: Seite 11 f und Karrenberg, Hanns/Münstermann, Engelbert, Städtische Finanzen: Kollaps oder Reformen! (Kurzfassung), a.a.O., hier: Seite 5.

XIII. Literaturverzeichnis

1. Beschlüsse, Rechtsgutachten und Urteile

BayVerfGH, Urteil vom 27. Februar 1997, - Vf. 17 – VII – 94 -, in: BayVBl. 1997, Seite 303 – 307.

BFH, Urteil vom 19. April 1968, - R 78/67 -, in: BStBl. II 1968, Seite 620 – 628.

BFH, Urteil vom 21. April 1977, - IV R 161-162/75 -, in: BStBl. II 1977, Seite 512 – 515.

BFH, Beschluß vom 11. Juni 1986, - II B 49/83 -, in: BStBl. II 1986, Seite 782 – 785.

BFH, Urteil vom 14. Oktober 1987, - II R 11/85 -, in: ZKF 1988, Seite 81 f.

BFH, Beschluß vom 31. Mai 1995, - II B 126/94 -, in: DStR 1995, Seite 1111.

BFH, Urteil vom 30. Oktober 1996, - II R 12/92 -, in: IStR 1997, Seite 147 – 149.

BFH, Beschluß vom 24. Februar 1999, - X R 171/96 -, in: BStBl. II 1999, Seite 450 – 466.

BFH, Urteil vom 18. Mai 1999, - I R 118/97 -, in: DStR 1999, Seite 1263 – 1265.

BFH, Urteil vom 11. August 1999, - XI R 77/97 -, in: BStBl. II 1999, Seite 771 – 774.

BFH, Beschluß vom 10. Dezember 2001, - GrS 1/98 -, in: FR 2002, Seite 452 – 455.

BFH, Urteil vom 01. August 2001, - II R 71/99 -, in: BFH/NV 2002, Seite 232 – 234.

BVerfG, Urteil vom 19. Dezember 1951, - 1 BvR 220/51 -, in: BVerfGE 1952, Band 1, Seite 97 – 108.

BVerfG, Urteil vom 20. März 1952, - 1 BvR 267/51 -, in: BVerfGE 1952, Band 1, Seite 167 – 184.

BVerfG, Rechtsgutachten des Bundesverfassungsgerichts vom 16. Juni 1954, - 1 PBvV 2/52 -, in: BVerfGE 1954, Band 3, Seite 407 – 439.

BVerfG, Urteil vom 20. Juli 1954, - 1 BvR 459, 484, 548, 555, 623, 651, 748, 783, 801/52, 5, 9/53, 96, 114/54 -, in: BVerfGE 1956, Band 4, Seite 7 – 27.

BVerfG, Urteil vom 21. Februar 1957, - 1 BvR 241/56 -, in: BVerfGE 1957, Band 6, Seite 273 – 282.

BVerfG, Urteil vom 24. Juni 1958, - 2 BvF 1/57 -, in: BVerfGE 1959, Band 8, Seite 51 – 71.

BVerfG, Beschluß vom 28. Oktober 1958, - 2 BvR 5/56 -, in: BVerfGE 1959, Band 8, Seite 256 – 260.

BVerfG, Beschluß vom 02. Dezember 1958, - 1 BvL 27/55 -, in: BVerfGE 1959, Band 8, Seite 332 – 364.

BVerfG, Urteil vom 27. April 1959, - 2 BvF 2/58 -, in: BVerfGE 1959, Band 9, Seite 269 – 291.

BVerfG, Beschluß vom 12. Juli 1960, - 2 BvR 373, 442/60 -, in: BVerfGE 1961, Band 11, Seite 266 – 277.

BVerfG, Urteil vom 16. Mai 1961, - 2 BvF 1/60 -, in: BVerfGE 1962, Band 12, Seite 341 – 354.

BVerfG, Urteil vom 24. Januar 1962, - 1 BvR 845/58 -, in: BVerfGE 1963, Band 13, Seite 331 – 355.

BVerfG, Urteil vom 22. Mai 1963, - 1 BvR 78/56 -, in: BVerfGE 1964, Band 16, Seite 147 – 188.

BVerfG, Urteil vom 15. Oktober 1963, - 1 BvL 29/56 -, in: BVerfGE 1965, Band 17, Seite 135 – 145.

BVerfG, Beschluß vom 26. November 1963, - 2 BvL 12/62 -, in: BVerfGE 1965, Band 17, Seite 172 – 188.

BVerfG, Urteil vom 14. Dezember 1965, - 1 BvR 413, 416/60 -, in: BVerfGE 1965, Band 19, Seite 206 – 226.

BVerfG, Beschluß vom 21. Mai 1968, - 2 BvL 2/61 -, in BVerfGE 1968, Band 23, Seite 353 – 373.

BVerfG, Urteil vom 10. Juni 1969, - 2 BvR 480/61 - , in: BVerfGE 1970, Band 26, Seite 172 – 186.

BVerfG, Beschluß vom 24. Juni 1969, - 2 BvR 446/64 -, in: BVerfGE 1970, Band 26, Seite 228 – 245.

BVerfG, Beschluß vom 04. Juni 1975, - 2 BvR 824/74 -, in: BVerfGE 1976, Band 40, Seite 56 – 64.

BVerfG, Beschluß vom 12. Oktober 1978, - 2 BvR 154/74 -, in: BVerfGE 1979, Band 49, Seite 343 – 375.

BVerfG, Beschluß vom 27. November 1978, - 2 BvR 165/75 -, in: BVerfGE 1979, Band 50, Seite 50 – 56.

BVerfG, Beschluß vom 17. Januar 1979, - 2 BvL 6/76 -, in: BVerfGE 1979, Band 50, Seite 195 – 205.

BVerfG, Urteil vom 24. Juli 1979, - 2 BvK 1/78 -, in: BVerfGE 1980, Band 52, Seite 95 – 131.

BVerfGE, Beschluß vom 07. Oktober 1980, - 2 BvR 584, 598, 599, 604/76 -, in: BVerfGE 1981, Band 56, Seite 298 – 324.

BVerfG, Beschluß vom 06. Dezember 1983, - 2 BvR 1275/79 -, in: BVerfGE 1984, Band 65, Seite 325 – 359.

BVerfG, Beschluß vom 15. Oktober 1985, - 2 BvR 1808, 1809, 1810/82 -, in: BVerfGE 1986, Band 71, Seite 25 – 38.

BVerfG, Urteil vom 10. Februar 1987, - 1 BvL 18/81 und 20/82 -, in: BVerfGE 1987, Band 74, Seite 187 – 202.

BVerfG, Beschluß vom 21. Juni 1988, - 2 BvR 602, 974/83 -, in: BVerfGE 1989, Band 78, Seite 331 – 344.

BVerfG, Beschluß vom 21. Juni 1988, - 2 BvR 975/83 -, BVerfGE 1989, Band 78, Seite 344 – 349.

BVerfG, Beschluß vom 23. November 1988, - 2 BvR 1619, 1628/83 -, in: BVerfGE 1989, Band 79, Seite 127 – 161.

BVerfG, Urteil vom 10. August 1989, - 2 BvR 1532/88 -, in: NVwZ 1989, Seite 1152 f.

BVerfG, Beschluß vom 15. Dezember 1989, - 2 BvR 436/88 -, in: ZMR 1990, Seite 91 – 92.

BVerfG, Beschluß vom 07. Februar 1991, - L 24/84 -, in: BVerfGE 1991, Band 83, Seite 363 – 395.

BVerfG, Urteil vom 27. Juni 1991, - 2 BvR 1493/89 -, in: BVerfGE 1992, Band 84, Seite 239 – 285.

BVerfG, Beschluß vom 12. Mai 1992, - 2 BvR 470, 650, 707/90 -, in: BVerfGE 1993, Band 86, Seite 90 – 122.

BVerfG, Beschluß vom 22. Juni 1995, - 2 BvL 37/91 -, in: BStBl II 1995, Seite 655 – 665.

BVerfG, Beschluß vom 22. Juni 1995, - 2 BvR 552/91 -, in: BStBl. II 1995, Seite 671 – 675.

BVerfG, Beschluß vom 26. Juni 1995, - 1 BvR 1800/94, 1 BvR 2480/94 -, in: DStR 1995, Seite 1270 f.

BVerfG, Urteil vom 07. Mai 1998, - 2 BvR 1991, 2004/95 -, in: BVerfGE 1999, Band 98, Seite 106 – 134.

BVerfG, Urteil vom 11. November 1999, - 2 BvF 2, 3/98, 1, 2/99 -, in: BVerfGE 2000, Band 101, Seite 158 – 238.

BVerfG, Urteil vom 03. Juli 2000, - 2 BvG 1/96 -, in: JZ 2001, Seite 91 f.

BVerfG, Beschluß vom 03. Mai 2001, - BvR 624/00 -, in: BFH/NV 2001, Seite 159 – 161.

BVerfG, Urteil vom 01. August 2001, - II R 71/99 -, in: BFH/NV 2001, Seite 232 – 234.

BVerwG, Urteil vom 07. März 1958, - BVerwG VII C 84.57 -, in: BVerwGE 1958, Band 6, Seite 247 – 270.

BVerwG, Urteil vom 28. Juni 1974, - BVerw VII C 97.72 -, in: BVerwGE 1975, Band 45, Seite 264 – 276.

BVerwG, Urteil vom 26. Juli 1979, - BVerwG VII C 53.77 -, in: BverwGE 1980, Band 58, Seite 230 – 244.

BVerwG, Urteil vom 10. Oktober 1995, - 8 C 40.93 -, in: KStZ 1997, Seite 36 – 38.

BVerwG, Urteil vom 30. Juni 1999, - 8 C 6/98 -, in: NVwZ 2000, Seite 204.

BVerwG, Urteil vom 19. Januar 2000, - 11 – C 8.99 -, in: KStZ 2000, Seite 194 – 198.

BVerwG, Urteil vom 19. Januar 2000, - BVerwG 11 C 8.99 -, in: BVerwGE 2001, Band 110, Seite 265 – 277.

BVerwG, Urteil vom 01. Februar 2000, - 11 C 12.99 -, in: HGSZ 2000, Seite 329 – 331.

BVerwG, Urteil vom 12. April 2000, - 11 C 12.99 -, in: HSGZ 2000, Seite 329 – 331.

BVerwG, Urteil vom 26. September 2001, - 9 C 1.01. -, in: DÖV 2002, Seite 246 – 249.

BVerwG, Beschluß vom 10. Oktober 2001, - 9 BN 2.01 -, in: DÖV 2002, Seite 249 f.

EuGH, Urteil vom 15. Juli 1964, Rechtssache 6/64, in: Sammlung der Rechtsprechung des Gerichtshofes, Band 1964, Seite 1251 – 1311.

EuGH, Urteil vom 09. März 1978, Rechtssache 106/77, in: Sammlung der Rechtsprechung des Gerichtshofes, Band 1978 I, Seite 629 – 658.

FG Berlin, Urteil vom 01. Februar 2000, - 299283 K 2 -, in: KStZ 2000, Seite 171 – 174.

HessVGH, Urteil vom 29. August 2001, - 11 N 2497/00 -, in: DVBl. 2001, Seite 1627 f.

Nds.OVG, Urteil vom 30. Mai 2001, - 11 K 2877/00 -, in: DVBl. 2001, Seite 1628.

Nds.OVG, Urteil vom 30. Mai 2001, - 11 K 4333/00 -, in: DVBl. 2001, Seite 1628.

NdsStGH, Beschluß vom 15. August 1995, - StGH 2, 3, 6, 7, 8, 9, 10/93 -, in: DVBl. 1995, Seite 1175 – 1179.

NdsStGH, Urteil vom 13. März 1996, - StGH 1/94 u.a. -, in: DÖV 1996, Seite 657 – 659.

NdsStGH, Urteil vom 25. November 1997, - StGH 14/95 -, in: DVBl. 1998, Seite 185 – 189.

OVG Magdeburg, Urteil vom 18. März 1998, - A 2 S 317/96 - , in: NVwZ 1999, Seite 321 – 323.

OVG Münster, Urteil vom 23. Januar 1997, - 22 A 2455/96 - , in: NVwZ 1999, Seite 318 – 321.

OVG M.-V., Urteil vom 06. April 2001, - 4 K 32/00 -, in: DVBl. 2001, Seite 1628.

OVG NW, Urteil vom 23. Januar 1997, - 22 A 2455/96 -, in: KStZ 1999, Seite 196 – 199.

OVG Schl.-H., Urteil vom 29. Mai 2001, - 4 K 8/00 -, in: DVBl. 2001, Seite 1628.

RhPfVerfGH, Urteil vom 05. Dezember 1977, - VGH 2/74 -, in: KStZ 1978, Seite 173 – 176.

RhPfVerfGH, Entscheidung vom 30. Januar 1998, - VGH N 2/97 -, in: NVwZ-RR 1998, Seite 607 – 611.

RhPfVerfGH, Urteil vom 28. März 2000, - VGH N 12/98 -, in: DVBl. 2000, Seite 992 – 997.

RhPfVerfGH, Urteil vom 30. August 2001, - VGH 12, 18/00, 8/01 -, in: DVBl. 2001, Seite 1627.

StGH Bad.-Württ., Urteil vom 10. November 1993, - GR 3/92 -, in: DVBl. 1994, Seite 206 – 208.

StGH Bad.-Württ., Urteil vom 10. Mai 1999, - GR 2/97 -, in: DÖV 1999, Seite 687 – 693.

VerfGH NW, Urteil vom 15. Dezember 1989, - VerfGH 5/88 -, in: NWVBl. 1990, Seite 51 – 55.

2. Monographien, Zeitschriftenartikel, Kommentare und Sammelwerke

Adolf, Jörg, Reform des deutschen Föderalismus: Reorganisation der Entscheidungsverfahren, in: Wirtschaftsdienst 2000, Seite 230 – 235.

Alter, Rolf/Stegmann, Helmut, Die Praktikabilität einer kommunalen Wertschöpfungsteuer, in: Wirtschaftsdienst 1984, Seite 90 – 94.

Ambrosius, Gerold, Kommunale Selbstverwaltung im Zeichen des Subsidiaritätsprinzips in Europa, in: Brede, Helmut (Hrsg.), Wettbewerb in Europa und die Erfüllung öffentlicher Aufgaben, Baden Baden 2000/2001, Seite 55 – 64.

Apolte, Thomas, Die ökonomische Konstitution eines föderalen Systems, Habil.-Schr. Universität Duisburg 1998, Tübingen 1999.

Apolte, Thomas, Institutioneller Wettbewerb: Ansätze, Theoriedefizite und Entwicklungsperspektiven, in: Berg, Hartmut (Hrsg.), Theorie der Wirtschaftspolitik: Erfahrungen – Probleme – Perspektiven, Berlin 2001, Seite 179 – 210.

Arndt, Hans-Wolfgang u.a., Zehn Vorschläge zur Reform des deutschen Föderalismus, in: ZRP 2000, Seite 201 – 206.

Arndt, Wolfgang, Erneuter Föderalismus – Thesen zu einer veränderten Balance zwischen Bund und Ländern, in: Männle, Ursula (Hrsg.), Föderalismus zwischen Konsens und Konkurrenz, Baden Baden 1998, Seite 31 – 36.

Balderjahn, Ingo, Standortmarketing, Stuttgart 2000, Seite 28 – 54.

Baretti, Christian u.a., Der deutsche Föderalismus auf dem Prüfstand: Vorschläge zu einer effizienteren Gestaltung, in: ifo-Schnelldienst 28 – 29/2000, Seite 26 – 38.

Barth, Alfons, Reform der Gewerbesteuer – Kriterien aus regionalökonomischer Sicht, in: GemH 1993, Seite 58 – 61.

Bauer, Claus, Der Dienstleistungsstandort Rheinland-Pfalz, Diss. Universität Mainz 2000, Frankfurt 2001.

Bauer, Elisabeth-Maria, Die Hochschule als Wirtschaftsfaktor, Diss. Universität München 1997, Regensburg 1997.

Bayer, Hermann-Winfried, Zur Einführung der Zweitwohnungsteuer im Lande Nordrhein-Westfahlen, in: KStZ 1991, Seite 2 – 11 und Seite 23 – 29.

Bayerisches Staatsministerium der Finanzen (Hrsg.), Entwurf eines Gesetzes zur Neuregelung der Grundsteuer (Stand: 08. Mai 2000) (Gesetzentwurf), München 2000 (unveröffentlicht), zitiert nach: Lehmbrock, Michael/Coulmas, Diana, Grundsteuerreform im Praxistest, Berlin 2001, Seite 186 – 196.

BDI/VCI (Hrsg.), Verfassungskonforme Reform der Gewerbesteuer, Köln 2001.

BdSt (Hrsg.), Wie lange noch Gewerbesteuer?, Wiesbaden 1983.

Beck, Martin u.a., Die Bereitstellung öffentlicher Güter: Eine Möglichkeit der Selbstregulierung des Steuerwettbewerbs?, Mannheim 2001 (unveröffentlicht).

Behrens, Karl Christian, Allgemeine Standortbestimmungslehre, Köln/Opladen 1961.

Beißinger, Thomas/Büsse, Oliver/Möller, Joachim, Herkunft und Verbleib von Absolventen der Universität Regensburg, in: Möller, Joachim/Oberhofer, Walter (Hrsg.), Universität und Region, Regensburg 1997, Seite 55 – 94.

Beißinger, Thomas/Büsse, Oliver, Qualifikation, Innovation und Kooperation, in: Möller, Joachim/Oberhofer, Walter (Hrsg.), Universität und Region, Regensburg 1997, Seite 180 – 223.

Beißinger, Thomas/Büsse, Oliver/Möller, Joachim, Die Wechselbeziehung von Universität und Wirtschaft in einer dynamischen Region – eine Untersuchung am Beispiel der Universität Regensburg, in: Braun, Gerald/Voigt, Eva (Hrsg.), Regionale Innovationspotentiale von Universitäten, Rostock 2000, Seite 41 – 65.

Beland, Ulrike, Eine eigene Einkommensteuer für die Gemeinden und das Problem des Wanderungswettbewerbs, in: AfK 1998, Seite 104 – 123.

Benkert, Wolfgang, Interkommunale Konkurrenz, in: Postlep, Rolf-Dieter (Hrsg.), Aktuelle Fragen zum Föderalismus, Marburg 1996, Seite 167 – 185.

Bertelsmann-Kommission „Verfassungspolitik & Regierungsfähigkeit" (Hrsg.), Entflechtung 2005, Gütersloh 2000.

Beschluß der Konferenz der Präsidentinnen und Präsidenten der deutschen Landesparlamente am 23. Mai in Heringsdorf, Weiterentwicklung und Stärkung des Föderalismus, in: ZG-Sonderheft 2000, Seite 4.

Beschluß der Konferenz der Präsidentinnen und Präsidenten der deutschen Landesparlamente, Reform der Finanzverfassung, in: ZG-Sonderheft 2000, Seite 21 – 34.

Beschluss der Konferenz der Präsidentinnen und Präsidenten der deutschen Landesparlamente, Kompetenzkatalog der Länder, in: ZG-Sonderheft 2000, Seite 35 – 39.

Besley, Timothy/Case, Anne, Incumbent Behavior: Vote seeking, Tax-Setting and Yardstick Competition, in: The American Economic Review 1995, Seite 25 – 45.

Beyfuß, Jörg u.a., Globalisierung im Spiegel von Theorie und Emperie, Köln 1997.

Bieg, Hartmut/Hossfeld, Christopher, Der Cash-flow nach DVFA/SG, in: DB 1996, Seite 1429 – 1434.

Birke, Anja, Der kommunale Finanzausgleich des Freistaates Sachsen, Diss. Universität Leipzig 2000, Frankfurt 2000.

Birkenfeld-Pfeiffer, Daniela, Kommunalrecht, 2. Auflage, Baden Baden 1998.

Blanke, Hermann-Josef, Die kommunale Selbstverwaltung im Zuge fortschreitender Integration, in: DVBl. 1993, Seite 819 – 831.

Blankart, Charles B., Knut Wicksells Finanztheoretische Untersuchungen 1896 – 1996. Ihre Bedeutung für die moderne Finanzwissenschaft, in: Finanzarchiv 1995, Seite 437 – 459.

Blankart, Charles B., Die schleichende Zentralisierung der Staatstätigkeit: Eine Fallstudie, in: ZWS 1999, Seite 331 – 350.

Blankart, Charles B., Öffentliche Finanzen in der Demokratie, 4. Auflage, München 2001.

Blankenburg, Götz, Rechtliche und finanzwissenschaftliche Aspekte der Zweitwohnungsteuer, in: Wirtschaftsdienst 2003, Seite 272 – 276.

Bloech, Jürgen, Industrieller Standort, in: Schweitzer, Marcell, (Hrsg.), Industriebetriebslehre, 2. Auflage, München 1994, Seite 61 – 147.

Blöchlinger, Hansjörg/Frey, Rene L., Der schweizer Föderalismus: Ein Modell für den institutionellen Aufbau der Europäischen Union?, in: Aussenwirtschaft 1992, Seite 515 – 548.

Blümel, Willi, Wesensgehalt und Schranken des kommunalen Selbstverwaltungsrechts, in: Mutius, Albert von (Hrsg.), Selbstverwaltung im Staat der Industriegesellschaft, Heidelberg 1983, Seite 265 – 303.

Blumenwitz, Dieter, Konsens und Konkurrenz beim Ausbau föderaler Strukturen – Anmerkungen zum Länderfinanzausgleich und zur Föderalisierung der Sozialversicherung, in: Männle, Ursula (Hrsg.), Föderalismus zwischen Konsens und Konkurrenz, Baden Baden 1998, Seite 49 – 56.

BMF (Hrsg.), Gutachten zur Reform der Gemeindesteuern in der Bundesrepublik Deutschland, Bonn 1982.

BMF (Hrsg.), Die Einheitsbewertung in der Bundesrepublik Deutschland, Bonn 1989.

BMF (Hrsg.), Gutachten der Kommission zur Verbesserung der steuerlichen Bedingungen für Investitionen und Arbeitsplätze, Bonn 1991.

BMF (Hrsg.), Möglichkeiten einer Vereinfachung der Bewertung des Grundbesitzes sowie Untersuchung einer befristeten Anwendung von differenzierten Zuschlägen zu den Einheitswerten, Bonn 1992.

BMF (Hrsg.), Rechtsgutachten zu Möglichkeiten einer Vereinfachung der Bewertung des Grundbesitzes, Bonn 1992.

BMF (Hrsg.), Brühler Empfehlungen zur Reform der Unternehmensbesteuerung, Berlin 1999.

BMF (Hrsg.), Der Gemeindeanteil an der Einkommensteuer in der Gemeindefinanzreform, o.O. 1999.

BMF (Hrsg.), Stellungnahme zum Finanzausgleichsurteil des Bundesverfassungsgerichts vom 11. November 1999, Berlin 2000.

BMF (Hrsg.), Entwurf eines Gesetzes zur Reform der Grundsteuer, (Stand 15. Mai 2000) (Gesetzesentwurf), Berlin 2000 (unveröffentlicht), zitiert nach: Lehmbrock, Michael/Coulmas, Diana, Grundsteuerreform im Praxistest, Berlin 2001, Seite 198 – 217.

BMF (Hrsg.), Jahreswirtschaftsbericht 2001, Berlin 2001.

BMF (Hrsg.), Anwendungsschreiben zu der Steuerermäßigung bei Einkünften aus Gewerbebetrieb nach § 35 EStG, in: BStBl. 2002, Seite 533 – 537.

BMWi (Hrsg.), GründerZeiten – Thema: „Standortwahl", Berlin 2001.

Böhr, Christoph, Mehr Wettbewerb wagen, in: FAZ vom 27. Januar 2001, Seite 8.

Bopp, Gerhard, Steuerliche Billigkeitsmaßnahmen aus Verfassungsgründen, in: DStR 1979, Seite 215 – 220.

Bracker, Reimer, Theorie und Praxis der Kommunalaufsicht, in: Mutius, Albert von (Hrsg.), Selbstverwaltung im Staat der Industriegesellschaft, Heidelberg 1983, Seite 459 – 478.

Breithecker, Volker/Klapdor, Ralf/Zisowski, Ute, Unternehmenssteuerreform, Bielefeld 2001.

Breton, Albert, Competitive Governments: An Economic Theory of Politics and Public Finance, Camebridge 1996.

Brinkmeier, Hermann Josef, Kommunale Finanzwissenschaft, Band 1, 6. Auflage, Köln u.a. 1998.

Brockfeld, Henning, Regionen im Wettbewerb unter dem Gesichtspunkt ihrer Standortqualität, Diss. Universität München 1997, o.O. 1998.

Broer, Michael, Der kommunale Finanzausgleich in Hessen, Diss. Universität Frankfurt 2000/2001, Frankfurt 2001.

Broer, Michael, Ersatz der Gewerbesteuer durch ein kommunales Zuschlagsrecht zur Einkommen- und Körperschaftsteuer, in: DStZ 2001, Seite 622 –627.

Broer, Michael, Möglichkeiten zur Stabilisierung der kommunalen Einnahmen, in: Wirtschaftsdienst 2003, Seite 132 – 136.

Brosius, Felix, Internationaler Steuerwettbewerb und Koordination der Steuersysteme, Diss. Universität Hamburg 2002, Frankfurt u.a. 2003.

Bruder, Gabriele, Der Gewerbesteuersatz als Lokalisationsfaktor bei der Standortwahl chemischer Betriebe an ausgewählten Beispielen, Diss. Universität Frankfurt 1998, o.O. 1988.

Brümmerhoff, Dieter, Föderalismus und Transaktionskosten, in: Henke, Klaus-Dirk (Hrsg.), Öffentliche Finanzen zwischen Wachstum und Verteilung, Baden Baden 1999, Seite 53 – 65.

Brümmerhof, Dieter, Finanzwissenschaft, 8. Auflage, München/Wien 2001.

Buchanan, James M., An Economic Theory of Clubs, in: Economica 1965, Seite 1 – 14.

Bull, Hans Peter/Welti, Felix, Schwachstellen der geltenden Finanzverfassung, in: NVwZ 1996, Seite 838 – 846.

Bundesrat (Hrsg.), Pressemitteilung 149/2000.

Büttner, Thies, Nationaler und regionaler Steuerwettbewerb – Problematik und empirische Relevanz, in: Beihefte der Konjunkturpolitik 1999, Seite 109 – 142.

Büttner, Thies/Schwager, Robert, Länderautonomie in der Einkommensteuer: Konsequenzen eines Zuschlagsmodells, Mannheim 2000.

Cathaly-Stelkens, Anne, Kommunale Selbstverwaltung und Ingerenz des Gemeinschaftsrechts, Mag. Universität Saarbrücken 1995, Baden Baden 1996.

Christoffel, Hans Günter, Die Änderungen durch das Steuervergünstigungsabbaugesetz, in: Steuerrecht aktuell 2003, Seite 178 – 201.

CIMA (Hrsg.), City-Management, München 1994 (unveröffentlicht).

Clemens, Thomas, Kommunale Selbstverwaltung und institutionelle Garantie: Neue verfassungsrechtliche Vorgaben durch das BVerfG, in: NVwZ 1990, Seite 834 – 843.

Conlisk, John, Why Bounded Rationality?, in: Journal of Economic Literature 1996, Seite 669 – 700.

Courage, Christoph, Die Gewerbesteuer und ihre mögliche Kompensationen – die Vorgaben der deutschen Finanzverfassung für eine Reform, Diss. Universität Bonn 1991, o.O. o.J..

Däke, Karl-Heinz, Kommunale Steuerautonomie und Gewerbesteuerabbau, Pressekonferenz am 07. März 2002 in Berlin (Manuskript).

Daumke, Michael, Grundriß des deutschen Steuerrechts, 4. Auflage, Bielefeld 2000.

Daumann, Frank, Interessenverbände im politischen Prozess, Tübingen 1999.

DEKRA (Hrsg.), Presseinformation vom 19.11.2001 – Autobahn-Maut auch für PKW, Stuttgart 2001.

Der Wissenschaftliche Beirat beim Bundesministerium der Finanzen, Gutachten „Die Einheitsbewertung in der Bundesrepublik Deutschland – Mängel und Alternativen" vom 10. Februar 1989, in: Bundesministerium für Finanzen (Hrsg.), Gutachten und Stellungnahmen 1988 – 1998, Bonn/Berlin 1999, Seite 1 – 45.

Deutscher Bundestag (Hrsg.), BT-Drucksache 7/5684.

Deutscher Bundestag (Hrsg.), BT-Drucksache 14/73.

Deutscher Bundestag (Hrsg.), BT-Drucksache 14/2683.

Deutscher Verband für Wohnungswesen Städtebau und Raumordnung e.V. (Hrsg.), Instrumente zur Verbesserung des Baulandangebots und zur Finanzierung der Folgeinvestitionen, Bonn 1999.

Diekmann, Berend/Schütz, Dorothea, Die Kopfsteuer als Komponente eines Gemeindefinanzsystems?, in: AfK 1989, Seite 228 – 251.

Dietrich, Hartmut/Dietrich-Buchwald, Beate, Lösung der Bodenprobleme durch eine Bodenwertsteuer? Teil 1, in: ZfBR 1983, Seite 113 – 119.

Dietrich, Hartmut/Dietrich-Buchwald, Beate, Lösung der Bodenprobleme durch eine Bodenwertsteuer? Teil 2, in: ZfBR 1983, Seite 180 – 185.

Dietrich, Hartmut/Dietrich-Buchwald, Beate, Lösung der Bodenprobleme durch eine Bodenwertsteuer? Teil 3, in: ZfBR 1983, Seite 213 – 220.

Dietrich, Hartmut, Bodenwertsteuer, in: Reidenbach, Michael (Hrsg.), Bodenpolitik und Grundsteuer, Berlin 1999, Seite 35 – 39.

Dietrich, Vera u.a., Ansiedlungsförderung als Strategie der Regionalpolitik, Baden Baden 1998.

DIHT (Hrsg.), Gewerbesteuer auf neuem Kurs, Bonn 1982.

DIHT u.a. (Hrsg.), Kommunale Wertschöpfungsteuer – Der falsche Weg, Bonn/Köln 1984.

DIHT (Hrsg.), Die neue Unternehmensbesteuerung, Berlin/Bonn 2000.

Döring, Thomas, Subsidiarität und Umweltpolitik in der Europäischen Union, Diss. Universität Marburg 1997, Marburg 1997.

Döring, Thomas, Probleme des Länderfinanzausgleichs aus institutionenökonomischer Sicht, in: ZfW 1999, Seite 231 – 264.

Döring, Thomas, Institutionenökonomische Fundierung finanzwissenschaftlicher Politikberatung, Habil.-Schr. Universität Marburg 2001 (Manuskript).

Döring, Thomas, Optionen für eine politisch umsetzbare Reform des Länderfinanzausgleichs – Konzeptionelle Überlegungen und deren Illustration anhand einer Simulationsrechnung, in: Döhler, Elmar/Esser, Clemes (Hrsg.), Die Reform des Finanzausgleichs – neue Maßstäbe im deutschen Föderalismus?, Berlin 2001, Seite 35 – 59.

Döring, Thomas/Stahl, Dieter, Räumliche Aspekte der föderalen Aufgabenverteilung der Finanzverfassung und der Subventionspolitik in der Bundesrepublik Deutschland, Hannover 1999.

Döring, Thomas/Stahl, Dieter, Institutionenökonomische Aspekte der Neuordnung des bundesstaatlichen Finanzausgleichs, Stuttgart 2000.

Dohnanyi, Klaus von, Reformnotwendigkeit und -möglichkeiten im deutschen Föderalismus, in: Bertelsmann-Kommission „Verfassungspolitik & Regierungsfähigkeit" (Hrsg.), Neuordnung der Kompetenzen zwischen Bund und Gliedstaaten, Gütersloh 2001, Seite 17 – 22.

Domschke, Wolfgang/Drexl, Andreas, Logistik: Standorte, 4. Auflage, München/Wien 1996.

Drosdzol, Wolf-Dietrich, Baulandsteuer und Bodenwertsteuer – Neue Perspektiven für die Grundsteuer?, in: DStZ 1994, Seite 205 – 207.

Drosdzol, Wolf-Dietrich, Grundsteuer – Möglichkeiten einer Neuregelung, in: DStZ 1999, Seite 831 – 837.

Dümler, Holger, Steuersysteme im Standortwettbewerb, Diss. Universität Bayreuth 2000, Bayreuth 2000.

Dziadkowsi, Dieter, Zur Umgestaltung der Gewerbesteuer, in: BB 1987, Seite 342 – 346.

Dziadkowski, Dieter, Reformüberlegungen zur Gewerbesteuer, in: FR 1995, Seite 425 – 432.

Ebert, Werner, Kommunale Haushaltswirtschaft aus evolutorischer Perspektive, in: Lang, Eva/Brunton, William/Ebert, Werner (Hrsg.), Kommunen vor neuen Herausforderungen, Berlin 1996, Seite 123 – 175.

Ebert, Werner, Wirtschaftspolitik aus evolutorischer Perspektive, Diss. Universität Würzburg 1998, Hamburg 1998.

Ebert, Werner/Meyer, Steffen, Reform der föderalen Finanzbeziehungen, in: WSI-Mitteilungen 2000, Seite 134 – 145.

Eeckhoff, Johann, Regionale Strukturpolitik in der Europäischen Union versus Wettbewerb der Regionen, in: Gerken, Lüder (Hrsg.), Europa zwischen Ordnungswettbewerb und Harmonisierung, Berlin u.a. 1995, Seite 315 – 328.

Eggert, Wolfgang/Haufler, Andreas, Capital Taxation and Production Efficiency in an Open Economy, Economics Letters 1999, Seite 85 – 90.

Ehlers, Dirk, Die verfassungsrechtliche Garantie der kommunalen Selbstverwaltung, in: Ehlers, Dirk/Krebs, Walter (Hrsg.), Grundfragen des Verwaltungsrechts und des Kommunalrechts, Berlin/New York 2000, Seite 59 – 91.

Ehlers, Dirk, Die verfassungsrechtliche Garantie der kommunalen Selbstverwaltung, in: DVBl. 2000, Seite 1301 – 1310.

Eichenberger, Reiner/Feld, Bruno S., Entscheidungsanomalien, in: Wist 1989, Seite 270 – 274.

Entschließung der Konferenz der Präsidentinnen und Präsidenten der deutschen Landesparlamente, Weiterentwicklung und Stärkung des Föderalismus, in: ZG-Sonderheft 2000, Seite 5 – 7.

Erlei, Mathias/Leschke, Martin/Sauerland, Dirk, Neue Institutionenökonomik, Stuttgart 1999.

Ermentraut, Petra, Standortmarketing als Element einer ganzheitlichen Stadtmarketing-Konzeption, Bremen 1998.

Ernst, Paul u.a., Standortwahl und Standortverlagerung in der Europäischen Union – insbesondere Darstellung der steuerlichen Rahmenbedingungen, in: Peemöller, Volker/Uecker, Peter (Hrsg.), Standort Deutschland, Berlin 1995, Seite 111 – 147.

Esser, Klaus, Standortfaktor Unternehmensbesteuerung, in: zfbf 1990, Seite 157 – 192.

ExperConsult (Hrsg.), Wo steht die Wirtschaftsförderung in Deutschland?, o.O. o.J. (unveröffentlicht).

Färber, Gisela, Effizienzprobleme des Verwaltungsföderalismus, in: DÖV 2001, Seite 485 – 496.

Feld, Lars P., Exit, Voice and Income Taxes: The Loyalty of Voters, in: European Journal of Political Economy 1997, Seite 455 – 478.

Feld, Lars P., Steuerwettbewerb und seine Auswirkungen auf Allokation und Distribution, Diss. Universität St. Gallen 1999, Tübingen 2000.

Feld, Lars P., Steuerwettbewerb in der Schweiz – kein Auslaufmodell, in: Wagschal, Uwe/Rentsch, Hans (Hrsg.), Der Preis des Föderalismus, Zürich 2002, Seite 151 – 175.

Feld, Lars P./Kirchgässner, Gebhard, Fiskalischer Föderalismus, in: WiSt 1998, Seite 65 – 70.

Feld, Lars P./Kirchgässner, Gebhard, Steuerwettbewerb oder Steuerharmonisierung?, in: NZZ vom 27./28. Januar 2001, Seite 103.

Feld, Lars P./Kirchgässner, Gebhard, Vor- und Nachteile des internationalen Steuerwettbewerbs, in: Müller, Walter/Fromm, Oliver/Hansjürgens, Bernd (Hrsg.), Regeln für den europäischen Systemwettbewerb, Marburg 2001, Seite 21 – 51.

Feld, Lars P./Schaltegger, Christoph A., Wähler, Interessengruppen und Finanzausgleich: Die Politische Ökonomie vertikaler Finanztransfers, in: Konjunkturpolitik 2002, Seite 93 – 122.

Feld, Lars P./Knobelsdorff, Christoph von/Leder, Matthias, Eine alte Steuer ist noch keine gute Steuer, in: FAZ vom 05. April 2003, Seite 15.

Feld, Lars P./Knobelsdorff, Christoph von/Leder, Matthias, Mut zum Sprung in der Gemeindefinanzreform, in: Wirtschaft 5/2003, Seite 17 – 19.

Feld, Lars P., Die Reform der Gemeindefinanzen, in: WiSt 2003, Seite 317.

Feldhoff, Michael, Die Cash-flow-Besteuerung und ihre Problematik, in: StuW 1989, Seite 53 – 63.

Feldmann, Horst, Ordnungstheoretische Aspekte der Institutionenökonomik, Habil.-Schr. Universität Tübingen 1998, Berlin 1999.

Fernandez, Raquel/Rodrik, Dani, Resistance to Reform: Status Quo Bias in the Presence of Individual-Specific Uncertainty, in: The American Economic Review 1991, Seite 1146 – 1155.

Fischer, Helmut, Die Kopfsteuer, in: WiSt 1990, Seite 567 – 569.

Fischer, Lutz, Steuerchaos und betriebliche Standortwahl – unter besonderer Berücksichtigung der steuerlichen Fördermaßnahmen in den neuen Bundesländern, in: Peemöller, Volker H./Uecker, Peter, Standort Deutschland, Berlin 1995, Seite 171 – 197.

Flick, Hans, Gewerbesteuerreform aus Sicht der Wirtschaft, insbesondere der Vorschlag des DIHT, in: IHK Regensburg (Hrsg.), Gewerbesteuer auf neuem Kurs?, Regensburg 1984, Seite 23 – 26.

Förster, Guido, Die Änderungen durch das StVergAbG bei der Einkommensteuer und der Körperschaftsteuer, in: DB 2003, Seite 899 – 905.

Förster, Ursula, Problembereiche der Anrechnung der Gewerbesteuer auf die Einkommensteuer gem. § 35 EStG 2001, in: FR 2000, Seite 866 – 870.

Freisl, Josef, Die berufliche und räumliche Mobilität auf dem Arbeitsmarkt, Diss. Universität Augsburg 1994, München 1994.

Frey, Bruno S., Vergleichende Analyse von Institutionen: Die Sicht der politischen Ökonomie, in: StWStP 1990, Seite 158 – 175.

Frey, Bruno S./Eichenberger, Reiner, Zur Bedeutung entscheidungstheoretischer Anomalien für die Ökonomik, in: Jahrbücher für Nationalökonomie und Statistik 1989, Seite 81 – 101.

Friedrich-Naumann-Stiftung (Hrsg.), Für einen reformfähigen Bundesstaat: Die Landtage stärken, den Bundesrat erneuern, in: FAZ vom 16. Januar 2002, Seite 16.

Fritsch, Michael/Wein, Thomas/Ewers, Hans-Jürgen, Marktversagen und Wirtschaftspolitik, 4. Auflage, München 2001.

Fromme, Jochen-Konrad, Gewerbesteuerreform und Beteiligung der Gemeinden an der Umsatzsteuer, in: GemH 1997, Seite 241 – 244.

Fromme, Jochen-Konrad, Von der Gewerbesteuer zur „Gemeindewirtschaftsteuer", in: GemH 2002, Seite 178 – 184.

Frotscher, Werner, Selbstverwaltung und Demokratie, in: Mutius, Albert von (Hrsg.), Selbstverwaltung im Staat der Industriegesellschaft, Heidelberg 1983, Seite 127 – 147.

Fuest, Clemens/Huber, Bernd, Neue Wege bei der Finanzierung der Kommunen: Zuschlagsrechte statt Gewerbesteuer, in: Wirtschaftsdienst 2002, Seite 260 – 265

Gaddum, Johann Wilhelm, Gemeinschaftsaufgaben und Mischfinanzierungen – Eine Bilanz, in: Henneke, Hans-Günter (Hrsg.), Verantwortungsteilung zwischen Kommunen, Ländern, Bund und Europäischer Union, Stuttgart u.a. 2001, Seite 147 – 150.

Gaggermeier-Scheugenpflug, Angela, Die verfassungsrechtliche Zulässigkeit der grenzüberschreitenden kommunalen Zusammenarbeit mit ausländischen Gemeinden, Diss. Universität Regensburg 1998, o.O. o.J..

Gas, Tobias, Finanzverfassungsrechtliche und rechtsstaatliche Aspekte einer kommunalen Verpackungsteuer, in: SächsVBl. 1998, Seite 229 – 236.

Georgi, Hanspeter, Die Gewerbesteuer verlangt nach Ersatz, in: FAZ vom 22. Mai 2002, Seite 17.

Gerken, Lüder, Ursprungslandprinzip, Wettbewerb der Staaten und Freiheit, in: ORDO 2000, Seite 405 – 430.

Gierl, Heribert/Höser, Hans, Der Reihenfolgeeffekt auf Präferenzen, in: zfbf Februar 2002, Seite 3 – 18.

Giersch, Herbert, Allgemeine Wirtschaftspolitik, Wiesbaden 1961.

Glanegger, Peter, [Kommentar zu] § 35, in: Schmidt, Ludwig (Hrsg.), Einkommensteuergesetz, 21. Aufl., München 2002, Seite 2106 – 2118.

Gordon, Roger H., An Optimal Taxation Approach to Fiscal Federalism, in: Quarterly Journal of Economics 1983, Seite 567 – 586.

Görgens, Hartmut, Gemeindeumsatzsteuer versus Gemeindeeinkommensteuer, Diss. Universität Köln 1968, Köln 1968.

Götz, Christian, Kommunale Wirtschaftsförderung zwischen Wettbewerb und Kooperation, Diss. Universität Regensburg 1998, Hamburg 1999.

Grabow, Busso/Hollbach-Grömig, Beate, Zur Bedeutung des Standortfaktors „Kommunale Abgaben und Steuern", in: GemH 1994, Seite 145 – 149.

Grabow, Busso/Henckel, Dietrich/Hollbach-Grömig, Beate, Weiche Standortfaktoren, Stuttgart/Berlin/Köln 1995.

Grabow, Busso u.a., Bedeutung weicher Standortfaktoren in ausgewählten Städten, Berlin 1995.

Grossekettler, Heinz, Öffentliche Finanzen, in: Vahlens Kompendium der Wirtschaftstheorie und Wirtschaftspolitik, Band 1, 7. Auflage, München 1999, Seite 519 – 672.

Grosse Siemer, Stephan, Die kommunale Wirtschaftsförderung und die Regionalpolitik der Europäischen Gemeinschaft, Diss. Universität Osnabrück 1992, Köln u.a. 1993.

Groth, Klaus-Martin/Feldmann, Peter v./Streck, Charlotte, Möglichkeiten der Baulandmobilisierung durch Einführung einer bodenwertorientierten Grundsteuer, Berlin 2000 (unveröffentlicht).

Gutenberg, Erich, Unternehmensführung, Wiesbaden 1962.

Güth, Werner/Maciejovsky, Boris, (Un)eingeschränkte Rationalität, in: WiSt 2002, Seite 527 – 529.

Haberstock, Lothar/Breithecker, Volker, Einführung in die Betriebswirtschaftliche Steuerlehre, Bielefeld 2000.

Haller, Heinz, Die Bedeutung des Äquivalenzprinzips für die öffentliche Finanzwirtschaft, in: Finanzarchiv 1961, Seite 248 – 260.

Haller, Heinz, Die Steuern, 2. Auflage, Tübingen 1971.

Hank, Rainer, Die Angst der Bürgermeister vor ihren Bürgern, in: FAZ vom 15. Juni 2003, Seite 33.

Hansen, Andreas, Auswirkungen der geplanten Gemeindefinanzreform, in: Wirtschaft und Statistik 1969, Seite 245 – 252.

Hansjürgens, Bernd, Allokative Begründung des Äquivalenzprinzips: Mehr Effizienz im politischen Prozeß, in: List Forum für Wirtschafts- und Finanzpolitik 1998, Seite 307 – 325.

Hansjürgens, Bernd, Die Sicht des Äquivalenzprinzips in der Finanzwissenschaft, in: Akademie der Wissenschaft und der Literatur (Hrsg.), Colloquia Academica, Mainz 1999 Seite 7 – 36.

Hansjürgens, Bernd, Studiengebühren: Zwischen Effizienz und Verteilungsgerechtigkeit, in: ORDO 1999, Seite 259 – 284.

Hansjürgens, Bernd, Das Äquivalenzprinzip als zentraler Maßstab für einen fairen Steuerwettbewerb, in: Müller, Walter/Fromm, Oliver/Hansjürgens, Bernd (Hrsg.), Regeln für den europäischen Systemwettbewerb, Marburg 2001, Seite 71 – 88.

Hansmeyer, Karl-Heinrich/Zimmermann, Horst, Bewegliche Einkommensbesteuerung durch die Gemeinden, in: Wirtschaftsdienst 1991, Seite 639 – 644.

Hansmeyer, Karl-Heinrich/Zimmermann, Horst, Möglichkeiten der Einführung eines Hebesatzrechts beim gemeindlichen Einkommensteueranteil, in: AfK 1993, Seite 221 – 244.

Haug, Andreas/Wagenheim, Sascha von, Standortmanagement in der literarischen Übersicht, in: Grassert, Herbert/Horvath, Peter (Hrsg.), Den Standort richtig wählen, Stuttgart 1995, Seite 70 – 83.

Haupt, Harry/Oberhofer, Walter, Regionaler Wirtschaftsfaktor Universität – Die andere Seite der Ausbildungs- und Forschungseinrichtung am Beispiel der Universität Regensburg 1995 bis 1998, in: Braun, Gerald/Voigt, Eva (Hrsg.), Regionale Entwicklungspotentiale von Universitäten, Rostock 2000, Seite 67 – 83.

Haupt, Reinhard, Industriebetriebslehre, Wiesbaden 2000.

Hayek, Friedrich A. von, Der Wettbewerb als Entdeckungsverfahren, in: Freiburger Studien, Hayek, Friedrich A. von (Hrsg.), 2. Auflage, Tübingen 1994, Seite 249 – 265.

Hayek, Friedrich A. von, Die Anmaßung von Wissen, in: Die Anmaßung von Wissen, Kerber, Wolfgang (Hrsg.), Tübingen 1996, Seite 3 – 15.

Hecht, Martin, Innovationspotentiale der Region – Die regionalwirtschaftliche Bedeutung der Universität Greifswald, in: Braun, Gerald/Voigt, Eva, Regionale Innovationspotentiale von Universitäten, Rostock 2000, Seite 135 – 150.

Hegemann, Jürgen/Querbach, Torsten, Erste praktische Hinweise zum Steuervergünstigungsabbaugesetz, in: Stbg 2003, Seite 197 – 210.

Heinemann, Friedrich, Die Psychologie irrationaler Wirtschaftspolitik am Beispiel des Reformstaus, Mannheim 2000.

Heinemann, Friedrich, Die Psychologie begrenzt rationaler Wirtschaftspolitik: Das Beispiel des Reformstaus, in: ZfW 2001, Seite 96 – 110.

Heinemann, Friedrich, Da weiß man, was man hat, in: FAZ vom 02.Juni 2001, Seite 15.

Henke, Klaus-Dirk, Möglichkeiten zur Stärkung der Länderautonomie, in: StWStP 1995, Seite 643 – 658.

Henneke, Hans-Günter, Die Kommunen in der Finanzverfassung des Bundes und der Länder, 3. Auflage, Wiesbaden 1998.

Henneke, Hans-Günter, Zwischen Bückeburg und Maastricht: Der Verfassungsrahmen für die Finanzpolitik in Niedersachsen, in: ZG 1998, Seite 1 – 25.

Henneke, Hans-Günter, Landesverfassungsrechtlicher Schutz der kommunalen Finanzausstattung am Beispiel der Thüringischen Verfassung, in: GemH 1999, Seite 169 – 178.

Henneke, Hans-Günter, Verfassungsänderungen zwischen Placebo-Effekten und tagespolitisch motivierten Einzelfallregelungen, in: ZG 1999, Seite 1 – 27.

Henneke, Hans-Günter, Selbstverwaltungssicherung durch Organisation und Verfahren, in: ZG 1999, Seite 256 – 293.

Henneke, Hans-Günter, Öffentliches Finanzwesen, Finanzverfassung, 2. Auflage, Heidelberg 2000.

Henneke, Hans-Günter, Perspektiven der kommunalen Selbstverwaltung an der Schwelle zum 21. Jahrhundert, in: dl 2000, Seite 3 – 11.

Henneke, Hans-Günter, Empfiehlt sich auch für den kommunalen Finanzausgleich ein Maßstäbegesetz?, in: NdsVBl. 2001, Seite 53 – 62.

Henneke, Hans-Günter, Landesverfassungsrechtliche Finanzgarantien der Kommunen zwischen normativer (Neu-)Regelungen und verfassungsgerichtlicher Präzisierung, in: dl 2001, Seite 120 – 166.

Henneke, Hans-Günter, Modernisierung der bundesstaatlichen Ordnung – wann, wenn nicht jetzt?, in: dl 2001, Seite 167 – 184.

Henneke, Hans-Günter, Steuerpolitische Entscheidungen des Jahres 2000 belegen den Reformbedarf der Finanzverfassung des GG, in: dl 2001, Seite 185 – 187.

Henneke, Hans-Günter, Plädoyer für Rückführung von Mischfinanzierungen, in: dl 2003, Seite 149 – 152.

Henneke, Hans-Günter, Landesverfassungsrechtliche Finanzgarantien der Kommunen zwischen normativen Neuregelungen und verfassungsrechtlicher Ausformung, in: dl 2003, Seite 190 – 249.

Henneke, Hans-Günter/Schlebusch, Gernot, Rückführung von Normen und Standards, in: Henneke, Hans-Günter (Hrsg.), Stärkung der kommunalen Handlungs- und Entscheidungsspielräume, Stuttgart u.a. 1996, Seite 51 – 93.

Hensel, Anja, Mobilität privater Haushalte, Diss. Technische Universität München 2001, Frankfurt u.a. 2002.

Hermes, Georg, Anmerkungen [zu: BVerfG, Urteil vom 03. Juli 2000, - 2 BvG 1/96 -, in: JZ 2001, Seite 91 f], in: JZ 2001, Seite 92 – 95

Herzig, Norbert/Lochmann, Uwe, Die Steuerermäßigung für gewerbliche Einkünfte bei der Einkommensteuer nach dem Entwurf zum Steuersenkungsgesetz, in: DB 2000, Seite 1192 – 1202.

Hesse, Joachim Jens/Renzsch, Wolfgang, Zehn Thesen zur Entwicklung und Lage des deutschen Föderalismus, in: StWStP 1990, Seite 562 – 578.

Hessler, Heinz Dieter, Die Fundamentalprinzipien der Besteuerung (I), in: WiSu 1983, Seite 281 – 285.

Hey, Johanna, Von der Verlegenheitslösung des § 35 EStG zur Reform der Gewerbesteuer?, in: FR 2001, Seite 870 – 880.

Hey, Johanna, Kommunale Einkommen- und Körperschaftsteuer, in: StuW 2002, Seite 314 – 325.

Hidien, Jürgen W., Zehn Thesen zur Gewerbesteuerumlage, in: ZG 2000, Seite 157 – 164.

Hidien, Jürgen W., Steuerreform 2000 – Anmerkungen zum gewerbesteuerlichen Anrechnungsmodell, in: BB 2000, Seite 485 – 487.

Hindriks, Jan, The Consequences of Labour Mobility for Redistributation: Tax vs. Transfer Competition, in: Journal of Public Economics 1999, Seite 215 – 234.

Hirshman, Albert O., Abwanderung und Widerspruch, Tübingen 1974.

Hoch, Stefan, Auf dem Prüfstand: Lokale Standortqualitäten im Urteil des Mittelstandes, o.O. o.J. (unveröffentlicht).

Homburg, Stefan, Eine kommunale Unternehmensteuer für Deutschland, in: Wirtschaftsdienst 1996, Seite 491 – 496.

Homburg, Stefan, Ursachen und Wirkungen eines Finanzausgleichs, in: Oberhauser, Alois (Hrsg.), Fiskalföderalismus in Europa, Berlin 1997, Seite 61 – 95.

Homburg, Stefan, Competition and Co-ordination in International Capital Income Taxation, in: Finanzarchiv 1999, Seite 1 – 17.

Homburg, Stefan, Allgemeine Steuerlehre, 2. Auflage, München 2000.

Homburg, Stefan, Reform der Gewerbesteuer, in: AfK 2000, Seite 42 – 55.

Homburg, Stefan, Kommunalzuschlag statt Gewerbesteuer, in: BB vom 13. Februar 2002, Seite I.

Homburg, Stefan, Steuerpolitik nach der Wahl, in: Stbg 2002, Seite 564 – 570 und Seite 575 f.

Hoppmann, Erich, Wettbewerb als Norm der Wettbewerbspolitik, in: ORDO 1967, Seite 77 – 94.

Höreth, Ulrike/Schiegl, Brigitte/Zipfel, Lars, Die Giftliste der Bundesregierung – welche Steuerverschärfungen jetzt tatsächlich kommen, in: BB 2003, Seite 983 – 990

Huber, Bernd, Der Steuerwettbewerb: Gefahr oder Chance?, in: List Forum für Wirtschafts- und Finanzpolitik 1997, Seite 242 – 255.

Huber, Bernd/Lichtblau, Karl, Reform der deutschen Finanzverfassung – die Rolle des Konnexitätsprinzips, in: Hamburger Jahrbuch für Wirtschafts- und Gesellschaftspolitik 1999, Seite 69 – 93.

IFO-Institut für Wirtschaftsforschung (Hrsg.), Standortanforderungen der Unternehmen im Bezirk der Industrie- und Handelskammer Siegen, München 1990 (unveröffentlicht).

IFSt (Hrsg.), Zur Begrenzung des Realsteuer-Hebesatzrechts der Gemeinden, Bonn 1981.

IFSt (Hrsg.), Modell für die Ablösung der Gewerbesteuer durch einen Gemeindeanteil an der Umsatzsteuer, Bonn 1982.

IFSt (Hrsg.), Entwicklung der Realsteuerhebesätze der Gemeinden mit 50.000 und mehr Einwohnern in 2000 gegenüber 1999, Bonn 2000.

IHK München (Hrsg.), Unternehmensverlagerungen im Wirtschaftsraum München, München 1998 (unveröffentlicht).

IHK Ostwestfahlen zu Bielefeld (Hrsg.), Kreis Herford als Unternehmensstandort, o.O. 1997.

IHK Stuttgart (Hrsg.), Region Stuttgart, Stuttgart 2000.

Institut der deutschen Wirtschaft (Hrsg.), Alte Steuer – gute Steuer?, Köln 1986.

Isensee, Josef, Der Rechtsanspruch auf einen Kindergartenplatz, in: DVBl. 1995, Seite 1 – 9.

Jachmann, Monika, Leistungsfähigkeitsprinzip und Umverteilung, in: StuW 1998, Seite 293 – 297.

Jachmann, Monika, Ansätze zu einer gleichheitsgerechten Ersetzung der Gewerbesteuer, in: BB 2000, Seite 1432 – 1442.

Jachmann, Monika, Steuerermäßigung bei Einkünften aus Gewerbebetrieb, Stuttgart u.a. 2001.

Janeba, Eckhard/Peters, Wolfgang, Tax Evasion, Tax Competition and The Gains From Nondiscrimination: The Case of Interest Taxation in Europe, in: Finanzarchiv 1999, Seite 93 – 101.

Janeba, Eckhard/Peters, Wolfgang, Implikationen des kommunalen Finanzausgleichs auf den Standort- und Steuerwettbewerb, in: Burda, Michael C./Seitz, Helmut/Wagner, Gert (Hrsg.), Europäischer und nationaler Fiskalföderalismus, Berlin 2000, Seite 35 – 53.

Janssen, Albert, Wege aus der Krise des deutschen Bundesstaates – Anmerkungen zu einem notwendigen Vorschlag zur Reform des Grundgesetzes, in: ZG-Sonderheft 2000, Seite 41 – 63

Janssen, Albert, Die Reformbedürftigkeit des deutschen Bundesstaates aus verfassungsrechtlicher Sicht, in: Henneke, Hans-Günter, Verantwortungsteilung zwischen Kommunen, Ländern, Bund und Europäischer Union, Stuttgart u.a. 2001, Seite 59 – 88.

Janssen, Manfred, Mobilität und regionalökonomisches Entwicklungspotenzial, Diss. Universität Osnabrück o.J., Opladen 2000.

Jarass, Hans D., Allgemeine Probleme der Gesetzgebungskompetenz des Bundes, in: NVwZ 2000, Seite 1089 – 1096.

Josten, Rudolf, Die Bodenwertsteuer – eine praxisorientierte Untersuchung zur Reform der Grundsteuer, Diss. Universität Dortmund 1999/2000, Stuttgart u.a. 2000.

Junkernheinrich, Martin, Reform des Gemeindefinanzsystems, in: AfK 1992, Seite 220 – 237.

Kahneman, Daniel/Tversky, Amos, Prospect Theory: An Analysis of Decision under Risk, in: Econometria 1979, Seite 263 – 291.

Kahneman, Daniel/Knetsch, Jack L./Thaler, Richard H., Anomalies, in: Journal of Economic Perspectives 1991, Seite 193 – 206.

Karl-Bräuer-Institut des Bundes der Steuerzahler (Hrsg.), Zur Reform der Gemeindesteuern, Wiesbaden 1975.

Karl-Bräuer-Institut des Bundes der Steuerzahler (Hrsg.), Die Bagatellsteuern, Wiesbaden 1980.

Karl-Bräuer-Institut des Bundes der Steuerzahler (Hrsg.), Abbau und Ersatz der Gewerbesteuer, Wiesbaden 1984.

Karl-Bräuer-Institut des Bundes der Steuerzahler (Hrsg.), Steuerharmonisierung in der Europäischen Gemeinschaft, Wiesbaden 1989.

Karl-Bräuer-Institut des Bundes der Steuerzahler (Hrsg.), Die Einheitsbewertung des Grundbesitzes, Wiesbaden 1993.

Karl-Bräuer-Institut des Bundes der Steuerzahler (Hrsg.), Abbau von Mischfinanzierungen, Wiesbaden 2001.

Karl-Bräuer-Institut des Bundes der Steuerzahler (Hrsg.), Kommunale Steuerautonomie und Gewerbesteuerabbau, Wiesbaden 2002.

Karrenberg, Hanns, Der Vorschlag des Deutschen Städtetags zur Umgestaltung der Gewerbesteuer, in: GemH 1987, Seite 1 – 9.

Karrenberg, Hanns, Abschaffung der Gewerbekapitalsteuer und Umsatzsteuerbeteiligung der Städte und Gemeinden, in: KStZ 1997, Seite 61 – 68.

Karrenberg, Hanns/Münstermann, Engelbert, Gemeindefinanzbericht 1998, in: Der Städtetag 1998, Seite 143 – 233.

Karrenberg, Hanns/Münstermann, Engelbert, Städte im Griff von EU, Bund und Ländern (Kurzfassung), in: Der Städtetag April 2000, Seite 4 – 16.

Karrenberg, Hanns/Münstermann, Engelbert, Städtische Finanzen: Kollaps oder Reformen! (Kurzfassung), in: Der Städtetag April 2002, Seite 4 – 13.

Karrenberg, Hanns/Münstermann, Engelbert, Städtische Finanzen: Kollaps oder Reformen!, in: Der Städtetag April 2002, Seite 14 – 96.

Karst, Thomas, Die „Kampfhundesteuer" – Ausfluß kommunalgesetzgeberischer Rechtsetzungshoheit oder Willkür?, in: NvWZ 1999, Seite 244 – 250.

Kerber, Wolfgang, Recht als Selektionsumgebung für evolutorische Wettbewerbsprozesse, in: Priddat, Birger P./Wegner, Gerhard (Hrsg.), Zwischen Evolution und Institution, Marburg 1996, Seite 301 – 330.

Kerber, Wolfgang, Die EU-Beihilfenkontrolle als Wettbewerbsordnung: Probleme aus der Perspektive des Wettbewerbs zwischen Jurisdiktionen, in: Cassel, Dieter (Hrsg.), Europäische Integration als Ordnungspolitische Gestaltungsaufgabe, Berlin 1998, Seite 37 – 74.

Kerber, Wolfgang, Zum Problem einer Wettbewerbsordnung für den Systemwettbewerb, in: Jahrbuch für Neue Politische Ökonomie 1998, Seite 199 – 230.

Kerber, Wolfgang, Interjurisdictional Competition within the European Union, Volkswirtschaftliche Beiträge 11/1999, Marburg 1999.

Kerber, Wolfgang, Wettbewerbspolitik als nationale und internationale Aufgabe, Volkswirtschaftliche Beiträge 07/1999, Marburg 1999.

Kerber, Wolfgang, Rechtseinheitlichkeit und Rechtsvielfalt aus ökonomischer Sicht, in: Grundmann, Stefan (Hrsg.), Systembildung und Systemlücken in Kerngebieten des Europäischen Privatrechts, Tübingen 2000, Seite 67 – 97.

Kerber, Wolfgang, Wettbewerbsordnung für den interjurisdiktionellen Wettbewerb, in: WiSt 2000, Seite 368 – 374.

Keß, Thomas, Unternehmenssteuerreform: Ohne Reform der Gewerbesteuer?, in: FR 2000, Seite 695 – 704.

Kessler, Wolfgang, OECD klärt Zweifelsfragen zur Server-Betriebsstätte, in: IStR 2001, Seite 238 – 242.

Kesting, Peter, Schumpeters Theorie der Innovation und der wirtschaftlichen Entwicklung, in: WiSt 2003, Seite 34 – 38.

Kilian, Wolfgang, Europäisches Wirtschaftsrecht, München 1996.

Kim, Nam-Cheol, Gemeindliche Planungshoheit und überörtliche Planungen, Diss. Universität Tübingen 1997, Frankfurt 1998.

Kirchgässner, Gebhard, Das Finanzleitbild aus wirtschaftswissenschaftlicher Sicht, in: Aussenwirtschaft 2000, Seite 183 –208.

Kirchhof, Ferdinand, Das Finanzsystem der Landkreise, in: DVBl. 1995, Seite 1057 – 1063.

Kirchhof, Paul, Die Reform der Kommunalverfassung, in: NJW 2002, Seite 1549 f.

Kiwit, Daniel/Voigt, Stefan, Grenzen des institutionellen Wettbewerbs, in: Jahrbuch für Neue Politische Ökonomie 1998, Seite 313 – 337.

Kloepfer, Michael/Bröcker, Klaus T., Das Gebot der widerspruchsfreien Normgebung als Schranke der Ausübung einer Steuergesetzgebungskompetenz nach Art. 105 GG, in: DÖV 2001, Seite 1 – 12.

Kluth, Winfried, Lastenverteilung – Ansatzpunkte für eine Stärkung der Finanzautonomie von Ländern und Kommunen, in: Henneke, Hans-Günter (Hrsg.), Verantwortungsteilung zwischen Kommunen, Ländern, Bund und Europäischer Union, Stuttgart u.a. 2001, Seite 151 – 172.

Knemeyer, Franz-Ludwig, Magna Charta der kommunalen Selbstverwaltung, in: Europas universale rechtsordnungspolitische Aufgabe im Recht des dritten Jahrtausends, Köbler, Gerhard/Heinze, Meinhard/Hromadka, Wolfgang (Hrsg.), Seite 507 – 521.

Knemeyer, Franz-Ludwig/Wehr, Matthias, Die Garantie der kommunalen Selbstverwaltung nach Art. 28 Abs. 2 GG in der Rechtsprechung des Bundesverfassungsgerichts, in: VerwArch 2001, Seite 317 – 343.

Koch, Lambert T., Kognitive Determinanten der Problementstehung und – behandlung im wirtschaftspolitischen Prozeß, in: ZWS 1998, Seite 597 – 622.

Kock, Heinz, Vorschläge zur Verstetigung der Gemeindefinanzen, in: Konjunkturpolitik 1975, Seite 309 – 336.

Kollruss, Thomas, Anrechnung der Gewerbesteuer auf die Einkommensteuer bei Personenunternehmen gem. § 35 EStG 2001, in: Stbg 2000, Seite 559 – 570.

Kommission für Methodik der Finanzanalyse und Anlageberatung (DVFA)/Arbeitskreis „Externe Unternehmensrechnung" der Schmalenbach-Gesellschaft – Deutsche Gesellschaft für Betriebswirte (SG), Cash Flow nach DVFA/SG, in: WPg 1993, Seite 599 – 602.

Komorowski, Alexis v., Amtshaftungsansprüche von Gemeinden gegen andere Verwaltungsträger, in: VerwArch 2002, Seite 62 – 99.

Korezkji, Leonid, Anrechnung der Gewerbesteuer nach § 35 EStG (2. Teil), in: BB 2001, Seite 389 – 394.

Korezkij, Leonid, Steuerermäßigung bei Einkünften aus Gewerbebetrieb: Die Brennpunkte des Anwendungsschreibens zu § 35 EStG, in: BB 2002, Seite 2099 – 2103.

Köplin, Manfred/Niggemeier, Oliver, Steuerermäßigung bei Einkünften aus Gewerbebetrieb nach § 35 EStG, in: NWB, Seite 11479 – 11484.

Krause-Junk, Gerold, Noch ein Vorschlag für eine Gemeindesteuerreform, in: Wirtschaftsdienst 1989.

Krause-Junk, Gerold, Steuerwettbewerb: Auf der Suche nach dem Offensichtlichen, in: Beihefte der Konjunkturpolitik 1999 – Fiskalischer Föderalismus in Europa, Seite 143 – 160.

Krause-Junk, Gerold, Was ist fairer Steuerwettbewerb?, in: Hasse, Rolf/Schenk, Karl-Ernst/Graf Wass von Czege (Hrsg.), Europa zwischen Wettbewerb und Harmonisierung, Baden Baden 2002, Seite 63 – 68.

Kröger, Detlef/Moss, Flemming, Die Erforderlichkeitsklausel gemäß Art. 72 Abs. 2 GG n.F. im Spannungsfeld des Bundesstaates, in: BayVBl. 1997, Seite 705 – 713.

Kübbeler, Michael, Systemwettbewerb als Ordnungsprinzip einer rationalen Finanzverfassung, in: Kübbeler, Michael/Langer, Christian, Wirtschafts- und Finanzpolitik nach ordoliberalen Prinzipien, Berlin 1999, Seite 45 – 75.

Kühn, Gerd/Floeting, Holger, Kommunale Wirtschaftsförderung in Ostdeutschland, Berlin 1995.

Lecheler, Helmut, Die Personalhoheit der Gemeinden, in: Mutius, Albert von (Hrsg.), Selbstverwaltung im Staat der Industriegesellschaft, Heidelberg 1983, Seite 541 – 554.

Lehmbrock, Michael, Kommunale Grundsteuer-Modelle auf dem Prüfstand, in: FAZ vom 08.02.2002, Seite 61.

Lehmbrock, Michael/Coulmas, Diana, Grundsteuerreform im Praxistest, Berlin 2001.

Leipold, Helmut, Theoretische und rechtliche Grundlagen der deutschen und europäischen Wettbewerbspolitik, in: Nase Gospodarstvo 1995, Seite 272 – 279.

Lerche, Peter, Finanzausgleich und Einheitlichkeit der Lebensverhältnisse, in: Blumenwitz, Dieter/Radelzhofer, Albrecht (Hrsg.), Festschrift für Friedrich Berber zum 75. Geburtstag, München 1973, Seite 299 – 319.

Linscheidt, Bodo/Truger, Achim, Reform des Kommunalsteuersystems, in: Vierteljahreshefte zur Wirtschaftsforschung 1997, Seite 382 – 394.

Loritz, Karl-Georg, Das Grundgesetz und die Grenzen der Besteuerung, in: NJW 1986, Seite 1 – 10.

Loschelder, Wolfgang, Kommunale Selbstverwaltung und gemeindliche Gebietsgestaltung, Berlin 1976.

LT-Rheinland-Pfalz (Hrsg.), LT-Drucks. 11/446.

Lucke, Bernd, Zur Theorie der Nivellierungssteuerhebesätze, in: Finanzarchiv 1994, Seite 212 – 233.

Lüder, Klaus, Verfahren zur Planung betrieblicher und innerbetrieblicher Standorte, in: Jacobs, Herbert (Hrsg.), Industriebetriebslehre, 4. Auflage, Wiesbaden 1990, Seite 25 – 100.

Magiera, Siegfried, Kommunale Selbstverwaltung in der Europäischen Union, in: Grupp, Klaus/Ronellenfitsch, Michael (Hrsg.), Kommunale Selbstverwaltung in Deutschland und Europa, Berlin 1995, Seite 13 –33.

Maier, Gunther/Tödtling, Franz, Regional- und Stadtökonomik, 2. Auflage, Wien/New York 1995.

Mainerth, Ralf, Wettbewerbsneutralität der Besteuerung, Diss. Universität Berlin 1999, Bielefeld 2001.

Männer, Leonhard, Faustregeln für eine kommunale Steuer-, Abgaben- und Schuldenpolitik, in: Lang, Eva/Brunton, William/Ebert, Werner (Hrsg.), Kommunen vor neuen Herausforderungen, Berlin 1996, Seite 193 – 215.

Marcus, Paul, Umrisse einer kommunal-spezifischen Besteuerungssystematik, Stuttgart u.a. 1986.

Martens, Dirk/Thiel, Friedrich-Karl/Zanner, Harald, Konzern Stadt, Stuttgart/Berlin/Köln 1998.

Martin, Armin, Anwendungsorientierte Instrumentalisierung des Porterschen Diamantmodellansatzes zur Standortanalyse, Diss. Universität Rostock 1996, o.O. o.J..

McGuire, Therese J., Federal aid to states and localities and the appropriate competitive framework, in: Keynon, Daphne A./Kincaid, John, Competition among States and Local Governments, Washington 1991, Seite 153 – 166.

Meffert, Heribert, Städtemarketing – Pflicht oder Kür?, in: planung und analyse 1989, Seite 273 – 280.

Meier, Hubert, Finanzierung fremdbestimmter kommunaler Aufgaben – Harmonie und Dissonanzen in der neueren Rechtsprechung der Landesverfassungsgerichte, in: NVwZ 1999, Seite 843 – 847.

Meinhövel, Harald, Die pauschalierte Gewerbesteueranrechnung ab 2001: Neutralität erreicht?, in: StuB 2000, Seite 298 – 302.

Meinhövel, Harald, § 35 EStG in der Fassung des Steuersenkungsgesetzes, in: StuB 2000, Seite 974 – 977.

Meisterling, Günther, Zur Problematik von Marktanalogien in der ökonomischen Theorie des Föderalismus, Diss. Universität der Bundeswehr Hamburg 1985, Frankfurt u.a. 1986.

Meyer, Hubert, Finanzierung fremdbestimmter kommunaler Aufgaben – Harmonie und Dissonanzen in der neueren Rechtsprechung der Landesverfassungsgerichte, in: NVwZ 1999, Seite 843 – 847.

Meyer, Hubert, „Delegierte, Teile und herrsche" oder verfassungsrechtliche Finanzgarantien für Kommunen?, in: LKV 2000, Seite 1 – 13.

Miehler, Kurt/Kronthaler, Ludwig, Einheitsbewertung und kein Ende?, in: DStR 1992, Seite 741 – 749.

Milbrandt, Beate, Die Finanzierung der Europäischen Union, Diss. Universität Berlin 2000, Baden Baden 2001.

Mohl, Helmut, Die Einführung und Erhebung neuer Steuern aufgrund des kommunalen Steuererfindungsrechts, Stuttgart u.a. 1992.

Mohl, Helmut, Rechtliche und praktische Anforderungen an eine kommunale Verpackungsteuer – die gerichtsfeste Verpackungsmüll-Satzung –, in: WiVerw 1996, Seite 102 – 113.

Mohl, Helmut/Dicken, Claudia, Überlegungen zu einer Reform der Grundsteuer, in: KStZ 1996, Seite 7 – 11.

Müller, Markus, Systemwettbewerb, Harmonisierung und Wettbewerbsverzerrung, Diss. Universität Tübingen 1999, Baden Baden 2000.

Müller, Walter, Was ist „fairer" Steuerwettbewerb und welche Regeln braucht er?, in: Konjunkturpolitik 1998, Seite 313 – 352.

Müller, Walter, Plädoyer für eine Steuerwettbewerbsordnung, in: Müller, Walter/Fromm, Oliver/Hansjürgens, Bernd (Hrsg.), Regeln für den europäischen Systemwettbewerb, Marburg 2001, Seite 153 – 168.

Müller-Seils, Hans-Jürgen, Die Zukunft der Gewerbesteuer – Reformvorstellungen aus Sicht der Wirtschaft, in: Mellwig, Winfried/Moxter,

Adolf/Ordelheide, Dieter (Hrsg.), Steuerreform und Steuerharmonisierung, Wiesbaden 1991, Seite 29 – 44.

Münch, Ingo von/Kunig, Philip, Grundgesetz-Kommentar, Band 2, 3. Auflage, München 1995.

Münch, Ingo von/Zinterer, Tanja, Reform der Aufgabenverteilung zwischen Bund und Ländern: Eine Synopse verschiedener Reformansätze zur Stärkung der Länder 1985 – 2000, in: ZParl 2000, Seite 657 – 680.

Mussler, Werner/Wohlgemuth, Michael, Institutionen im Wettbewerb – Ord nungstheoretische Anmerkungen zum systemwettbewerb in Europa, in: Oberender, Peter/Streit, Manfred E. (Hrsg.), Europas Arbeitsmärkte im Integrationsprozeß, Seite 9 – 45.

Mutius, Albert von/Henneke, Hans-Günter, Anmerkungen [zu VerfGH NW, Urteil vom 15.02.1985 – VerfGH 17/83, in: DVBl. 1985, Seite 685 – 688], in: DVBl. 1985, Seite 689 – 691.

Neumark, Fritz, Bemerkungen zu einigen ökonomischen Aspekten der Vorschriften über die Einheitlichkeit der Lebensverhältnisse in der Bundesrepublik Deutschland, in: Dreißig, Wilhelmine (Hrsg.), Probleme des Finanzausgleichs I, Berlin 1978, Seite 165 – 175.

Neumark, Fritz, Steuerpolitische Ideale der Gegenwart, in: Zimmermann, Horst (Hrsg.), Die Zukunft der Staatsfinanzen, Stuttgart 1988, Seite 45 – 60.

Niermann, Ute/Niermann, Stefan, Die Universität als Wirtschaftsfaktor, in: Braun, Gerald/Voigt, Eva (Hrsg.), Regionale Innovationspotentiale von Universitäten, Rostock 2000, Seite 85 – 104.

Nippa, Michael, Risikoverhalten von Managern bei strategischen Unternehmensentscheidungen – Eine erste Annäherung, Freiberg 1999.

Nutz, Manfred, Räumliche Mobilität der Studierenden und Struktur des Hochschulwesens in der Bundesrepublik Deutschland, Diss. Universität Köln 1990, Köln 1991.

Oates, Wallace E., Fiscal federalism, New York 1972.

Oates, Wallace E./Schwab, Robert M., The allocative and distributive implications of local fiscal competition, in: Keynon, Daphne A./Kincaid, John, Competition among States and Local Governments, Washington 1991, Seite 127 – 145.

Oates, Wallace E., An Essay on Fiscal Federalism, in: Journal of Economic Literature 1999, Seite 1120 – 1149.

Oberender, Peter/Christl, Claudius, Race to the Bottom: Eine unvermeidliche Folge der Liberalisierung?, in: Hamburger Jahrbuch für Wirtschafts- und Gesellschaftspolitik 2000, Seite 209 – 221.

Oberhauser, Alois, Kommunale Wertschöpfungsteuer als Alternative zur Gewerbesteuer, in: IHK Regensburg (Hrsg.), Gewerbesteuer auf neuem Kurs?, Regensburg 1984, Seite 12 – 22.

Oberhauser, Alois, Leistungsfähigkeitsprinzip und Steuerreform, in: Hamburger Jahrbuch für Wirtschafts- und Gesellschaftspolitik 1998, Seite 113 – 127.

Oberhofer, Walter, Die Universität als Wirtschaftsfaktor, in: Möller, Joachim/Oberhofer, Walter (Hrsg.), Universität und Region, Regensburg 1997, Seite 95 – 132.

OECD Committee on Fiscal Affairs (Hrsg.), Clairification on the Application of the permanent establishment Definition in E-Commerce: Changes to the Commentary on the Model Tax Convention on Article 5, o.O. 2000.

Oeter, Stefan, Integration und Subsidiarität im deutschen Bundesstaatsrecht: Untersuchungen zur Bundesstaatstheorie unter dem Grundgesetz, Habil.-Schr. Universität Heidelberg 1996, Tübingen 1998.

Oeter, Stefan, Art. 72, in: Mangoldt, Hermann v./Klein, Friedrich/Stark, Christian (Hrsg.), Das Bonner Grundgesetz Kommentar, Band 2: Artikel 20 bis 78, München 2000, Seite 2248 – 2334.

Offerhaus, Peter, Einfluß der Steuern auf die Standortwahl, Diss. Universität München 1995, Heidelberg 1996.

Olson, Mancur, The Principle of „Fiscal Equivalence", in: The American Economic Review 1969, Papers and Proceedings, Seite 479 – 487.

Orlitsch, Georg/Pfeifer, Manfred, Wirtschaftsförderung durch die Kommunen, in: Iglhaut, Josef (Hrsg.), Wirtschaftsstandort Deutschland, Wiesbaden 1994, Seite 112 – 121.

O.V., Vorschlag des Deutschen Städtetages zur Umgestaltung der Gewerbesteuer, in: Der Städtetag 1986, Seite 776 – 784.

O.V., Abweichende Meinung zum Beschluß des Zweiten Senats vom 22. Juni 1995, - 2 BvL 37/91 -, in: BStBl. II 1995, Seite 665 – 671.

O.V., Koenigs will „Aufbruchsignal", in: FAZ vom 21. Oktober 1998, Seite 50.

O.V., Steuern zu hoch: Techem verläßt Frankfurt, Frankfurter Neue Presse vom 09. Oktober 2000, Seite 7.

O.V., Leipziger Resolution für die Stadt der Zukunft, o.O. 2001 (unveröffentlicht).

O.V., Straßengebühren, in: FAZ vom 24. November 2001, Seite 59.

O.V., Private sollen mehr Fernstraßen bauen, in: FAZ vom 20. Dezember 2001, Seite 14.

O.V., Vorschlag des DLT zur Modernisierung der bundesstaatlichen Ordnung, in: Henneke, Hans-Günter (Hrsg.), Verantwortungsteilung zwischen Kommunen, Ländern, Gemeinden und Europäischer Union, Stuttgart u.a. 2001, Seite 303 – 315.

O.V., Auch deutsche Autobahnen könnten privat finanziert werden, in: FAZ vom 03. Januar 2002, Seite 4.

O.V., Das Handwerk warnt bei der Gemeindefinanzreform vor Steuererhöhungen, in: FAZ vom 05. März 2002, Seite 54.

O.V., Steuerzahlerbund fordert Abschaffung der Gewerbesteuer, in: FAZ vom 08. März 2002, Seite 15.

O.V., Mobilität von Mitarbeitern in Europa gering, in: FAZ vom 11. März 2002, Seite 26.

O.V., Studiengebühren an der TU München?, in: FAZ vom 21. Mai 2002, Seite 4.

Panning, Jörg, Gestaltungs- und Vereinfachungsstrategien einer europäisierten Umsatzsteuer, Diss. Universität Göttingen 1999, Bielefeld 2000.

Papier, Hans-Jürgen, Besteuerung und Eigentum, in: DVBl. 1980, Seite 787–797.

Paula, Herbert, Einfluß wichtiger Bestimmungsfaktoren auf die Verteilung des Gemeindeanteils an der Einkommensteuer, in: RuR 1992, Seite 221 – 227.

Pfähler, Wilhelm u.a., Wirtschaftsfaktor Bildung und Wissenschaft, Frankfurt 1999.

Pieper, Markus, Das interregionale Standortwahlverhalten der Industrie in Deutschland, Diss. Universität Hannover 1994, Göttingen 1994.

Pieper, Stefan Ulrich, Subsidiaritätsprinzip – Strukturprinzip der Europäischen Union, in: DVBl. 1993, Seite 705 – 712.

Pitlik, Hans/Schmid Günther, Zur politischen Ökonomie der föderalen Finanz beziehungen in Deutschland, in: ZfW 2000, Seite 100 – 124.

Pohmer, Dieter, Einige Bemerkungen zu Inhalt und Bedeutung des Leistungsfähigkeitsprinzips, in: Finanzarchiv 1988, Seite 135 – 153.

Pommerehne, Werner W./Krebs, Susanne, Fiscal Interaction of Central Cities and Suburbs: The Case of Zurich, in: Urban Studies 1991, Seite 783 – 801.

Porter, Michael E., The Competitive Advantage of Nations, in: Harvard Business Rewiev März/April 1990, Seite 73 – 93.

Porter, Michael E., The Competitive Advantage of Nations, London/Basingstoke 1990.

Porter, Michael E., Unternehmen können von regionaler Vernetzung profitieren, in: Harvard Business Manager 1999, Seite 51.

Postlep, Rolf-Dieter, Gesamtwirtschaftliche Analyse kommunaler Finanzpolitik, Habil.-Schr. Universität Marburg 1990, Baden Baden 1993.

Pressemitteilung 149/2000 des Bundesrats.

Priddat, Birger P., Ökonomie, Politik, Beratung – Einige Fragen, in: Wirtschaftsdienst 1999, Seite 151 – 154.

Priebs, Axel, Nutzungswandel und Revitalisierung alter Häfen als Herausforderung für Stadtentwicklung und Stadtgeographie, in: GZ 1998, Seite 16 – 30.

Püttner, Günter, Die Relevanz des europäischen Subsidiaritätsprinzips für die Erfüllung öffentlicher Aufgaben, in: Brede, Helmut (Hrsg.), Wettbewerb in Europa und die Erfüllung öffentlicher Aufgaben, Baden Baden 2000/2001, Seite 55 – 64.

Püttner, Günter, Kommunale Aufgaben, Aufgabenwandel und Selbstver waltungsprinzipien, in: DfK 2002, Seite 52 – 60.

Rabin, Matthew, Psychology and Economics, in: Journal of Economic Literature 1998, Seite 11 – 46.

Ramm, Michael, Saarländer im grenznahen Lothringen, in: GR 1999, Seite 110 – 115.

Rau, Günter/Rieger, Georg, Möglichkeiten einer Gemeindebeteiligung an der Umsatzbesteuerung, Melle 1981.

Recker, Engelbert, Umsatzsteuerbeteiligung der Gemeinden aus Sicht der Raumordnung, in: Informationen zur Raumentwicklung 1979, Seite 689 – 705.

Reding, Kurt/Müller, Walter, Einführung in die Allgemeine Steuerlehre, München 1999.

Reidenbach, Michael, Der Ersatz der Gewerbekapitalsteuer durch die Beteiligung der Gemeinden am Umsatzsteueraufkommen – Die Auswirkungen auf die gemeindlichen Finanzen, in: GemH 1998, Seite 1 – 8.

Reidenbach, Michael (Hrsg.), Bodenpolitik und Grundsteuer, Berlin 1999.

Reiß, Wolfram, Rechtsformabhängigkeit der Unternehmensbesteuerung, in: Wassermeyer, Franz (Hrsg.), Grundfragen der Unternehmensbesteuerung, Köln 1994, Seite 3 – 39.

Reissert, Bernd, Die finanzielle Beteiligung des Bundes an der Aufgabenerfüllung der Länder und das Postulat der „Einheitlichkeit der Lebensverhältnisse im Bundesgebiet", Bonn 1975.

Renzsch, Wolfgang, Einheitlichkeit der Lebensverhältnisse oder Wettbewerb der Regionen?, in: StWStP 1997, Seite 87 – 108.

Renzsch, Wolfgang, „Finanzreform 2005" – Möglichkeiten und Grenzen, in: Wirtschaftsdienst 1999, Seite 643 – 658.

Rhein, Kay-Uwe, Die kleinen kommunalen Steuern, Diss. Universität Osnabrück 1997, Stuttgart u.a. 1997.

Richter, Wolfram, Kommunale Unternehmensbesteuerung, in: ZWS 1992, Seite 567 – 586.

Richter, Wolfram/Wiegard, Wolfgang, Cash-Flow Steuern: Ersatz für die Gewerbesteuer? in: StuW 1990, Seite 40 – 45.

Richter, Wolfram/Wiegard, Wolfgang, Cash-Flow Steuern: Ersatz für die Gewerbesteuer?, in: Rose, Manfred (Hrsg.), Konsumorientierte Neuordnung des Steuersystems, Berlin u.a. 1991, Seite 193 – 204.

Rieger, Georg, Gewerbesteuer auf neuem Kurs – Entlastung der Wirtschaft durch Anrechnung der Gewerbesteuer auf die Umsatzsteuerlast, in: GemH 1983, Seite 187 – 188.

Ritter, Wolfgang, Abbau der Gewerbesteuer – Konzept eines Brückenschlags zwischen Wirtschaft und Gemeinden, in: GemH 1983, Seite 188 – 191.

Ritzer, Claus J./Stangl, Ingo, Anwendungsprobleme der Steuerermäßigung für gewerbliche Einkünfte von Einzelunternehmen und Personengesellschaften nach § 35 EStG, in: INF 2000, Seite 641 – 646.

Rödder, Thomas, Pauschalierte Gewerbesteueranrechnung – eine komprimierte Bestandsaufnahme, in: DStR 2002, Seite 939 – 943.

Rodrik, Dani, Understanding Economic Policy Reform, in: Journal of Economic Literature 1996, Seite 9 – 41.

Rolfes, Manfred, Regionale Mobilität und akademischer Arbeitsmarkt, Diss. Universität Osnabrück 1995, Osnabrück 1996.

Röpke, Jochen, Die Strategie der Innovation, Tübingen 1977.

Rose, Gerd, Die Ertragsteuern, 16. Auflage, Wiesbaden 2001.

Rose, Manfred, Cash-flow-Gewerbesteuer versus zinsbereinigte Gewerbeertrag-steuer, in: Rose, Manfred (Hrsg.), Konsumorientierte Neuordnung des Steuersystems, Berlin u.a. 1991, Seite 205 – 216.

Rose, Manfred (Hrsg.), Konsumorientierte Neuordnung des Steuersystems, Berlin u.a. 1991.

Rose, Manfred, Systematisierung der Gewinnbesteuerung, in: Zur Zukunft der Staatsfinanzierung, Henke, Klaus-Dieter (Hrsg.), Baden Baden 1999, Seite 103 – 113.

Rössler, Rudolf, Gedanken zu einer Neubewertung des Grundbesitzes, in: DStR 1963, Seite 333 – 337.

Sächsisches Ministerium für Wirtschaft und Arbeit (Hrsg.), Unternehmensnahe Dienstleistungen im Freistaat Sachsen, Dresden 1999.

Sachverständigenrat zur Begutachtung der gesamtwirtschaftlichen Entwicklung (Hrsg.), Im Standortwettbewerb, Wiesbaden 1995.

Sachverständigenrat zur Begutachtung der gesamtwirtschaftlichen Entwicklung (Hrsg.), Chancen auf einen höheren Wachstumspfad, Wiesbaden 2000.

Samuelson, William/Zeckhauser, Richard, „Status Quo Bias in Decision Marking", in: Journal of Risk and Uncertainty 1988, Seite 7 – 59.

Sander, Matthias, Ersatz der Gewerbesteuer durch eine Gemeindeeinkommen-steuer, in: Wirtschaftsdienst 2001, Seite 447 – 455.

Sauerland, Dirk, Föderalismus zwischen Freiheit und Effizienz, Diss. Universität Münster 1996, Berlin 1997.

Sauerland, Dirk, Wettbewerb zwischen Jurisdiktionen, in: WiSt 2000, Seite 90 – 95.

Schäfer, Hans-Joachim, Zur Zukunft der Gewerbesteuer, in: Der Städtetag 1986, Seite 775.

Schäfer, Wolf, Systemwettbewerb versus Politik-Kartell: Eine Betrachtung aus Sicht der Wirtschaftswissenschaften, in: Hasse, Rolf/Schenk, Karl-Ernst/Graf Wass von Czege, Andreas (Hrsg.), Europa zwischen Wettbewerb und Harmonisierung, Baden Baden 2002, Seite 39 – 50.

Schamp, Eike W., Evolution und Institution als Grundlage einer dynamischen Wirtschaftsgeographie: Die Bedeutung von externen Skalenerträgen für geo-graphische Konzentrationen, in: GZ 2002, Seite 40 – 51.

Scharpf, Fritz, Mehr Freiheit für die Bundesländer, in: FAZ vom 07. April 2001, Seite 15.

Scheffler, Wolfram, Besteuerung von Unternehmen I: Ertrags-, Substanz- und Verkehrsteuern, 4. Auflage, Heidelberg 2001.

Schenk, Monika, Effiziente Steuersysteme und internationaler Steuerwettbe-werb, Diss. Universität Erlangen-Nürnberg 2002, Frankfurt u.a. 2002.

Scherf, Wolfgang, Perspektiven der kommunalen Besteuerung, in: Andel, Norbert (Hrsg.), Probleme der Kommunalfinanzen, Berlin 2001, Seite 9 – 55.

Schmahl, Stefanie, Europäisierung der kommunalen Selbstverwaltung, in: DÖV 1999, Seite 852 – 861.

Schmehl, Arndt, Die erneuerte Erforderlichkeitsklausel in Art. 72 Abs. 2 GG, in: DÖV 1996, Seite 724 – 731.

Schmidt-Aßmann, Eberhard, Die Rechtsetzungsbefugnis der kommunalen Körperschaften, in: Mutius, Albert von (Hrsg.), Heidelberg 1983, Seite 607 – 622.

Schmidt-Aßmann, Eberhard, Zum staatsrechtlichen Prinzip der Selbstverwaltung, in: Selmer, Peter/Münch, Ingo von (Hrsg.), Gedächnisschrift für Wolfgang Martens, Berlin/New York 1987, Seite 249 – 264.

Schmidt-Aßmann, Eberhard, Kommunale Selbstverwaltung „nach Rastede", in: Franßen, Everhardt u.a. (Hrsg.), Bürger – Richter – Staat, München 1991, Seite 121 – 138.

Schmidt-Bleibtreu, Bruno/Klein, Franz, Kommentar zum Grundgesetz, 8. Auflage, Neuwied u.a. 1995.

Schmidt-Bleibtreu, Bruno/Schäfer, Hans-Jürgen, Besteuerung und Eigentum, in: DÖV 1980, Seite 489 – 496.

Schmidt-Jortzig, Edzard, Kommunalrecht, Stuttgart u.a. 1982.

Schmidt-Jortzig, Edzard, Kooperationshoheit der Gemeinden und Gemeindeverbände bei Erfüllung ihrer Aufgaben, in: Mutius, Albert von (Hrsg.), Selbstverwaltung im Staat der Industriegesellschaft, Heidelberg 1983, Seite 525 – 539.

Schmidt-Jortzig, Edzard, Rechtsfragen der interkommunalen Konkurrenz. Rücksichtnahme und Kooperation auf dem Gebiet der Wirtschaftsförderung, in: Ehlers, Dirk (Hrsg.), Kommunale Wirtschaftsförderung, Köln u.a. 1990, Seite 193 – 203.

Schmidt-Jortzig, Edzard, Gemeinde- und Kreisaufgaben, in: DÖV 1993, Seite 973 – 984.

Schmidt-Jortzig, Edzard, Herausforderungen für den Föderalismus in Deutschland, in: DÖV 1998, Seite 746 – 751.

Schmitt-Glaeser, Walter/Horn, Hans-Detlef, Die Rechtsprechung des Bayerischen Verfassungsgerichtshofs, in: BayVBl. 1999, Seite 353 – 363.

Schmude, Jürgen, Geförderte Unternehmensgründungen in Baden-Württemberg, Habil.-Schr. Universität Heidelberg 1993, Stuttgart 1994.

Schmude, Jürgen, Qualifikation und Unternehmensgründung, in: GZ 1994, Seite 166 – 179.

Schmude, Jürgen, Zur Standortwahl von Unternehmensgründungen, in: Internationales Gewerbearchiv 1995, Seite 238 – 251.

Schneider, Bernd Jürgen, Gewerbesteuer – quo vadis?, in: GemH 1996, Seite 35 – 44.

Schneider, Dieter, Leistungsfähigkeitsprinzip und Abzug von der Bemessungsgrundlage, in: StuW 1984, Seite 356 - 367.

Schneider, Dieter, Ist die Einkommensteuer überholt? Kritik und Reformvorschläge, in: Smekal, Christian/Sendlhofer, Rupert/Winner, Hannes (Hrsg.), Einkommen versus Konsum, Heidelberg 1999, Seite 1 – 14.

Schneider, Dieter, Steuerlast und Steuerwirkung, München/Wien 2002.

Schnurrenberger, Bernd, Standortwahl und Standortmarketing, Diss. Universität Potsdam 2000, Berlin 2000.

Schoch, Friedrich, Finanzierungsverantwortung für gesetzgeberisch veranlaßte Ausgaben, in: Henneke, Hans-Günter (Hrsg.), Stärkung der kommunalen Handlungs- und Entfaltungsspielräume, Stuttgart u.a. 1996, Seite 33 – 50.

Schoch, Friedrich, Kommunale Selbstverwaltung und Europarecht, in: Henneke, Hans-Günter (Hrsg.), Kommunen und Europa – Herausforderungen und Chancen, Stuttgart u.a. 1999, Seite 11 – 37.

Schoch, Friedrich, Die finanzverfassungsrechtlichen Grundlagen der kommunalen Selbstverwaltung, in: Ehlers, Dirk/Krebs, Walter (Hrsg.), Grundfragen des Verwaltungsrechts und des Kommunalrechts, Berlin/New York 2000, Seite 93 – 136.

Schoch, Friedrich, Rechtliche Rahmenbedingungen einer Verantwortungsteilung im Mehr-Ebenen-System, in: Henneke, Hans-Günter (Hrsg.), Verantwortungsteilung zwischen Kommunen, Ländern, Bund und Europäischer Union, Stuttgart u.a. 2001, Seite 21 – 44.

Schoch, Friedrich/Wieland, Friedrich, Finanzierungsverantwortung für gesetzgeberisch veranlaßte kommunale Aufgaben, Baden Baden 1995.

Schomburg, Harald, Zum Stellenwert der besuchten Hochschule für den Berufserfolg vier bis fünf Jahre nach Studienabschluß, in: Teichler, Ulrich/Buttgereit, Michael (Hrsg.), Hochschulabsolventen im Beruf, Bad Honnef 1992, Seite 23 – 65.

Schumacher, Paul, Eine neue Regelung für Aufgabenübertragungen in der Brandenburger Landesverfassung, in: LKV 2000, Seite 98 – 104.

Schumpeter, Joseph, Theorie der wirtschaftlichen Entwicklung, 9. Auflage, Berlin 1997.

Schwarting, Gunnar, Die Abschaffung der Lohnsummensteuer vor 20 Jahren, in: GemH 1998, Seite 145 – 149.

Schwarting, Gunnar, Kommunale Steuern: Grundlagen – Verfahren – Entwicklungstendenzen, Berlin 1999.

Schwarz, Kyrill-Alexander, Die finanzielle Absicherung der kommunalen Selbstverwaltung, in: GemH 1998, Seite 12 – 17.

Schwinger, Reiner (Hrsg.), Einkommens- und konsumorientierte Steuersysteme, Heidelberg 1992.

Seitz, Helmut, Der Einfluß der Bevölkerungsdichte auf die Kosten der öffentlichen Leistungserstellung, Frankfurt/Oder 2000 (unveröffentlicht).

Sepp, Jüri/Wrobel, Ralph, Das Steuersystem in Estland im Spannungsfeld zwischen Transformationserfordernissen und EU-Harmonisierung, in: Hasse, Rolf/Schenk, Karl-Ernst/Graf Wass von Czege (Hrsg.), Europa zwischen Wettbewerb und Harmonisierung, Baden Baden 2002, Seite 69 – 75.

Siebert, Horst, The Harmonization Issue in Europa: Prior Agreement or a Competitive Prozess?, in: Siebert, Horst (Hrsg.), The Completion of the Internal Market, Tübingen 1990, Seite 53 – 75.

Siebert, Horst, Ein Regelwerk für eine zusammenwachsende Welt, in: Bertelsmann Stiftung/Heinz Nixdorf Stiftung/Ludwig-Erhard-Stiftung (Hrsg.), Fairneß im Standortwettbewerb, Gütersloh 1996, Seite 121 – 148.

Siebert, Horst, Zum Paradigma des Standortwettbewerbs, Tübingen 2000.

Siebert, Horst/Koop, Michael J., Europa zwischen Wettbewerb und Harmonisierung, in: WiSt 1994, Seite 611 – 616.

Sigloch, Jochen, Unternehmenssteuerreform 2001 – Darstellung und ökonomische Analyse, in: StuW 2000, Seite 160 – 176.

Sievert, Holger/Vollert, Matthias, Nationale und internationale Perspektiven einer Föderalismusreform in Deutschland, in: Bertelsmann-Kommission „Verfassungspolitik & Regierungsfähigkeit" (Hrsg.), Neuordnung der Kompetenzen zwischen Bund und Gliedstaaten, Gütersloh 2001, Seite 9 – 16.

Sinn, Hans-Werner, Wieviel Brüssel braucht Europa?, in: StWStP 1994, Seite 155 – 186.

Sinn, Hans-Werner, Das Selektionsprinzip und der Systemwettbewerb, in: Oberhauser, Alois (Hrsg.), Fiskalföderalismus in Europa, Berlin 1997, Seite 9 – 60.

Sinn, Hans-Werner, Deutschland im Steuerwettbewerb, in: Jahrbuch für Nationalökonomie und Statistik 1997, Seite 672 – 692.

Smekal, Christian/Sendlhofer, Rupert/Winner, Herbert (Hrsg.), Einkommen versus Konsum, Heidelberg 1999.

Söffing, Günter, Gewerblicher Grundstückshandel, in: DB 2002, Seite 964 – 969.

Söllner, Fritz, Die Reform der Unternehmensbesteuerung, in: List Forum für Wirtschafts- und Finanzpolitik 2000, Seite 183 – 203, hier: Seite 190 – 202.

Spahn, Bernd P., Zur Reform der Gemeindefinanzen, in: AfK 1989, Seite 67 – 85.

Spieß, Steffen, Multidimensionale Standortbewertung aus Sicht technologieorientierter Unternehmen, Ilmenau 1997.

Spieß, Steffen, Das Standortwahlverhalten von Investoren in Thüringen, Ilmenau 1999.

Stahl, Dieter, Aufgabenverteilung zwischen Bund und Ländern, Diss. Universität Marburg 2000, Marburg 2000.

Stauder, Jochen, Möglichkeiten und Grenzen kommunaler Wirtschaftsförderung, Sankt Augustin 1994 (unveröffentlicht).

Steindorff, Ernst, Gemeinsamer Markt als Binnenmarkt, in: ZHR 1986, Seite 687 – 704.

Stern, Klaus, Europäische Union und kommunale Selbstverwaltung, in: Baur, Jürgen F./Watrin, Christian (Hrsg.), Recht und Wirtschaft der Europäischen Union, Berlin/New York 1998, Seite 16 – 41.

Stöckel, Reinhard, Vorschlag zur Neuregelung der Grundsteuer, in: NWB 2001, Meinungen Stellungnahmen, Seite 3053 – 3059.

Stoiber, Edmund, Geleitwort, in: Meier-Walser, Reinhard C./Hirscher, Gerhard (Hrsg.), Krise und Reform des Föderalismus, München 1999, Seite 7 f.

Stöß, Angela, Europäische Union und kommunale Selbstverwaltung, Diss. Universität Marburg 1999, Frankfurt u.a. 2000.

Straubhaar, Thomas, Druck und/oder Sog: Migration aus ökonomischer Sicht, in: Knapp, Manfred (Hrsg.), Migration im neuen Europa, Stuttgart 1994, Seite 69 – 96.

Straubhaar, Thomas, Standortbedingungen im globalen Wettbewerb, in: Biskup, Reinhold (Hrsg.), Globalisierung und Wettbewerb, Bern/Stuttgart/Wien 1996, Seite 217 – 239.

Straubhaar, Thomas, Aufstieg und Fall der europäischen Nationalstaaten, in: Handelsblatt vom 02. September1999, Seite 47.

Straubhaar, Thomas, Brain Gain: Wohin gehen die Wissensträger in Zukunft?, in: ORDO 1999, Seite 233 – 257.

Straubhaar, Thomas, Glokalisierung – Die Champions League der Agglomerationen, in: Wirtschaftsdienst 1999, Seite 574 f.

Streit, Manfred E., Systemwettbewerb und Harmonisierung im europäischen Integrationsprozeß, Jena 1995.

Streit, Manfred E./Kiwit, Daniel, Zur Theorie des Systemwettbewerbs, in: Streit, Manfred E./Wohlgemuth, Michael (Hrsg.), Systemwettbewerb als Herausforderung an Politik und Theorie, Baden Baden 1999, Seite 13 – 48.

Streit, Manfred E./Wegner, Gerhard, Wissensmangel, Wissenserwerb und Wettbewerbsfolgen – Transaktionskosten aus evolutorischer Sicht, in: ORDO 1990, Seite 183 – 200.

Stüer, Bernhard/Landgraf, Beate, Gebietsreform in den neuen Bundesländern – Bilanz und Ausblick, in: LVK 1998, Seite 209 – 216.

Sun, Jeanne-Mey/Pelkmans, Jacques J., Regulatory Competition in the Single Market, in: Journal of Common Market Studies 1995, Seite 67 – 89.

Suntum, Ulrich van, Regionalökonomik und Standortwettbewerb, in: WiSt 1999, Seite 532 – 538.

Tetsch, Friedemann, Die Beteiligung der Gemeinden an der Umsatzsteuer, in: RuR 1979, Seite 82 – 89.

Tettinger, Peter J., [Kommentar zu] Artikel 28, in: Stark, Christian (Hrsg.), Das Bonner Grundgesetz, Band 2: Artikel 20 bis 78, 4. Auflage, München 2000, Seite 669 – 748.

Thiel, Jochen, Die Ermäßigung der Einkommensteuer für gewerbliche Einkünfte, in: StuW 2000, Seite 413 – 420.

Thierstein, Alain, Auf der Suche nach der regionalen Wettbewerbsfähigkeit – Schlüsselfaktoren und Einflußmöglichkeiten, in: RuR 1996, Seite 193 – 202.

Tiebout, Charles M., A Pure Theory of Local Expenditures, in: The Journal of Political Economy 1956, Seite 416 – 424.

Tipke, Klaus, Besteuerungsmoral und Steuermoral, Wiesbaden 2000.

Tipke, Klaus, Die Steuerrechtsordnung, 2. Auflage, Köln 2000.

Tipke, Klaus/Lang, Joachim, Steuerrecht, 17. Auflage, Köln 2002.

Troll, Max, Zur Aussetzung der Vollziehung von Einheitswertbescheiden, in: DStR 1981, Seite 123 – 131.

Tversky, Amos/Kahneman, Daniel, Rational Choice and the Fraiming of Decisions, in: The Journal of Business 1986, Seite 251 – 278.

Vanberg, Viktor, Systemtransformation, Ordnungsevolution und Protektion: Zum Problem der Anpassung von Wirtschaftssystemen an ihre Umwelt, in: Cassel, Dieter (Hrsg.); Institutionelle Probleme der Systemtransformation, Berlin 1997, Seite 11 – 41.

Vanberg, Viktor/Kerber, Wolfgang, Institutional Competition among Jurisdictions, in: Constitutional Political Economy 1994, Seite 193 – 219.

Voigt, Eva, Regionale Wissen-Spillover Technischer Hochschulen, in: RuR 1998, Seite 27 - 35.

Voigt, Eva, Zum endogenen Potential regionaler Wirtschaftsentwicklung anhand der Entwicklung der Technischen Universität Ilmenau, in: Braun, Gerald/Voigt, Eva (Hrsg.), Regionale Innovationspotentiale von Universitäten, Rostock 2000, Seite 105 – 134.

Volkmann, Uwe, Bundesstaat in der Krise?, in: DÖV 1998, Seite 613 – 623.

Wallerath, Maximilian, Der ökonomisierte Staat, in: JZ 2001, Seite 209 – 218.

Walzer, Klaus, Hauptgründe für die Wahl einer Besteuerung nach dem Leistungsfähigkeitsprinzip, in: StuW 1986, Seite 201 – 209.

Watrin, Christoph, Betriebsstättenbesteuerung im Electronic Commerce und die ökonomische Theorie der Firma, in: IStR 2001, Seite 425 – 430.

Weber, Alfred, Standort der Industrie, Tübingen 1909.

Weber, Helmut Kurt, Industriebetriebslehre, 3. Auflage, Berlin/Heidelberg/New York 1999.

Wegner, Gerhard, Zur Funktionsfähigkeit des institutionellen Wettbewerbs, Bochum 2000, Seite 34 –43.

Wehrheim, Michael, Die Betriebsaufspaltung in der Finanzrechtsprechung, Diss. Universität Frankfurt 1988, Wiesbaden 1989.

Wehrheim, Michael, Einkommensteuer und Steuerwirkungslehre, Wiesbaden 2001.

Wehrheim, Michael, Grundzüge der Unternehmensbesteuerung, München 2002.

Wehrheim, Michael/König, Heiko, Ausgewählte steuerliche Probleme im Bereich des E-Commerce, in: StuB 2001, Seite 261 – 267.

Wehrheim, Michael/Schmitz, Thorsten, Jahresabschlußanalyse, Stuttgart/Berlin/Köln 2001.

Weisflog, Walter, Kommunalbesteuerung in Großbritannien, in: StuW 1995, Seite 173 – 183.

Wellisch, Dietmar, Dezentrale Finanzpolitik bei hoher Mobilität, Tübingen 1995.

Wellisch, Dietmar, Finanzwissenschaft I, München 2000.

Wellisch, Dietmar, Finanzwissenschaft II, München 2000.

Wendt, Michael, StSenkG: Pauschale Gewerbesteueranrechnung bei Einzelunternehmen, Mitunternehmerschaft und Organschaft, in: FR 2000, Seite 1173 – 1182.

Wendt, Rudolf, Reform der Unternehmensbesteuerung aus europäischer Sicht, in: StuW 1992, Seite 66 – 80.

Wendt, Rudolf, Finanzverfassung im Spannungsfeld zwischen Zentralstaat und Gliedstaaten, in: Pommerehne, Werner W./Ress, Georg (Hrsg.), Finanzverfassung im Spannungsfeld zwischen Zentralstaat und Gliedstaaten, Baden Baden 1996, Seite 17 – 33.

Weyhenmeyer, Hans, Zweitwohnungsteuer – zum neuen Urteil des BVerwG, in: NVwZ 2000, Seite 161 f.

Wicksell, Knut, Finanztheoretische Untersuchungen, Jena 1896.

Wieland, Joachim, Strukturvorgaben im Finanzverfassungsrecht der Länder zur Steuerung kommunaler Aufgabenerfüllung, in: Henneke, Hans-Günter (Hrsg.), Steuerung der kommunalen Aufgabenerfüllung durch Finanz- und Haushaltsrecht, Stuttgart u.a. 1996, Seite 43 – 53.

Winkler, Helmut, Beschäftigungssuche, in: Teichler, Ulrich/Winkler, Helmut (Hrsg.), Der Berufsstart von Hochschulabsolventen, Bad Honnef 1990, Seite 49 – 73.

Wiswede, Günter, Einführung in die Wirtschaftspsychologie, 3. Auflage, München/Basel 2000.

Wöhe, Günter/Döring, Ulrich, Einführung in die Allgemeine Betriebswirtschaftslehre, 20. Auflage München 2000, Seite 338 – 346.

Wohlgemuth, Michael, Economic and Political Competition in Neoclassical and Evolutionary Perspective, in: Constitutional Political Economy 1995, Seite 71 – 96.

Wohlgemuth, Michael, Institutioneller Wettbewerb als Entdeckungsverfahren, Jena 1998.

Wohlgemuth, Michael, Systemwettbewerb als Entdeckungsverfahren, in: Streit, Manfred E./Wohlgemuth, Michael, Systemwettbewerb als Herausforderung an Politik und Theorie, Baden Baden 1999, Seite 49 – 70.

Wohltmann, Matthias, Kommission zur Reform der Gemeindefinanzen – Zwischenbilanz und Erwartungen, in: dl 2003, Seite 153 – 162.

Wolf, Michael, Der Weg zu neuen Einheitswerten oder ihren Alternativen, in: DStR 1993, Seite 541 – 550.

Wrobel, Ralf M., Systemwettbewerb statt fiskalischem Föderalismus, in: WiSt 1999, Seite 676 – 678.

Zeitler, Franz-Christoph, Eine einfache Grundsteuer – die vergessene Reform, in: DStZ 2002, Seite 131 – 135.

Zimmermann, Horst, Föderalismus und „Einheitlichkeit der Lebensverhältnisse", in: Schmidt, Kurt (Hrsg.), Beiträge zu ökonomischen Problemen des Föderalismus, Berlin 1987, Seite 35 – 69.

Zimmermann, Horst, Stärkung der kommunalen Finanzautonomie, in: StWStP 1995, Seite 659 – 674.

Zimmermann, Horst, Kommunalfinanzen, Baden Baden 1999.

Zimmermann, Horst, Wo bleibt die nationale Ebene?, in: Beihefte der Konjunkturpolitik 1999, Seite 45 – 53.

Zimmermann, Horst/Henke, Klaus-Dirk, Finanzwissenschaft, 8. Auflage, München 2001.

Zimmermann, Horst/Postlep, Rolf-Dieter, Beurteilungsmaßstäbe für Gemeindesteuern, in: Wirtschaftsdienst 1980, Seite 248 – 253.

Zitzelsberger, Heribert, Grundlagen der Gewerbesteuer, Habil.-Schr. Universität Regensburg 1989, Köln 1990.

Zuleeg, Manfred, Selbstverwaltung und Europäisches Gemeinschaftsrecht, in: Mutius, Albert von (Hrsg.), Selbstverwaltung im Staat der Industriegesellschaft, Heidelberg 1983, Seite 91 – 110.

3. Gesetzesquellen

Abgabenordnung (AO 1977) vom 16. März 1976, veröffentlicht in: BGBl. I 1976, Seite 613 – 697, ber. BGBl. I 1977, Seite 269, in: Verlag C.H. Beck oHG (Hrsg.), Steuergesetze, München 2002.

Baugesetzbuch (BauGB), in der Fassung der Bekanntmachung vom 27. August 1997, in: BGBl. I 1997, Seite 2141 – 2212, ber. BGBl. I 1998, Seite 137, in: dtv (Hrsg.), Baugesetzbuch, 33. Auflage, München 2002.

Bewertungsgesetz (BewG), in der Fassung der Bekanntmachung vom 01. Februar 1991, veröffentlicht in: BGBl. I 1991, Seite 230 – 275, in: Verlag C.H. Beck oHG (Hrsg.), Steuergesetze, München 2002.

Einkommensteuer-Durchführungsverordnung 2000 (EStDV), in der Fassung der Bekanntmachung vom 10. Mai 2000, in: BGBl. I 2000, Seite 717 – 733, in: Verlag C.H. Beck oHG (Hrsg.), Steuergesetze, München 2002.

Einkommensteuergesetz 1997 (EStG 1997), in der Fassung der Bekanntmachung vom 16. April 1997, in: BGBl. I 1997, Seite 821 – 929, in: Verlag C.H. Beck oHG (Hrsg.), Steuergesetze, München 2002.

Erbschaftsteuer- und Schenkungsteuergesetz (ErbStG), in der Fassung der Bekanntmachung vom 27. Februar 1997, veröffentlicht in: BGBl. I 1997, Seite 378 – 392, in: Verlag C.H. Beck oHG (Hrsg.), Steuergesetze, München 2002.

Gesetz über den Finanzausgleich zwischen Bund und Ländern (Finanzausgleichsgesetz – FAG) vom 23. Juni 1993, veröffentlicht in: BGBl. 1993, Seite 976 – 982, in: Verlag C.H. Beck oHG (Hrsg.), Steuergesetze, München 2002.

Gesetz über den Finanzausgleich zwischen Bund und Ländern (Finanzausgleichsgesetz – FAG) vom 20. Dezember 2001, veröffentlicht in: BGBl. I 2001, Seite 3955 – 3963, in: Verlag C.H. Beck oHG (Hrsg.), Steuergesetze, München 2002.

Gesetz über Maßnahmen zur Bewältigung finanzieller Erblasten im Zusammenhang mit der Herstellung der Einheit Deutschlands, zur langfristigen Sicherung des Aufbaus in den neuen Ländern, zur Neuordnung des bundesstaatlichen Finanzausgleichs und zur Entlastung der öffentlichen Haushalte (Gesetz zur Umsetzung des Föderalen Konsolidierungsprogramms – FKPG) vom 23. Juni 1993, veröffentlicht in: BGBl. I 1993, Seite 944 – 991.

Gesetz über Sonderabschreibungen und Abzugsbeträge im Fördergebiet (Fördergebietsgesetz), in der Fassung der Bekanntmachung vom 23. September 1993, in: BGBl. I 1993, Seite 1654 – 1656, in: Verlag C.H. Beck oHG (Hrsg.), Steuergesetze, München 2002.

Gesetz über verfassungskonkretisierende allgemeine Maßstäbe für die Verteilung des Umsatzsteueraufkommens, für den Finanzausgleich unter den Ländern sowie für die Gewährung von Bundesergänzungszuweisungen (Maßstäbegesetz – MaßstG) vom 09. September 2001, veröffentlicht in: BGBl. I 2001, Seite 2302 – 2305, in: Verlag C.H. Beck oHG (Hrsg.), Steuergesetze, München 2002.

Gesetz zum Abbau von Steuervergünstigungen und Ausnahmeregelungen (Steuervergünstigungsabbaugesetz – StVergAbG) vom 16. Mai 2003, veröffentlicht in: BGBl. I 2003, Seite 660 – 667.

Gesetz zum Ausgleich von Wirkungen besonderer Schadensereignisse in der Forstwirtschaft (Forstschäden-Ausgleichsgesetz), in der Fassung der Bekanntmachung vom 26. August 1985, in: BGBl. I 1985, Seite 1756 – 1759, in: Verlag C.H. Beck oHG (Hrsg.), Steuergesetze, München 2002.

Gesetz zur Änderung des Bewertungsgesetzes vom 13. August 1965, in: BGBl. I 1965, Seite 851 – 876.

Gesetz zur Neuordnung der Gemeindefinanzen (Gemeindefinanzreformgesetz), in der Fassung der Bekanntmachung vom 04. April 2001, veröffentlicht in: BGBl. I 2001, Seite 482 – 486.

Gesetz zur Senkung der Steuersätze und zur Reform der Unternehmensbesteuerung (Steuersenkungsgesetz – StSenkG) vom 23. Oktober 2000, in: BStBl. I 2000, Seite 1428 – 1461.

Gewerbesteuergesetz 1999, in der Fassung der Bekanntmachung vom 19. Mai 1999, veröffentlicht in: BGBl. I 1999, Seite 1010 – 1022, ber. in: BGBl. I 1999, Seite 1491, in: Verlag C.H. Beck oHG (Hrsg.), Steuergesetze, München 2002.

Grundgesetz für die Bundesrepublik Deutschland vom 23. Mai 1949, veröffentlicht in: BGBl. 1949, Seite 1 – 20, in: dtv (Hrsg.), Grundgesetz, 36. Auflage, München 2001.

Grunderwerbsteuergesetz (GrESt), in der Fassung der Bekanntmachung vom 26. Februar 1997, veröffentlicht in: BGBl. I 1997, Seite 418 – 425, ber. BGBl. I 1997, Seite 1804, in: Verlag C.H. Beck oHG (Hrsg.), Steuergesetze, München 2002.

Grundsteuergesetz (GrStG) vom 07. August 1973, veröffentlicht in: BGBl. I 1973, Seite 965 – 974, in: Verlag C.H. Beck oHG (Hrsg.), Steuergesetze, München 2002.

Jahressteuergesetz (JStG) 1997 vom 20. Dezember 1996, in: BStBl. I 1996, Seite 1523 – 1555.

Körperschaftsteuergesetz 1999, in der Fassung der Bekanntmachung vom 22. April 1999, veröffentlicht in: BGBl. I 1999, Seite 817 – 842, in: Verlag C.H. Beck oHG (Hrsg.), Steuergesetze, München 2002.

Rat der Europäischen Union (Hrsg.), Richtlinie des Rates vom 21. Mai 1991, - 91/271/EWG -, in: Amtsblatt der Europäischen Gemeinschaften 1991, Nr. L 135/40 – 135/52.

Rat der Europäischen Union (Hrsg.), Richtlinie des Rates vom 19. Dezember 1994, - 94/80/EG -, in: Amtsblatt der Europäischen Gemeinschaften 1994, Nr. L 368/38 – L 368/47.

Richtlinien für die Bewertung des Grundvermögens (BewRGr) vom 19. September 1966, veröffentlicht in: BStBl. I 1966, Seite 890 – 942, in: Verlag C.H. Beck oHG (Hrsg.), Steuergesetze, München 2002.

Sechste Richtlinie (EWG) 77/388 zur Harmonisierung der Rechtsvorschriften der Mitgliedstaaten über die Umsatzsteuern – Gemeinsames Mehrwertsteuersystem: einheitliche steuerliche Bemessungsgrundlage vom 17.05.1977, in: Amtsblatt der Europäischen Gemeinschaften, Nr. L 145/1 – L 145/40, zuletzt geändert durch Richtlinie 2001/115/EG, in: Amtsblatt der Europäischen Gemeinschaften 2002, Nr. L 15/24 – L 15/28.

Solidaritätszuschlaggesetz 1995 vom 23. Juni 1993, veröffentlicht in: BGBl. I 1993, Seite 975 f, in: Verlag C.H. Beck oHG (Hrsg.), Steuergesetze, München 2002.

Umsatzsteuergesetz 1999 (UStG 1999), in der Fassung der Bekanntmachung vom 09. Juni 1999, veröffentlicht in: BGBl. I 1999, Seite 1270 – 1307, in: Verlag C.H. Beck oHG (Hrsg.), Steuergesetze, München 2002.

Umwandlungssteuergesetz (UmwStG) vom 28. Oktober 1994, veröffentlicht in: BGBl. I 1994, Seite 3267 – 3278, in: Verlag Beck oHG (Hrsg.), Steuergesetze, München 2002.

Vertrag zur Gründung der Europäischen Gemeinschaft vom 25. März 1957, Konsolidierte Fassung mit den Änderungen durch den Vertrag von Amsterdam vom 02. Oktober 1997, in: dtv (Hrsg.), Vertrag über die Europäische Union mit sämtlichen Protokollen und Erklärungen – Vertrag zur Gründung der Europäischen Gemeinschaft (EG-Vertrag) in den Fassungen von Maastricht und Amsterdam, 4. Auflage, München 1998.

Vertrag über die Europäische Union vom 07. Februar 1992, Konsolidierte Fassung mit den Änderungen durch den Vertrag von Amsterdam vom 02. Oktober 1997, in: dtv (Hrsg.), Vertrag über die Europäische Union mit sämtlichen Protokollen und Erklärungen – Vertrag zur Gründung der Europäischen Gemeinschaft (EG-Vertrag) in den Fassungen von Maastricht und Amsterdam, 4. Auflage, München 1998.

4. Internet

BFH, Beschluß vom 09. Mai 2001, - IX B 151/00 -, www.bundesfinanzhof.de/ www/entscheidungen/2001.6.28/11B15100.html, abgerufen am 16. November 2001.

BVerfG, Urteil vom 06. März 2002, - 2 BvL 17/99 -, www.bundesverfassungs-gericht.de/entscheidungen/frames/2002/3/6, abgerufen am 24. März 2002.

Klimmt, Reinhard, Die Städtebaupolitik an der Schwelle zum nächsten Jahrtausend, Rede des Bundesministers für Verkehr, Bau- und Wohnungs-wesen anläßlich des Nationalen Städtebaukongresses, http://www.bmvbw.de/ cms/sevices/, abgerufen am 27. Oktober 2001.

Schriften zum Steuer-, Rechnungs- und Finanzwesen

Herausgegeben von Prof. Dr. Michael Wehrheim
Philipps-Universität Marburg

Der Herausgeber will in dieser Schriftenreihe Forschungsarbeiten aus dem Steuer-, Rechnungs- und Finanzwesen zusammenfassen. Über den Kreis der eigenen Schüler hinaus soll originellen betriebswirtschaftlichen Arbeiten auf diesen Gebieten eine größere Verbreitung ermöglicht werden. Jüngere Wissenschaftler werden gebeten, ihre Arbeiten, insbesondere auch Dissertationen, an den Herausgeber einzusenden.